지나간 과거에 대한 후회,

현재 일어난 일에 대한 두려움,

오지 않은 미래에 대한 불안으로부터 자유로워지길.

신정원의 명리학 CLASS

격국과 용신

글쓴이 | 신정원
펴낸이 | 유재영
펴낸곳 | 주식회사 동학사
편 집 | 나진이
디자인 | 임수미

1판 1쇄 | 2024년 8월 14일

출판등록 | 1987년 11월 27일 제10-149

주소 | 04083 서울 마포구 토정로 53 (합정동)
전화 | 324-6130, 324-6131 / 팩스 | 324-6135
E-메일 | dhsbook@hanmail.net
홈페이지 | www.donghaksa.co.kr
        www.green-home.co.kr

ISBN 978-89-7190-891-4 03180

원전의 체계와 구조를 단계별로 총정리한

신정원의
명리학 CLASS

격국과 용신

신정원 지음

 동학사

머리말

　꽤 오랜 기간 제도권에서 명리 강의를 하면서 항상 올바른 학습교재에 대한 갈증을 느껴왔다. 과거와 달리 번역서가 넘쳐나고 하루가 다르게 일반 명리서가 출간되고 있다. 동시에 유튜브를 통해 엄청난 양의 명리이론과 실전 통변이 소개되고 있다. 물론 먼저 번역서를 내준 선학들의 수고에 감사하고, 손쉽게 구할 수 있는 다양한 학습자료에 대해서도 고마운 마음이 가득하다.

　필자는 오래 전에 기초 명리서와 개론서를 출간한 이래 『자평진전평주』를 번역하였고, 또 신살의 필요성을 느껴서 신살론을 썼다. 심화이론서에 대한 요구가 없었던 것은 아니지만, 명리 고전의 분류와 강의에 집중하다 보니 미처 출간에 신경쓸 여력이 없었다. 제도권 강의는 여러 가지 제약이 뒤따른다. 명리이론을 뒷받침하는 근거 없이 그냥 알고 있는 지식으로 글을 쓸 수는 없었다. 여러 고전을 찾아 읽게 되었고, 그것이 시간을 잡아먹었다. 도끼자루가 썩는지도 모르고 수년을 보낸 셈이다.

　이제 마지막이라는 생각으로 명리이론의 심화 편인 격국과 용신에 대해 출간하게 되었다. 필자는 격국과 용신도 명리이론의 기본이라고 생각한다. 하지만 필자 나름대로 음양오행과 간지론 그리고 육신과 형충회합론까지를 선행 기초로 분류하였기에 격국과 용신은 심화이론으로 다루게 되었다. '격국과 용신'은 현대 사주팔자 명리학 이론의 요체이다. 송대 이후에 명리금법 이론이 구체화되었고, 그 이론적 정밀성과 논리가 비교적 정확하다고 평가받는다. 격국론은 송대 이후 금법이론의 핵심이다. 통상 '명리학' 혹은 '사주팔자' 하면 떠오르는 일간, 월령, 억부, 중화, 기세와 같은 용어가 모두 격국과 용신 이론과 무관하지 않다. 명리학 발달사에서 바라보면 격국과 용신은 바로 '자평학' 이론이다. 그래서 이 책은 '격국과 용신'을 다루면서 동시에 '자평학'을 설명하고 있다.

　'자평(子平)'이란 용어는 전 세계적으로 사주명리학을 대표하는 명사이다. '자평학'에서 현대 사주명리학의 학술적 체계가 정립되었기 때문이다. 이를 증명하듯이 과거부터 현대에 이르기까지 여러 명리서의 제목에 '자평'이라는 명칭이 쓰이고 있다. 명리학사에서 바라보면 '자평학'이 등장하면서 명리이론은 중요한 변환점을 맞이하는데, '자평'은 명리학 고법(구법)과 금법(신법) 구분에서 금법의 명리학을 지칭한다.

　자평과 함께 정립된 명리학의 엄밀한 학문적 논법이 바로 격국론이면서 동시에 용신론이다. 따라서 격국론은 사주명리이론의 합리성과 논리성을 대표한다고 할 수 있다. 주요 명리서인 『연해자평』·『삼명통회』·『적천수』·『자평진전』 등이 이를 증명한다. 간지론과 오행의 생극과 생사 그리고 격국 및 용신론이 바로 정통 명리학의 논리성을 증명하는 구체적 이론이다. 그 점을 잘 인지하고 자신 있게 학습하기 바란다.

일러두기

　수년 전에 『자평진전평주』를 번역하면서 오류와 오역을 교정하느라 꽤 오랜 기간 고생하였다. 단순 오타로 인한 오류를 걸러내는 작업에도 시간을 많이 허비하였지만, 오역을 피하고자 다른 명리서와 비교해가며 문맥을 다시 확인하고 내용의 진위를 파악하는 과정은 필자를 무척 곤혹스럽게 하였다. 명리 원전은 주로 한문으로 되어 있으니, 요즘 한국인에게 한문 원전은 엄밀한 의미에서 외국어이다.

　외국어 원전의 번역은 여러 측면에서 난맥이 있다. 첫 번째는 직역과 의역의 문제이다. 직역은 원전의 의도를 정직하게 전달하겠다는 것에 주요 목적이 있고, 의역은 독자의 가독성을 위한 시도이다. 그것이 철학서든 문학서든 아니면 기술서든, 직역과 의역은 번역자에게 주어진 첫 번째 선택지다. 고전은 언어의 쓰임이나 문장 구성이 현대의 문장과 다른 경우가 많으니 이를 잘 알고 번역해야 하는 고충이 따른다. 따라서 직역과 의역에 따라 발생하는 차이를 무시하기 어렵다.

　다음으로는 문장 자체를 번역하는 일과 원전에서 이야기하는 전문적 내용을 파악하여 옮기는 것의 변별력 문제이다. 이는 언어 전공자와 해당 분야 전문가의 입장 차이에서 나온다. 다시 말해서 언어 전공자 입장에서는 문장의 내용 전달이 중요하고 그것이 전문이겠지만, 해당 분야 전문가의 시야에서는 번역된 용어의 실용적 쓰임이 중요할 것이다. 사주명리 분야의 번역서만을 예로 들더라도 필자를 포함하여 이와 같은 고충에서 자유롭지 못하다.

　마지막으로 (이것이 가장 심각한 문제인데), 특히 명리 고전 번역의 문제이다. 중국 고전의 경우 압축되었거나 생략된 부분이 많고, 구두점을 찾아 찍어야 하는 어려움이 뒤따른다. 더구나 원전의 자료가 오랜 시간에 걸쳐 전해져 오면서 일부 내용이 소실되거나 잘못 첨가된 사례도 있기 때문에, 그것을 잘 가려 쓰고 필요한 부분을 보수하고 해석을 달아야 하는 수고가 따른다. 한자의 가차(假借: 특정한 뜻을 나타내는 한자가 없을 때 뜻은 다르나 그 단어의 발음에 부합하는 다른 글자를 빌려 쓰는 방법) 또한 넘쳐난다. 명리 고전은, 말하자면 논리적 전개가 좀 더 번쇄하고 문장도 명리를 깊이 알지 못하면 이해하기 힘든 부분이 많다. 이것이 후학들을 아주 고통스럽게 할 것이다.

필자가 이 책의 앞머리에 명리 고전 번역의 문제를 말하는 이유가 있다. 이 책에 원전을 인용한 내용이 많아서 미리 일러두는 것도 물론 있지만, 무엇보다 논리적 근거를 지닌 내용으로 책을 썼다는 것을 말하기 위해서이다. 이것은 어쩌면 명리학의 본태적 문제와 그것을 극복해야 한다는 어려운 숙제에 대한 이야기이기도 하다. 사실은 훨씬 많은 양의 원전을 함께 넣었는데 출간 과정에서 대부분을 삭제하였다. 명리교육을 업으로 하는 필자 같은 사람이 아니고서야 그 많은 원전 내용을 굳이 넣어서 독자에게까지 고통을 전가할 필요가 있을까 하는 반성이 있었기 때문이다. 그래도 중요한 것은 남겨야 했기에 원문의 한자를 각주로 넣었다.

이 책의 원전 인용에 대해 설명을 달자면, 사주명리의 보편적 용어나 개념은 일일이 풀어서 옮기지 않고 단어나 문장을 그대로 사용하되 가급적 처음 나올 때나 나중에 반복되는 지점에서 괄호 안에 그 뜻을 설명하였다. 번역에서 차이가 나는 것이나 중요한 내용은 각주를 달거나 따로 설명을 붙였지만, 단순한 차이는 그대로 썼다.

이 책의 구성은 1부 용신론의 개념과 이해로 시작하였다. 먼저 팔자명리학의 기본이 되는 천간과 지지, 오행, 육친 등 용신을 구성하는 주요 개념의 의의를 밝히고 있다. 그중에서도 육친에 관한 내용은 이 책의 주제인 격국이나 용신을 이해하는 주축이 될 것이다. 개론적인 내용은 다른 저서를 통해 많이 접할 수 있으므로 가능한 한 이 책의 주지인 격국과 용신에 관련된 내용에 국한하도록 노력하였다. 명리학 금법이론의 주요 원저인『연해자평(淵海子平)』,『삼명통회(三命通會)』,『적천수(滴天髓)』,『자평진전(子平眞詮)』등을 주로 인용하였는데, 이를 통해 격국과 용신이 이론적으로 정립되는 과정과 주요 기초 개념을 파악할 수 있다.

2부는 격국의 성립과 변화이다. 여기에서는 사주팔자 명식에서 일간이 위주가 된 의의를 소개하고, 격국의 구조에 대하여 학술적으로 분석하였다. 내용은 명리학사에서 일간이 위주가 되는 과정을 살피고, 『삼명통회』의 일주론과 월지 제강을 정리하였다. 격국의 성립에 대해서는 성패와 구응을 설명하고, 다음에 격국의 변화를 논했다.

3부는 격국 총론이다. 격국의 분류와 격국을 정하는 방법 그리고 격국과 용신의 통변 활용을 다루고 있다. 『자평진전평주』 격국 각론의 내용, 그 외에 『연해자평』과 『삼명통회』, 『적천수』 등에서 격국의 다양한 변화와 특수격을 참고하였다. 그 차이점을 알고 각종 격국에 대한 설명을 참조하기 바란다. 격국을 정하는 방법과 통변 활용은 전체 내용을 개괄한 응용편이라 할 수 있다.

이 책의 목적은 사주명식에서 격국이 차지하는 의의를 이해하고, 그 논점과 통변 실용을 병행하고자 하는 것이다. 격국을 명리 고전이나 이론서와 연계하여 실전 활용도가 낮은 죽은 이론이라 폄훼하는 술사들이 꽤 많이 있는 것으로 안다. 그러나 격국과 용신을 통해 사주의 구조를 익히고, 그것을 통해 팔자를 장악하는 것이 이론과 실전을 포괄하여 명리학도의 올바른 접근방법이다. 이 책을 읽는 학습자는 원전의 체계를 이해한 다음 그 구조를 단계별로 밝혀 이론의 주지를 알고, 현장에서 흔들리지 않는 튼튼한 기초를 세우기 바란다.

이 책이 참고한 『연해자평』은 대만 무릉출판유한공사(武陵出版有限公司)의 원본을 주로 보았고, 비교를 위해 중국 광파전시(廣播電視) 출판사에서 펴낸 백화문(白話文) 해석을 함께 읽었다. 『자평진전평주』와 『적천수천미』도 무릉출판유한공사 본을 주로 참고하였다. 『자평진전』의 중의고적출판사(中医古籍出版社) 본(2014), 『자평회간(子平匯刊), 비본자평진전(秘本子平眞詮)』의 화령출판사(华龄出版社) 본(2018)도 함께 볼 수 있는 책이다. 다양한 저술을 통해 명리이론의 해석과 비교, 본문에 사용된 명조나 인물에 대한 부연설명을 참조할 수 있다. 『삼명통회』는 화령출판사 본(2018)을 주로 참조하였는데, 같은 출판사에서 펴낸 『자평회간(子平匯刊), 삼명통회(三命通會)』 본(2019)도 같이 읽을 수 있다. 자평회간 본은 간체로 간행된 것이다.

　그 밖에 명리와 관련한 다양한 종류의 중국 철학서 저본은 본문에 서지사항을 넣었다. 자세한 것은 독자들의 판단에 맡긴다.

CONTENTS

CHAPTER 1

사주팔자의 구조

PART
03 격국 총론

CHAPTER 2

격국을 정하는 방법

CHAPTER 3

격국과 용신의 통변 활용

PART
01

용신론의
기초와 이해

용신론의 기본 이론
간지의 상관관계

용신론의 기본 이론

천간과 지지 생성의 발생론적 의의

천간과 지지의 탄생 신화

명리학의 기본 원리는 음양 그리고 여기서 발현된 천간과 지지이다. 이에 대해서는 고법과 신법을 가릴 필요가 없고, 신살이든 격국이든 개별 이론의 구별이 없다. 명리 고전이든 현대 명리서든, 이론서이든 실전을 다룬 서적이든, 음양오행과 천간 지지로 시작하는 것이 명리서의 기본구조이다. 각각에 대한 간략한 개념과 발생 순서는 다음과 같다.

- 음양: 양의(兩儀)로 이루어짐
- 오행: 목화토금수(木火土金水) 다섯 물질과 그 순환운동의 관계
- 천간: 음양과 오행에 의해 만들어진 열 가지 상징

- 지지: 천간이 복합적으로 만든 성분

음양 ➡ 오행 ➡ 천간 ➡ 지지

　명리학에서 음양과 오행을 공부하는 이유는 그것이 천간과 지지라는 사주팔자의 기본 부호가 생겨난 원리를 말해주기 때문이다. 명리학은 천간과 지지로 구성된 사주 팔자 각 글자의 의의를 찾고, 구조를 분석하여 인간의 일을 해석하는 이론이다. 그 논리의 인과구조를 찾아 개별 간명법의 주장에 대입하여 해법의 체계를 찾는 것이 명리 학을 연구하는 사람의 일이고, 책을 읽는 독자라면 그 의도를 숙지해야 한다.

　음양오행과 천간지지는 명리학에서 주춧돌과 같은 역할을 한다. 이를 확인하는 일은 어렵지 않다. 명리학사에 등장하는 주요 명리서가 어떻게 시작하는지 첫 장의 체계를 살펴보면 된다. 수나라(581~618) 소길(蕭吉, ?~614)이 오행 학설에 관한 내용을 집대성했다는 『오행대의』[주1]는 첫 장을 오행의 이름을 풀이하는 「석오행명(釋五行名)」으로 시작하고, 그 다음에 천간과 지지를 설명하는 「논지간명(論支干名)」으로 이어진다. 송대(960~1279) 초의 금법이론을 알린 본격 명리서인 『연해자평』 또한 오행이 처음 생겨나는 것을 「논오행소생지시(論五行所生之始)」에서 말하고, 다음에 간지의 출현을 「논천간지지소출(論天干地支所出)」에서 설명한다. 명대(1368~1644) 만육오(萬育吾)가 저술한 『삼명통회』는 명리이론에 대해 가장 풍부한 정보를 제공하고 여러 명리서 중에서 논술의 내용이 정밀하다고 평가받는데, 이 책 또한 「하도낙서(河圖洛書)」로 시작하여 천지조화의 시초인 「원조화지시(原造化之始)」를 말한 다음, 오행과 간지의 생성관계를 「논오행생성(論五行生成)」과 「논간지원류(論干支源流)」에서 설명한다. 명대 초기에 제작되었지만 청대 해석서를 주로 읽는 『적천수』 「통신론(通神論)」의 첫 장은 천도·지도·인도의 삼원(三元)을 말한 다음, 지명(知命) 즉 사람의 운

[주1] 『오행대의』는 명리학을 주로 다룬 정통 명리 저서로는 볼 수 없다.

명을 알아가는 이치를 설명한다. 이것은 간지가 배합하여 사람의 복록과 재난이 결정됨을 말한 것이다. 청대 『자평진전』의 첫 장도 「논십간십이지(論十干十二支)」라 하여 십간과 십이지를 논하고 있다. 내용을 보면 천지 사이의 기에서 동정의 조짐에 의해 음양으로 구분되고, 음양이 사상으로 분화되고, 다시 사상이 오행으로 만들어져가는 과정을 설명하고, 다음으로 천간과 지지를 논한다.

『오행대의』를 제외하고 위에 언급된 모든 명리서의 공통점은 그 철학적 뼈대가 송대 명리학의 우주발생론에서 영향을 받았고, 명대에 의미 있는 명리 저술이 이루어졌으며, 청대에 해석서를 포함하여 심화 서적이 나왔다는 것이다. 제각각 우주만물의 발생을 설명하면서 음양오행을 통한 천간지지의 생성 이치를 밝히는 방식으로 입론(立論)하고 있다. 다만, 주지하는 바에 따라 설명에 차이가 있을 수 있고 사유의 차이도 있을 수 있다. 그 이유는 각 명리 고전을 지은 저자의 시대적 또는 학문적 배경의 영향도 있고, 각자 살아온 삶의 궤적이 배경처럼 그들의 분석에 깔려 있기 때문이다.

• 주요 명리서의 입론 지점

저서명	첫 장의 시작	비고
『오행대의』	석오행명(釋五行名) 논지간명(論支干名)	전문 명리서적은 아님 한나라 이후 300~400년간 축적된 오행학설 집대성
『연해자평』	논오행소생지시(論五行所生之始) 논천간지지소출(論天干地支所出)	육신과 일간 중심의 초기 신법이론 명리 구조와 이론의 체계화
『삼명통회』	하도낙서(河圖洛書) 원조화지시(原造化之始) 논오행생성(論五行生成) 논간지원류(論干支源流)	고법과 신법을 전체적으로 정리한 종합서
『적천수』	천도(天道) 지도(地道) 인도(人道) 지명(知命)	격국이나 신살에 얽매이지 않음 오행 생극제화, 간지론, 용신취용 등 자평학 이론의 개념 정리
『자평진전』	논십간십이지(論十干十二支)	자평학 격국의 이론적 체계화

학술적으로 말하자면 어떤 부분에는 유가 철학의 향기가 가득하고, 어떤 곳에는 도가의 신비로운 그림자가 드리워져 있다. 여기에 더하여 불교나 천문점성학의 영향도 무시할 수 없다. 혹자는 사주명리학에 유가가 미친 영향이 크다고 말하고 또 혹자는 명리학의 도가적 측면을 강조하기도 하는데, 한 가지 방면에 치우쳐서 해석하는 것은 옳지 않다. 어쨌든 다양한 사고와 시대적 조류 그리고 여러 시대의 사회적·문화적 영향을 받으며 형성된 학문이 사주명리학이라 할 수 있다.

유가의 영향에 대해 말하자면, 주로 명리학의 이론적 정밀성을 가다듬고 철학적으로 발전시켰다고 평가한다. 유가의 개입이 명리학을 학문의 전당에 들어서게 한 것이 사실이기 때문이다. 일반적으로 『주역』㈜2을 점치는 책이라 부르며 유학 오경의 하나로 동서 최고(最古)의 경전이라 칭하는 것과, 태극이나 음양을 유가의 주요 학문적 자산으로 소개하는 전통이 이를 입증한다. 『주역』의 경(經: 역경)과 전(傳: 역전)의 제작 과정에 세 사람 혹은 네 사람이 기여하였고㈜3 그중 공자의 영향이 지대하다는 것으로 『주역』과 유가의 연관성을 입증한다. 중국의 고거역학자 이경지(李鏡池)는 『주역탐원(周易探源)』에서 주역의 해석서인 '『역전』은 유가의 『역경』에 관한 논문집이다'라

㈜2 『주역』은 『역경』과 『역전』을 포괄한다. 일반적으로 말하는 주역의 원래 명칭은 『역(易)』인데 그것이 유교의 경전이 되면서 『역경』이라 부르게 되었다. 『역경』은 본경이라고도 불리며, 상경(上經)과 하경(下經)을 합친 것이다. 『역경』은 괘(卦: 64괘), 괘사(卦辭: 64괘에 대한 설명), 효사(爻辭: 384효에 대한 설명)로 이루어져 있다. 한편 『역전』은 공자와 그 제자들이 썼다고 전해진다. 흔히 『십익(十翼)』이라고 부르며, 「단(彖)」 상하, 「상(象)」 상하, 「문언(文言)」, 「계사(繫辭)」 상하, 「설괘(說卦)」, 「서괘(序卦)」, 「잡괘(雜卦)」로 구성되어 있다. 『역전』은 본래 점치는 책이었던 『역경』을 철학적으로 풀어놓은 책이다.

㈜3 『역경』으로부터 『역전』에 이르기까지 7~8백 년의 시간이 걸렸다. 『역경』의 제작까지 포함하면 수천 년의 역사이다. 이것은 『주역』의 저작이 한 사람의 손에서 이루어지지 않았다는 것을 의미한다. 이와 관련하여 『한서』 「예문지」는 "역의 도리는 심원하도다! 사람으로는 세 성인이 바뀌었고, 시대로는 상고(上古)·중고(中古)·하고(下古)를 거쳐 이루어졌다(易道深矣, 人更三聖, 世歷三古)"고 한다. 여기서 말하는 '세 성인'이 곧 『주역』의 작자이고, '삼고(三古)'는 일반적으로 하(夏)·은(殷)·주(周)라고 한다. 이를 '인경삼성(人更三聖)'·'세력삼고(世歷三古)'라 한다. 한편 동한(東漢)의 경사(經師)들은 「예문지」의 인경삼성설을 기초로 하여 주공단(周公旦)이 효사를 지었다는 인경사성(人更四聖)설을 주장하였다. 주희는 이 인경사성설을 이어받아 복희가 괘를 그렸고, 문왕이 괘사를 지었으며, 주공이 효사를 쓰고 공자가 『십익』을 지었다고 주장하였다(『朱子語類』 권66. "想當初伏羲畫卦之時, 只是陽爲吉, 陰爲凶. 無文字, 某不敢說, 竊意如此. 後文王見其不可曉, 故爲之作彖辭. 或占得爻不可爻, 故周公爲之作爻辭. 又不可曉, 故孔子爲之作十翼. 皆解當初之意").

고 하기도 했다. 그러나 노장철학을 연구한 진고응(陳鼓應)은 『노장신론(老莊新論)』에서 『역전』 중 「단전(彖傳)」과 같은 책은 '도가사상을 중심으로 하여 음양과 유가, 묵가 등 제자백가의 학설을 융합한 것'이라고 주장하기도 한다.

구체적 학설로 말하자면, 선진유가의 천명(天命) 사상이나 공자의 지명(知命), 맹자의 입명(立命) 정신 등은 명리학의 철학적 외연을 형성하였다. 『중용(中庸)』에 "천명지위성 솔성지위도 수도지위교(天命之謂性 率性之謂道 脩道之謂教)"라고 하였는데, 이는 천명을 성(性)이라 하고 성을 따르는 것을 도(道)라 하고 도를 닦는 것을 교(教)라 한다는 뜻이다. 명리학적으로 해석하면, 인간은 하늘로부터 품부(稟賦)하여 받은 천성(天性)이라는 본래의 운명을 알고 그 천성에 위배되지 않는 온당한 삶을 추구해야 한다는 의미이다. '품부'라는 말은 '선천적으로 타고난다'는 뜻이다. 사람이 태어나면서 받은 운명이 있다는 것을 알고 그것을 탐구한다는 측면에서 명리학은 유가의 학설과 닮은 점이 있다.

한편 도교나 도가의 영향에 대해 말하자면, 사주명리의 가장 긴요한 시도는 피흉추길인데 즉 길흉화복과 무병장수를 예단한다는 의미이다. 이는 민간신앙이나 도교와 밀접한 연관이 있다. 여기서 도교와 도가의 차이를 짚고 넘어가야 한다. 도교는 도가사상에 민간신앙의 다양한 요소가 결합된 것이다. 도교의 최대 지향점은 양생이고 자연이다. 명리학이 천인감응과 천도(天道), 자연 운행의 도와 관련된 조후나 자연 물상에 천착해왔다는 것은 분명한 사실인데, 이는 바로 도교와의 깊은 관련성을 말한다. 도가는 제가백가의 노자와 장자를 대표로 하는 철학사상으로 세속적 현실 가치를 초월한 무위자연(無爲自然)과 만물제동(萬物齊同)을 지향한다. 만물제동은 만물을 분석하고 차별하기보다는 동등하게 보고 시비를 고르게 하는 것이다. 도교는 비록 이론적으로는 노장사상의 철학적 원리를 받들지만, 동시에 유가의 윤리나 불교적 교리 혹은 신선술과 관련된 음양오행이나 점복(占卜)과 같은 민간의 교리를 깊게 따른다. 즉, 도교는 현세의 길흉화복과 불로장생을 추구하는 민간신앙의 한 갈래로 명리학의 부귀빈천·선악·왕쇠병사와 떨어질 수 없는 관계가 있다고 할 수 있다.

총괄하여 말하면, 음양오행이라는 동아시아의 전통 깊은 철학적 사유는 도가적으로도 혹은 유가적으로도 설명할 수 있다. 음양오행은 또한 민간의 전통적 관습과도 깊은 관계가 있다. 아쉽게도 동양철학적 사유의 중요한 뿌리가 되는 음양오행이 민간의 전통신앙과 결부되어 음양오행을 근간으로 하는 명리학이 마치 무속이나 점술의 일부인 것처럼 오해받고 또 폄훼되는 부당한 대우를 받기도 하였으며, 학문으로 정착하는 데 오히려 방해가 된 것도 사실이다.

명리학은 음양오행에 깊이 근거하여 천간과 지지로 상징되었으며, 천간과 지지를 조합한 육십갑자로 명식을 세우고 그 구조를 해석하며 글자 속에 품은 뜻을 찾아 해독하는 이론이다. 말하자면 천간과 지지는 음양오행의 변화과정을 나타낸 일종의 부호이며, 사주팔자의 주체인 내가 자리하는 공간이며 현실로서 한 사람의 운명을 읽는 중요한 도구가 된다. 그만큼 명리학에서 천간과 지지가 차지하는 의미가 크고도 중요하다고 할 수 있다. 필자가 '상징'과 '부호'라는 표현을 여러 번 썼는데, 10개의 천간글자와 12개의 지지글자에는 사주팔자의 주인을 중심으로 희로애락, 부귀빈천, 장수요절의 길흉변화를 함축하는 의미가 있기 때문이다. 천간과 지지 그리고 지장간이라는 부호체계는 천지인의 삼재지도와 그 상호관계를 내포하고 있기에 다양한 의미를 상징하는 표현이 되었다. 『회남자(淮南子)』「천문훈(天文訓)」에 다음과 같이 쓰고 있다.

천지를 계승한 정기가 음양이 되고, 음양의 전일한 정기가 사시가 되고, 사시의 분산된 정기가 만물이 된다. 양기를 모은 열기가 火를 낳고, 火의 정기는 태양이 된다. 음기를 모은 한기는 水가 되고, 水의 정기는 달이 된다. 해와 달의 넘친 정기가 성신이 된다.[주4]

위의 인용문은 천지의 정기가 음양으로 전달되고, 음양으로 말미암아 사시가 생겨나고 그 사시에서 만물이 만들어지는데, 그것이 양기이면서 火의 정기인 태양, 음기

[주4] 天地之襲精爲陰陽, 陰陽之專精爲四時, 四時之散精爲萬物. 積陽之熱氣生火, 火氣之精者爲日; 積陰之寒氣爲水, 水氣之精者爲月; 日月之淫爲精者爲星辰.

이면서 水의 정기인 달 그리고 해와 달의 정기인 별(성신)이 되었다는 것을 말하고
있다.

• 천지 만물의 생성과 변화

천지 정기	음	사시	만물	
	양			
	음	한기 → 水의 정기	달	별
	양	열기 → 火의 정기	태양	

태양과 달이라는 양기와 음기의 자연계 대표 물질을 말하고, 여기에서 사상과 오
행이 생겨나고 그 오행에서 천간과 지지가 만들어지는 과정을 설명하는 것이 명리서
의 기본 논지이며 주요 이론의 시작이다. 『연해자평』은 「논오행소생지시(論五行所生
之始)」에 이어 「논천간지지소출(論天干地支所出)」 편에서 천간과 지지의 출현을 논한
다. 읽어보면 신화적인 내용을 담고 있다는 것을 알 수 있다. 이것이 우리가 주로 살
피는 금법의 명리서와 다른 점인데, 그만큼 『연해자평』이 초기 명리서라는 것을 말해
주는 내용이다. 먼저 음양오행의 발현에 대해 공부해보자. 아래는 『연해자평』의 첫
단락이다.

대개 듣기를, 천지가 아직 나누어지지 않았을 때의 그 이름은 혼돈이라 하고, 건곤이 아직
나누어지지 않았기 때문에 '배운(胚暉)'으로 이름 지었다고 한다. 일월성신이 아직 생겨나지
않아서 음양과 한서가 아직 나누어지지 않은 때이다. 하늘에는 비와 이슬이 없고, 바람과 구
름이 없고, 서리와 눈이 없으며 우레와 번개가 없어 단지 뒤엉켜 높고 아득할 뿐이었다. 땅에
는 풀과 나무가 없고, 산과 내가 없고, 날짐승과 들짐승이 없고, 사람과 백성이 없어 다만 어둑
하니 어지러울 뿐이었다. 주5

주5 蓋聞天地未判 其名 混沌 乾坤未分 是名胚暉. 日月星辰未生 陰陽寒暑未分也. 在上則無雨露 無風雲 無霜雪 無雷霆
不過沓合而冥冥. 在下則無草木 無山川 無禽獸 無人民 不過昧昧而昏作.

이때 한 기운이 접시[반(盤)] 가운데 응결하였는데, 이에 태역이 水를 낳고[미유기왈(未有氣曰): 태역(太易, 기가 아직 있지 않은 것)], 태초가 火를 낳고[유기미유체왈(有氣未有體曰: 태초(太初, 기는 있으나 체가 아직 있지 않은 것)], 태시가 木을 낳고[유형미유질왈(有形未有質曰: 태시(太始, 형은 있으나 질이 아직 있지 않은 것)], 태소가 金을 낳고[유질미유체왈(有質未有體曰: 태소(太素, 질은 있으나 체가 아직 있지 않은 것)], 태극이 土를 낳았다[형체이구내왈(形體已具乃曰: 태극(太極, 형과 체가 이미 갖추어진 것)]. ^주6

그래서 水의 숫자는 1이고, 火의 숫자는 2이고, 木의 숫자는 3이고, 金의 숫자는 4이고, 土의 숫자는 5이다. 삼원의 극에 이르러 혼돈이 한 번 나뉘자 배운은 분화하여 가볍고 맑은 것은 하늘이 되고, 무겁고 탁한 것은 땅이 되니 두 기가 서로 이루어 양의가 이미 생기자 변화하여 그 시작을 이룬다. ^주7

혹은 사람 모습에 새의 부리를 하고 있고, 혹은 사람의 머리에 뱀의 몸을 하고 있었는데 기호나 욕구가 없고, 이름이 없고, 나라가 없고, 임금과 신하가 없었다. 새 둥지나 동굴에서 살아서 바람과 비에 자신을 맡기며, 가까운 사람이나 소원한 사람[親疏]이 같이 그 아비나 자식을 알지 못하였고, 오곡을 심지 않았고 짐승을 잡았으나 먹을 줄 몰라 피를 마시고 털째로 먹었지만, 그들의 명분은 담담하고, 그들의 즐거움은 도도하였다. 성인이 출현함에 이르러[복희(伏羲)·신농(神農)·황제(黃帝)를 가리킴], 지혜로운 사람과 우둔한 사람이 나누어지니, 마침내 군신부자의 구분이 있게 되고, 예악의관의 제도가 있게 되었다. ^주8

인용문이 길지만 풀어 설명하면 다음과 같다. 먼저 혼돈이라는 용어가 등장하는데, 혼돈은 아직 건과 곤이 나누어지지 않고, 하늘과 땅이 나누어지지 않은 때를 말한다.

---

^주6 是時一氣盤中結 於是太易生水(未有氣曰: 太易) 太初生火(有氣未有體曰: 太初) 太始生木(有形未有質曰: 太始) 太素生金(有質未有體曰: 太素) 太極生土(形體已具乃曰: 太極).

^주7 所以水數一 火數二 木數三 金數四 土數五 迨未三元旣極. 混沌一判 胚暉乃分 輕淸爲天 重濁爲地 二氣相成 兩儀旣生 化而成天其始也.

^주8 或人形鳥喙 或人首蛇身; 無嗜欲 無姓名 無邦國 無君臣; 巢處穴居 任其風雨 親疏同途 莫知其父子 五穀未植 飮血茹毛 其名蕩蕩 其樂陶陶. 及其聖賢 一出(謂伏羲 神農 黃帝也) 智愚一分 逐有君臣父字之分 禮樂衣冠之制.

옛날에는 이것을 배운(胚腪)이라고 불렀다. 그때는 태양도 달도 별도 없었고 음양도 없었으니 춥고 더움의 구분도 없었다. 그래서 하늘에 비와 이슬, 바람과 구름이 없었고, 서리와 눈, 우레와 번개도 없었다고 하였다. 단지 높고 아득한 가운데 뒤엉켜 있었을 뿐이었다. 원문의 '무(無)'는 경계나 구분이 없음을 가리킨다. 땅에 또한 흙도 나무도 없었으니 산천이 있었을 리가 없다. 그래서 동식물도 없고 사람도 없이 단지 한 뭉텅이의 어둠뿐이었다. 이때 하나의 기가 모여 응결하여 아직 기가 생겨나지 않은 상태의 태역이 물을 생하고, 아직 형체가 없는 상태의 태초는 불을 생하고, 형은 있으나 아직 실질이 없는 태시는 나무를 생하고, 실질은 있으나 형체는 없는 태소는 쇠를 생하고, 형체 모두가 이미 구비된 태극은 흙을 생하였다. 이로써 물의 순서가 1이 되고, 불의 순서는 2, 나무의 순서는 3, 쇠의 순서는 4, 흙의 순서는 5가 되었다. 삼원이 극에 이르러 혼돈이 처음 나뉘고 만물이 생겨나면서 질적으로 가볍고 맑은 것은 위로 올라가 하늘이 되고, 무겁고 탁한 것은 아래로 내려가 땅이 되었다. 여기 언급된 혼돈, 태역·태초·태시·태소·태극을 오행과 생수와 연관시켜 정리하면 다음과 같다.

• 『연해자평』의 오행 생성

	태역(太易)	태초(太初)	태시(太始)	태소(太素)	태극(太極)
혼돈 · 배운	기(氣)가 아직 있지 않은 것	기는 있으나 체(體)가 아직 있지 않은 것	형(形)은 있으나 질(質)이 아직 있지 않은 것	질은 있으나 체가 아직 있지 않은 것	형과 체가 이미 갖추어진 것
	태역 생수 (太易生水)	태초 생화 (太初生火)	태시 생목 (太始生木)	태소 생금 (太素生金)	태극 생토 (太極生土)
숫자	水: 1	火: 2	木: 3	金: 4	土: 5

천지가 서로 보완하여 만들어낸 것이 태극으로부터 생성된 양의(兩儀: 음양의 두 가지 의미)이고, 이것이 처음 시작이 되었다. 이때는 사람에게 아무런 기호와 욕망이 없어서 이름도 없고 친척과 친구도 없으며, 국가와 임금, 신하도 없고, 바람이나 비를 피할 줄 모르고, 먹고 마실 방법도 없이 순수하고 유쾌하게 살았다. 이후 원고시대에

복희, 신농, 황제가 출현하면서 마침내 지혜롭고 어리석음의 구분이 생기고, 군신과 부자의 순서가 있게 되고, 나아가 예악이나 의관 등의 제도가 있게 되었다는 것을 말하고 있다.

『삼명통회』는 「원조화지시」에서 태역·태초·태시·태소를 말하고, 태극에서 동정과 음양으로 천지만물 만사가 존재하게 된 과정을 설명하였다. 또한 오행의 기와 질로 사시의 운행을 설명하고, 그에 따라 비로소 사람에게 주어진 명과 적선에 따라 길흉·부귀빈천·장수요절이 결정되는 것을 말하였다. 그것은 사주명리학의 팔자로 사시오행을 읽어서 정편(正偏)과 득실(得失)을 판단하고, 그 향배(向背)와 심천(深淺)으로 한 사람의 길흉·부귀빈천·장수요절을 예단하는 것을 의미한다. 이어서 음양오행의 성질을 말하고 사시의 배속을 설명하며 또한 천문과 해와 달 그리고 오성, 삼원(三元)과 28수의 상을 말하고 있는데, 이곳에 모두 인용하지는 않았다.

열어구에 말하기를, '유형은 무형에서 생겨난 것'이라 하였다. '천지의 처음에는 태역이 있고, 태초가 있고, 태시가 있고, 태소가 있었다. 태역이라는 것은 아직 기가 나타나지 않은 때이고, 태초라는 것은 기가 시작한 때이고, 태시라는 것은 형이 있기 시작한 때이고, 태소라는 것은 질이 시작한 때를 말하는 것'이다. 기와 형이 합하여 분리되지 않은 것을 혼륜(渾淪)이라 한다.㈜9

위에 인용한 문장은 『열자(列子)』 「천서(天瑞)」 편의 내용이다. 「천서」 편은 '옛날에 성인이 음양의 두 기운으로 천지를 다스렸다'고 말하고, 이어서 위의 인용 문장인 '유형은 무형에서 생겨났다'와 '태역·태초·태시·태소'를 언급하고 있다. 이에 대한 정의는 앞에서 인용한 『연해자평』 「논오행소생지시」의 내용과 대동소이하다.㈜10 『열

㈜9 列禦寇曰, 有形生於無形. 天地之初, 有太易, 有太初, 有太始, 有太素. 太易者, 未見氣. 太初者, 氣之始. 太始者, 形之始, 太素者, 質之始. 氣與形質, 合而未離, 曰渾淪.

㈜10 『연해자평』의 혼돈이나 배운을 『열자』에서는 혼륜(渾淪)이라 한 것이 다르다.

자』는 이어서 태역은 보아도 보이지 않고, 들어도 들리지 않고, 따라가도 잡을 수 없는 무형인데, 태역이 변해서 하나의 기운이 되고 하나의 기운이 변해서 일곱이 되고, 일곱이 변해서 아홉이 되고 아홉이 변화한다는 것은 더 이상 변화할 수 없으므로 궁극적인 것을 말한다고 하였다. 7은 소양이고 소양은 자라서 태양인 9가 된다. 9는 더 이상 자랄 수 없으니 물러서 소음인 8이 되고, 음이 더욱 자라 태음인 6이 되면 더 이상 물러날 곳이 없어서 음의 궁극이 된다. 이것이 변화의 원리이다. 『삼명통회』는 위의 문장을 인용하여 혼륜으로 천지조화의 시작을 설명한 것이다.

『삼명통회』의 「원조화지시」는 이어서 『주역』의 '역유태극(易有太極)'을 말한다. 이것은 「계사전(繫辭傳)」의 내용으로 "역에 태극이 있는데, 이곳에서 양의(兩儀)가 생겨나고, 양의에서 사상(四象)이 생겨나고, 사상에서 팔괘가 생겨나고, 팔괘에서 길흉이 정해진다[易有太極, 是生兩儀, 兩儀生四象, 四象生八卦, 八卦定吉凶]"는 말이다. 위에 『열자』를 인용한 것은 태역·태초·태시·태소의 정의, 즉 기가 아직 갖추어지지 않은 태역에서 기를 갖춘 태초로, 형을 갖춘 태시로, 또 질을 갖춘 태소까지 설명한 것이었다. 아래는 『삼명통회』 「원조화지시」에서 태극에 대해 말하고 있는 내용이다. 태극은 기와 형을 갖춘 것이다.

소위 태극은 천지인(天地人) 세 가지를 가리키는 것으로 기(氣)와 형(形)이 이미 갖추어졌지만, 아직 판단할 수 없는 이름이다. 도(道)와는 다른 것으로 하나가 허공에 매달린 것이다. 태극보다 먼저 존재하여 도가 곧 태극인지, 태극이 곧 도인지 알 수가 없다. (중략)

소위 태극이라 하면 음양과 동정의 본체로 형과 기가 분리된 것이 아니고 그 실체는 소리와 냄새가 없고 변화를 이루어 무궁하고 그 실체에 준칙이 있다. 그러므로 한 번 동하고 한 번 정하니 상호 그 뿌리가 된다. 음이 나누어지고 양이 나누어지니 양의(兩儀)가 성립되었다.[주11]

[주]11 　所謂太極, 乃是指天地人三者氣形已具而未判者之名, 而道又別是一懸空底物. 在太極之先, 不知道卽太極, 太極卽道. (중략) 所謂太極者, 乃陰陽動靜之本體. 不離於形氣而實無聲臭, 不窮於變化而實有準則. 故一動一靜, 互爲其根. 分陰分陽, 兩儀立焉.

천지는 천지에서 생하지 않고 음양에서 생하며, 음양은 음양에서 생하지 않고 동정에서 생하고, 동정은 동정에서 생하지 않고 태극에서 생한다. 무릇 태극이란 것은 본연이 묘한 것이고, 동정이란 것은 (태극이) 올라타는 기틀이며, 음양이란 것은 낳는 것의 근본이다. 태극은 형이상의 도(道)이고 음양이란 형이하의 기(器)이니 동정은 끝이 없고 음양은 시작이 없다. 이 조화는 이런 것을 근원으로 하여 성립된다.㊒12

위의 인용문은『삼명통회』의 내용이지만, 북송 시대 이학(理學)과 남송 시대 주희(朱熹, 1130~1200)가 집대성한 신유학의 영향이 강하게 나타나 있는 문장이다. 단적으로 표현된 것이 "태극이란 것은 본연이 묘한 것이고, 동정이란 것은 올라타는 것의 기틀이며, 음양이란 것은 낳는 것의 근본이다"인데, 이는 송대 신유학의 생활 및 학문 지침서라 할 수 있는『근사록(近思錄)』의 문장이다.『근사록』은 주희 즉 주자(朱子)와 여조겸이 정명도와 정이천 형제 그리고 장횡거의 저서나 어록에서 일상의 수양에 필요한 문장을 추려 초학자들이 알기 쉽게 엮은 책이다. '근사(近思)'는『논어』의 "널리 배우고 뜻을 돈독히 하며, 절실하게 묻고 가까이 생각하면[近思] 인(仁)은 그 가운데 있다"는 문장에서 가져온 단어이다. 위의『삼명통회』「원조화지시」에서 인용한 내용을 정리하면 다음과 같다.

• 태극(동정·음양·천지조화)

태극(太極)	동정(動靜)	음양(陰陽)	
본연의 묘함 형이상의 도(道)	태극이 올라타는 기틀	낳는 것의 근본 형이하의 기(器)	천지(天地) 조화

인용문은 '태극은 형이상의 도'라 하고, '음양은 형이하의 기'라 하였는데, 이것이 바로 태극을 체로 하고, 음양을 용으로 하는 이체기용(理體氣用)의 형이상학론이다. 태

㊒12 天地不生於天地, 而生於陰陽. 陰陽不生於陰陽, 而生於動靜. 動靜不生於動靜, 而生於太極. 蓋太極者, 本然之妙也. 動靜者, 所乘之機也. 陰陽者, 所生之本也. 太極, 形而上道也. 陰陽, 形而下器也. 動靜無端, 陰陽無始, 此造化所由立焉.

극을 이(理)로 보느냐 아니면 기(氣)로 보느냐는 동양 유학사에서 중요한 논점이다. 요지는 태극이나 이(理), 천명(天命)과 같은 것을 하나의 형이상자이며 체로 보고, 음양오행이나 기질과 같은 것을 형이하자이며 기로 본다는 것이다. 앞의 표는 태극이라는 형이상의 도(道)에서 동정이라는 조짐을 타고 음양이라는 형이하의 기물[기(器)]이 생겨나는 과정을 나타낸 것이다. 하늘[천(天)]은 양이고 움직이는 것[동(動)]인데 동이 극에 이르면 고요하게[정(靜)] 되고, 땅[지(地)]은 음으로 고요한 것[정(靜)]인데 정이 극에 이르면 움직이게[동(動)] 된다. 그것이 태극·동정·음양에 따른 천지조화의 이치이다.

다음은 음양에서 오행의 기질이 생겨나는 과정과 순서를 설명한 문장이다. 『삼명통회』「원조화지시」를 이어서 인용하였다.

오행은 한 번 음양하면 오행의 다름과 음양의 실제가 여분이 없게 되고, 음양이 한 번 태극하면 정조와 본말의 피차가 없게 된다. 오행의 질(質)은 땅에서 갖추어지고, 기(氣)는 하늘에서 유행한다. 질로 말하면 그 발생하는 순서가 水火木金土이며 水와 木이 양이고, 火와 金이 음이다. 기로 말하면, 그 행하는 순서가 木火土金水이다. 火木이 양이고, 水金이 음이다. 또한 통합해서 말하면, 바로 기는 양이고 질은 음이다. 또 교차해서 말하면, 동은 양이고 정은 음이다. 무릇 오행의 변화는 지극하여 다함이 없으니 가는 곳마다 음양의 도가 아닌 것이 없고, 그것은 말하자면 음양이라는 것이다. 즉 또한 태극의 본연이 아닌 것이 없는 것이다.㊟13

명리학 공부에서 오행의 발생과 운동 문제를 이해하기 위해서는 위의 인용문을 꼭 짚고 넘어갈 필요가 있다. 앞으로 여러 자료에서 기(氣)와 질(質), 상(象)과 형(形), 체(體)와 용(用), 형이상·형이하 등 철학적 개념과 관련된 용어나 문장을 마주치게 될

㊟13 五行一陰陽, 五殊二實, 無餘欠也. 陰陽一太極, 精粗本末, 無彼此也. 五行質具於地, 而氣行於天. 以質而語其生之序, 則水火木金土, 而水木陽也, 火金陰也. 以氣而語其行之序, 則曰木火土金水, 而火木陽也, 水金陰也. 又統而言之, 則氣陽而質陰也. 又錯而言之, 則動陽而靜陰也. 蓋五行之變, 至不可窮, 然無適而非陰陽之道. 其所以爲陰陽者, 則又無適而非太極之本然也.

것이다.

명리학 자료 이전에 하도낙서나 다양한 위서를 참조한 학습자는 오행을 水火木金土의 순서로 말하기도 하고, 木火土金水로 말하기도 한 자료를 보았을 것이다. 그 차이가 무엇인지를 설명한 곳은 많지 않다. 앞의 인용 문장에 그 단서가 있다. 오행의 질은 땅에 있고, 오행의 기는 하늘에서 유행한다. 오행의 질이 발생하는 순서는 水火木金土이고, 오행의 기가 운행하는 순서는 木火土金水이다. 발생과 변화라는 차이가 있고, 기와 질이라는 차이가 있다. 질로서 말하면 水木이 양이고 火金이 음인데, 기로서 말하면 木火가 양이고 金水가 음이다. 전체적으로 木은 항상 양이 되고 金은 항상 음이 된다. 水와 火는 수화기제(水火旣濟)와 수화미제(水火未濟)에 따라 음양이 변화한다. 지지론에서 水의 지지인 亥子와 火의 지지인 巳午가 체용이 변화하고 음양이 전환되는 것과도 상통한다. 계통으로 말하면 기는 양이고 질은 음이다. 음양의 이치가 계통이나 분류에 따라 호환되는 것을 알고 유연하게 사고하는 것이 중요하다. 이상의 내용을 아래의 표로 정리하였다.

• 오행의 기와 질: 상과 형

오행의 기(氣): 상(象)	오행의 질(質): 형(形)
하늘에서 유행	땅에서 갖추어짐
양	음
木火土金水: 행하는 순서	水火木金土: 발생의 순서
양: 木火, 음: 金水	양: 水木, 음: 火金
관념적인 것: 무형·정신	감각적인 것: 유형·물질
이상적	현실적
내면·정신·이론·전체·공적·명예	외면·물질·행동·부분·사적·실리

명리학도 입장에서는 간지를 조합한 팔자의 구성과 그 해독방법만 알면 될 텐데 기

어코 철학과 연관지어 이 공부를 어렵게 만들었다고 푸념할 수도 있다. 이해하지 못하고 넘어가도 큰 지장이 없겠지만, 이러한 개념을 파악하면 장거리 학문에 중요한 길잡이가 된다. 할 수 있다면 이해하는 게 좋다.

내용이 점점 어려워진다고 느낄 수도 있지만, 『삼명통회』의 「원조화지시」 즉 태역·태초·태시·태소에서 태극 본연의 묘함으로 천지조화가 생겨나는 근원을 밝힌 내용이 『적천수』나 『자평진전』과 같은 책에 그 철학적 사유가 이전되어 나타난다. 명리학의 기본 부호체계인 간지론으로 진행하기 위해 음양오행과의 연결고리를 존재·발생론적으로 논증하고 있다고 해석하면 되겠다. 중략하고, 음양오행의 운동이 사시의 천지 질서로 나타난 것을 설명한 문장을 「원조화지시」에서 마저 인용하면 다음과 같다.

대저 오행은 각각 하나의 성(性)으로 태어났으니, 사시의 운행에도 또한 그 순서가 있다. 봄은 생하고, 여름은 성장하고, 가을은 숙살하고, 겨울은 저장한다. 봄에서 여름으로, 여름에서 가을로, 가을에서 겨울로, 겨울은 다시 봄으로 돌아오니 그 순환이 무궁무진하다. 무릇 오행은 모두 질이 다르고, 사시는 기가 다르지만 모두 음양을 벗어나지 않고, 음양은 위치가 다르고 동정은 때가 다르지만 모두 태극을 벗어날 수 없다.㈜14

위 문장에서 오행과 사시 그리고 각 계절을 규정하는 키워드를 정리하면 다음 표와 같다. 비록 사시 각각의 기가 달라도 모두 음양의 이치에 따른 것이고, 음양은 위치, 동정은 때에 따른 것이지만 모두 태극의 이치 안에 있다.

㈜14 夫五行之生, 各一其性. 四時之行, 亦有其序. 春以生之, 夏以長之, 秋以肅之, 冬以藏之. 春而夏, 夏而秋, 秋而冬, 冬而復春, 而相循無窮. 蓋五行異質, 四時異氣, 而皆不外乎陰陽. 陰陽異位, 動靜異時, 而皆不離乎太極.

• 오행과 사시의 운행

봄	여름	가을	겨울
생함[生]	성장함[長]	숙살함[肅]	저장함[藏]

다음에 이어지는 내용은 태극·음양·동정으로 사시·남녀·물질을 말하고 있다. 이곳에 비로소 인간의 운명에 대한『삼명통회』의 사유가 나타난다.

사람과 사물이 천지가 생겨난 초기에 처음 태어났다고 논하는 것은 즉 기운이 변화한 이후에 유형화되었다는 것이니, 장자(張子)가 이른바 천지의 기운이 이를 생하였다고 한 것이 이것이다. 사람과 사물이 형체를 받아 잉태된 초기에 비로소 발생하였다고 논한 것은 정기가 모인 이후에 사물이 있게 된 것이니, 주자(朱子)가 이른바 음의 정과 양의 기가 모여서 물질을 이루었다고 한 것이 이것이다. 이것에 근거해서 말하면 사람이나 사물이나 기(氣)나 형(形)이나 어느 것이 음양을 벗어나서 생겨날 수 있겠는가?[주]15

대저 생명은 음양에서 품부하여 받는 것으로 발생 초기에는 사람이 옮길 수 있는 것이 아니다. 하려고 하여도 할 수가 없으니 내가 기필코 할 수 있는 것이 아니다. 이에 부유하게 태어나거나 귀하게 태어난 사람도 있고, 장수하도록 태어나거나 요절하도록 태어난 사람도 있으며, 가난하게 태어나거나 천하게 태어난 사람도 있고, 부귀를 둘 다 겸하여(부귀쌍전) 태어나서 남들의 위에서도 더 위에 있는 사람도 있고, 빈천이 겹쳐서 떨어지고 떨어져도 남들의 아래에 더 밑으로 내려와 있는 사람도 있으며, 마땅히 장수해야 하는데 요절하는 사람도 있고, 마땅히 요절해야 하는데 반대로 장수하는 사람이 있다. 쌓은 것이 있어서 당연히 그렇다고 말해야 하는가 또는 본성에 따라 그렇다고 해야 하는가. 쌓은 것이 있어서 그렇다면 가난한 사람도 부귀해질 수 있고 요절할 사람도 오래 살 수 있으니 옛날에 이르길 사람이 하늘을 이길 수 있다는 것이고, 본성에 따라서 그렇다면 부귀하게 될 사람은 부귀하게 되고, 빈천할 사람은 빈천해지

[주]15　論人物始生於天地肇判之初, 則由氣化而後有形化, 張子所謂天地之氣生之是也. 論人物始生於結胎受形之初, 則由精氣之聚而後有是物, 朱子所謂陰精陽氣聚而成物, 是也. 由是言之, 則人也, 物也, 氣也, 形也, 孰有出於陰陽之外哉?

고, 장수하거나 요절할 사람은 결국 장수하거나 요절하니, 예로부터 말한 소위 운명은 옮길 수 없다는 말이 된다. 주16

쌓은 것으로 말하면 온전히 명(命)이 될 수 없고 본성으로 말하면 온전히 사람됨이 될 수 없으니, 장차 적선하고 베푸는 것에 의하면 명이 품부받은 바의 부귀·수요·빈천의 여부가 어떠한지 알 수 없고, 장차 본성에 의지해서는 아직 부귀·수요·빈천을 앉아서 기다릴 수 있는 사람이 없으니 사람됨이 마치 흠잡을 만한 것이 없어야 하는 것과 같다. 혹자가 말하길, 명은 태어나면서 품부받는 것이라 하니 진실이로다. 어찌 사람이 천지지간에 태어나서 오행과 팔자가 같은데도 부귀·빈천·수요가 같지 않은 것은 무엇 때문인가? 답하길, 음양의 두 기운이 교감할 때 진정으로 묘하게 합하는 기운을 받은 것이니 응결하여 태아를 만들어 남과 여를 이루고 천지 부모와 어떠한 시절의 기후를 얻는지에 달렸다. 주17

위에서 인용한 내용은 사람이 태어나면서 부귀와 빈천 혹은 장수와 요절의 운명을 타고나는 것인가 아니면 살아가면서 쌓는 각종 선행과 노력으로 운명을 채우고 바꿔나가는가를 논의하고 있다. 운명이라는 본성에 순응할 것인가 혹은 운명의 변화에 편승할 것인가에 대한 심도 깊은 고민이 드러난 문장이라 할 수 있다. 명리학은 타고난 기운의 배합에 더하여 천지 부모의 인연과 시절의 기후가 운명으로 옮겨지는 것에 대해서도 지극한 관심을 가졌다고 본다.

다음으로 『연해자평』「논오행소생지시(論五行所生之始)」의 마지막 문장에서 천간과 지지의 발생에 대한 내용을 읽어보겠다.

주16 夫命稟於陰陽, 有生之初, 非人所能移. 莫之爲而爲, 非我所能必. 於是有生而富, 生而貴者, 有生而壽, 生而夭者, 有生而貧, 生而賤者, 有生而富貴雙全, 巍巍人上者, 有生而貧賤兼有, 落落人下者. 有生而宜壽而反夭閼, 有生而宜夭而反長年之數者. 謂由於所積而然與? 亦由於所性而然與? 謂由於所積, 則貧可以致富, 賤可以致貴, 夭可以致壽, 古之所謂人能勝天者也. 謂由於所性得乎富貴者終於富貴, 貧賤者終於貧賤, 壽夭者終於壽夭, 古之所謂命不可移也.

주17 夫謂之積, 則不可專以爲命. 夫謂之性, 則不可專以爲人. 將以付之於所積, 與未知命之所稟富貴夭貧賤何如也? 將以付之於所性, 與未有富貴壽夭貧賤可坐待者, 而人爲似不可缺也. 或曰, 命稟有生之初, 誠哉是言也. 何人生天地之中, 有五行八字相同, 而富貴貧賤壽夭之不一, 其故何也? 答曰, 陰陽二氣交感之時, 受眞精妙合之氣, 凝結爲胎, 成男成女, 得天地父母一時氣候.

아아! 대도가 무너지고 간사함이 생기니, 요괴(치우신)가 나타났다. 이때 하늘은 子에서 열리고, 땅은 丑에서 열리고, 사람은 寅에서 생하였다. 비로소 천지의 양의[의(儀)]가 서고, 만물이 생기고, 간사함도 일어나고, 요괴가 나타났다. ^{㈜18}

인용문에 요괴라고 썼는데, 이는 바로 치우(蚩尤)신을 의미한다. 대도가 무너지고 간사함이 생기면서 요괴가 나타났다 하고 그 요괴가 치우신을 의미하는 것으로 봐서, 치우가 사악한 무리를 대표하는 의미로 쓰였다는 것을 알 수 있다. 치우는 중국의 여러 기록과 전설에서 헌원(황제)과 함께 등장하는 전쟁의 신 또는 옛 부족의 지도자이다. 오행의 발생을 논하면서 마지막 문장에 치우를 언급하여 세상에 위기가 닥칠 것을 예견하였다. 인용 문장에서 '하늘은 子에서 열리고, 땅은 丑에서 열리고, 사람은 寅에서 생하였다'고 한 것은 삼역인 연산역, 귀장역, 주역의 정월이 각각 寅월, 丑월, 子월인 것과 관련이 있다.

아래는 「논오행소생지시」 다음에 나오는 「논천간지지소출(論天干地支所出)」의 내용이다.

은연중에 간사함이 생기고 요괴가 출현하여 황제 때는 치우신의 소란이 있었다. 이런 때를 당하여, 황제는 백성들의 고통을 심히 우려하여 탁록(涿鹿)의 벌판에서 치우와 전쟁을 벌였는데, 흘러나온 피가 백리에 달했으나 능히 그를 다스리지 못하였다. (이때에 황제가 비로소 방패, 창, 칼, 검의 기물을 제작하였다). 황제는 이에 목욕재계하고 단을 쌓아 하늘에 제사지내고,, 네모난 제단[방구(方丘)]을 만들어 땅에 예배하였다. 하늘은 이에 십간을 내려주었는데 곧 甲, 乙, 丙, 丁, 戊, 己, 庚, 辛, 壬, 癸이고, 십이지를 내려주었는데 곧 子, 丑, 寅, 卯, 辰, 巳, 午, 未, 申, 酉, 戌, 亥이다. 황제가 이에 십간을 원으로 펼쳐 하늘의 형체를 본뜨고, 십이지지를 반듯하게[方] 펼쳐 땅의 형체를 본뜨니 비로소 간(干)으로 하늘을 삼고, 지(支)로 땅을 삼아서 천간

㈜18　嗚呼! 大道廢而奸詐生妖怪出, 是時天開於子, 地開於丑, 人生於寅, 始立天地之義, 萬物生焉, 奸詐幷起, 妖怪騰出.

과 지지를 모아 밝히자 우러러 복종하여 그런 다음에야 치우를 다스릴 수 있었다. (이것이 십간과 십이지가 서로 짝이 되어 나온 연유이다).

그 후에 대요씨가 있었는데, 후세 사람들을 위해 그것(즉 치우신의 소란과 같은 것)을 염려하면서 "아아, 황제는 성인이었어도 오히려 그 악살을 다스리지 못하였는데, 만일 후세 사람들이 재난을 당하고 고통을 겪는다면 이를 어찌할꼬?"라 하여, 마침내 십간십이지를 각각 짝을 지어 육십갑자라는 것을 만들었다. 주19

탁록의 전투는 상고시대에 치우와 헌원 황제가 북방의 탁록이라는 곳에서 싸운 전쟁을 말한다. 먀오족(묘족)은 치우를 민족의 조상으로 추앙하며, 한국 야사에서는 치우를 한민족을 이루는 하나의 부족 또는 군주로 보기도 한다. 치우와 헌원이 벌인 전쟁은 흔히 '황제 신화'라고 부르며, 이러한 신화의 해석에 많은 의견이 존재하였다. 치우가 이끌었던 구려족(九黎族)은 먀오족의 조상으로 양쯔강 유역에 거주하였다고 한다. 대체로 치우로 상징되는 양쯔강 유역의 남방 부족과, 황제로 상징되는 황하 유역의 한족이 전쟁을 벌였다고 보는 것이 전통적인 견해이다.

청나라 말기 강유위, 고힐강 등의 의고학파(疑古學派)는 황제 신화를 비롯한 삼황오제의 신화를 비판적으로 분석하여 역사성을 부인하고, 전국시대에서 위진남북조 시대에 걸쳐 종교적 영향으로 꾸며진 신화로 판정하였다. 그러나 1990년대 이후 중국 학계는 한족 중심의 민족주의적 영향으로 국가의 개입 아래 황제 신화를 한족의 국조 설화로 중요시하면서, 황제나 치우를 역사적 실존 인물로 구축하는 작업을 진행하고 있다는 지적이 있다.

인용문의 방구(方丘)는 제왕이 지신에게 제사지낸 제단을 말하는데, 위 인용문은

주19 竊以奸詐生 妖怪出 黃帝時有蚩尤神擾亂. 當是之時, 黃帝甚憂民之苦逐, 戰蚩尤於涿鹿之野, 流血百里, 不能治之(時帝始制干戈刀劍之器). 黃帝於是齊戒, 築壇祀天, 方丘禮地. 天乃降十干: 卽甲, 乙, 丙, 丁, 戊, 己, 庚, 辛, 壬, 癸; 十二支: 卽子, 丑, 寅, 卯, 辰, 巳, 午, 未, 申, 酉, 戌, 亥. 帝乃將十干圓布象天形, 十二支方布象地形, 始以干爲天, 支爲地, 合光仰職門放之, 然後乃能治也(此十干十二支之所出也). 自後有大撓氏, 爲後人慢之, 磋呼, 黃帝乃聖人尙不能治其惡煞, 萬一後世見災被苦, 將何奈乎, 遂將十干十二支分配成六十甲子云.

방구를 네모난 제단으로 번역하였다. 십간은 하늘의 모양처럼 둥글게 배치하고, 십이지지는 땅의 형상을 본떠 사방에 배치하였다. 이것이 천원지방(天圓地方)의 설이다. 십간 甲·乙·丙·丁·戊·己·庚·辛·壬·癸는 순서대로 양·음의 차례이다. 즉 甲·丙·戊·庚·壬이 양간이고 乙·丁·己·辛·癸가 음간이다. 이후에 대요씨가 십간과 십이지를 짝지은 것이 육십갑자의 유래이다.

『연해자평』의 「논천간지지소출」은 천간과 지지가 출현하게 된 과정을 황제시대에 기원하여 설명하는 신화적 내용이다. 『여씨춘추』·『율력지』·『오행대의』 등에서 말하는 대요씨 설과도 무관하지 않다. 이 이야기 속에는 명리이론의 기원이 될 만한 여러 상징이 숨어 있다. 우선 황제가 진심으로 기도하여 천간과 지지라는 신령한 물건을 받았다는 신성성, 그것으로 인간 세상의 우환에 대비하려고 하였다는 점, 십간은 하늘의 형상을 본떠 원으로 배치하고 십이지는 땅의 형상을 본떠 네모나게 배치한 천원지방의 사상 그리고 궁극적으로 육십갑자가 악살을 물리치는 도구가 되었다는 점이다. 천간과 지지로 인간의 운명을 설명하고, 특히 여러 길흉사에 대하여 흉한 일에 대처하기 위한 도구로 쓰였다는 것을 암시한다. 이론적으로는 십천간으로 하늘을 상징하여 둥글게 배치하고, 십이지지로 땅을 상징하여 동서남북에 배치한 것이 다양한 명리이론의 근거가 되었다 할 수 있다.

이제 천간과 지지를 둘러싼 신화적 상상력에서 그 이론적 요소로 진도를 나가보겠다. 아래는 『오행대의』 「논지간명(論支干名)」에서 가져온 내용이다.

간지는 오행을 따라 세운 것이니, 옛날에 헌원씨가 나라를 다스릴 때에 대요씨가 만든 것이다. 채옹이 『월령장구』에서 말하길, "대요씨가 오행의 성정을 채취하여 북두칠성의 조짐으로 점을 친 것이다. 甲乙에서 시작하여 날(日: 해)에 이름을 붙인 것을 간(幹)이라 하고, 子丑에서 시작하여 월(月: 달)에 이름을 붙인 것을 지(支)라 한다"고 하였다. 하늘에서 일어나는 일은 일(日: 천간)을 쓰고, 땅에서 일어나는 일은 진(辰: 지지)을 쓴다. 음과 양의 구별이 있으므로 간지의 이름이 있다. 그러나 각각 총괄과 개별이 있으니 먼저 총괄적인 명칭을 논하고 개별적인

호칭을 말하기로 한다. ^주20

위의 문장은 간지의 총괄적인 명칭을 논하여 천간(天干)의 干(방패 간)은 幹(주관할 간, 줄기 간)에서 유래하고, 지지(地支)의 支(가르다, 가지, 지탱하다)는 枝(가지)에서 유래한 것을 설명한 내용과 같이 나온다. ^주21 대부분의 명리서는 幹 대신에 干을, 枝 대신에 支를 쓴다. 명리 고전을 읽으면서 幹으로 천간을 의미하는 경우를 발견하면 干의 고어체라고 이해하면 된다. 천간은 날 혹은 태양[日]에 이름을 붙인 것이고 하늘에서 일어나는 일과 관련이 있으며, 지지는 진(辰)이라 써서 땅에서 일어나는 일과 관련이 있다는 것을 말하고 있다.

필자의 책 『명리학 CLASS』에서 이미 학습했겠지만, 십천간과 십이지지의 음양과 오행의 배속을 표로 정리하면 다음과 같다. 십이지지를 춘하추동 사계절로 나누어 각 계절에 3개의 지지를 분배하였을 때 세 지지 중 마지막 하나(한 달)가 土이다. 다시 말해서 십이지지는 木火金水의 순서로 춘하추동의 사행에 배속하고, 나머지 土는 木火金水가 충만한 기로 사계절 각각에 배속되어 마지막 한 달을 차지한다. 이와 같이 하면 土의 성향은 계절마다 오행의 기질에 따라 읽어주어야 하고, 그 음양 기질의 논리는 金木水火를 따른다. 그러므로 다른 사행(四行)을 이해하는 것보다 土를 이해하는 것이 더욱 복잡해진다.

---

^주20 支干者, 因五行而立之. 昔幹轅之時, 大撓之所制也. 蔡邕月令章句云, 大撓採五行之情, 占斗機所建也. 始作甲乙, 以名日, 謂之幹. 作子丑, 以名月, 謂之支. 有事於天, 則用日, 有事於地, 則用辰. 陰陽之別, 故有支干名也. 而各有總別. 先論總名, 次言別號.

^주21 『오행대의』 「논지간명(論支干名)」에 '幹'의 의미로 세 가지가 있는데, 첫 번째가 주관할 간(幹), 두 번째가 줄기 간(榦), 세 번째가 방패 간(干)이다. 첫 번째 주관할 간(幹)은 가지 지(支)와 같이 쓰여 하나는 주관하고[幹], 하나는 나누어 맡아서[支] 모든 일을 주관하여 처리한다는 뜻이다. 두 번째 줄기 간(榦)은 가지[支]와 줄기[榦]가 배합하여 하나의 나무를 이룬다는 뜻으로 쓰인 것이다. 세 번째 방패 간(干)으로 천간 간을 쓴 것은 대나무 줄기와 같이 곧게 뻗어 뚜렷하게 나타낸다는 뜻이다. 정확하게는 장대 간(竿)이지만 간략하게 썼다고도 말한다.

• 십천간의 음양오행

갑	을	병	정	무	기	경	신	임	계
甲	乙	丙	丁	戊	己	庚	辛	壬	癸
양	음	양	음	양	음	양	음	양	음
木		火		土		金		水	

• 십이지지의 음양오행과 절기의 배속

인	묘	진	사	오	미	신	유	술	해	자	축
寅	卯	辰	巳	午	未	申	酉	戌	亥	子	丑
양	음	양	양	음	음	양	음	양	양	음	음
1월	2월	3월	4월	5월	6월	7월	8월	9월	10월	11월	12월
봄			여름			가을			겨울		

• 십이지지의 지장간

지지	자	축	인	묘	진	사	오	미	신	유	술	해
	子	丑	寅	卯	辰	巳	午	未	申	酉	戌	亥
여기 중기 본기	壬 癸	癸 辛 己	戊 丙 甲	甲 乙	乙 癸 戊	戊 庚 丙	丙 己 丁	丁 乙 己	戊 壬 庚	庚 辛	辛 丁 戊	戊 甲 壬

용신론의 기본 이론

오행의 생극제화

오행이 서로 도와주고 극복하는 관계에 대하여

음양의 생과 극 그리고 오행의 상생과 상극은 사계절 운행의 이치를 설명하는 명리 철학의 근거이다. 그것이 인간의 일에 적용되었을 때 육신이라는 성분이 되고, 그 변 화의 이치를 통해 사주팔자를 통변한다. 오행의 운행 순서는 木이 火를 생하고, 火가 土를 생하고, 土가 金을 생하고, 金이 水를 생하고, 水가 다시 木을 생하는 상생의 순 환이 있고(木 → 火 → 土 → 金 → 水 → 木), 木이 土를 극하고, 土가 水를 극하고, 水가 火를 극하고, 火가 金을 극하고, 金이 木을 극하는 상극의 순환이 있다(木 → 土 → 水 → 火 → 金 → 木).

오행은 다섯 가지 독립된 요소가 아니라 다섯 행(行), 즉 운행과 변화이다. 따라서 木火土金水라는 오행을 분리하여 개별적 특성을 이해하는 것은 명리학 공부에서 일차원적 접근일 뿐이다. 오행의 상생과 상극이 끊임없이 순환하여 반복되는 것이 바로 사계절의 운행이고 그 변화는 멈추지 않는다. 그 변화의 원리에 따라 자연의 조후를 파악하고 이를 통해 천지 만물의 일부로 태어난 인간의 운명을 읽는다. 이것을 간파해야 명리학문의 올바른 길에 접어들 수 있다.

이 책은 오행 상생과 상극의 원리나 개론적인 내용을 설명하는 것이 주된 목적은 아니다. 하지만 오행생극의 이치가 명리학 공부의 기초이면서 가장 중요한 부분을 차지하는 만큼, 반드시 그 과정을 이해하고 거기서 파생된 원리를 파악해야 한다. 이후 사주팔자 통변 고급 단계에 이르면 결국 오행의 생극제화가 팔자 분석의 최우선 도구라는 사실을 깨닫게 될 것이다. 더 이상 강조할 말이 없을 정도이다. 필자는 『명리학 CLASS』에서 『오행대의』 등을 인용하여 오행의 분류나 생극제화를 설명한 바 있고, 이곳에 정통 명리서에서 언급한 내용을 추가로 정리하였다. 오행의 생극제화는 우주 만물의 조화뿐 아니라 육친이라는 이름으로 가족관계가 만들어지는 중요한 단서이다. 그것이 나아가 격국과 용신의 모든 주체이다. 『연해자평』의 「논오행상생상극(論五行相生相剋)」에서 "나를 생하는 자는 부모이다. 내가 생하는 자는 자손이다. 나를 극하는 자는 관귀이다. 내가 극하는 자는 처재(妻財)이다. 나와 비교하여 응하는[비화(比和)] 자는 형제이다"와 같은 문장은 육신에 대한 단서를 제공하는 것으로 지극히 명리학적 접근이다. 다음은 『삼명통회』 「논오행생극(論五行生剋)」에서 인용하였다.

오행이 상생하고 상극하는 이치는 분명하고 자연스럽다. 십간십이지, 오운육기, 연월일시가 모두 여기에서 세워져 되풀이하여 사용된다. 하늘[천(天)]에 있는 것은 기(氣)가 되고, 한서조습풍(寒暑燥濕風)이다. 땅[지(地)]에 있는 것은 형(形)을 이루고 金木水火土이다. 형과 기가 서로 감응하여 만물에 변화가 생긴다. 이것이 조화가 만들어지는 커다란 기틀이다. 근원의 쓰임은 묘하다. 한마디로 무궁하다.[주]**22**

[주] **22**　五行相生相剋, 其理昭然. 十干十二支, 五運六氣, 歲月日時, 皆自此立, 更相爲用. 在天則爲氣, 寒暑燥濕風. 在地則成形, 金木水火土, 形氣相感, 而化生萬物. 此造化生成之大紀也. 原其妙用, 可謂無窮矣.

木은 동쪽을 주관하여 봄에 응하고, 木은 접촉[촉(觸)]하는 것으로 말한다. 양기가 닿으면 움직이니 땅이 무릅쓰고[모(冒)] 생겨난다. 水는 동으로 흐르기 때문에 木을 생한다. 나무의 줄기는 위로 뻗고[상발(上發)] 뿌리는 아래로 퍼진다[부하(覆下)]. 그래서 자연의 질이 된다. 火는 남쪽을 주관하여 여름에 응한다. 火는 변화라고 말하니 화염[훼(煅)]이다. 양은 위에 있고 음은 밑에 있으니 화염이 성해지면 만물을 변화시킨다. 木을 잘라서 불을 취하니 木이 (火를) 생하는 곳이다. 火는 정체(正體)가 없으니 체의 근본은 木에 있다. 만물이 응하여 나타나고 다하면 다시 되돌아가는 것으로 그래서 자연의 이치이다. 金은 서쪽을 주관하여 가을에 응한다. 金은 금지[금(禁)]하는 것으로 말한다. 음기는 만물을 금지하는 것으로 거두어 모은다. 모래를 헤집고 金을 가려 줍게 되니 土가 (金을) 생하는 곳이다. 土에서 생하고 土에서 헤어지니 그래서 자연의 형(形)이 된다. 水는 북쪽을 주관하여 겨울에 응한다. 水는 윤하[윤(潤)]라고 말한다. 음기는 젖어 물에 배어드니 만물을 임신하여 기른다[임양(任養)]. 水는 서쪽에서 동쪽으로 흐르니 金이 (水를) 생하는 것이다. 물은 흐르다 굽어 꺾여도 아래로 흘러 도달하는 것이 자연의 본성[성(性)]이다. 土는 중앙을 주관하고 서쪽과 남쪽을 겸하여 위치하니 장하(長夏: 늦여름)에 응한다. 土는 토한다[토(吐)]는 뜻으로 말하여 만물을 함토(含吐: 머금고 뱉어냄)한다. 장차 생할 것이 출현하고 장차 죽을 것이 돌아가는 만물의 집이 된다. 따라서 긴 여름의 끝에 있으니 火가 (土를) 생하는 곳이다. 土는 水를 이기지만 水가 도리어 土를 이길 수도 있느니 자연의 의의[의(義)]이다. 〔주〕**23**

십간십이지 외에 오운육기를 말하고, 형기(形氣)가 감응하는 이치와 변화의 무궁한 원리를 설명하였다. 두 번째 단락에서 오행의 상생을 말하면서 각 오행과 성질 그

〔주〕**23** 木主於東應春. 木之爲言觸也, 陽氣觸動, 冒地而生也. 水流趨東, 以生木也. 木上發而覆下, 乃自然之質也. 火主於南應夏. 火之爲言化也, 煅也. 陽在上, 陰在下煅然盛而變化萬物也. 鑽木取火, 木所生也, 然火無正體, 體本於木, 出以應物, 盡而復入, 乃自然之理也. 金主於西應秋. 金之爲言禁也. 陰氣始禁止萬物, 而摯斂. 披沙揀金, 土所生也. 生於土而別於土, 乃自然之形也. 水主於北應冬. 水之爲言潤也. 陰氣濕潤, 任養萬物也. 水西而東, 金所生也, 水流曲折, 順下而達, 乃自然之性也. 土主於中央, 兼位西南, 應於長夏. 土之爲言吐也. 含吐萬物, 將生者出, 將死者歸, 爲萬物家, 故長於夏末, 火所生也. 土或勝水, 水乃反土, 自然之義也.

리고 의의를 연결하였다. 정리하면 木은 촉동(觸動: 닿아서 움직이는 것)과 상발·부하(上發·覆下: 나무의 줄기가 위로 뻗고 뿌리가 아래로 퍼지는 것), 火는 훼·변화(燬·變化: 화염이 성해지면 만물을 변화시킴), 金은 금·추렴(禁·犖斂: 금지하고 가두어 모으는 것), 水는 윤하·임양(潤·任養: 아래로 흘러 적시고 만물을 임신하여 기르는 것), 土는 함토(含吐: 머금고 뱉어냄) 등이다.

다음은 오행 상극에 대한 내용으로 『삼명통회』를 이어서 인용하였다.

오행상극은 아들이 어미를 위하여 복수한다는 것이다. 木이 土를 극하는데 土의 아들인 金이 도리어 木을 극하는 것, 金이 木을 극하는데 木의 아들인 火가 도리어 金을 극하는 것, 火가 金을 극하는데 金의 아들인 水가 도리어 火를 극하는 것, 水가 火를 극하는데 火의 아들인 土가 도리어 水를 극하는 것, 土가 水를 극하는데 水의 아들인 木이 도리어 土를 극하는 것이다. ^주 **24**

상호상생으로 시작이 되고 상호상극으로 끝이 되는 것은 모두 하늘의 본성에서 나온 것이다. 『소문(素問)』에 말하길 水는 木을 생하고 木은 다시 火를 생하니, 이는 木의 기가 (火에 의해) 빼앗기는 것으로 水가 노하여 火를 극하는 것이다. 즉, 자식의 기가 빼앗기는 것에 어미가 힘으로 대항하다가 관귀에게 손상을 입게 된다. 자식이 와서 구하려고 하지만 그 의미는 같다. 강(强)한 것이 약(弱)한 것을 공격할 수 있어서 土가 木을 득하면 현달하게 되고, 실함[실(實)]이 허함[허(虛)]을 이길 수 있어서 水가 土를 득하면 끊기게 되고, 음이 양을 소멸시킬 수 있어서 火가 水를 득하면 멸하게 되고, 맹렬함[열(烈)]이 굳셈[강(剛)]을 대적할 수 있어 金이 火를 얻으면 이지러지고, 견고함[견(堅)]이 유약함[유(柔)]을 제재할 수 있어서 木이 金을 득하면 벌목된다. 따라서 오행이 유행하여 거듭 전환되니 순행(순용의 도리)은 상생이요 역행(역용의 도리)은 상극이다. ^주 **25**

주 **24** 五行相剋, 子皆能爲母. 復, 讎也. 木剋土, 土之子金反剋木, 金剋木, 木之子火反剋金, 火剋金, 金之子水反剋火, 水剋火, 之子土反剋水, 土剋水, 水之子木反剋土.

주 **25** 互能相生, 乃其始也. 互能相剋, 乃其終也, 皆出乎天之性也.《素問》所謂水生木, 木復生火, 是木受竊氣, 故水怒而剋火. 卽子逢竊氣, 母乃力爭, 與母被鬼傷, 子來力救, 其義一也. 强可攻弱, 土得木而達, 實可勝虛, 水得土而絶, 陰可消陽, 火得水而滅, 烈可敵剛, 金得火而缺. 堅可制柔, 木得金而伐. 故五者流行而更轉. 順則相生, 逆則相剋.

오행의 상극에 대해『삼명통회』는 상극의 단순한 논리가 아니라 상극이 발생하는 이치, 즉 자식으로 하여금 부모의 원수를 대적하게 하는 육친의 논리를 설명하고 있다. 육친으로 말하면 식상을 이용하여 관살에 대적하는 원리이다. 오행의 생과 극이 자연스럽게 발생하는 것은 우주만물이 조화를 이루는 현상이다.『삼명통회』는 상생과 상극의 원리와 특성을 비롯해 의의까지 비교적 상세히 설명하였다. 즉, 기존의『백호통』이나『춘추번로』,『오행대의』와 같은 비전문 명리서와는 차별되면서도 깊이 있는 이론을 제시한 것이 특징이라 할 수 있다.

비록 오행의 생과 극이 모두 우주만물의 자연스러운 이치라 하였지만, 생극이 지나치거나 도리에 어긋나는 상황도 발생할 수 있다. 이것으로 인해 우주만물은 변화하고 인간의 운명에도 곡절이 야기된다.『연해자평』의「논오행생극제화각유소희소해례(論五行生剋制化各有所喜所害例): 오행 생극제화의 희와 해(좋은 사례와 해로운 사례)」가 이를 적절히 설명하고 있다.

金이 왕한데 火를 얻으면 그릇이 되고, 火가 왕한데 水를 얻으면 기제를 이루며, 水가 왕한데 土를 얻으면 못을 이루고, 土가 왕한데 木을 얻으면 소통할 수 있고, 木이 왕한데 金을 얻으면 동량이 된다.㈜26

金은 土에 힘입어 생하지만 土가 많으면 金이 매몰되고[토다금매(土多金埋)], 土는 火에 힘입어 생하지만 火가 많으면 土가 타버리며[화다토초(火多土焦)], 火는 木에 힘입어 생하지만 木이 많으면 火가 치열해지고[목다화치(木多火熾)], 木은 水에 힘입어 생하지만 水가 많으면 표류하며[수다목표(水多木漂)], 水는 金에 힘입어 생하지만 金이 많으면 탁해진다[금다수탁(金多水濁)].㈜27

金은 능히 水를 생하지만 水가 많으면 金은 가라앉고[수다금침(水多金沈)], 水는 능히 木을 생하지만 木이 무성하면 水는 줄어들며[목성수축(木盛水縮)], 木은 능히 火를 생하지만 火가

㈜26 金旺得火 方成器皿, 火旺得水 方成相濟, 水旺得土 方成池沼, 土旺得木 方能疏通, 木旺得金 方成棟梁.

㈜27 金賴土生 土多金埋, 土賴火生 火多土焦, 火賴木生 木多火熾, 木賴水生 水多木漂, 水賴金生 金多水濁.

많으면 木이 다 타버리고[화다목분(火多木焚)], 火는 능히 土를 생하지만 土가 많으면 火는 매몰되며[토다화매(土多火埋)], 土는 능히 金을 생하지만 金이 많으면 土가 변해버린다[금다토변(金多土變)].

金은 능히 木을 극할 수 있지만 木이 견고하면 金이 이지러지고[목견금결(木堅金缺)], 木은 능히 土를 극할 수 있지만 土가 중하면 木이 부러지며[토중목절(土重木折)], 土는 능히 水를 극할 수 있지만 水가 많으면 土는 유실되고[수다토류(水多土流)], 水는 능히 火를 극할 수 있지만 火가 많으면 水가 뜨거워지며[화다수열(火多水熱)], 火는 능히 金을 극할 수 있지만 金이 많으면 火가 꺼진다[금다화식(金多火熄)].

金이 쇠약한데 火를 만나면 반드시 녹아내리고, 火가 약한데 水를 만나면 반드시 꺼져서 사멸하고, 水가 약한데 土를 만나면 진흙이 되어 막혀버리고, 土가 약한데 木을 만나면 반드시 기울어져 함몰되고, 木이 약한데 金을 만나면 반드시 베어서 꺾여버린다.

강한 金이 水를 얻으면 날카로운 칼끝이 꺾이고, 강한 水가 木을 얻으면 그 세력이 누설되고, 강한 木이 火를 얻으면 그 완고함이 교화되고, 강한 火가 土를 얻으면 그 화염이 진정되며, 강한 土가 金을 얻으면 그 해로움이 제거된다.

첫 번째 단락은 상극이 자연스럽게 나타나면 좋은 기물이 이루어진다는 내용이다. 즉 화극금이 적절하여 그릇이 되고, 수극화가 적절하여 수화기제(水火未濟)를 이루며, 토극수가 적절하여 못을 이루고, 목극토가 적절하여 소통을 할 수 있으며, 금극목이 적절하여 훌륭한 재목이 되는 것을 설명하였다. 두 번째와 세 번째 단락은 오행의 상생이 지나쳤을 때의 피해를 말하고, 그 아래는 상극이 지나쳤을 때의 문제를 말하였다.

이상의 내용을 정리하면 다음과 같다. 상생의 상황에서 생하는 것[모자(母者)]과 생

주28 金能生水 水多金沈, 水能生木 木盛水縮, 木能生火 火多木焚, 火能生土 土多火埋, 土能生金 金多土變.

주29 金能克木 木堅金缺, 木能克土 土重木折, 土能克水 水多土流, 水能克火 火多水熱, 火能克金, 金多火熄.

주30 金衰遇火 必見銷鎔, 火弱逢水 必熄熄滅, 水弱逢土 必爲淤塞, 土衰遇木 必遭傾陷, 木弱逢金, 必爲砍折.

주31 强金得水 方挫其鋒, 强水得木 方洩其勢, 强木得火 方化其頑, 强火得土 方止其焰, 强土得金 方制其害.

함을 받는 것[아자(兒者)]이 지나칠 때를 나누고, 상극의 상황에서 극하는 것과 극함을
당하는 것이 지나칠 때를 나누어 적었다.

• 상생의 해로움

	상생	생하는 것[모자(母者)]이 과함	생함을 받는 것[아자(兒者)]이 과함
木	수생목	수다목표(水多木漂)	목성수축(木盛水縮)
火	목생화	목다화치(木多火熾)	화다목분(火多木焚)
土	화생토	화다토초(火多土焦)	토다화매(土多火埋)
金	토생금	토다금매(土多金埋)	금다토변(金多土變)
水	금생수	금다수탁(金多水濁)	수다금침(水多金沈)

• 상극의 해로움

	상극	극하는 것[극자(剋者)]이 과함	극을 당하는 것[피극자(被剋者)]이 과함
木	목극토	경함(傾陷: 기울어져 함몰됨)	토중목절(土重木折)
火	화극금	소용(銷鎔: 녹아내림)	금다화식(金多火熄)
土	토극수	어색(淤塞: 진흙이 되어 막혀버림)	수다토류(水多土流)
金	금극목	감절(砍折: 베어서 꺾임)	목견금결(木堅金缺)
水	수극화	식멸(熄滅: 불이 꺼져서 사멸함)	화다수열(火多水熱)

　학습자들에게는 이미 익숙한 표현이겠지만, 토다금매(土多金埋), 수다금침(水多金
沈), 목견금결(木堅金缺), 화다토초(火多土焦), 금다화식(金多火熄) 등과 같은 문장은
한글 번역 없이 그대로 이해하고 표현하는 것이 좋다. 인용문의 설명으로 충분하다고
생각하여 부연하지는 않겠다. 오행 생극제화의 희기 중 문제가 되는 상황을 다이어그
램으로 나타내면 다음과 같다.

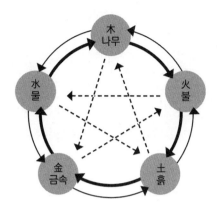

➡ 모(母)가 자(子)를 과하게 생함

→ 자(子)가 너무 강해서 모(母)의 기운을 다 빼앗아감

---➤ 나를 극하는 오행을 오히려 깔봄

용신론의 기본 이론

육친

팔자의 등장인물과 서사 속으로

육친(六親)은 입문 단계에서 가장 중요하게 다루는 명리이론의 하나이다. 명리학이 현장의 상담 통변학으로 발전하고 전개되는 데 절대적 기여를 한 것이 바로 이 육친 이론이다. 육신에서 사주팔자의 모든 서사가 탄생한다. 육친은 육신(六神)이라고도 한다. 육친과 육신의 차이점은 '육친'이라고 했을 때는 육신 간의 관계망에 초점을 맞춘 것이고, '육신'이라고 했을 때는 성분 그 자체를 말한다. 육친은 여러 종류의 육신 에 대한 일종의 집합명사와 같은 것이다.

육신이라는 개념이 생겨난 것은 명리학사의 중대한 발전이다. 육신을 통해 일간의 다양한 관계망이 체계적으로 정립될 수 있었기 때문이다. 육신은 일간의 생물학적 가 족관계를 나타내는 동시에 사회적 인간관계나 사물과의 관련성도 유추할 수 있게 해준다. 육신은 일간이 낳고(식상), 또 일간이 쟁취하며(재관), 성취하기 위하여 준비(인성)하는 모든 관계망을 드러낸다. 따라서 육신을 읽으면 일간이라는 사주팔자의 주인에게 발생하는 복잡한 인간사의 시나리오가 드러난다. 전통명리학은 그중 특히 재관을 중심으로 읽었다. 이 관계망을 통해 격국이론은 훨씬 풍부해졌고, 이로써 격국의 분류도 완성될 수 있었다. 팔정격 혹은 십정격의 분류나 외격과 특수 격국의 모든 것에 육신이 기본요소가 된다.

육친의 관계망을 조망하면 기본적으로 흐름을 따르는 관계와 흐름을 역이용하는 관계로 구성되어 있다. 전자를 순용이라 하고 후자를 역용이라 한다. 순용과 역용은 일차원적 관계이다. 순용의 관계는 나를 생하는 것을 받아서 내가 생하고, 또 내가 생한 것이 그 다음을 생하는 식의 오행 상생의 순환을 따라가는 것이다. 역용의 관계는 나를 극하는 것과 그것을 극하는 것, 내가 극하는 것과 그것이 극하는 것과 같은 오행 상극의 순환을 따라가는 것을 말한다. 마치 수학공식처럼 보이는 부분도 있다. 이와 같은 육친의 기본 메커니즘을 생각하면 기계적 암기가 어느 정도 이해되지 않는 것은 아니다. 사실 암기만 할 수 있어도 다음 단계 학습을 진행하는 데 어려움이 없다. 시중에 나와 있는 대부분의 명리서가 설명하는 것도 그것이다. 그러나 여기서 끝내면 안 된다. 일차원적 관계에서 파생하는 이차원적 관계가 있기 때문이다. 이차원적 관계를 파악하고 분석하여 해소점을 찾는 것부터가 진정한 공부이고 사주 통변의 실전이며, 격국론의 진가이다.

이차원적 관계는 지나치게 강한 것과 지나치게 약한 것을 파악하는 것, 생하는 것이나 극하는 것이 과도한 지점이 어디인지를 특정하여 원인을 분석하고 그 해소법을 찾는 것 등이다. 그 원리는 앞서 오행 생극제화에서 설명하였다. 사주명리에서 사용하는 '신강하다, 신약하다, 억부(억강부약)법을 쓴다, 과유불급이다, 어떤 글자(육신)가 다쳤다, 깨졌다'는 등의 용어는 바로 이차원적 육신관계의 파악에서 나온다. 근본 원인은 '지나치다'는 것이나 '과도하다'는 것에서 나온다. 지나쳐서 과하게 강해질 수도 있고, 지나치게 약한 것도 있다. 어떤 글자가 지나치게 강해지면 오행 상극에 의해 다른 어떤 글자가 약해지게 되어 있고, 경우에 따라 깨지고 상처를 입을 수도 있다. 여기에서 사주팔자의 병이 생긴다. 어떤 사람은 그 병이 팔자에서 해소되어서 부귀를 누리고, 어떤 사람은 그 병이 해소되지 못하여 빈천해진다. 또한 그 방법을 두고도 무슨 글자를 이용하여 해소할 것인가, 나를 도와줘서 살리는 것으로 할 것인가, 위협이 되는 글자를 제극하는 것으로 해소할 것인가, 둘 사이에 화해를 시키기 위해 제삼의 글자를 이용할 것인가 등 다양하다.

나아가 태어난 계절(월지)의 기후조건(조후)을 따져서 일간에게 필요한 환경을 만들어주는 방법도 있다. 글자의 음양과 오행을 물상화하여 일간마다 물을 줘서 갈증을 해소해야 할 수도 있고, 흙으로 뜨거운 기운을 덮어야 할 수도 있고, 태양빛을 비춰야 할 수도 있으며, 장작을 태워야 할 경우도 있다. 굴곡이 없는 인생사는 드물다. 육신의 이차원적 관계와 격국 구조가 작용하는 원리에 따라 인간관계나 사회성, 재물, 명예, 사랑, 권위, 행복, 공부 등과 같은 인간 삶의 지향성으로 변환하여 해석하는 것이 사주 통변이다. 과거에는 재관(財官)을 위주로 읽었다면, 현대사회는 그 지향점이 다양해졌다는 차이점이 있다.

전체를 관통하는 단계로 올라가기 위해서는 결국 원리를 깨우치고 논점을 파헤쳐서 자신의 뇌회로에 이미지로 각인할 수 있어야 한다. 물론 그 과정에 고통이 따른다. 그래도 공부에 자신이 있거나, 욕심이 생기거나, 명리학이라는 학문에 매력을 느껴서 자기 것으로 만들고 싶은 사람은 기본 이상을 해야 한다. 학문이 여기까지 진행되지 못하면 그저 그렇고 그런 사술에 그치게 된다. 대부분의 학습자나 소위 전문가라는 사람들도 그 경계에서 스스로 만족하거나 다 아는 것처럼 행동하는 기만의 단계에 있을 수 있다. 자신을 돌아보고 경계하기를 바란다.

육신을 제대로 공부하여 격국에 접목하고 통변에 활용하기 위해서는 위에서 말한 이차적 관계에 대한 이해, 육신과 격국의 구성과 작용에 대한 상위의 이해가 필요하다. 이 책에서 시도하는 바가 그것이다. 이 책에서는 육친의 유래나 의의에 대해서는 많은 지면을 할애하지 않았다. 다른 명리서에서 접할 수 있는 정보도 넘쳐나고, 필자의 다른 출간서에서도 이미 상세히 다루었다. 육친의 관계망을 (기계적으로라도) 완벽하게 파악하고 있다면 다행이고, 그렇지 않다면 우선 육친의 기본적인 분류와 그 근거 정도는 익히고 시작하자.

필자는 육신을 현대인의 삶에 적용하여 생물학적인 관계와 사회적인 관계로 나누어 파악해왔다. 생물학적인 관계는 주로 가족관계로 이해하면 되는데, 부부도 여기에 포함하기로 한다. 물론 과거의 명리서들은 생물학적 관계를 중심으로 육신을 설명하였다. 여기에 사회적인 관계를 추가하여 두 가지로 분류하고, 일의 진행상황을 각각에 적용하고 성향을 읽으면 보다 발전된 통변이 가능하다. 다음은 육친을 사회적 관계로 분류한 다음 일의 진행상황에 맞춰 그 성향을 정리한 내용이다.

• **육신의 의의와 확장**

육친	가족관계	사회적 관계	일의 진행	성향
비겁	형제, 자매, 사촌	동업자, 경쟁자, 협력자	일의 추진력	자신감
식상	자식(여), 장모(남)	진로, 투자, 취미, 아랫사람	일의 진행	기쁨, 즐거움, 임기응변, 일머리 발달
재성	아버지, 시어머니(여), 아내(남)	건강, 목숨, 재산	일의 결과	눈치, 감각이 뛰어남
관성	자식(남), 남편(여)	직장, 규율	일의 평가	사회적 정체성, 권위
인성	어머니, 이모, 외삼촌, 장인(남)	문서, 선생님, 선배, 계약, 자격증	일의 계획	지성, 공부머리 발달

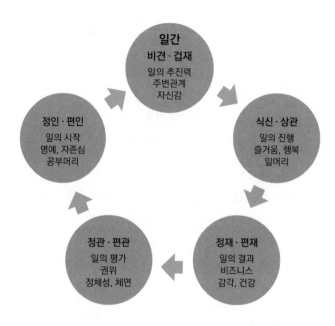

일간
비견 · 겁재
일의 추진력
주변관계
자신감

식신 · 상관
일의 진행
즐거움, 행복
일머리

정인 · 편인
일의 시작
명예, 자존심
공부머리

정재 · 편재
일의 결과
비즈니스
감각, 건강

정관 · 편관
일의 평가
권위
정체성, 체면

육친은 대부분의 명리 고전에서 비교적 충분한 분량을 할애하여 설명하고 있다. 육친부터가 본격 명리 전문 이론이고, 육친을 다루어야 명리 전문서라 할 수 있다. 육친에서 격국론이 출발한다. 다시 말해서 육친을 제대로 공부하면 격국을 이해할 수 있다는 의미이기도 하다. 실제로 주요 고전으로 육친을 공부하다 보면 일반 명리서에는 누락된 내용이 많다는 것을 알 수 있고, 또한 격국과 육신이 반드시 연계되어야 한다는 것을 깨닫게 된다. 현대 명리서가 명리 고전의 육친 내용을 성실히 인용하지 못하였다는 의미일 수도 있다. 아는 만큼 보이기 때문이기도 하지만, 출처를 안 밝히고 여기저기서 발췌하거나 미처 다 옮기지 못하고 잘못 인용한 내용도 있다. 한 글자 한 글자 의미하는 바를 되새기고 이론과 이론 간의 연결고리를 찾아 이해하면 한 가지를 읽어도 훨씬 깊이 있는 학습이 가능하다.

이 책은 격국에 초점을 맞춰야 하고, 한 가지 고전만을 옮기는 작업이 아니기 때문에 필자도 여러 가지 한계를 느낀다. 그러나 최대한 체계적으로 주요 고전을 종으로 횡으로 뜯어서 옮겨보도록 하겠다. 먼저 명리 금법의 초기 저작인 『연해자평』과 『삼명통회』의 육친 정의를 요약하여 정리하였다. 다음으로『적천수』와『자평진전』을 정리하였는데, 각각의 해석서인『적천수천미』와『자평진전평주』를 함께 읽어서 논점을 비교하였다.

① 『연해자평』과 『삼명통회』의 육친론

『연해자평』이나『삼명통회』는 여러 곳에서 육친을 언급하면서 개별 육친의 각론을 충분히 다루어 격국론에 상응하는 내용을 담고 있다. 앞에서 기본 분류를 말할 때 일간을 기준으로 하여 비겁·식상·재성·관성·인성 등 순환의 발생순서에 따라 설명하였지만, 두 책 모두 정관에서부터 시작하고 있다. 필자가 적은 기본 분류는 발생 순서이고, 고전의 분류는 중요도 순서로 판단된다. 그 이후의 순서는 책마다 조금씩 차이가 있다. 또한『연해자평』에는 설명되어 있지만『삼명통회』에는 없는 육친도 있고(겁재), 반대로『삼명통회』에는 언급되었지만『연해자평』은 설명하지 않은 육친(건록)도 있다. 육신 분류의 원리는 차이가 없다.

『연해자평』은 정관과 편관을 논하고 또 칠살을 따로 설명하고 있는데,『삼명통회』는 편관을 논한 곳에서 칠살을 같이 다루었다. 인성에 대해서는 인수라는 이름으로 정인을 논하고, 두 책 모두 편인 외에 도식이라는 이름을 쓰고 있다. 전체적으로는 모든 육신을 다루고 있어서 학습에 문제될 것이 없을 뿐만 아니라, 이와 같은 순서나 명칭에 천착하여 읽으면 작자가 주지하는 바를 간파하는 단서가 되기도 한다. 시대를 확장하여『자평진전』과 비교하면,『자평진전』에서는 개별 격국을 논할 때 정재와 편재, 정인과 편인을 구분하여 따로 논하지 않는다. 다음에 육신의 정과 편을 다룰 때 이 문제를 다시 논하도록 하겠다. 이곳에서는『연해자평』을 먼저 인용하고, 아래에 해당 육친에 대한『삼명통회』의 설명을 넣었다. 관심 있는 독자는 필요에 따라 두 책을 함께 읽고 주지를 비교해보기 바란다.

육친에 대한 설명에서『연해자평』과『삼명통회』는 중복되는 내용이 많다. 명리를 공부하다 보면 이런 경우가 비일비재하다. 예를 들면 정관론에서 『연해자평』은 "정관이란 것은 甲木이 辛金을 보는 것과 같은 부류이다. 음이 양을 보면 관이 되고 양이 음을 보면 귀가 된다. 음양이 배합하여 그 도를 이룬다"라고 하였다. 편관에 대해서는 "甲木이 庚金을 보는 것과 같은 부류이다. 양이 양을 보거나 음이 음을 보는 것"이라 하고, 마치 두 여자 혹은 두 남자가 같이 살 수 없듯이 '짝을 이룰 수 없는 것'이라 하였다. 『삼명통회』에서도 글자는 조금씩 다르게 표현하였지만 甲木이 辛金을 보는 것과 甲木이 庚金을 보는 것을 예로 들고, 정관에 대해서는 음양의 배합, 편관에 대해서는 같은 성별이 배우자가 될 수 없는 것이라고 설명하고 있다.

두 번 세 번 거듭 읽다 보면 고전의 진가를 깨닫게 되는 경우가 많다. 여러 명리서적들에서 중요하게 다루는 내용의 뿌리가 결국 『연해자평』이나 『삼명통회』 같은 책에서 왔다고 느끼게 될 것이다. 모두 인용하고 싶지만, 일반 독자에게는 부담이 될 수도 있어서 일부만 담았다. 예를 들면, 각각의 육신 해석에서 주변 육신과의 관계에 해당하는 내용이나 격국의 성격이나 파격과 관련된 것들은 찾아서 읽어보기 바란다. 이러한 내용은 후대에 나온 『자평진전』과 같은 책의 격국론에 지대한 영향을 준 것으로 보인다. 또한 현대명리학 현장 통변에서도 활용되는 내용이 많다. 그런 경우 활용 가능한 요점을 간추렸다.

개별 명조의 사례를 말하는 부분도 모두 옮기지는 않았는데, 기회가 있으면 다른 곳에서라도 인용하면 좋을 내용이다. 예를 들어, "甲木 일간이 酉월에 태어나고 … 丙火 일간이 子월에 태어나면 모두 정관의 기운이다"와 같은 문장은 일차적인 해석이다. 거기서 변화가 발생하는 이유와 과정이 중요하다. 이곳에 정리한 육신론을 읽을 때 참고할 내용을 아래에 정리하였다. 독서에 도움이 되기 바란다.

- 『연해자평』과 『삼명통회』 모두 어떤 육신이 만들어지는 조건을 먼저 말한다. 편관을 예로 들면 "甲木이 庚金을 보는 것과 같은 부류이다. 양이 양을 보고 음이 음을 보면 바로 편관이라 말한다"와 같은 문장으로 시작한다.

- 각 육신의 다른 이름도 소개하고 있는데, 편관에 대해 "칠살, 오귀(五鬼), 장성(將星), 고극성(孤極星)이라고도 한다"고 하였다.

- 특히『삼명통회』와 같은 책은 앞에서 각 육신이 좋아하는 성분과 꺼리는 성분을 먼저 말하고 상세한 설명을 이어 나간다. 정관을 예로 들어 "기쁜 것은 신왕, 인수, 식신이다. 재성으로 끌어오는 것이니 관을 만나려면 재를 보아야 한다. 꺼리는 것은 신약, 편관, 상관, 형충, 설기, 탐합, 입묘이다"라고 하였다. 특히 육신에 대한 단순한 정의나 이름에서 나아가 육신과 주변 상황의 희기를 설명함으로써 격국론에 본격적으로 진입했다고 볼 수 있는 내용이다.

- 격국이 성립되는 조건을 설명하고 있는데,『자평진전』을 읽기 전이라도『연해자평』이나『삼명통회』를 통해 충분히 격국의 성격과 파격의 과정을 이해할 수 있다. 월지(태어난 계절)를 통해 격국이 만들어지는 과정, 그 외에 다른 자리에서 어떤 글자를 만나서 펼쳐지는 상황을 설명한 것이 그렇다. 정관을 예로 들어 "가령 甲 일간이 酉月에 생하였는데 卯를 보면 충이고, 酉는 형(刑)이 되고, 午는 파(破)가 되며, 戌은 해(害)가 되며, 丙은 합(合)이 되고, 乙은 겁재이며, 丁은 상관의 극이며, 庚은 (관살) 혼잡이다"와 같은 내용은 구체적 사례를 들어 격국의 성과 파·해 그리고 희기에 대해서 논한 것이다.

- 격국이 성립되었을 때 그 격국의 통변 특징을 잘 설명하고 있다. 인수를 예로 들면 "이 격의 주인은 총명하고 지혜가 많고 성정이 자혜로우며 언어가 선량하고 느리게 말하며 말이 많지 않고 신체와 모습이 풍후하고 음식을 잘 먹고 평생 병이 적고 흉횡(凶橫)을 만나지 않는다" 등이 그것이다.

- 격국의 성패와 희기를 원국의 궁성과 근묘화실에 대입하고 대운·세운을 같이 읽어서 통변하는 내용을 담고 있다. 편재를 예로 들어 "월령에 있는 것이 가장 중요하고, 주 중에 여러 개를 보는 것은 마땅하지 않다. 연주 상의 편재가 생왕하고 월령과 사주에 기운이 통하면 일간은 부모와 조상대의 산업으로 훌륭하고 외가 쪽 조상의 산업으로도 정성스런 양육을 받는다" 등의 문장이 그것이다.

- 격국을 말함에 음양오행의 생사, 즉 십이운성으로 설명하고 있다. 예를 들어, "식신(격)은 마땅히 식신이 생지와 왕지라야 하며 식신 쇠지와 절지는 불가라 하였다. 또 말하길, 식신이 생왕하면 재관이 같이 뛰어나다고 하였다"와 같은 문장이 그것이다. 격국의 성패와 희기에 십이운성이 중요한 역할을 한다는 것을 알 수 있다. 뒤에 나올 '음양오행의 생(生)과 사(死)'에서 십이운성에 대해 자세히 설명하도록 하겠다.
- 『연해자평』과 『삼명통회』는 육신과 격국의 설명에 고법의 이론, 즉 삼명법인 납음이나 신살을 인용한 사례가 많다. 『자평진전』이나 『적천수』는 납음과 신살을 멀리하고 오행의 생극제화라는 기본에 충실하다. 이 점이 두 부류의 책들 간의 주요 차이점이다. 『연해자평』과 『삼명통회』는 고법을 이해하고 독서하면 좋다.

마지막으로 하나만 더 당부하자면, 주요 명리 고전을 자주 접하여 격국과 관련된 명리학의 다양한 표현들, 예를 들어 탐합망충, 합살류관, 관살혼잡, 재다신약, 관인쌍전 등과 같은 용어에 익숙해지기 바란다. 그만큼 문맥 파악에 도움이 되고 독서가 쉬워지기 때문이다. 다음에 이어지는 글은 『연해자평』과 『삼명통회』에서 각 육친을 설명한 내용이다. 독자의 이해를 돕기 위해 필수적인 내용만 편집하여 정리하였다.

1. 정관론

연해자평

정관이란 것은 甲木이 辛金을 보는 것과 같은 부류이다. 음이 양을 보면 관(官)이 되고, 양이 음을 보면 귀(鬼)가 된다.㈜32 음양이 배합하면 그 도를 이룬다. 대저 관이 왕(旺)한 향으로 가야 하는데, 월령이 그것이다. 월령이란 것은 제강이다. 간명할 때

㈜32 '양이 음을 보면 관(官)이 된다'고 쓴 판본도 있다.

제강을 먼저 보고 그 나머지를 본다. 이미 정관이라 하였는데 운에서 다시 정관이 왕한 향으로 운행하거나 혹은 성격의 국을 이루거나 또 상관지를 얻으면 안 되고, 金이 재왕(財旺)하면 모두 복이 되는 곳이다.

정관은 결국 귀한 기운의 물건이므로 형충파해를 가장 기피한다. 연월시 천간 모두에 관성이 은밀히 드러나면 복이 줄어들까 두렵다. 또 연과 시상에 별도의 격국이 있는가와 복이 가는 곳을 보아야 그 길흉을 판단할 수 있다. 한 가지 방법만 고집하여 취하면 통변할 수 없다.㈜33

삼명통회

(정관에게) 기쁜 것은 신왕, 인수, 식신이다. (식신으로 인해) 재성이 끌어오는 것이니 관을 만나려면 재를 보아야 한다. 꺼리는 것은 신약, 편관, 상관, 형충, 설기, 탐합, 입묘이다. … 정관은 육격의 우두머리인데, 한 곳[일위(一位)]에만 있어야 한다. 많으면 마땅하지 않은 정관이다. 먼저 월령을 보고 다음에 그 외 나머지를 본다. 오행의 기는 오직 월령에 당령[당시(當時)]한 것이 최고이다. 게다가 사주 네 기둥이 각각 관리하는 연한이 있는데 연주가 15년으로 너무 이르고, 시주는 50 이후로 너무 늦다. 따라서 월령이 올바른 것이 된다. 나머지 격도 이와 같다.㈜34

甲 일간이 酉월에 생하거나, 乙 일간이 申巳월, 丙 일간이 子월, 丁 일간이 亥월, 戊 일간이 卯월, 己 일간이 寅월, 庚 일간이 午월, 辛 일간이 寅巳월, 壬 일간이 午未丑월,

---

㈜33 夫正官者, 甲見辛之類; 乃陰見陽官, 陽見陰鬼, 陰陽配合成其道也. 大抵要行官旺, 月令是也. 月令者, 提綱也. 看命先看提綱, 方看其餘. 旣日正官, 運復行得官旺之, 或是有成局; 又行不得傷官之地, 金財旺之, 皆是作福之處. 正官乃貴氣之物, 大忌刑沖破害; 及於年月時干, 皆有官星隱露, 恐福渺矣. 又須看年時上別有是何入格 作福去處 方可斷其吉凶. 一途而執取之, 則不能通變.

㈜34 喜, 身旺, 印綬, 食神. 以財爲引, 逢官看財. 忌, 身弱, 偏官, 傷官, 刑衝, 洩氣, 貪合, 入墓. … 正官爲六格之首, 止許一位, 多則不宜正官. 先看月令, 然後方看其餘. 以五行之氣, 惟月令當時爲最. 況四柱各管年限, 年管十五, 失之太早, 時管五十後, 失之太遲, 故只此月令爲正. 餘格例此.

　　이 문장에서 '연주가 15년으로 너무 이르고, 시주는 50 이후로'라고 한 것은 사주 각 기둥에 15년이라는 연한을 적용한 것이다. 과거의 평균 수명에 대입했기 때문에 현대인의 수명이 연장된 것을 감안한다면 각 기둥에 20년을 적용하는 것과 같이 융통성 있는 활용이 필요하다.

癸 일간이 辰巳戌월에 생한 경우 모두 올바른 기운의 관성이다. ㈜35 더 나아가 천간에 투출한 경우, 가령 甲이 辛酉를 보거나 乙이 庚申을 보는 것이 그 예이다. 말하기를 지장간은 천간에 투출해야 하고, 다른 자리에서 다시 나타나는 것은 마땅하지 않다고 한다. ㈜36

또한 일주가 건왕해야 하고 재성과 인수를 얻어서 둘이 도와주며 사주에 상관과 칠살이 없고 운에서 관성의 향으로 행하면 대부 대귀의 명조이다. 크게 기피하는 것은 형충파해, 상관과 칠살, 탐합망관(합을 욕심내어 정관의 본분을 잊어버리는 것), 겁재가 복을 나누게 되는 것이다. ㈜37

가령 甲 일간이 酉월에 생하였는데, 卯를 보면 충이고, 酉는 형(刑)이 되고, 午는 파(破)가 되며, 戌은 해(害)가 되며, 丙은 합(合)이 되고, 乙은 겁재이며, 丁은 상관의 극이며, 庚은 (관살) 혼잡이다. 모름지기 관성이 순일하고 오행이 조화롭고 순수해야 비로소 정관으로 논한다. ㈜38

만약 앞서 말한 꺼리는 것이 사주 중에 있다면, 비록 그것을 제거하는 것이 있어도 순수하지는 않다. 만약 관성이 국을 이루고, 또 재성이 도와주어도 신왕한 곳으로 행하지 않으면 발전이 없다. 정관이 한두 개에 그치고, 재성이 없어도 인수가 있으면 신약해도 무방하다. 만약 사주가 모두 배록(背祿)으로 돌아간다면, 마땅히 세운의 향배를 추리하여 재성과 관성의 왕지로 가는지를 따져야 한다. 재성과 관성이 가득해도 일주가 쇠약하면 부하를 감당하지 못하고 고생만 하고 무용하게 된다. 운에서 재살이

㈜35 甲 일간이 酉월에 생하거나 丙 일간이 子월에 생하는 것 등은 정관격으로 잡는 통상적인 경우이다. 그러나 乙 일간이 申巳월, 辛 일간이 寅巳월, 癸 일간이 辰巳戌월에 생한 경우는 지지의 삼합 세력을 함께 읽은 것으로, '음 일간의 경우 세력을 따른다'는 『적천수』의 주지와 통하는 내용이다.

㈜36 甲日生酉月, 乙生申巳, 丙生子, 丁生亥, 戊生卯, 巳生寅, 庚生午, 辛生寅己, 壬生午未丑, 癸生辰巳戌月皆爲正氣官星, 更天干透出, 如甲見辛酉, 乙見庚申之例, 謂之支藏干透, 餘位不宜再見.

㈜37 又須日主健旺, 得財印兩扶, 柱中不見傷殺, 行運引至官鄕, 大富大貴, 命也. 大忌刑衝破害, 傷官七殺, 貪合忘官, 劫財分福, 爲破格.

㈜38 如甲生酉月, 見卯爲衝, 酉爲刑, 午爲破, 戌爲害, 丙爲合, 乙爲劫, 丁爲傷剋, 庚爲混雜, 須是官星純一, 五行和粹, 方以正官論.

왕한 향에 이르면 많은 질병으로 아프게 된다. 칠살만 있는데 운에서 다시 만나면 형벌을 받게 되는 운명이다.㈜**39**

또 말하기를, 甲 일간이 酉월에 생하였다면 辛金의 정록(辛에게 지지 酉는 십이운성으로 정록)이다. 丁火 상관을 보게 되더라도 지지 중에 국이 없고 시주에서 쇠패사절(衰敗死絶)지가 되어 제거되거나 합을 하면 쇠절(衰絶)한 火가 어찌 그 왕한 록(祿)의(정관을) 손상할 수 있겠는가? 만약 시주가 관성이어도 쇠패사절지에 임하고 반대로 丁火가 생왕(生旺) 향에 살지(殺地)에 임한다면 관직이 강등하고 실직하며 화액이 생겨난다는 것을 의심할 수가 없다. 시주는 귀식(歸息: 돌아가 쉬는 곳)의 장소로 길흉이 오로지 시주의 소식(消息: 시운의 변화하는 상황)에 달려 있다. 일주 용신이 크게 왕성하면 시주에서 그것을 절제하는 것이 마땅하고, 일주 용신이 점차 쇠약해진다면 시주가 이를 보조하는 것이 마땅하다. 사주 중에 비록 흉신이 있어도 시주에서 절제할 수 있다면 재앙이 되지 않는다. 이것이 간명의 요법인 것이다.

또 말하기를, 甲 일간이 丑월에 생하였는데 사주 내에 辛金이 있고 또 酉시이면 이미 중범(重犯)이다. 만약 천간에 재차 투간하여 辛金이 많은데 게다가 서방으로 행하면 임무를 맡을 역량이 없으니 정관이 변해서 귀(鬼: 칠살)가 된다. 왕하면 필히 기울게 되니 많은 것은 재앙이고 요절한다. 모름지기 합하여 제거하는 것이 길한 방법이다.㈜**40**

만약 자신(일간)이 왕하면, 가령 甲寅이나 乙卯 등과 같은 일간인데 재차 卯월생이 되어 도와주고 있으면 관성이 비록 많아도 해롭지 않다. 甲 일간이 戌월에 생하였다면, 비록 火의 고지(火庫)에 앉아도 국을 이루지 않았다면 해가 되지 않는다. 辛金의

㈜**39** 若見前忌, 柱中雖有物去之, 亦不純粹. 若官星結局, 又有財資扶, 非行身旺地不發, 官止一二, 無財有印, 身弱無妨. 若四柱皆歸背祿, 宜推歲運向背財官旺地何如? 若財官滿日, 日主衰弱, 不能負荷, 徒勞無用. 運至財殺旺鄉, 多染癆瘵. 但有七殺, 行運復遇, 便是徒流之命.

㈜**40** 又日, 甲生酉月, 辛金正祿, 若見丁傷, 支中無局, 時引歸衰敗死絶之地, 或有制合去之, 衰絶之火, 豈能傷其旺祿? 若時引官星臨衰敗死絶之位, 反引丁火歸生旺之鄉, 或臨殺地, 降官失職, 禍生無疑. 時爲歸息之地, 吉凶全在時消息. 日主用神太盛, 宜時以節制之. 日主用神漸衰, 宜時以補助之. 柱中雖有凶神, 時能節制, 亦不能爲禍, 此看命之要法也. 又日, 甲生丑月, 內有辛金, 又値酉時, 已是重犯. 若天干復透辛多, 更行西方, 力不勝任, 變官爲鬼, 旺處必傾, 多致災夭, 須有合制方吉.

양인은 戌에 있는데 戌 중에 왕한 戊土가 辛金을 생한다. 만약 庚金이 투간하면 혼잡한데, 戌월은 기(氣)가 없어도 제거하거나 합하는 것이 있어서 다스리면 염려할 것이 없다. 또 말하기를, 무릇 정관을 쓰는 일간은 스스로 재성이나 인수에 앉아 있으면 결국 영달하게 된다고 하였다. 예를 들어 甲子, 甲辰 등의 유형이다. 앉은 자리가 상관이나 칠살이면 결국 단절되고 질병이 있다. 甲午, 甲戌, 甲申 등의 유형이다. 반드시 헤아려 따져보기 바란다.㈜41

또 말하기를, 관성은 혼탁한 월령 지신에서 꼭 취할 필요가 없다. 월간 혹은 연일시의 지지와 천간의 오직 한 곳에 있고, 손상되지 않았으면 취용이 가능하다. 그래서 경에 이르길, 천간이 드러나 유기하면(기운이 있으면) 드러난 천간을 취하고, 드러난 천간이 무기(無氣)하면 지장간[암중(暗中)]에서 취한다고 하였다. 만약 드러난 천간이 무기하여도 인귀(引歸: 이끌어 돌아오는 것)하는 지지이거나, 도와주고 밀어주며 운에서 득지하면 역시 월주에 있는 관성의 복과 같게 된다. 또 말하기를, 무릇 관성을 논하는데 만약 한 곳에 있는 식신이 튼실하면 국을 손상할 수 있다고 하였다.㈜42

『삼명검(三命鈴)』에 이르기를, 록(祿)·명(命)·신(身)㈜43 세 가지 등급의 관성은 각 기준으로 품부받은 오행이 있고 그 본성을 따라 추리한다. 예를 들어 金이 관이 되면 직위가 맑고 준수하고 형(刑)·옥(獄)·전(錢)·곡(穀)을 관리하는 임무를 맡아 결단이 명확하고 민첩하다. 행년(行年)이나 태세(太歲)에서 丑이 오면 관고(官庫)가 되어 기쁜데, 역시 왕상휴수(旺相休囚)를 취하여 유기(有氣)와 무기(無氣)로 말해야 한다.

㈜41 若自身乘旺, 如甲寅乙卯等日, 更有卯生助, 官星雖多, 亦不爲害. 甲生戌月, 雖坐火庫, 若不成局, 無黨不能爲害. 以辛刃在戌, 戌中有旺, 戊生辛, 如透庚混雜, 戌月無氣, 略有制合, 亦不爲慮. 又云, 凡用官日干, 自坐財印, 終顯如甲子甲辰之類, 自坐傷殺, 終有節病, 如甲午, 甲戌, 甲申之類, 須斟酌.

㈜42 又曰, 取官星不必專泥月令支辰, 或月干, 或年日時, 支干只一處有, 不曾損傷, 皆可取用. 故《經》云, 明干有氣明干取, 明干無氣暗中取. 若明干無氣, 引歸地支, 或有助托, 運行得地, 亦不減月內官星之福. 又曰, 凡論官星, 略見一位食神坐實, 便能損局.

㈜43 명리 고법에 록(祿)·명(命)·신(身)을 삼명으로 하여 연간은 천원(天元)의 록으로 부귀와 벼슬을 관할하고, 연지는 지원(地元)의 명으로 빈부와 운의 움직임, 영고성쇠를 의미하고, 연주 전체의 납음은 인원(人元)의 신으로 재능과 능력 및 식견, 어짊과 어리석음, 아름다움과 추함, 용모, 도량 등을 의미한다고 하였다.

만약 木이 관이 되면 품격이 맑고 고귀하여 대중과 화합하고 신중함을 지킨다. 행년이나 태세에서 未가 오면 관고가 된다. 火가 관이 되면 관의 순서가 혁혁하게 타오르고 성격이 맹렬하다. 형벌을 사용하면 참혹하고 보통이 아니다. 행년과 태세에서 戌이 오면 관고가 된다. 水가 관이 되면 직위가 낮은 곳에서 점차로 승진하고 겸손하고 화합하여 대중을 얻는다. 고아나 과부를 가엾게 여겨서 돕고 또 도성(道性)이 있다. 행년과 태세에서 辰을 보면 관고가 된다. 土가 관이 되면 관의 순서가 온당하여 침범이 어렵고 후중하고 곧으며 법령이 분명하다. 행년과 태세에서 辰을 보면 관고가 된다. 무릇 오행의 관은 각기 그 특성을 따르면 길하고, 만약 그 특성을 잃으면 관이 오래가지 못한다. 가령 癸丑木명(癸丑의 납음이 木이다)의 사람은 土가 록관(祿官)이 되고, 木은 명관(命官)이 되며, 金은 신관(身官)이 된다. 모두 이 삼명의 존비는 오행의 휴왕으로 설명해야 한다.[주]44 록왕신 세 가지 등급의 관고는 가령 甲子金에게 甲은 록(祿)이 되어 木에 속하고, 木은 金에게 극을 당하니 (金이) 록관(祿官)이 된다. 金의 묘는 丑이니 이것으로 록관의 고가 된다. 명(命)과 신(身)의 관고는 이에 따르면 된다.[주]45

2. 편관·칠살론

편관이란 것은 甲木이 庚金을 보는 것과 같은 부류이다. 양이 양을 보고 음이 음을 보

[주]44 癸丑木이라는 말은 癸丑 일주의 납음이 木이라는 의미로, 납음오행의 록명신 삼명을 말한다. 연간이 천원의 록, 연지가 지원의 명, 연주 전체의 납음이 인원의 신이다. 癸丑木에게 土는 연간 癸水 록의 관이니 록관이고, 木은 지지 丑土 명의 관이니 명관이며, 金은 납음 신의 록이니 신관이 된다. 아래 甲子金의 사례도 이에 준하여 추론하면 된다.

[주]45 《三命鈐》云, 凡祿, 命, 身三等官, 各稟五行, 率以其性推之. 如以金爲官, 主職位淸峻, 多掌刑獄錢穀之任, 決斷明敏. 遇行年太歲在丑, 爲官庫主喜, 亦取旺相休囚有氣無氣言之. 若以木爲官, 主品秩淸高, 和俗守愼. 遇行年太歲在未, 爲官庫, 以火爲官, 主官序炎赫, 爲性猛烈, 用刑慘酷, 亦主發歇不常. 遇行年太歲在戌, 爲官庫, 以水爲官, 主職卑位下, 級陞序進, 謙和得衆, 矜恤孤寡, 亦有道性. 遇行年太歲在辰, 爲官庫, 以土爲官, 主官序穩當, 難侵犯, 厚重質直, 法令分明. 遇行年太歲在辰, 爲官庫. 凡五行之官, 各隨其性則吉, 若失其性, 則主爲官不久. 假令癸丑木命人, 以土爲祿官, 木爲命官, 金爲身官, 皆以三命尊卑, 五行休旺言之. 祿命身三等官庫, 如甲子金, 甲爲祿屬木, 木被金剋, 故爲祿官. 金墓丑, 是爲祿官庫也. 命與身官庫倣此.

는 것을 바로 편관이라 말한다. 배우자를 이루지 못한 것이니 경에 이르길 "두 여자가 같이 살 수 없고 두 남자가 거처할 수 없다"고 한 것이 이것이다. 편관은 칠살이니 제복해야 한다. 대개 편관 칠살은 소인이다. 소인은 무지하고 많이 흉폭하여 꺼릴 것이 없으니 노력하여 군자를 봉양하고 군자를 호위하기 위해 복무하는 사람이 소인이다. 오직 징계하지 않거나 기술이나 규제가 없으면 길들이고 복종하게 하여 쓸 수가 없다. …

만약 삼형이 온전하고 양인이 일과 시에 있으며 육해가 있고 다시 괴강이 상충하면 그 사람의 흉은 이루 말로 다할 수 없다. 제복이 득위하고 운에서 다시 가볍게 제복 향으로 행하면 이는 대귀하는 명이다.^{주46}

칠살이란 것은 또 편관이라고도 부른다. 신왕과 합살을 좋아하고 제복과 양인을 좋아한다. 신약을 기피하고 재성을 보아서 생해주거나 제복이 없는 것을 꺼린다. 신왕하고 기운이 있으면 편관이고, 신약하고 제복이 없으면 칠살이다. 무릇 칠살이 있어도 바로 흉하다고 말할 수는 없다. 정관이 있는 것이 편관이 있는 것과 같지 않은 것은 거부와 대귀한 사람이 많기 때문인데, 오직 신왕하고 합살해야 묘하다. 가령 甲木이 庚金을 칠살로 삼는데, 丙丁이 이를 제복하는 것을 반긴다. 乙木이 이를 합하면 이를 탐합망살(貪合忘殺)이라 한다.

칠살은 제복해야 마땅한데 그 제복이 태과할 필요는 없다. 대개 모든 것은 지나치면 오히려 화가 된다. 신왕한데 또 신왕으로 행하면 복이 된다. 가령 신약한데 또 신약으로 행하면 화액이 눈앞에 닥치게 된다. 사주 중에 제복함이 있는데 칠살운으로 행하는 것은 좋으나, 원국에 제복함이 없는데 칠살운으로 나아가면 화액이 된다.^{주47}

주46 夫偏官者, 蓋甲木見庚金之類; 陽見陽, 陰見陰, 乃謂之偏官, 不成配偶, 猶如經言 二女不能同居, 二男不可處是也. 偏官七殺, 要制伏, 蓋偏官七殺小人; 小人無知, 多凶暴, 無忌憚, 乃能勞力以養君子, 而服役護御君子者, 小人也. 惟是不懲不戒, 無術以控制之, 則不能馴伏而用. … 如遇三刑俱全, 陽刃在日及時, 又有六害; 復遇魁剛相沖, 如是人之凶不可具述. 制伏得位, 運復經行制伏之, 此大貴之命也.

주47 夫七殺者, 亦名偏官, 喜身旺合殺, 喜制伏, 喜陽刃; 忌身弱, 忌見財, 生忌無制. 身旺有氣偏官, 身弱無制七殺. 凡有此殺不可便言凶? 有正官不如有偏官, 多有巨富大貴之人; 惟其身旺合殺妙. 如甲以庚七殺, 喜丙丁制之; 乙合之, 謂之貪合忘殺. 七殺宜制伏, 亦不要制之太過; 蓋物極則反禍矣! 身旺又行身旺之運福. 如身弱又行身弱之, 禍不旋踵. 四柱中元有制伏, 喜行七殺運; 元無制伏, 七殺出禍.

(편관에게) 기쁜 것은 신왕, 인수, 합살(合殺), 식제(食制), 양인, 비견이다. 칠살을 만나면 인수와 양인을 봐야 하고 식신으로 유인해야 한다. 꺼리는 것은 신약, 재성, 정관, 형충, 입묘이다. 편관이라고도 하고 칠살, 오귀(五鬼), 장성(將星)이라고도 한다.[주48] (중략)

일곱 번째 위치에서 서로 극하고 싸우니 그래서 칠살이라 한다. 비유하자면 소인이 흉폭하고 두려움이 없는 것과 같다. 만약 예법이 없는데 이를 규제하지 않고 징계도 없고 주의를 주지 않는다면 반드시 그 주인이 다치게 된다. 그래서 규제가 되면 편관이라 하고, 규제가 되지 않으면 칠살이라고 하였다. 예를 들면 일주가 건왕하고 인수가 있어서 도우면서 (편관을) 변화시켜야 한다. 경에 말하기를, 칠살이 인수를 보면 현달하다고 하였다. 칠살이 인수를 생하여 돕고 또 재성이 있어서 생부하면 좋다. 즉 경에 말하기를, 칠살이 재성을 보는 경우가 있는데, 예를 들어 신강하고 칠살이 약한 경우는 재성이 있으면 길하다. 신약하고 칠살이 강하다면 재성이 있어서 귀신(칠살)을 끌어들여 오히려 일간의 기운을 뺏는 것이니 가난하거나 그렇지 않으면 요절하게 된다.[주49]

식신이 투간하여 제극해야 한다. 경에 이르길, 하나가 제복하여 제거되면 귀하게 되고 양인이 배합해야 한다고 하였다. 경에 이르길 양인이 나타나지 않으면 안 된다고 하였는데, 칠살을 만나면 양인을 봐야 한다는 것이 이것이다. 이상의 모든 제합생화(制合生化)는 모름지기 태과하거나 불급하면 안 된다. 이것은 소인이 세력을 빌려

[주48] 고극성(孤極星)이라고도 한다는 내용이 있으나 고극성은 인수에서도 쓰고 있는 명칭으로 이곳에는 제외하였다.
　　喜, 身旺, 印綬, 合殺, 食制, 羊刃, 比肩. 逢殺看印及刃, 以食爲引. 忌, 身弱, 財星, 正官, 刑衝, 入墓. 一曰偏官, 二曰七殺, 三曰五鬼, 四曰將星, 五曰孤極星.

[주49] 以其隔七位而相剋戰, 故又謂之七殺. 譬小人多兇暴無忌憚, 若無禮法控制之, 不懲不戒, 必傷其主, 故有制謂之偏官, 無制謂之七殺. 如日主健旺, 有印綬助化, 卽《經》云, 殺見印而顯, 殺助印生, 有財星生扶, 卽《經》云, 逢殺看財. 如身强煞弱, 有財星則吉, 身弱殺强 有財引鬼盜氣, 非貧則夭.

군자를 호위하는 것이니 권위를 이루어 큰 권력과 높은 벼슬을 하는 명이 되는 것이다. 또 성격도 총명하다. 꺼리는 것은 일주가 신약하거나 칠살을 재차 만나거나, 삼형, 육해, 겁살과 망신을 서로 아우르는 것이다. 괴강이 상충하면 그 흉을 이루 말할 수가 없다. 만약 칠살이 하나에 그치고 제복을 두세 군데에서 하면 칠살이 왕한 곳으로 행하는 것이 좋다. 혹시 운이 재차 제복하는 곳으로 행하면 진법무민(盡法無民: 백성을 제압하려는 목적으로 온갖 법을 만들어 민심이 등을 돌리게 되는 것)이 된다. 사납기가 호랑이나 승냥이 같아서 그 재능을 다 펼칠 수 없기 때문이다. 이것이 바로 제복만이 능사가 아니고 경중을 잘 살펴야 한다는 말이다.㈜50

3. 인수론

연해자평

소위 인(印)이라는 것은 나를 생하는 것으로 즉 인수이다. 경에 이르기를 "관성이 있는데 인수가 없으면 참된 관성이 아니다. 인수는 있는데 관성이 없으면 도리어 복을 부른다"라 하였다. 어찌하여 그렇게 말하는가? 대개 인생은 상조(相助), 상생(上生), 상양(相養)함으로써 만물을 얻고 만물이 이룬 것을 내가 얻게 되었으니 어찌 절묘하지 않은가? 그러므로 사람이 지혜와 사려가 많고 풍부하고 후덕하게 된다. 대개 인수는 재성을 두려워해서 사람이 재주를 감추고 있는 것이므로[괄낭(括囊)] 사주나 운에서 관이 귀한 운으로 행하면 도리어 그 복을 이룬다. 대개 관귀(官鬼)는 인수를 생할 수 있고, 인수는 단지 재성을 두려워한다. 재성이 인수를 극하기 때문이다.

이러한 인수의 묘용은 대개 부모의 음덕을 이어받고 아버지의 재산을 계승하며 이미 이루어진 사업을 편안히 누리는 사람이라는 뜻이다. 만약 두세 명이 서로 경쟁하

㈜50 有食神透制, 卽《經》云, 一見制伏却爲貴, 本有陽刃配合, 卽《經》云, 殺無刃不顯, 逢殺看刃是也. 以上諸制合生化, 須要無太過不及, 是借小人勢力衛護君子, 以成威權, 乃大權大貴之命. 又性格聰明. 忌日主衰弱, 七殺重逢, 三刑六害, 劫亡相併, 魁罡相衝, 其凶不可具述. 若七殺止一, 而制伏有二三處, 喜行殺旺地, 倘運行再遇制伏, 則盡法無民, 雖猛如虎狼, 亦不能逞其技矣. 是又不可專言制伏, 要輕重得所.

면 마땅히 인수가 많은 사람이 올라간다. 또한 일생 동안 질병이 적고 음식을 잘 먹을 수 있다.[51]

삼명통회

(인수에게) 기쁜 것은 식신, 천월덕(天月德), 칠살, 봉인간살(逢印看殺: 인수를 만나서 칠살을 보는 것), 정관이 인수를 인출하는 것[이관위인(以官爲引)]이다. 기피하는 것은 형충, 상관, 사묘(死墓)이다. 丑未가 인수이면 木이 두렵지 않고 辰戌 인수가 木을 보면 두렵다. 정인이라고도 하고, 괴성(魁星), 고극성(孤極星)이라고도 한다.[52]

인수라는 것은 오행에서 나를 생하는 것의 이름이다. 가령 甲乙 일간이면 (인수가) 亥子월에 있고, 丙丁 일간은 寅卯월이 있는 유형이다. 일간의 기가 생기는 원천이니 기를 생하는 것이 되고 부모가 된다. 능히 나와 관성을 보호하여 상관이 (정관을) 극하지 못하도록 한다. 비유하자면 사람이 인생에서 물건을 얻어 서로 돕고 서로 키워주니 있는 그 자체로 복이고 어찌 묘하지 않다고 할 수 있겠는가? 이 격의 주인은 총명하고 지혜가 많고 성정이 자혜로우며 언어가 선량하고 느리게 말하며 말이 많지 않고 신체와 모습이 풍후하고 음식을 잘 먹고 평생 병이 적고 흉횡(凶橫)을 만나지 않는다. 다만 재물이 인색할 뿐이다.[53]

벼슬이 많은 것은 정관이 된 것이고 임금의 칙서를 하사받고 문무에 구애받지 않고 모든 도장(인수)을 장악한다. 관성을 기뻐하는 것은 관성이 인수를 생하기 때문이다.

---

[51] 所謂印 生我者, 卽印綬也, 經曰 有官無印, 非官; 有印無官, 反成其福. 何以言之? 大抵人生得物以相助相生相養, 使我得萬物之見成, 豈不妙乎; 故主人多智慮, 兼厚. 蓋印綬畏財, 主人括囊. 故四柱中及運行官貴, 反成其福, 蓋官鬼能生印; 印只畏其財, 而財能反傷印. 此印綬之妙者, 多是受父母之蔭, 承父之財, 見成安享之人; 若又以兩三命相倂, 當以印綬多者爲上. 又主一生少病, 能食.

[52] 고극성(孤極星)이라는 명칭은 편관에서도 언급되었다.
　　喜, 食神, 天月德, 七殺, 逢印看殺, 以官爲引. 忌, 刑衝, 傷官, 死墓. 丑未印不怕木, 辰戌印怕見木. 一曰正印, 二曰魁星. 三曰孤極星.

[53] 印綬者, 乃五行生我之名, 如甲乙在亥子月, 丙丁在寅卯月之類, 乃我氣之源, 爲生氣, 爲父母, 能護我官星, 使無傷剋, 譬人生得物, 相助相養, 受現成之福, 豈不爲妙. 此格主聰明多智慧, 性慈惠, 語善良遲訥, 體貌豐厚, 能飲食, 平生少病, 不逢凶橫, 但吝財耳.

경에 말하길, 인수는 관성의 생함에 의지한다고 하였다. 또 말하길, 관성이 있는데 인수가 없으면 진관(眞官: 참된 관)이 아니라 하였으니 인수도 있고 정관도 있어야 두터운 복을 이룬다는 것이 그것이다. 재성을 꺼리는 것은 재성이 인수를 파괴하기 때문이다. 경에 말하길, 월이 일간을 생하고 천간에 재성이 없으면 바로 인수격이 된다고 하였다. 또 말하길, 인수가 상처를 입으면 영화가 오래가지 않는다고 하였고, 인수월에 생하면 연과 시에 재성을 보는 것을 꺼리고, 운에서 재성의 향에 들어가면 도리어 몸을 물려 퇴직한다고 하였다. 세운도 마찬가지로 논한다. 인수가 손상되지 않아야 부모의 음덕이 있고 자본을 이루고 안녕하고 부귀하게 된다. ^주54

모든 명이 이와 같은데, 당연히 인수가 많은 사람이 상급이고, 월이 최고이고 일시가 다음이다. 연간이 비록 중하여도 모름지기 월일시에 귀록이어야 취용 가능하다. 만약 연주에 드러나도 월일시에 없으면 역시 사업을 구제할 수 없다. 사주원국에 관성이 있으면 묘하다. 만약 인수가 적은데 관귀가 많고 혹 다른 격국이 성립되면 오로지 인수격으로 말할 수 없다. 만약 인수가 다시 공록(拱祿), 전록(專祿), 귀록(歸祿), 서귀(鼠貴), 협귀(夾貴), 시귀(時貴) 등의 격국을 만나면 더욱 특별해진다. 다만 일간에 자식이 적거나 무자식인 경우가 있다. 인수가 많은 자는 맑지만 고독하다. 『구집(拘集)』에 이르길, 인수가 많은 자는 고독을 벗어나기 어렵다는 것이 그것이다. 무릇 인수는 칠살을 좋아하는데, 칠살이 태과하면 안 된다. (칠살이) 많다는 것은 곧 일간에 상처를 주는 것이니 원명에 칠살이 없고 운에서 칠살을 만난다면 발전한다. 원국에 칠살이 있고 운에서 재성으로 행하고 인수가 사절(死絶)이거나 묘(墓)지에 임하면 모두 흉하다. 경에 말하길, 칠살이 인수를 생하지만 재성의 향으로 가는 것은 두렵다. 인수를 파극하고 귀(鬼)를 도우니 주인을 망가뜨리고 상서롭지 못하다는 것이다. 또 말하길, 인수 묘지는 요절을 피하기 힘들다는 것이 그것이다. 보통은 격국에 신왕

주54 爲官多爲正官, 受宣敕不拘文武, 皆掌印信, 喜官星, 以官能生印.《經》云, 印賴官生. 又云, 有官無印, 卽非眞官, 有印有官, 方成厚福, 是也. 忌財星, 以財能破印.《經》云, 月生日干無天財, 乃印綬之名. 又云, 印綬被傷, 倘若榮華不久. 又云, 印綬生月, 歲時忌見財星, 運入財鄕, 却宜退身避位是也. 歲運同論, 印綬不逢損傷, 多受父母庇廕, 資財見成, 安享富貴.

한 것이 좋지만 인수는 신약도 기뻐한다. 만약 원국에 재성이 인수를 해치고 있으면 운에서 비겁 신왕운으로 가야 역시 발복하고 없으면 마땅치 않다. 가령 관살과 재성이 없는데 또 운에서 신왕운으로 가면 일간은 평범하다. [주]55

『연원(淵源)』에서 논하기를, 甲 일간이 子월을 만나면 정인격이 되고 亥월은 편인격이 되는데, 가장 좋은 것은 천월덕을 만나는 것이라 하였다. [주]56 '子의 천덕은 巽(巳)에 월덕은 壬에 있고, 亥의 천덕은 乙에 월덕은 甲에 있다.' 시에서 酉辛 정관을 보면 묘하고 간혹 申庚 칠살은 비겁이 일간을 도와주기를 바라게 된다. 합살은 귀하고 戊己 재성은 인수를 손상시켜서 두렵다. 丙丁 식상이 재성을 생하여 인수를 파괴하는 것을 꺼린다. 乙 일간이 亥子월을 만나면 그 희기는 甲과 동일하다. 丙 일간이 卯월 정인을 만나면 천덕이 곤(坤: 申)에 있고 월덕은 甲에 있다. 寅월 편인을 만나면 천덕은 丁에 있고 월덕은 丙에 있다. 子癸 정관을 보는 것이 기쁘고 간혹 壬亥 칠살을 만

[주]55 諸命相比, 當以印綬多者爲上, 月最要日時次之. 年干雖重, 須歸祿月日時, 方可取用. 若年露印, 月日時無, 亦不濟事. 四柱原有官星爲妙. 若印綬少, 官鬼多, 或入他格, 又不可專言印綬. 若印綬復遇拱祿, 專祿, 歸祿, 鼠貴, 夾貴, 時貴等格, 尤爲奇特, 但主子少或無子. 印綬多者淸孤.《拘集》云, 印多則淸孤不免, 是也. 凡印綬喜七殺, 但殺不可太多, 多則傷身, 原無七殺, 行運遇之則發. 原有七殺行財運, 或印綬死絶, 或臨墓地, 皆凶.《經》云, 殺能生印, 畏行財鄕, 破印助鬼, 決主不祥. 又云, 印墓則壽夭難逃, 是也. 凡格喜身旺, 惟印綬喜身弱. 若元局帶財傷印, 運行比劫身旺, 亦能發福, 無則不宜. 如無官殺財神, 又行身旺主平常.

[주]56 이 단락에서는 인수격이 가장 좋아한다는 천월덕을 논한다. 천월덕 귀인이라는 것은 천을귀인과 함께 신살에서 가장 좋은 길신을 의미하는데, 자세한 설명은 필자의 『신살론』을 참조하기 바란다. 월지에 따른 월덕귀인과 천덕귀인의 종류는 다음과 같다.

월지별 월덕귀인·월덕합·월공

월지	亥卯未	寅午戌	巳酉丑	申子辰
월덕귀인	甲	丙	庚	壬
월덕합	己	辛	乙	丁
월공	庚	壬	甲	丙

월지별 천덕귀인

월지	子	丑	寅	卯	辰	巳	午	未	申	酉	戌	亥
월	11	12	1	2	3	4	5	6	7	8	9	10
천덕귀인	巳	庚	丁	申	壬	辛	亥	甲	癸	寅	丙	乙

나면 도리어 비겁이 일간을 돕거나 합살해주기를 원한다. 申庚酉辛 재성이 인수를 손상시키는 것을 두려워하고 戊己 식상은 재성을 생하여 인수를 파괴한다. 丁火 일간이 寅卯월을 만나면 그 희기가 丙火와 동일하다. 戊 일간이 午월을 만나면 정인인데, 천덕은 亥에 있고 월덕은 丙에 있다. 巳월이면 편인이고 천덕은 辛에 있고 월덕은 庚에 있다. 卯乙 정관을 만나면 기쁘고, 寅甲은 칠살인데, 칠살을 보면 마땅히 비겁으로 일간을 돕고 합살하여 물리쳐야 한다. 壬癸子 재성을 만나 인수를 무너뜨리는 것과 庚辛 식상이 재성을 생하여 인수를 파괴하는 것을 꺼린다. 己 일간이 巳午월에 생한 것의 희기는 戊 일간과 동일하다. 庚 일간이 午월에 생하면 (午 중 己土로) 정인이다. 천덕은 건(乾: 亥)에 있고 월덕은 丙에 있다. 巳월은 편인인데 천덕은 辛에 있고 월덕은 庚에 있다. 午丁 정관을 보는 것이 기쁘고, 巳丙은 칠살이니 마땅히 비겁으로 일간을 도와 합살하여 물리쳐야 한다. 甲乙寅卯의 왕한 재성이 인수를 무너뜨리는 것과 壬癸 식상이 재성을 생하여 인수를 파괴하는 것을 꺼린다. 辛 일간이 巳午월에 생하였다면 그 희기가 庚 일간과 동일하다. 壬 일간이 酉월에 생하면 정인인데, 천덕은 寅에 있고 월덕은 庚에 있다. 申월은 편인이고 천덕은 癸에 있고 월덕은 壬에 있다. 시에서 巳午 정관을 만나는 것이 기쁘고, 만약 己戊 칠살을 만나면 마땅히 비겁으로 일간을 돕고 합살하여 물리쳐야 한다. 丙丁 왕한 재성이 인수를 무너뜨리고 甲乙 식상이 재성을 생하여 인수를 파괴하는 것을 꺼린다. 癸 일간이 申酉월에 생하였다면 그 희기는 壬과 동일하다. 翻57

翻57 《淵源》論印綬, 如甲日遇子月爲正印, 亥月爲偏印, 最喜逢天月德. 子天德在巽, 月德在壬, 亥天德在乙, 月德在甲 時要見酉辛正官爲妙, 或申庚七殺, 却要見比劫助身, 合殺爲貴, 畏戊己財星損印, 忌丙丁食傷, 生財破印. 乙逢亥子月, 喜忌與甲同, 丙日逢卯月正印, 天德在坤, 月德在甲, 寅月偏印, 天德在丁, 月德在丙, 喜見子癸正官, 或壬亥七殺, 却要比劫助身, 合殺, 畏申庚酉辛財星損印, 忌己食傷, 生財破印. 丁逢寅卯月, 喜忌與丙同. 戊日逢午月, 正印, 天德在亥, 月德在丙, 巳月偏印. 天德在辛, 月德在庚, 喜逢卯乙正官, 寅甲七殺, 見殺却宜比劫助身合殺, 忌見壬癸子財壞印, 庚辛食傷, 生財破印. 己生巳午月, 喜忌與戊同. 庚日生午月, 正印, 天德在乾, 月德在丙, 巳月偏印, 天德在辛, 月德在庚, 喜見午丁官星, 巳丙七殺見殺, 却宜比劫助身合殺, 忌甲乙寅卯旺財壞印, 壬癸傷食生財破印. 辛生巳午月, 喜忌與庚同, 壬日生酉月正印, 天德在寅, 月德在庚, 申月偏印. 天德在癸, 月德在壬, 喜時逢巳午正官, 或己戊七殺, 却宜見比劫助身合殺, 忌丙丁旺財壞印, 甲乙傷食生財破印, 癸生申酉月, 喜忌與壬同.

4. 편인·도식

도식(倒食)이라는 것은 재성신과 충하는 것을 이른다. 일명 탄담살(呑啖殺)이라 한다. 재성을 용신으로 쓰는 경우 이것(도식)을 보는 것을 크게 꺼리고, 식신을 용하는 경우 역시 이것을 꺼린다. 도식이란, 가령 甲이 壬을 보는 등의 유형이다. 가령 甲이 丙을 보면 식신이 되는데 (식신은) 능히 土의 재성을 생한다. 그런데 (도식) 壬이 丙火를 극하니 丙火가 甲木의 재성 土를 생하지 못한다. 소위 甲이 식신을 용신으로 쓰는데 (식신이) 이를 꺼리는 것이다. 무릇 명식에 이 두 가지를 대하면 복록과 수명이 천박하다고 하였다. ㈜58

도식은 바로 편인을 말한다. 일명 탄담살(呑啖殺)이라고 한다. 식신이 가장 기피하는 것은 편인을 보는 것이다. 가령 甲 일간이 丙火를 생하니 식신이 되는데, 火는 능히 土를 생할 수 있어서 (土)가 甲의 재성이 된다. (土)재가 왕하면 金을 생하니, (金)은 甲의 관이 된다. 식신이 생왕하면 재관이 또한 갖추어진 것이다. 이제 甲이 壬을 보면 도식이라는 것이 되는데, 壬이 왕하면 바로 丙火 식신을 극하여 丙이 극으로 제거되고 土를 생할 수 없으니 甲은 무재가 된다. 壬이 합으로 丁(상관)을 일으키면 甲의 (정관) 辛을 상하게 하는데, 바로 甲이 무관이 된다. 壬이 극하여 丙을 제거하면 庚金 칠살이 편안하게 와서 甲木을 상해하니 바로 甲의 재앙이 발생한다. 소위 식신을 용하는 자가 꺼리는 것이 이것이다. 무릇 팔자에 도식을 차면 박복하고 수명이 짧다. 만약 제복하고 합거하는 것이 있으면, 가령 甲 일간이 壬辰과 壬戌을 보면 辰戌 중에 土가 (壬을) 제극하고 丁이 (壬을) 합거한다. 乙 일간이 癸未와 癸丑을 보면 丑未 중에

㈜58 夫倒食者, 沖財神之謂也; 一名吞啗煞. 用財神大忌見之, 用食神亦忌見之. 倒食者, 如甲見壬之類. 如甲見丙為食神, 能生土財; 然壬剋丙火, 丙火不能生甲木之土財, 所謂甲用食神, 大忌見之. 凡命中帶此二者, 主福淺壽薄.

己土가 癸水를 제극한다. 丙 일간이 甲申을 보는 것이다. 丁 일간이 乙巳와 乙酉, 戊 일간이 丙子·丙申·丙辰, 己 일간이 丁亥, 庚 일간이 戊寅·戊辰, 辛 일간이 己卯·己亥, 壬 일간이 庚午·庚戌, 癸 일간이 辛巳·辛未를 보는 것이 모두 이러한 편인으로 식신을 해치지 못하는데 (편인이) 극제된 까닭이다. ㊟ 59

사주가 신왕하고 재관이 서로 생하면 일간을 도와주는 것(편인)을 복으로 취할 수 있다. 양 일간이 이것을 만나면 능히 상관과 암합하여 재성을 생하고, 음 일간이 이것을 만나면 능히 암합하여 재성을 생한다. 사주에 식신이 없으면 편인으로만 논하면 된다. 또 말하길, 무릇 사주에 식신이 효신을 만나면 마치 윗사람이 나를 제어하듯 자유롭지 못한 것과 같다. 일을 하는데 머뭇거리고 실수를 하여 뉘우치고 유시무종이며 재물을 얻어도 어디론가 새어버리고, 용모는 단정하지 않고 체격이 보잘 것 없고 겁이 많아 만사에 이루는 것 없어 육친을 해롭게 하고, 어릴 때 모친을 잃고 장년이 되면 처자에 손상이 있다. 『부(賦)』에 이르길, 도식은 편인이라고도 하고 효신이라고도 부른다. ㊟ 60

5. 정재론

연해자평

무엇을 정재라 하는가? 정관의 의미와 같아서 음이 양을 보고 양이 음을 보는 것이 정재이다. 대개 정재는 내 아내의 재물이다. 여자는 재물을 가져와서 나를 섬기므로

㊟ 59 倒食卽偏印之謂, 一名吞啗殺. 食神最忌見之, 如甲生丙火爲食, 火能生土, 爲甲之財, 財旺生金, 爲甲之官, 食神生旺, 財官備矣. 今甲見壬爲倒食者, 壬旺則剋了丙火, 丙被剋去, 不能生土, 甲無財矣. 壬合起丁, 傷甲之辛, 甲無官矣. 壬剋去丙, 庚殺得安來, 傷甲木, 甲生災矣. 所謂用食忌見者此也. 凡命帶倒食, 福薄夭壽. 若有制合, 如甲日見壬辰壬戌, 辰戌, 中有土制丁合. 乙日見癸未癸丑, 丑未中有己制癸. 丙日見甲申, 丁日見乙巳乙酉, 戊日見丙子丙申丙辰, 己日見丁亥, 庚日見戊寅戊辰, 辛日見己卯己亥, 壬日見庚午庚戌, 癸日見辛巳辛未, 此等偏印, 不能爲食害, 有剋制故也.

㊟ 60 柱中身旺, 財官俱生, 可取爲福助身. 陽日逢之能暗合傷官生財, 陰日逢之能暗合財星. 柱中無食, 只以偏印論. 又曰, 凡命有食遇梟, 猶尊長之制我, 不得自由, 作事進退悔懶, 有始無終, 財源屢成屢敗, 容貌欹斜, 身品瑣小, 膽怯心虛, 凡事無成, 剋害六親, 幼時剋母, 長大傷妻子. 《賦》云, 倒食者名爲偏印, 號曰梟神.

반드시 정신이 강녕[강(康)]하고 강인[강(强)]해야 재물을 누리고 쓸 수 있다. 가령 내 몸이 스스로 병들고 나약하여 떨쳐 일어나지 못하면 비록 처와 재가 풍족하고 후하여도 단지 눈으로만 볼 뿐 마침내 터럭만큼도 수용할 수 없다. 그러므로 재성은 득시해야 하고 재성이 여럿 있을[재다(財多)] 필요는 없다. 만약 재다면 일간이 힘이 있어야 감당할 수 있다.㈜61

천원일기(天元一氣)가 약하면(천간에만 있고 지지에 통근처가 없는 것) 빈궁함을 구제할 수 없다. 신왕한 것이 좋고 극제의 향(鄉)은 좋지 않다. 극제라는 것은 관귀(官鬼)이다. 또 월령이 일간의 쇠병지인 것을 두려워한다. 사주에서 부모의 생함(인수)이 없는데 재성이 있고 운에서 또 재성을 보는 것을 좋아하지 않는다. 그것은 재성이 많다고 한다. 체력이 재성을 감당할 수 없으면 불행과 우환이 백 가지 생겨난다. … 대개 재성은 싸움을 일으키는 실마리이다. 사주가 상생하고 따로 귀격을 대하고 공망이 아니며, 또 왕운으로 행하고 재성과 삼합하면 모두 고귀한 명이 된다. 나머지는 모두 격국에 따라 경중을 말해야 한다.㈜62

삼명통회

기쁜 것은 신왕, 인수, 식신이다. 봉재간관(逢財看官: 재격을 만나서 정관을 보는 것)과 이식위인(以食爲引: 식신으로 하여금 (재성을) 끌어오는 것)이 좋다. 꺼리는 것은 신약, 비견, 양인, 공망[공(空)]과 절지[절(絶)], 충(衝)과 합(合)이다. 재성이라고도 하고, 천마성(天馬星), 최관성(催官星), 장지신(壯志神)이라고도 한다.㈜63

㈜61 何謂之正財? 猶如正官之意; 是陰見陽財, 陽見陰財. 大抵正財, 吾妻之財也. 人之女癙財以事我, 必精神康强, 然後可以享用之; 如吾身方且自萎懦而不振, 雖妻財豊厚, 但能目視, 終不可一毫受用. 故財要得時, 不要財多. 若財多則自家日本有力, 可以勝任, 當化作官.

㈜62 天元一氣, 羸弱貧薄難治. 是樂於身旺, 不要行剋制之鄉; 剋制者, 官鬼也. 又怕所生之月令, 正吾衰病之地, 又四柱無父母以生之; 反喜財, 又有見財, 謂之財多. 力不任財, 禍患百出. … 蓋, 財者, 起爭之端也. 若或四柱相生, 別帶貴格, 不空亡; 又行旺運, 三合財生, 是皆貴命. 其余福之淺深, 皆隨入格輕重而言之.

㈜63 喜, 身旺, 印綬, 食神, 逢財看官, 以食爲引. 忌, 身弱, 比肩, 羊刃, 空絶, 衝合. 一曰財星, 二曰天馬星, 三曰催官星, 四曰壯志神.

정재라는 것은 바로 甲 일간이 己를 보는 것, 乙 일간이 戊를 보는 유형이다. 나에게 제극을 당하는 것으로 일간의 처가 된다. 비유하자면 사람이 처에게 장가드는 것과 같다. 처는 재물을 가지고 나에게 시집오는 것이니 나는 반드시 정신을 강건하게 하여 그것을 누리고 사용하여야 한다. 만약 쇠약하면 비록 처와 재물이 풍성하여도 눈으로 바라볼 뿐 결국 내 것으로 득하여 사용하지 못한다. 따라서 재성은 득시하고 승왕하여야 하며, 정·편재가 혼잡하면 안 되고 중첩되어도 안 된다. 일주가 유력하면 발복이 가능하다. 만약 재다신약(財多身弱)인데 사주에 인수의 조력이 없거나, 재소신강(財少身強)인데 사주에 비겁이 있으면 태과불급(太過不及)이요 모두 복이 되지 않는다. 경에 말하길, 상처첩첩(傷妻疊疊: 처에 상처가 겹쳐진 것)은 재성이 가볍고 신왕하여 형제가 많은 것이라 하였다. 또 말하길, 재다신약은 부유한 집안에 가난한 사람이 되는 것이다. 낙록자가 말하길, 대개 천원이 여리고 약하고 궁(宮)이 길하여도 영화는 미치지 못하고 설령 한때 금전을 얻어도 평생 부유하지 않고 굶어 죽기도 한다고 한 것이 그것이다. 만약 월령이 재국인데 일간이 쇠약하면 인수를 만나 도움을 받아야 부를 논할 수 있다. 가령 먼저 인수를 보았다면 재성을 보는 것이 두렵다. 『독보(獨步)』에 이르길, 먼저 재성을 보고 이후에 인수를 보면 도리어 복을 성취하고 먼저 인수를 보고 이후에 재성을 보면 도리어 욕을 당한다고 한 것이 그것이다. [주]64

재성을 사용하면 드러나는 것이 마땅하지 않고, 사주에 비겁을 보면 투출하는 것이 마땅하다. 사람들로 하여금 공공연히 지켜보게 하여 빼앗길 일이 없기 때문이다. 부(賦)에 말하길, 재성은 마땅히 감추어야 하고(지장간에 두어야 하고) 감추었다면 풍후해야 하는데, 드러나 있으면 떠돌고 방탕하다는 것이 그것이다. 무릇 재격은 정관을 보아야 현달함이 드러나는데, 다른 곳에서 손상이 없고 다시 식신의 생조를 받고 인

[주]64 正財者, 乃甲見己, 乙見戊之類, 受我剋制, 爲我之妻. 譬人娶妻, 妻齎財嫁我, 我必精神康強, 而後可享用. 若衰微不振, 雖妻財豐厚, 但能目視, 終不得用. 故財要得時乘旺, 不偏正混亂, 不重疊, 多見自家, 日主有力, 皆能發福. 若財多身弱, 柱無印助, 財少身強, 柱有比劫, 太過不及, 皆不爲福.《經》云, 傷妻疊疊, 財輕身旺弟兄多. 又云, 財多身弱, 反爲富屋貧人.《珞珠》云, 大段天元羸弱宮吉, 不及以爲榮, 縱鄧通鑄錢, 終身不富而餓死, 是也. 若月令得財局身衰, 逢印資助, 當作富論. 如先見印, 却怕見財.《獨步》云, 先財後印, 反成其福. 先印後財, 反成其辱, 是也.

수의 조력이 있으며 일주가 건왕하면 부귀쌍전이다. 가령 간지에 칠살을 보아도 능히 누리고 사용할 수 있다는 것이 봉재간살(逢財看殺)의 의의인데, 효신이 (식신을) 분탈하여 재성을 생하지 못하는 것이 두렵고, 양인이 겁탈하면 또한 (재성을) 누릴 수가 없다. 고(庫)가 공망을 만나면 (재물이) 모이지 않는다. ^주65

가령 甲 일간이 午월에 생하였는데 壬水를 보면 丙火 식신이 손상되고, 卯(겁재)는 (재성을) 파괴하고, 乙(겁재)도 분탈한다. 乙 일간이 巳월에 생하였는데 癸(편인)는 丁 식신을 분탈하고, 亥는 파괴하며, 甲은 분탈한다. 壬 일간이 戌월에 생하였으면 甲子 순의 戌이 공망에 떨어진다. 나머지도 이에 준하여 추론한다.

또 말하기를, 재성은 양명(養命: 명을 유지하는 것)의 원천이다. 무릇 사람의 팔자는 재성이 없어서는 안 된다. 다만 태과하면 안 되고, 많으면 청하지 못하다. 만약 사주 원국에 재성이 없는데 재성운으로 행하여도 유명무실이다. 가령 재다신약이 또 정관의 향으로 행하고 재왕지로 행하면 재성이 기운을 도둑질하여 관이 일간을 극하고 록이 발전하지 못할 뿐 아니라 온갖 재난이 나타난다. ^주66

또 말하길, 재성은 마(馬)라고 하고, 관성은 록(祿)이라 하는데, 두 가지 중 하나라도 이지러지면 안 되고 둘 다 온전하기도 어렵다. 원국이 재격이 있으면 마땅히 정관운으로 행해야 하고, 원국에 관격이 있으면 마땅히 재성운으로 행해야 한다. 재성운으로 행하면 정관을 생해주고 관성운으로 행하면 재성이 발복한다. 만약 사주원국에 관성이 없는데 다만 재성은 많고 또 재성운으로 행하면 역시 명리(名利: 명예와 이익, 관과 재를 의미)를 성취할 수 있고 간혹 과거에 급제하기도 한다. 대개 재성이 많은 것은 두렵지 않은데 많은 것은 은밀히 관을 생하기 때문이다. 모름지기 신왕하여 임무를

---

^주65 用財不宜明露, 柱見比劫, 則宜透出, 使人共見, 則不能奪. 賦云, 財宜藏, 藏則豐厚, 露則浮蕩, 是也. 凡財格喜見官星顯露, 別無傷損, 或更食生印助, 日主健旺, 富貴雙全. 如干支見殺, 亦能享用, 卽逢財看殺之義. 大怕梟奪則不能生, 刃劫則不能享, 庫逢空則不能聚.

^주66 如甲生午月, 見壬傷丙, 卯破乙奪乙生巳月, 見癸傷丁, 亥破甲奪壬生戌月, 甲子旬戌落空亡之類, 餘以例推. 又曰, 財爲養命之源, 凡人八字不可無財, 但不要太多, 多則不清. 若柱原無財而行財運, 乃有名無實. 如財多身弱, 又行官鄕, 財旺之地, 見財盜氣, 官剋身, 不惟不發祿, 且禍患百出.

맡을 능력이 있어야 한다. 만약 무재에 정관이 많으면 일간이 그 제극을 다 받게 되어 도리어 길하지 않다. 사주 중에 무관인데 재성을 취하여도 복이 된다. ^주67

월지에 재관이 있으면 득시(得時)라 한다. 일지에 재관이 있으면 득위(得位)라 한다. 시지에 재관이 있으면 유성(有成)이라 한다. 득시가 제일이고, 다음으로 득위이며, 유성이 그 다음이다. ^주68

6. 편재론

연해자평

무엇을 편재라 하는가? 양이 양을 보고 음이 음을 보면 편재이다. 편재는 많은 사람의 재물이므로 단지 형제와 자매가 빼앗아가면 복이 온전하지 못하여서 두려워한다. 만약 관성이 없으면 우환이 백 가지로 나온다. 그러므로 편재는 투출되는 것이 좋지만, 또한 암장되는 것을 두려워하지는 않는다. 오직 분탈되는 것과 공망을 두려워할 뿐이다. 이 중에 하나만 있어도 장차 관이 이루어지지 않고 재가 머물지 않는다. ^주69

삼명통회

어찌하여 편재라 하는가? 바로 甲 일간이 戊를 보고, 乙이 己를 보는 유형이다. 처가 아니고 여러 사람의 재물이다. 형제자매가 분탈하는 것이 절대적으로 두렵고, 사주에 관성이 없으면 재앙이 많이 나타난다. 경에 말하길, 편재는 드러나는 것이 좋고 감추어져 있어도 두렵지 않다. 오직 분탈과 공망에 떨어지는 것을 두려워할 뿐

주 67 又曰, 財爲馬, 官爲祿, 二者不可缺一, 實難兩全. 原有財星, 宜行官運, 原有官星, 宜行財運. 行財運生官, 行官運發財. 若柱中原無官星, 只是財多, 又行財運, 亦能成就名利, 間有登科者. 蓋財不畏多, 多則暗生官也. 須得身旺方能勝任. 若無財官多, 身受其制, 反不爲吉. 柱中無官, 只取有財爲福.

주 68 月地支坐財官, 謂之得時. 日地支坐財官, 謂之得位. 時地支坐財官, 謂之有成. 得時爲上, 得位次之, 有成又次之.

주 69 何謂之偏財? 蓋陽見陽財, 陰見陰財也. 然而偏財者, 乃衆人之財也, 只恐兄弟妹有奪之, 則福不全; 若無官星, 禍患百出. 故曰偏財好出, 亦不懼藏, 惟怕有以分奪, 及空亡耳; 有一於此, 官將不成, 財將不住.

이다. 유일한 하나가 이렇게 되면 벼슬을 하지 못하고 재물도 가지지 못한다. 가령 재물이 약하면 반드시 왕한 향을 기다려야 영화가 있고, 재물이 무성하여도 향할 곳이 없으면 불리하다. 다만 일간의 세력이 무력한 것이 두려운데, 감당을 못하기 때문이다.㈜70

편재격의 일간은 의협심으로 비분강개하고 재물에 인색하지 않으며 사람들에게 정이 많고 사기성도 있다. 득지하면 풍부한 재물이 그치지 않고 벼슬도 왕성할 수 있는데, 재성이 왕성하여 관성을 생하기 때문이다. 운에서 왕상으로 행하면 복록이 모이는데 한 개의 관성 향을 만나면 더욱 발복한다. 가령 사주원국에 관성을 가지고 있으면 아주 좋은 명조가 된다. 만약 형제 무리가 나타나면 설령 관성의 향에 들어도 발복은 아득하다.㈜71

편재는 월령에 있는 것이 가장 중요하고, 주 중에 여러 개를 보는 것은 마땅하지 않다. 연주 상의 편재가 생왕하고 월령과 사주에 기운이 통하면 일간은 부모와 조상대의 산업으로 흥륭하고 외가쪽 조상의 산업으로도 정성스런 양육을 받는다. … 만약 형충파해를 보고, 비겁이 분탈하거나 재성이 아주 쇠약하거나, 일주가 태약하거나, 재성이 많아서 칠살을 생하면 모두 조상이 힘들게 쌓아올린 노력을 깨뜨리는 명조이다. 무릇 월령에 재성이 있으면 일간의 소년 시절이 부귀하다. 만약 (재성이) 생시에 득지하지 못하였는데 만약 비겁이 있고 다시 운에서 흉지에 임하면 만년에 조상의 재산을 모두 소진하고 종국에 곤궁하여 초년에 부자가 말년에 빈궁해진다. 만약 연월에는 없고 일시에 재성이 있는데 별다른 비겁과 충극하지 않으면 일간은 자수성가하여 중년과 말년에 크게 발전한다. 만약 사주가 재다신약인데 초년에 휴수와 패지를 지나면 하는 모든 일이 여의치 않다. 중년과 말년 이후에 부모의 지지(인수)에 임해서 간

㈜70 何謂偏財? 乃甲見戊, 乙見己之例, 非妻所帶, 乃衆人之財也. 切恐有姊妹兄弟分奪, 柱無官星, 禍患百出. 《經》日, 偏財好出, 亦不懼藏, 惟怕分奪, 及落空亡. 有一於此, 官將不成, 財將不住. 如財弱必待歷旺鄕而榮, 財盛無往不利, 但恐身勢無力, 不能勝任.

㈜71 偏財格主人慷慨, 不甚吝財, 與人有情而多詐, 若是得地, 不止豐財, 亦能旺官, 以財盛自生官. 運行旺相, 福祿俱臻, 一遇官鄕, 便可發福. 如柱中原帶官星, 便作好命看. 若兄弟輩出, 縱入官鄕, 發福必渺.

혹 삼합이 되어 일간을 도와주면 홀연히 흥하게 된다. 주72

7. 식신론

연해자평

식신은 나의 재성[재신(財神): 재록신]을 생하는 것을 말한다. 가령 甲은 木에 속하고 丙은 火에 속하며 기를 뺏는 것[도기(盜氣)]이라 이름한다. 그러므로 (丙을) 식신이라 말하는데 왜 그런가? 뜻밖에 丙은 나의 재성인 戊를 생하고 甲은 丙이 생한 戊 재성을 먹고 살기 때문에 이와 같이 이름 지었다. 명 중에서 식신을 대하면 명의 주인은 주로 재물이 후덕하고 식복이 풍성하다. 또 마음씀이 관대하고 넓으며 신체가 비대하다. 넉넉하게 노닐고 자족하며 자식이 있고 장수한다. 주73

항상 관성을 보는 것을 기뻐하지 않고 도식을 꺼리는 것은 식신이 손상될까 두려워하기 때문이다. 재성과 상생하는 것을 기뻐하고 식신이 한 자리로만 있으면 복이 있는 사람이다. 그러나 많으면 또한 맑지 않다. 도리어 신왕함을 기뻐하고 인수는 좋아하지 않는 것은 역시 식신이 손상될까 두려워함이다. 가령 운에서 득지하면 바야흐로 발복할 수 있다. 대개 재성신과 서로 비슷하다. 주74

삼명통회

식신에게 기쁜 것은 신왕한 것이고 재성의 향으로 행하는 것이 마땅하다. 꺼리는

주72 偏財月令所帶最重, 不宜柱中多逢, 年上偏財生旺, 月令柱中通氣, 主受伯叔祖考産廥豐隆, 或外祖産業恩養. … 若見刑衝破害比劫分奪, 或財星太衰, 日主太弱, 或財多生殺, 皆破祖勞碌之命. 凡月令有財, 主少年富貴. 若生時不得地, 或有劫財, 更運臨凶地, 晚年祖財破盡, 終身困窮, 先富後貧. 若年月本無日時帶財, 別無劫敗衝剋, 則主自家成立, 中晚之年大發. 若柱中財多身弱, 少年又經休敗之地, 多事頻倂, 百不如意. 中末年後, 忽臨父母之地, 或三合可以助我, 則勃然而興.

주73 食神者, 生我財神之謂也; 如甲屬木, 丙屬火, 名盜氣, 故謂之食神. 何也? 殊不知丙能生我之戊財甲食丙之戊財, 故以此名之也. 命中帶此者, 主人財厚食豐, 腹量寬洪, 肌體肥大, 優遊自足, 有子息, 有壽考.

주74 恒不喜見官星, 忌倒食, 恐傷其食神; 喜財神相生. 獨一位見之, 則爲福人; 然終亦不清. 卻喜身旺, 不喜印綬, 亦恐傷其食神也. 如運得地, 方可發福; 大槪與財神相似.

것은 신약한 것과 비견이다. 진신(進神)이라고도 하고, 벼슬성[작성(爵星)]이라고도 하며 수명성[수성(壽星)]이라 한다. ㈜ 75

식신이라는 것은 일간이 생하는 바, 숫자를 따라 세 번째 자리이다. 즉 甲木의 식신은 丙이고 乙의 식신은 丁인 것과 같은 예이다. 甲 일간이 丙을 생하면 본래 설기(洩氣)하는 것이다. 丙이 戊를 생하면 甲의 편재가 되는데, 편재는 천록(天祿: 하늘이 내린 복록)인 자연의 재물이다. 자기가 심력을 기울여 노력하지 않아도 자연에 있는 그대로 이루어진 복록이다. 甲과 丙은 부자의 도가 있고 마치 아들이 왕상(旺相)하면 재록을 일으켜 생하여 이로써 부모를 봉양하니 어찌 편안하지 않겠는가? ㈜ 76

또 甲이 庚을 보면 칠살이고, 戊를 보면 재성인데, 그 식신 丙火가 庚金 칠살을 제복하여 일간을 손상시키지 않는 것이다. (식신 丙火가 있으면) 甲木은 능히 戊土 재성을 생할 수 있고, 이것으로 용신을 삼는다. 무릇 명에서 재성과 칠살 지지가 있고 식신이 왕상하면 칠살은 식신의 제극을 당하여 감히 화액을 만들지 못한다. 재성은 식신으로 하여금 생함을 받아 충분히 넉넉하니 마르지 않는다. 따라서 식신의 다른 이름은 수명성이요 또 벼슬성이라는 좋은 이름이 있는 것이다. ㈜ 77

이 격은(식신격) 일주와 식신이 함께 생왕하여 충파가 없고 일간과 재성이 후하고 식신이 풍부해야 복성이 너그럽고 도량이 크다. 풍채는 비대하고 유유자족하며 자식이 있고 장수한다. 사주에 재성과 식신을 보았는데 연주와 월주 상에 있으면 조부의 음덕과 사업이 풍륭하고, 일주와 시주에 있으면 처와 아들이 복을 얻고, 모자가 함께 쇠절(衰絶)되면 둘 다 모두 이루는 것이 없다. 따라서 경에 말하기를, 식신(격)은 마땅히 식신 생지와 식신 왕지라야 하며 식신 쇠지와 절지는 불가라 하였다. 또 말하길, 식

㈜ 75 喜, 身旺, 宜行財鄕, 逢食看財. 忌, 身弱, 比肩. 一名進神, 二名爵星, 三名壽星.

㈜ 76 食神者, 日干所生, 順數第三位, 乃甲食丙, 乙食丁之例. 甲生丙, 本爲洩氣, 丙生戊, 爲甲偏財, 偏財是天祿, 自然之財, 不勞己之心力, 享現成福祿. 甲丙有父子之道, 如子旺相, 生起財祿, 以奉其父母, 豈不安享.

㈜ 77 又甲見庚爲殺, 見戊爲財, 其食神丙火, 能制伏殺殺, 使不得剋傷. 甲木能生戊財, 使爲甲木所用. 凡命遇財殺之地, 食神旺相, 殺被食制, 不敢爲禍, 財被食生, 充裕不竭. 故食神一名壽星, 一名爵星, 良有以也.

신이 생왕하면 재관이 같이 뛰어나다고 하였다.[주78]

또 말하길, 식신은 편인을 크게 꺼려서 도식이라 한다. (도식이 되면) 일주는 시작은 있는데 마치는 것이 없으며, 용모는 간사하고 왜소하여 몸을 사리고 심성이 초조하고 욕심이 많아도 이루지 못하는 사람이 된다. 가령 甲 일간이 丙을 보면 식신인데, 사주 중에 壬가 있으면 甲木의 편인으로 (식신을) 극제하니 丙火가 戊土 재성을 생하지 못하고 庚金 칠살을 제복하지 못하게 된다. 甲木에게 재성이 물러나는 제약이 있으니 어찌 궁색하지 않겠는가? 『원리부(元理賦)』에 이르기를, 식신이 제살하는데 효신을 만나면 가난하지 않으면 바로 요절이다. 일행(一行)이 말하길, 오행이 휴폐(休廢)하여도 구원을 만나면 재앙과 화액이 가볍게 된다고 하였다. 사주에 소식(消息)[주79]이 화평하면 복덕이 크게 증가한다. 도식하는 신을 만나면, 재물에 큰 손실이 있고 흩어져 없어지게 된다고 한 것이 그것이다.[주80]

또 말하길, 양 일간의 식신이 관성과 암합하고 음 일간의 식신이 정인과 암합하면 관인이 분명히 드러날 필요가 없다고 하였다. 다만 식신이 순수하면 일간이 귀하고 록이 있고 부자이며 장수한다. 식신은 오직 한 자리에만 있어야 하고, 태과한 것은 마땅하지 않다. 본원의 기를 훔쳐가는 것이 두렵기 때문이다. 경에 말하기를, 하나의 木이 중첩된 火를 만나면 기가 흩어진다고 한 것이 그것이다. 식신이 많으면 마땅히 인수운으로 행하여야 하고, 식신이 적으면 효신이 탈식하는 것이 마땅하지 않다. 따라서 식신은 왕한 록(祿)과 상조하는 것을 기뻐한다. 월령에 건록이 가장 좋고 시주에 록이 그 다음이다. 다시 귀인을 만나 운에서 식신 생왕지로 행하면 크게 발복하는 록이다. 꺼리는 것은 일간이 쇠하고 효신이 왕한 사주인데, 비록 재성을 보아도 역시 많

[주78] 此格要日主食神俱生旺, 無衝破, 主人財厚食豐, 福量寬弘, 肌體肥大, 優游自足, 有子息, 有壽考. 四柱見財食, 在歲月上, 祖父廕業豐隆, 在日時妻男獲福. 怕母子俱衰絶, 兩皆無成. 故《經》云, 食神宜食生, 食旺, 不可食衰, 食絶. 又云, 食神生旺, 勝似財官是也.

[주79] 소식(消息)은 현대적으로 안부라는 뜻이 있지만, 고전에서는 주로 늘고 줄어드는 변화를 의미한다.

[주80] 又曰, 食神大忌偏印, 爲倒食, 主爲人有始無終, 容貌欹邪, 身材瑣小, 心性局促, 多慾無成. 假如甲見丙爲食, 柱中有壬作甲木偏印剋制, 丙火不能生戊土, 不能制庚金, 使甲木受制退財, 豈不窮乎.《元理賦》云, 食神制殺逢梟, 不貧則夭. 一行云, 五行休廢遇奇救, 災禍必輕. 四柱消息値平和, 福德增重. 若逢倒食之神, 決主財多耗散是也.

은 것은 마땅하지 않다. 많으면 맑지 않고 일개 돈 많은 늙은이에 불과하다. 식신을 많이 보면 변하여 상관이 된다. 자식이 적거나 설령 있어도 삐뚤어진 자식이 된다.[주]81

또 입묘(入墓)는 좋지 않은데, 즉 상관이 입묘하면 수명을 연장하지 못하고 공망을 크게 꺼린다. 다시 관살이 드러나 있으면 의사나 무당, 술수가와 같은 잡다한 선비가 된다. 만약 식신이 제극을 만나고 또 공망이 되면 귀하지 않고 재차 사절(死絕)로 행하거나 효신운으로 가면 식신과 관련한 재액이 발생하는데, 음식으로 인한 위장장애나 의식주가 이지러지고 가난하고 고단하게 된다.[주]82

8. 상관론

상관이란 것은 그 중험함이 신묘하다. 상관은 상진(傷盡: 상처를 줘서 기운을 다 빼버림)되어야 한다. 상진되지 않은 채 관성이 와서 승왕(乘旺)하면 그 화액을 이루 말로 다할 수 없다. 상관견관(傷官見官: 상관이 정관을 보는 것)이면 위화백단(爲禍百端: 화액이 되는 백 가지 단서)이다. 만약 월령에 상관이 있고 사주 배합에서 모두 상관에 처해 있고 또 신왕 향으로 행하면 진정한 귀인이다.[주]83

상관은 주로 사람이 재능과 기예(才藝)가 많으나 남을 업신여기고 기백이 높아서 항상 안하무인이므로 귀인은 꺼리고 보통 사람은 싫어한다. 운에서 관성을 만나면 그 화액이 이루 말할 수 없고, 혹 길신이 해소하여도 반드시 나쁜 병이 생겨 그 몸을 손

[주]81 又曰, 陽日食神暗合官星, 陰日食神暗合正印, 官印不要明顯, 但得食神純粹, 主貴而有祿, 富而有壽. 食神只宜一位, 不宜太多, 恐竊本元之氣. 《經》云, 一木疊逢火位, 名爲散氣之文, 是也. 食神多者, 宜行印運, 食少者不宜是梟神奪食, 故食喜旺祿相助, 月令建祿最佳, 時祿次之, 更逢貴人運行食神生旺之地, 大發福祿, 忌身衰梟旺柱中, 雖喜見財, 亦不宜多, 多則不清, 不過一富翁而已. 食神重見, 變爲傷官, 令人少子, 縱有或帶破拗性.

[주]82 又不可入墓, 卽是傷官入墓, 住壽難延, 大忌空亡, 更有官殺顯露, 爲太醫師巫, 術數九流之士. 若食神逢剋, 又遇空亡, 則不貴. 再行死絕, 或梟運, 則因食上, 氣上生災, 翻胃噎食, 缺衣食, 忍饑寒而已.

[주]83 傷官者, 其驗如神. 傷官務要傷盡; 傷之不盡, 官來乘旺, 其禍不可勝言. 傷官見官, 爲禍百端. 倘月令在傷官之位, 及四柱配合, 作事皆在傷官之處; 又行身旺鄕, 眞貴人也.

CHAPTER 1 ● 용신론의 기본 이론　077

상하게 된다. (중략)[84]

또 상관은 내가 남을 생하는 것을 말한다. 양이 음을 보고 음이 양을 보는 것으로서, 또한 기를 뺏는 것[도기(盜氣)]이라 이름한다. 상관은 상진되어 일점도 남지 않아야 한다. 만약 상관이 상진되어 사주에 일점도 남지 않았는데, 또 운에서 왕운으로 가거나 인수운으로 가면 도리어 고귀해진다. 가령 사주에 관성이 상진하였다면, 본신이 비록 왕하여도 재성의 기운이 하나도 없으면 단지 빈궁해질 뿐이다. 상관을 만나면 반드시 재성을 보아야 기묘하다. 이 재성은 관성을 생할 수 있기 때문이다.[85]

삼명통회

(상관격에서) 기쁜 것은 신왕, 재성, 인수, 상진(傷盡)이다. 꺼리는 것은 신약, 무재, 형충, 입묘, 효신이다. 일명 박관신(剝官神: 관을 괴롭히는 신)이고 양인살(羊刃殺)이라고도 한다.[86]

상관이란 것은 일간이 생하는 것을 말하는데, 바로 甲이 丁을 보거나 乙이 丙을 보는 등의 유형이다. 甲은 辛으로 정관을 삼는데, 丁火가 승왕하면 나의 기를 빼앗고 辛金 정관을 극제하니 甲의 귀를 보전하지 않아서 이름이 상관이다. 상관격은 상진되는 것이 중요하여 상진을 귀하게 본다. 원국에 관성이 있으면 더욱 중하다. 경에 말하길, 상관견관(傷官見官)은 온갖 재앙이 있다고 한 것이 그것이다.[87]

상관이 비록 흉하지만 바로 내가 생한 자기 집의 물건이다. 상진하여도 재성을 생하면 재성이 왕해지고 그러면 정관을 생할 수 있다. 조화롭게 발전하여 유정해지는

---

[84] 傷官主人多才藝, 傲物氣高, 常以天下之人不如己; 而貴人亦憚之, 眾人亦惡之. 運一逢官, 禍不可言; 或有吉神可解, 必生惡疾以殘其軀; 不然運遭官事.

[85] 又云, 傷官者, 我生彼之謂也; 以陽見陰, 陰見陽, 亦名盜氣. 傷官傷盡, 不留一點; 身弱忌官星, 不怕七殺. … 若傷官傷盡, 四柱不留一點; 又行旺運及印綬運, 卻爲貴也. 如四柱中雖傷盡官星; 身雖旺, 若無一點財氣, 只爲貧薄. 如遇傷官者, 須見其財爲妙; 是財能生官也.

[86] 喜, 身旺, 財星, 印綬, 傷盡. 忌, 身弱, 無財, 刑衝, 入墓, 梟印. 一名剝官神, 二名羊刃殺.

[87] 傷官者, 我生彼之謂, 乃甲見丁, 乙見丙之類. 甲用辛爲官, 丁火乘旺, 盜我之氣, 剋制辛金, 使不輔甲爲貴, 故名傷官. 傷官格務要傷盡, 方作貴看, 元有官星, 傷之則重. 《經》云, 傷官見官, 禍患百端, 是也.

것이다. 가령 월령에 상관이 있는데 사주에 합을 하고 국을 이루면 모두 상관의 자리에 있는 것이고, 충이 없고 파가 없이 관성을 하나도 보지 않으면 상진이라고 한다. 또 월지에 상관이 있는데 시상에 상관이고 사주에 관성이 없으면 역시 상진이라고 한다. 다시 신왕하고 재왕하며 인수가 왕하다면 과거에 급제하여 이름을 높이 올려 게시하는 일품 귀인이 된다. 이러한 격국은 일주의 재능이 많고 예술에 능하며 거만하고 거드름을 피우며 기고만장하니 결기가 거세고, 마음이 음흉하여 험상궂고 만사에 어려운 것이 없다고 생각하여 거리낌이 없고, 꾀가 많아도 이루는 것이 적고 지나치게 기교를 부려 옹졸하게 일을 성사시키고 항상 천하의 사람들이 자기만 못하다고 여긴다. 그래서 사람들이 싫어하고 나쁘게 생각하게 된다.㈜88

　상관격에 재성이 없으면 빈궁하다. 재성을 생하는 것은 식신과 상관이고, 재성의 기운을 빼앗는 것은 바로 칠살과 관성이다. 그래서 상관은 재성을 봐야 하고 관성을 보아서는 안 된다. … 이미 관성이 없고 사주에 일점의 재성도 없어서 의지하지 못하면 비록 총명하고 기교가 있어도 허명이고 허리[虛名虛利]에 불과하다. (중략) 상관격은 재성을 사용하기도 하고 인수를 사용하기도 한다. 『천현부(天玄賦)』에 이르길, 상관이 인수를 사용하려면 마땅히 재성을 제거해야 하고, 재성을 사용하려면 마땅히 인수를 제거해야 한다. 만약 재성과 인수가 둘 다 온전하면 장차 어찌 발복하겠는가?㈜89

　신왕한 자는 재성을 사용하고 신약한 자는 인수를 사용한다. 인수를 사용하는 자는 모름지기 재성을 제거해야 발복을 하고, 재성을 사용하는 자는 인수를 논하지 않아야 역시 형통하다. 상관격에 인수를 사용하면 관살을 꺼리지 않고 재성은 제거해야 발전이 있다. 원국에서 상관을 범하면 모름지기 재성을 보아야 발전한다. 상관이 가장 좋

㈜88　傷官雖凶, 乃我所生自家之物, 傷盡則能生財, 財旺則能生官, 造化展轉有情. 如月令在傷官, 四柱作合結局, 皆在傷位, 無衝無破, 不見一點官星, 謂之傷盡. 又有月支傷官, 時上傷官, 四柱無官星, 亦謂傷盡. 更身旺財旺, 或印旺名標金榜, 一品貴人. 此格主多材藝傲物, 氣高心險無忌憚, 多謀少遂, 弄巧成拙, 常以天下之人不如己, 而人亦憚之惡之.

㈜89　傷官無財, 主貧窮, 蓋生財氣者, 卽食神傷官, 盜財氣者卽七煞官星, 所以傷官要見財不要見官. … 旣無官星, 而柱却無一點財可恃, 雖聰明機巧, 不過虛名虛利. 《經》云, 傷官無財可倚, 雖巧必貧, 是也. 傷官格用財亦有用印者, 《天玄賦》云, 傷官用印宜去財, 用財宜去印, 倘使財印兩全, 將何發福?

아하는 것은 재성운이고, 인수와 신왕은 그 다음이다. 좋지 않은 것은 관성 향으로 행하는 것이다. 사주에 상관이 많은데 관성을 보고 있는 사주가 다시 상관운으로 행하는 것은 마땅하지 않다. 한 자리는 무방하다. ㈜ 90

또 말하길, 상관격은 상진되어야 한다. 만약 사주에서 상관을 보고 관성이 은연중에 나타나 있으면 상관이 상진된 것이 아니다. 세운에서 다시 관성을 보아서 관이 승왕해지고 다시 형충파해를 보아 양인과 칠살이 일간을 극하는데 신약하고 재성이 왕하면 반드시 일간이 형벌을 당하거나 사망하게 된다. 오행의 구원이 있어도 장애가 남는다. 만약 사주에 관이 없는데 상관과 칠살이 중한 자가 운에서 관의 향에 들어서고 세운에서 또 만나는 경우에는 눈병이 있지 않으면 필히 재앙이 있게 된다. ㈜ 91

오행 상관 중 火 일간의 土 상관, 土 일간의 金 상관은 관성을 꺼리고, 金 일간의 水, 水 일간의 木, 木 일간의 火 상관은 (관성을) 꺼리지 않는다. 무릇 火에게 水가 관이 되고, 土가 상관이 되는데, 水는 土의 극을 두려워하기 때문이다. 그래서 土가 水를 얻으면 무익하다. 土에게 木이 관이 되고, 金이 상관이 되는데 木은 金의 극을 두려워한다. 金이 木을 얻어도 무익해진다. 火土 상관격은 관성을 보는 것을 꺼리기 때문이다. ㈜ 92

金은 水로 상관을 삼고, 火로 관을 삼는다. 水가 비록 火를 극하여도 만약 금한수랭(金寒水冷)인데 火의 온기를 얻지 못하면 물건을 구제하기 어렵다. 하물며 水가 火를 얻었는데 기제의 공을 이루지 않겠는가? 水는 木으로 상관을 삼고, 土가 관이 된다. 木은 비록 土를 극하지만 만약 水가 범람하여 木이 뜨면 土를 얻지 못하여 그치지 못하면 살아가기가 어렵다. 하물며 木이 土를 얻어도 재배의 공이 있지 않겠는가? 木은

㈜ 90 身旺者用財, 身弱者用印, 用印者須去財, 方能發福, 用財者不論印, 亦主亨通. 傷官用印, 不忌官殺去財方發. 元犯傷官, 須要見財則發, 傷官最喜行財運, 印綬身旺次之, 不喜行官鄕, 四柱傷官多而見官者, 不宜復行傷運, 一位無妨.

㈜ 91 又曰, 傷官格務要傷盡, 若柱見傷官而官星隱顯, 傷之不盡. 歲運再見官星, 官來乘旺, 再見刑衝破害刃殺剋身, 身弱財旺, 必主徒流死亡, 五行有救亦殘疾. 若四柱無官而遇傷殺重者, 運入官鄕, 歲君又遇, 若不目疾, 必主災破.

㈜ 92 五行傷官, 惟火人土傷官, 土人金傷官, 忌見官星, 若金人水, 水人木, 木人火不忌, 蓋火以水爲官, 以土爲傷, 水畏土剋, 土得水無益. 土以木爲官, 以金爲傷, 木畏金剋, 金得木無益, 所以火土傷官格, 忌見官星.

火로 상관을 삼고, 金이 관성이 된다. 火가 비록 金을 극하여도 만약 木이 번성하면 火가 꺼져버린다. 金을 얻어 쪼개지 못하면 통명(通明)이 되기 어렵다. 하물며 金이 火를 얻으면 기물의 상을 이루지 않겠는가? 그래서 金水木의 상관격은 관성을 꺼리지 않는다는 것이다. 경에 이르길, 火土 상관은 상진이 마땅하고, 金水 상관은 관성을 볼 필요가 있고, 木火도 관성을 보고 관상이 왕해야 한다. 土金은 관이 제거되어야 벼슬을 하게 되고, 오직 水木 상관격은 재성과 관성을 둘 다 보는 것을 기뻐한다는 것이 그것이다. 또 말하기를, 상관상진이 복이 되지 않는 경우도 있고, 상관견관 역시 화액이 되지 않는 경우가 있다고 하였다. [주]93

9. 겁재론

연해자평

(겁재는) 역인(逆刃)이라고도 한다. 가령 乙木이 甲木을 보면 겁재이다. 乙木은 庚金을 남편으로 삼는데, 丙火를 보면 庚金을 제극한다. 그러므로 극부(剋夫)이다. 남명은 극처(剋妻)인데, 오양이 오음을 보면 패재(敗財)라 하여 주로 아내를 극하고 자식을 해친다. 오음이 오양을 보면 겁재라 하여 주로 파모(破耗: 다 써버리고 망침)한다. 소인은 방비하지만 극처를 하지는 않는다. 乙木은 戊己土로 재를 삼는데 甲木이 己土를 빼앗고 戊土를 파괴한다. 丁火는 庚辛金을 재로 삼는데 丙火가 辛金을 빼앗고 庚金을 파괴한다. 나머지도 이와 같다. [주]94

[주]93 金以水爲傷, 以火爲官, 水雖剋火, 若金寒水冷, 不得火溫, 難以濟物, 況水得火, 成旣濟之功. 水以木爲傷, 以土爲官, 木雖剋土, 若水泛木浮, 不得土止, 難以存活, 況木得土, 成栽培之力. 木以火爲傷, 以金爲官, 火雖剋金, 若木繁火熄, 不得金削脫難以通明, 況金得火, 成器物之象. 所以金水木傷官格, 不忌官星, 故《經》云, 傷官火土宜傷盡. 金水傷官要見官. 木火見官官有旺, 土金官去反成官. 惟有水木傷官格, 財官兩見始爲歡, 是也. 又曰, 傷官傷盡, 亦有不作福者, 傷官見官, 亦有不作禍者.
[주]94 亦名逆刃 如乙見甲爲劫財. 乙以庚爲夫, 見丙克庚, 故剋夫 男命則剋妻. 五陽見五陰爲敗財, 主剋克妻害子. 五陰見五陽爲劫財, 主破耗, 防小人, 不剋妻. 乙以戊己爲財, 甲見奪己壞戊 丁以庚辛爲財, 丙能奪辛破庚 類如此也.

10. 건록론

삼명통회

　건록이란 것은 甲 일간이 寅월생이거나 乙 일간이 卯월생으로 오행이 임관하는 자리이다. 甲木은 金을 관으로 용하는데 金은 寅에서 절지이고, 土를 재성으로 용하는데 土는 寅에서 병지이다. 신왕이 태과하면 재관을 둘 다 얻지 못한다. 만약 다른 자리에 재성이 없어서 관이 취하지 못하는데 겁재의 분탈을 다시 만나면 말(馬: 재성)은 이미 돕지 못하고 록(祿: 관성) 또한 기르지 못하니 반드시 일주가 빈천하다. 시주에 편관, 편재나 식신을 차고 다시 연주 상에 노출된 게 많은 것을 취한다. 만약 재관을 보았는데 도리어 쟁탈당하면 불길하다. ㈜95

　무릇 사주의 월령에 건록이 있으면 조상의 업적에 어려움을 초래하고 평생 재물을 모아도 반드시 흩어져버린다. 그래도 병은 적고 수명은 길다. 운에서 다시 비견을 만나면 극처하고 부친에 해롭고 자식을 잃게 된다. 간혹 관이 있으면 재성을 파괴하지 않고 처첩과 자식으로 인한 쟁탈도 없다. 가령 팔자 내외에 재관이 있고 왕하고 득지하면 관성의 도움이 있고, 운에서 관성에 임해 기운이 있는 지지가 되면 귀하다. 재성의 도움이 있고 운에서 재성에 임해 왕한 지지가 되면 부유하다. 재관이 둘 다 왕하면 부귀한 명조이다. 만약 시에 재고를 만나 운에서 재성의 향에 이르면 반드시 만년에 큰 부자가 된다. 연상에 재관의 도움이 있으면 반드시 조상의 음덕을 누린다. 만약 사주원국에 재관이 없는데 운에서 재관으로 향하여도 헛된 꽃일 뿐이다. 사주에 재관이 없는데 세운에서 또 비견으로 행하면 일신이 가난하고 순탄치 못하다. 『부(賦)』에 이르길 뿌리는 싹보다 앞서고, 열매는 꽃이 피고 나서 열린다고 하였다. 이 말은 먼저 뿌리가 있고 나서 싹이 나고, 꽃이 피어난 연후에 과실이 달린다는 뜻이다. 만약 생년

㈜95　建祿者, 乃甲日寅月, 乙日卯月, 五行臨官之位是也. 甲用金爲官, 金絶在寅, 用土爲財, 土病於寅, 以身旺太過, 財官俱不得. 若別無財官可取, 再遇劫奪, 馬旣不扶, 祿又不養, 必主貧賤. 頗宜時帶偏官偏財或食神, 更看年時上露多者取用. 若略見財官, 反爭奪不吉.

태세에 재관이 없으면 비록 재관의 길운을 만나도 발복은 크지 않다. 㘴96

11. 양인론

연해자평

양인이란 천상의 흉성을 호칭한 것이다. 사람에게 악살로 작용하며 록의 다음 자리가 이것(양인)이다. 가령 甲의 록지는 寅에 있는데 (寅 다음 자리인) 卯가 양인이 된다. (양인은) 편관·칠살을 좋아하고 인수를 좋아하는데, 반음(反吟)과 복음(伏吟)은 싫어하며 괴강을 꺼리고 삼합을 꺼린다. 어째서 양인이라 하는가? 甲·丙·戊·庚·壬 다섯 양간에 양인이 있고, 乙·丁·己·辛·癸 다섯 음간에는 양인이 없다. 그래서 양인(陽刃)이라 이름 지었다.

명 중에 양인이 있어도 바로 흉하다 말할 수는 없다. 대체로 칠살과 서로 비슷하여 양인이 있는 사람이 주로 부귀한 사람이 많은데 도리어 편재와 칠살을 좋아한다. 그러나 칠살은 양인이 없으면 현달할 수 없고 양인은 칠살이 없으면 위엄이 없으므로, 양인과 칠살이 모두 온전하다면 비범해진다. 신왕해야 하고 운에서 신왕향으로 행하면 상관과 양인을 볼 필요가 없다. 만약 명 중에 칠살과 양인이 있는데 세운에서 또 이를 만나면 그 화액이 너무 크다. 만약 명 중에 양인은 있고 칠살은 없는데 세운에서 살왕한 것을 만나면 다시 인생이 전환하고 두터운 복이 이루어진다. 가령 상관과 재

㘴96 凡命月令建祿, 難招祖業, 必主平生見財不聚, 却病少壽長. 行運再見比肩剋妻, 妨父損子, 或官非破財, 或因妻孥財帛爭奪. 如八字內外, 元有財官, 引旺得地, 官星有助, 運臨官星有氣之地亦貴. 財星有助, 運臨財旺之地亦富. 財官俱旺, 乃富貴之命. 若時逢財庫, 運至財鄕, 必主晚年大富. 年上財官有助, 必享祖蔭. 若四柱元無財官, 縱運行財官之地, 亦止虛花而已. 命無財官, 歲運又行比肩, 一身貧蹇.《賦》云, 根在苗先, 實在花後. 言先有根然後長苗, 有花然後結果. 若當生歲, 元無財官, 雖遇財官吉運, 發福不大.

성이 왕한데 신약하고 살왕하면 가장 꺼린다.^주 **97**

삼명통회

　양(陽)이란 음양(陰陽)의 양이고, 인(刃)이란 칼[도인(刀刃)]의 인이다. 즉 록(祿) 다음 자리로 왕(旺)하여 그 분수를 초월한 것을 말하는데, 그러므로 위험하다. 자세히 말하자면 甲 일간이 卯를 보는 것으로, 卯 중 乙木이 있어서 乙은 甲의 아우가 되고 형의 재물을 빼앗을 수 있다. 충거는 酉 중 辛金 관으로, 합은 그 庚金의 처(乙庚합)가 되는 것이다. 庚金은 바로 甲의 칠살이니 겁재(乙)가 정관을 충하고 칠살을 합하는 것으로 그 흉함이 지극하기 때문이다. 오직 甲丙戊庚壬의 오양간만이 양인이고, 乙丁己辛癸의 오음간은 양인이 없다. 그래서 양인(陽刃)이라 한다. 상관과 양인의 화(禍)는 같다고 하는데, 그래서 乙이 丙 상관을 보는 것을 양인이라고도 한다. 丙은 상관이고 庚은 정관인데, (丙 식상은) 乙木을 극하는 辛金과 합한다. 음금(陰金)이 음목(陰木)을 극하는 것이 지독한데 그 흉이 양인과 같기 때문이다. 양인은 세 가지가 있는데, 겁재인(劫財刃)은 甲이 乙을 보는 것으로 재관격에 불리하다. 호록인(護祿刃)이 있는데, 甲이 卯를 보는 것으로 귀록격(歸祿格)에 크게 유리하다. 배록인(背祿刃)은 乙丙이 그것인데, 거관유살국(去官留殺局: 관을 제거하고 칠살을 남기는 격국)에 크게 유리하다.^주 **98**

　『희기(喜忌)』편에 말하길, 겁재와 양인을 시에서 만나는 것을 절대 꺼리고, 세운에

주 97 夫陽刃者, 號天上之凶星, 作人間之惡殺, 以祿前一位是也. 如甲祿在寅, 卯爲陽刃. 喜偏官七殺, 喜印綬; 忌反吟伏吟, 忌魁剛, 忌三合. 何謂陽刃? 甲丙戊庚壬五陽有刃, 乙丁己辛癸五陰無刃, 故名陽刃. 如命中有刃, 不可便言凶, 大率與七殺相似, 凡有刃者, 多主富貴人, 却喜偏財七殺. 然, 殺無刃不顯, 刃無殺不威! 刃殺俱全, 非常人有之. 大要身旺, 運行身旺之鄉, 不要見傷官, 刃旺運. 若命中元有殺刃, 歲運又逢之, 其禍非常. 若命有刃無殺, 歲運逢殺旺之鄉, 乃轉生而反成厚福, 如傷官財旺, 身弱殺旺, 最可忌也.

주 98 陽者陰陽之陽, 刃者刀刀之刃, 卽祿前一位, 言旺越其分, 故險. 竊詳甲人見卯, 卯中有乙木, 乙爲甲弟, 能劫其兄之財, 衝去酉中辛官, 合其庚妻, 庚乃甲之七殺, 劫財衝官合殺, 所以至凶. 惟甲丙戊庚壬五陽干有刃, 乙丁己辛癸五陰干無刃, 故曰陽刃, 惟見傷官, 與陽刃同禍, 故乙見丙亦謂之刃, 以丙傷其庚官, 合辛殺剋其乙木, 陰金剋陰木至毒, 所以凶, 與陽刃同. 陽刃有三, 有劫財刃, 甲見乙是也. 不利財官格, 有護祿刃, 甲見卯是也. 大利歸祿格, 有背祿刃, 乙丙是也. 大利去官留殺局.

서 병림(併臨: 다시 임함)하면 재앙이 발생한다고 하였다. 유독 양인을 시로써 말한 것 (시에서 만나는 것을 절대 꺼린다고 말한 것)은 (시에 나타나면) 연월일과 겹쳐질 수 있기 때문이다. 가령 甲 일간이 시상에서 乙卯를 보면 진인(眞刃)이 된다. 사주에 이미 양인이 있으면 처가 상하고 재물이 파괴되는 재앙을 이미 품고 있는 것이다. 유년과 세운에 재차 양인을 만나는 것을 병림(併臨)이라 한다. 巳酉를 보면 세군(歲君)을 충하는 것이고, 亥未戌을 보면 세군과 합하는 것이다. 양인은 흉살이고 태세는 흉신이다. 태세에 길신을 얻어 서로 돕고 합하면 길하고, 만약 양인 흉살이 세군을 충하고 합하면 이것을 흉이 모이고 살이 모인 것이라 하며 그 재앙을 피하기 어렵다. 경에 이르길, 양인이 세군과 충하고 합을 하면 돌연 재앙이 발생한다고 한 것이 이것이다.㈜99

　이러한 관계는 상세히 분별해야 하는데, 사주원국이 천박한데 이것을 만나면 실로 그렇다. 만약 사주가 왕하여 기세를 잡아 깊고 두터운데, 혹 천월덕이나 사문(赦文: 사면을 적은 문서)이 (이를) 해소하면 재앙이 발생하지 않고 큰 허물이 없다. 혹 사주에 양인이 충이나 합이 되었는데 재차 세운에서 충이나 합이 되면 대흉이다. 만약 세운에서 충합하고 운에서는 충합하지 않거나, 운에서 충합하고 세운에서 충합하지 않으면 그 화는 반감된다. 또 말하길, 일간이 기운이 없는데 시에서 양인을 보면 흉이 되지 않는다고 말한다. 생일 천간이 사절쇠병폭패(死絶衰病暴敗)지에 임하고 월주의 기운에 통하지 않으면 재관을 감당하지 못한다. 만약 양인을 만나면 겁재가 칠살을 다스린다. 비유하자면 형의 힘은 약하고 재성이 중하지만 아우가 있어서 함께 감당하는 것이다. 그 재물을 다룰 수 있어서 내가 쓰게 되는 것으로 흉이라 논하지 않는다. 신약이 재관을 보면 양인을 반겨 재물을 분담하고 합살한다. 만약 식상을 보면 신약은 기가 빠지는데 역시 양인을 반겨서 부축을 받게 된다. 만약 인수를 보면 일간에 기운

㈜99 《喜忌篇》云, 劫財陽刃, 切忌時逢, 歲運併臨, 災殃立至. 獨陽刃以時言, 重於年月日也. 假令甲日生人, 時上見乙卯, 此是眞刃, 命中旣逢陽刃, 傷妻破財, 災殃已胚胎矣. 流年歲運, 再遇羊刃, 是謂併臨, 見巳酉是衝歲君, 見亥未戌是合歲君. 陽刃凶殺也, 太歲凶神也, 太歲得吉神相扶合則吉, 若陽刃凶殺來衝合歲君, 是謂攢凶聚殺, 其禍難免.《經》云, 陽刃衝合歲君, 勃然禍至. 此之謂也.

이 없다고 하지 않는다. 쥐100 …

이 양인격은 상관격과 유사하다. 무릇 이런 명조의 특징은 눈이 크고 수염이 황색이며 성정이 강하고 기상이 높다. 측은지심과 자혜지심이 없어서 각박하고 인자하지 않다. 질병이 많고 탐욕스럽고 의심이 많은데 편모 편부 슬하나 서출이 많다. 조상을 떠나 양자가 되고 부성을 극하고 처를 상하게 한다. 혹 삼형(三刑)이나 자형(自刑)을 보고 괴강(魁罡)을 보면 변방에서 출세한다. 쥐101 …

또 말하길, 양인격은 대개 재성 향이 마땅하지 않고 충을 두려워한다고 하였다. 예를 들어 戊 일간의 양인은 午에 있는데 子의 정재운을 꺼리고, 壬 일간의 양인은 子에 있는데 午의 정재운을 꺼린다. 庚 일간의 양인은 酉에 있는데 卯 정재운을 꺼린다. 오직 甲 일간만은 양인이 卯에 있는데 巳午와 辰戌丑未의 재성운이 무방하고, 酉 관운을 꺼린다. 丙 일간의 양인은 午에 있는데 申酉庚辛丑의 재성운은 무방하고 子운을 꺼린다. 이것은 양인이 재성을 꺼린다는 것으로 戊의 양인인 午火가 子水 재성을 보는 것, 壬의 양인 子水가 午火 재성을 보는 것, 庚의 양인 酉金이 卯木 재성을 보는 것 모두 재성과 충을 하는 것으로, 따라서 이를 꺼린다. 甲에 대해서는 양인이 卯인데 戊己巳午의 재성을 꺼리지 않고, 酉의 관성을 꺼린다. 丙의 양인은 午인데 庚辛申酉의 재성을 꺼리지 않고, 子 관성을 꺼린다. 어찌 대체로 재성을 꺼린다고 할 수 있겠는가? 만약 천간에서 재가 관을 생하면 올바른 용신이 되니 이 경우 또한 꺼린다고 할 수 있겠는가? 쥐102

쥐100 中間亦要詳辨, 命元淺薄, 遇此誠然. 若命旺秉氣深厚, 或有天月德及赦文解救, 止有浮災, 亦無大咎. 或曰, 柱原有刃見衝합合, 歲運再臨衝合, 大凶. 若歲衝合而運不衝合, 運衝合而歲不衝合, 其禍減半論. 又曰, 日干無氣, 時逢陽刃, 不爲凶矣. 生日天元臨死絶衰病暴敗之地, 不通月氣, 不能勝任財官. 若逢陽刃, 能劫財化殺, 譬如兄力弱財重, 得弟分任, 則可勝其財而爲我用, 所以不作凶論. 夫身弱見財官, 固喜陽刃分財合殺, 若見食傷, 身弱脫氣, 亦喜陽刃扶持, 若見印綬, 則非日干無氣矣. …

쥐101 此格與傷官相似, 凡命値之主眼大鬚黃, 性剛心高, 無惻隱慈惠之心, 有刻剝不仁之意, 多帶宿疾, 貪暴不足, 進退狐疑, 偏生庶出, 離祖過房, 剋父傷妻, 或見三刑或自刑, 魁罡全發跡邊疆. …

쥐102 又曰: 陽刃格, 大槪不宜財鄕, 怕沖起, 如戊日刃在午, 忌行子正財運, 壬日刃在子, 忌行午正財運. 庚日刃在酉, 忌行卯正財運. 獨甲日刃在卯, 行巳午並辰戌丑未財運不妨, 忌酉官運. 丙日刃在午, 行申酉庚辛丑, 財運不妨, 忌子運. 是陽刃所忌之財. 戊刃午見子財, 壬刃子見午財, 庚刃酉見卯財, 皆衝之財, 故忌之. 至甲刃卯, 不忌戊己巳午之財, 且忌酉官矣. 丙刃午, 不忌庚辛申酉之財, 且忌子官矣, 可槪謂忌財乎? 若天干生官之財, 正爲用神, 方且喜之, 豈可爲忌?

심경(心境)에 말하길, 양인이 중한데 또 재성을 보면 부귀하고 황금과 비단이 넉넉하다고 하였는데 이를 말하는 것이다. 혹 말하길, 甲戊庚이 양인을 보고 충을 하면 화액이 많고, 壬丙이 양인을 보고 子午 충을 하면 화가 없다고 하였는데, 丙이 子를 보거나 壬이 午를 보는 것은 정관이 되어 도리어 귀한 기운으로 논한다. 또 말하길, 甲은 己를 처로 삼는데 사주에 卯乙로 물리치면 己土가 손상되어 甲을 돕지 못한다. 그래서 처자에 상처를 주어 헤어지는 것이다. 세운에서 다시 임하면 양인이 왕해져서 재앙을 면하기 힘들다. 가령 다른 자리에서 庚辛酉申를 만나면 庚을 乙을 처로 맞이하여 甲의 칠살이 되지 않는다. 辛은 甲을 돕는 귀가 되고 乙을 파괴하는 칠살이 되니 흉이 도리어 길로 변한다.㈜**103**

② 『적천수』와 『자평진전』의 육친론

『적천수』는 육친을 부처(夫妻) · 자녀 · 부모 · 형제의 네 종류로 나누어 고찰한다. 한편 『자평진전』은 용신론을 먼저 말한 다음 사길신과 사흉신으로 나누어 육친을 살핀다. 즉 격국의 성패를 순잡(純雜)과 고저(高低), 구응(救應)과 변화로 설명한 후, 격국 각론에서 정관 · 재성 · 인수 · 식신의 사길신과 편관 · 상관 · 양인 · 록겁의 사흉신, 잡격을 논하였다. 나아가 각 격국의 취운, 즉 대운과 세운을 대입해서 읽는 방법까지 함께 설명한다. 따라서 『자평진전』의 육친론은 여기 육친 편에서 소개하는 것보다 뒤에 나올 격국론, 특히 정격을 논할 때 깊이 있게 다루도록 하겠다.

앞서 『연해자평』과 『삼명통회』의 육친론을 다루면서 주요 육신을 개괄하였다. 육신의 기본 개념을 숙지한 독자라면 고전의 원전 내용을 이해하는 데 어려움이 적었을 것이다. 『연해자평』도 그렇지만, 특히 『삼명통회』는 육신에 대한 기본 설명 외에 격국

㈜**103** 《心境》云: 陽刃重重又見財, 富貴饒金帛, 此之謂也. 或曰甲戊庚見刃逢沖, 發禍多驗, 壬丙逢刃見子午沖, 多無禍, 以丙見子, 壬見午俱爲正官, 反作貴氣論也. 又曰: 甲以己爲妻財, 四柱卻有卯乙, 己土受傷, 不能扶甲, 故主剋喪妻子, 歲運復臨, 劫刃旺相, 誠所不免, 如別位逢庚辛酉申, 庚能邀乙爲妻, 即成眷屬, 不爲甲之七煞, 辛輔甲爲貴, 能剋破乙煞, 反凶爲吉.

파악에 도움이 될 풍부한 정보를 담고 있다. 이곳에서는 육신의 기본 개념에서 나아가 육신으로 구성되는 격국이론이 어떠한 체계로 성립하는지 혹은 파괴되는지, 길변하는지 혹은 흉변하는지, 어려움이나 고통의 요소가 있는지 혹은 문제가 해소되는 요인과 과정은 무엇인지를 분석하고 정리할 것이다.

- 격국의 성패
- 격국의 길변과 흉변
- 어려움과 고통의 요소
- 문제 해소의 요인과 과정

『연해자평』과『삼명통회』에 이어 마지막으로『적천수』를 소개하면서, 주요 명리 고전을 통한 일반 육친의 개념 정리를 마무리하고자 한다. 아래에『적천수』의 육친론을 부처(夫妻)론부터 순서대로 인용하였다. 주요 명리 고전을 인용할 때 원문에 더하여 주석의 내용을 함께 소개하는 경우가 많다.『삼명통회』를 제외하면 대부분 해석서가 존재하고, 또 한국에 대부분 번역되었다. 그 내용을 함께 읽어서 변별력을 갖고 학습하기를 권한다. 해석서가 오히려 원전의 뜻을 훼손하였다고 비판하며 원전만 출간한 경우가 있는데, 원전만 읽든 해석서와 함께 읽든 독자의 선택에 달렸다. 학습자의 수준에 따라 판단하기를 바란다. 필자는 학습자가 해석서의 모든 설명을 겸손한 마음으로 읽고 이해한 다음에 판단을 내리기 바란다.

『적천수』에는 원문과 원주가 있고, 거기에 더하여 근대 명리가의 해석을 담은 주석서가 달려 있다. 이곳에서는 임철초의 해석을 담은『적천수천미』를 주로 참고하였다.『자평진전』은 서락오의 해석서『자평진전평주』를 주로 인용할 것이다.『삼명통회』는 별도의 해석서 없이 만육오의 원전을 인용하여 본문에 그대로 적었는데, 원전만으로도 풍부한 설명과 정보를 담고 있다. 그런 관계로 위에서『연해자평』과『삼명통회』를 인용하여 육친을 설명할 때와 달리『적천수』의 육친론을 인용할 때는 원문·원주·임철초 해석을 인용문으로 다룬 다음, 필자의 설명을 본문에 추가하였다.

이 책들 모두 명리 정통이론을 다룬 고전이지만, 개별 개념을 다룰 때는 모순이 나타나기도 하고 주지하는 바가 다를 때도 있다. 학문이 깊은 사람은 모순이 보일 것이고, 초학자들은 모순 때문에 곤혹스러울 수도 있다. 그것도 학문의 과정이니 차분히 완독하는 연습을 해야 한다. 원문은 대부분『적천수』전문을 인용하였고, 원주와 임철초 해석은 부분적으로 가져왔다. 아래 인용문을 함께 읽으면서 논점의 근거를 찾아보기 바란다.

1. 부처(夫妻)

적천수 원문 남편과 아내[부처(夫妻)]의 인연은 전생에서 오는 것이다. 희신은 유의하여 재성과 가까이한다. ㈜104

원주 대체로 재성에 의거하여 처를 본다. 가령 희신이 곧 재신(財神)이면 그 처가 아름답고 또 부귀하다. 희신과 재신이 서로 투기하지 않으면 역시 좋다. 그렇지 않으면 극처하거나 혹은 아름답지 않아서 화합이 부족하다. 그런데 재신을 볼 때는 활법(活法)을 써야 하는데, 가령 재신이 박하면 재신을 돕는 것이 필요하고, 재신이 왕하고 일간이 약하면 또 비겁을 기뻐한다. 재신이 인수를 상하게 하는 경우 관성이 필요하고 재성이 박한데 관성이 많으면 상관이 필요하다. ㈜105

임철초 해석 자평의 법은 재성으로 처를 삼는데, 재성은 내가 극하는 것이다. 사람들은 재성으로 나를 섬긴다고 하는데, 이것은 바른 논리에서 나온 이론이다. 또 재성으로 아버지를 삼은 것은 후대 사람들의 오류이다. 만약 이것을 근거로 확고한 논리로 삼는다면 시아버지와 며느리가 같은 종파(성씨)가 되니 어찌 인류의 도리를 잃은 것이 아니겠는가 ? 비록 편(偏)과 정

㈜104 夫妻因緣宿世來, 喜神有意傍天財.
㈜105 大率依財看妻, 如喜神即是財神, 其妻美而且富貴; 喜神與財神不相妒忌亦好, 否則克妻, 亦或不美, 或欠和. 然看財神, 又須活法, 如財神薄, 須用助財; 財旺身弱, 又喜比劫; 財神傷印者, 要官星; 財薄官多者, 要傷官.

(正)을 나누는 학설이 있어 힘써 연구하였으나, 재성의 편정은 음양의 구별에 불과할 뿐 결코 다른 기운으로 전환하지 않는다. 또한 세상에는 윗사람을 범하는 이치는 없으니 마땅히 분별하여 이것을 멀리해야 한다. 만약 재성이 아버지가 되고, 관성이 아들이 된다면 바로 인륜이 파멸하는 것이니, 시아버지와 며느리가 같은 성씨가 될 뿐 아니라, 공공연히 할아버지가 손자를 낳는 것이 되니 이러한 이치가 있는가? 이러한 육친의 법을 이제 고쳐서 정하고자 한다.

나를 생하는 것은 부모가 되니 편인과 정인이 그것이다. 내가 생하는 것은 자녀가 되니 식신과 상관이 그것이다. 내가 극하는 것이 처와 첩이니 편재와 정재가 그것이다. 나를 극하는 것이 관귀(官鬼)가 되니 조부(祖父)가 그것이다. 나와 같은 것은 형제가 되니 비견과 겁재가 그것이다. 이러한 이치와 명칭은 바르고 명분에 거스름이 없으니 바꿀 수 없는 법칙이다. 㻐**106**

부처, 즉 남편과 아내를 논한 것이 『적천수』육친론의 첫 번째이다. 재성이라는 중요한 성분을 읽을 때 희신과의 관계를 유의하라는 원문의 내용이 있다. 이에 대해 원주에서 재성은 일간이 극하는 것이고 그것으로 처성을 읽고, 재성이 희신이면 배우자가 아름답고 부귀하다고 하였다. 그러나 활법(活法)을 쓰라고 하였는데, 이 활법이라는 용어는 앞으로도 자주 언급되는 용어로 사법(死法)의 상대어이다. 사법은 죽은 논리로 이론만 있지 실용에서 그 효력을 기대할 수 없는 관법이다. 반면, 활법은 말 그대로 살아 있는 관법이라는 뜻으로 팔자를 간명할 때 팔자의 상황에 따라 유연하게 적용하라는 뜻으로 사용한 말이다. 재성을 예로 들면, 재성이 처성이요 재물을 의미한다고 해서 무조건 부조해주고 좋은 성분으로만 읽을 것이 아니라, 팔자에서 하는 역할과 세력을 따져서 어떻게 활용하는지를 보고 읽어야 한다는 말이다. 재성뿐 아니라 나머지 다른 육신에도 해당하는 말이다.

㻐**106** 子平之法, 以財爲妻, 財是我剋. 人以財來侍我, 此理出於正論, 又以財爲父者, 乃後人謬也. 若據此爲確論, 則翁女同宗, 豈不失倫常乎? 雖分偏正之說, 究竟勉強. 財之偏正, 無非陰陽之別, 並不換他氣, 且世無犯上之理, 宜辨而闢之. 如果財爲父, 官爲子, 則人倫滅矣, 不特翁婦同宗, 則顯然祖去生子孫, 有是理乎? 是以六親之法, 今當更定. 生我者爲父母, 偏正印綬是也; 我生者爲子女, 食神傷官是也. 我剋者爲婦妾, 偏正財星是也, 剋我者爲官鬼, 祖父是也; 同我者爲兄弟, 比肩劫財是也. 此理正名順, 乃不易之法.

그런데 가장 중요한 논란은 임철초의 해석에 있다. 즉 '재성으로 아버지를 삼은 것은 후대 사람들의 오류이다'라는 문장과 '세상에는 윗사람을 범하는 이치가 없으니 마땅히 분별하여 이것을 멀리해야 한다'라는 문장이다. 마지막 단락에서 말하고 있듯이 임철초는 육신의 큰 원칙을 다시 세웠는데, 남녀를 불문하고 내가 생하는 것(식상)을 자식으로 삼고, 나를 생하는 것(정편인)을 부모로 삼는다는 것이다. 앞으로 이러한 해석은 임철초의『적천수』해석서인『적천수천미』를 읽는 내내 독자들을 혼란스럽게 할 것이다. 결론부터 말하면, 현대명리학계는 임철초의 육신 해석을 받아들이지 않고 있다. 즉, 독자들이 이해하고 있는 그대로 남명에서 나를 극하는 것이 자식, 내가 극하는 것이 아버지라는 육신 관계로 격국을 정리하였다. 그러나 여전히 남명에서도 식상으로 자식을 보는 경우가 있으며, 현장 통변에서 꽤 많이 사용하는 간명이다. 식상이라는 것은 어쨌든 내가 생산하는 것임에 분명하니 남성에게는 정자와 같아서 자식을 생산하는 성분이 될 수 있다. 유연하게 적용하기를 바란다.

2. 자녀

적천수 원문 자녀는 뿌리와 가지로 한 세대를 전하는 것이다. 희신이 살(殺)과 서로 연결되었는지를 보아야 한다. [주]107

원주 대체로 관성에 의거하여 자식을 본다. 가령 희신이 관성이면 그 자식은 현명하고 준수하다. 희신과 관성이 서로 투기하지 않아야 좋은데, 그렇지 않으면 자식이 없거나 혹은 불초하거나 혹은 극함이 있다. 그러나 관성을 보려면 또한 활법(活法)이 필요한데, 예를 들어 관성이 가벼우면 관성을 도와야 하고, 살중신경(殺重身輕: 살이 무겁고 일간이 거벼움)이면 인수와 비견이 필요하고, 관성이 없으면 재성을 논하고, 만약 관성이 막혔으면 생부와 충발이 필요하다. 관성의 설기가 너무 심하면 반드시 합하거나 요회(遙會: 멀리서 회합)하여야 하고, 만약 살

[주]107 子女根枝一世傳, 喜神看與殺相連.

중신경인데 제극이 없으면 딸이 많다. ^주108

임철초 해석　관성을 자식으로 간주한다는 학설은, 자세히 연구해보면 결국 윗사람을 범하는 혐의가 있다. 무릇 관성이란 것은 관리한다는 뜻이다. 조정에 관을 설치하여 만민을 맡아 다스리면 감히 함부로 행동하지 못하며 규범을 준수하게 된다. 가정에서는 반드시 연장자를 따르는 것이 관이고, 나가고 들어오는 동작에 조부의 가르침을 두루 따르는 것이 그것이다. 관부(官府)의 다스림에 불복하는 자는 도적이 되고, 조부의 가르침을 따르지 않는 자는 패역자가 되는 것이다. 무릇 명(命)이란 것은 도리이니, 어찌 관으로 자식을 삼아 윗사람을 범한다 하겠으며 명을 논하면서 끝내 군주도 아버지도 없다고 하겠는가? 속담에 이르길, "아버지가 살아계시면 자식이 자기 마음대로 할 수 없다"고 하였으니, 만약 관으로 자식을 삼으면 아버지가 오히려 자식에 의해 다스림을 받으니 아버지가 자기 마음대로 하지 못하게 된다. 그러니 속되게 아버지를 극하고 어머니를 극하는 것을 옳다고 여기는 이러한 이치는 있을 수가 있겠는가? 이제 바르게 고쳐서 식상으로 자녀를 삼아야 한다.

서(書)에 말하길, "식신은 수명과 처와 많은 자식이라 하고, 시에서 칠살을 만나면 본래는 자식이 없으나 식신이 제극하면 자식이 많다"고 하였다. 이 두 가지 설은 확실한 근거라 말할 수 있다. 그러나 이 역시 죽은 법[사법(死法)]이니 만약 국(局) 중에 식상이 없고, 관살이 없는 사람이라면 또 어떻게 논하겠는가? 그러니 명리는 한 가지만 고집하면 안 되고 전체적으로 변통해야 하니, 먼저 식상을 가지고 인정한 후에 다시 일주의 쇠왕과 사주의 희기를 보고 그것을 사용해야 한다. 그러므로 '희신이 살과 서로 연결되었는지를 보라'는 말은 바로 통변의 지론이다. ^주109

주 **108**　大率依官看子, 如喜神即是官星, 其子賢俊, 喜神與官星不相妒亦好, 否則無子, 或不肖, 或有剋. 然看官星, 又要活法, 如官輕須要助官; 殺重身輕, 只要印比; 無官星, 只論財; 若官星阻滯, 要生扶沖發; 官星洩氣太重, 須合助遙會; 若殺重身輕而無制者, 多女.

주 **109**　以官爲子之說, 細究之, 終有犯上之嫌. 夫官者, 管也. 朝廷設官, 官治萬民, 則不敢妄爲, 循守規矩. 家庭必尊長爲管, 出入動作, 皆遵祖父訓是也. 不服官府之治者, 則爲賊寇, 不遵祖父訓者, 則爲逆子; 夫命者理也, 豈可以管爲子而犯上乎? 莫非論命竟可無君無父乎? 諺雲, "父在子不得自專", 若以官爲子, 父反以子管治, 顯見父不得自專矣, 故俗以剋父剋母爲是, 有是理乎? 今更定以食傷爲子女. 書雲, "食神有壽妻多子, 時逢七煞本無兒""食神有制定多兒", 此兩說, 可謂確據矣. 然此亦死法, 倘局中無食傷無官殺者, 又作何論? 故命理不可執一, 總要變通爲是, 先將食傷認定, 然後再看日主之衰旺, 四柱之喜忌則用之. 故"喜神看與殺相連"者, 乃通變之至論也.

자녀에 대한 원문과 원주에 대한 해석은 남명에서 자식을 나를 극하는 관살로 읽는다는 것에 근거한다. 그래서 희신인 정관이 칠살과 함께 연이어 있는지를 보아야 관살 파악이 가능하다. 원주에서는 활법을 다시 강조하였다. 임철초의 해석은 재성에서 말한 내용을 다시 반복하고 있다. 즉, 일간을 극하는 성분인 관살로 자식을 보는 것을 우려함이 분명하다. 유가적 도리로 먼저 설명하였고, 서(書)의 문장인 '시에서 칠살을 만나면 본래는 자식이 없으나 식신이 제극하면 자식이 많다'를 인용하여 남명에서도 식상으로 자식을 읽어야 한다고 말하고 있다. 그러나 팔자에 식상도 관살도 없는 사람의 자식을 어떻게 읽을 것인가를 우려하였고, 사법으로 팔자를 읽지 말 것을 당부하고 있다.

3. 부모

적천수 원문 부모가 융성한지 혹은 쇠퇴한지는 연월의 소관인데 자세하지는 않다.^주110

원주 자평의 법은 재성을 아버지로 삼고, 인수를 어머니로 삼아 그 길흉을 단정하면 열에 아홉은 증험이 된다. 그런데 연과 월을 긴요하게 보아야 한다. 연의 기운이 월령에서 유익한 경우와 연월이 희신을 손상하지 않는 경우는 부모가 반드시 번창한다. 연월의 재성 기운이 시주 천간에게 해침을 당해 손상되면 먼저 아버지를 극제한다. 연월의 인수가 시주 지지에게 해침을 당해 손상되면 먼저 어머니를 극제한다. 다만 모름지기 그 원국 중에 대세를 보고 활용해야지 전적으로 재성과 인수로만 논하면 안 된다. 원국 중에 그 흥망의 기틀을 숨겼거나 드러낸 것이 있으니 반드시 재성과 인수에만 있는 것은 아니다. 재성이 생하는 것이나 인수가 생하는 것과 함께 손익과 배합 관계가 알맞은 자리를 얻었는지 또 음양의 많고 적음을 논하여야 증험할 수 있다.^주111

주110 父母或降與或替, 歲月所關果非細.
주111 子平之法, 以財爲父, 以印爲母, 以斷其吉凶, 十有九驗. 然看歲月爲緊. 歲氣有益於月令者, 及歲月不傷夫喜神者, 父母必昌. 歲月財氣斲喪於時干者, 先剋父; 歲月印氣斲喪於時支者, 先剋母. 又須活看其局中之大勢, 不可專論財印, 中間有隱露其興亡之機, 而不必在於財印者. 與財生印生之神, 而損益舒配得所, 及陰陽多寡之論, 無有不驗.

임철초 해석 부모라는 것은 일간을 생하는 근본이므로 연월의 소관이라 하였다. 그것이 흥한지 쇠퇴한지는 한 가지가 아니라는 것을 아는 것이 바른 이치이며 변치 않는 법이라 말할 수 있다. 원주에 재성과 인수로 나누어 부모에 배속하였는데, 부모를 극하는 것으로 논한 학설은 막연하여 파악이 안 되니 여전히 속서의 오류에 미혹된 것이다. 무릇 부모에게 어찌 극한다는 글자를 가할 수 있겠는가? 마땅히 부모를 잃고, 처를 형극하고, 자식을 극한다는 것이 지당한 이치이다.[주]112

부모에 대한 논의에서 중요한 점은 그것이 자리한 위치, 특히 연월주의 상태로 부모를 읽으라는 점이다. 또 월령과의 관계를 따져서 서로 유익한 경우는 부모가 번창한다고도 하였다. 원주에 "연월의 재성 기운이 시주 천간에게 해침을 당해 손상되면 먼저 아버지를 극제한다. 연월의 인수가 시주 지지에게 해침을 당해 손상되면 먼저 어머니를 극제한다"라는 문장이 있다. 재성과 천간을 연관하고 인수와 지지를 연관하여 그 성분의 손상을 읽는데, 이에 따라 아버지를 천간, 어머니를 지지와 관련하여 읽는 간법이 생겨났다. 마지막으로 재성과 인수로만 부모를 읽으려고 하지 말고 원국 중에서 세력을 보고, 또 재성이 생하는 것이나 인수가 생하는 것과 함께 손익과 배합 그리고 앉은 자리의 타당성을 보고 판단하라고 당부하고 있다.

4. 형제

적천수 원문 형제 중에 누가 폐하고 누가 발흥하는지는 제강(월지)의 용신과 재성신의 경중을 보아야 한다.[주]113

원주 패재(敗財: 겁재)와 비견과 양인은 모두 형제이다. 중요한 것은 제강에 있는 신이다.

[주]112 父母者, 生身之根本, 是以歲月所關, 知其興替之不一, 可謂正理不易之法也. 原注竟以財印分屬父母, 又論剋父母之說, 茫無把握, 仍惑於俗書之謬也. 夫父母豈可以剋字加之? 當更定喪親, 刑妻, 剋子爲至理.

[주]113 兄弟誰廢與誰興, 提用財神看重輕.

재성과 희신의 경중을 비교하는데, 재관이 약한데 세 가지가 그 양탈(攘奪: 빼앗는 기운)의 자취를 드러내면 형제가 반드시 강하다. 재관이 왕하고 세 가지가 일주를 돕는 공을 드러내면 형제는 반드시 아름답다. 일주와 재관이 평등하고 세 가지가 잠복하여 나타나지 않으면 형제가 반드시 귀하다. 비견이 중하고 상관과 재살 역시 왕하면 형제가 반드시 부자이다. 신약한데 도와주는 것이 나타나지 않고 인수가 있으면 형제가 반드시 많다. 신왕한데 세 가지가 또 나타나고 관이 없으면 형제가 반드시 쇠한다. 주114

임철초 해석 비견은 형이 되고, 패재(겁재)는 아우가 되며, 록과 양인도 역시 이와 같이 논한다. 가령 살왕무식(殺旺無食: 칠살이 왕한데 식신이 없는 것), 살중무인(殺重無印: 칠살이 중한데 인수가 없는 것)인데 패재가 칠살과 합을 하면 반드시 아우의 힘을 얻는다. 살왕식경(殺旺食輕: 칠살이 왕한데 식신이 가벼운 것)하고 인약봉재(印弱逢財: 인수가 약한데 재성을 만난 것)인데 비견을 얻어 칠살에 대적하면 반드시 형의 힘을 얻는다. 관경상중(官輕傷重: 정관이 가벼운데 상관이 중한 것)하고 비겁생상(比劫生傷: 비겁이 상관을 생하는 것)하며 제살태과(制殺太過: 칠살을 극제하는 것이 태과한 것)할 때 비겁이 식신을 도우면 반드시 형제의 괴로움을 만난다. 재경겁중(財輕劫重: 재성이 가벼운데 겁재가 중한 것)하고 인수제상(印綬制傷: 인수가 상관을 제극하는 것)이면 사마의 근심[사마지우(司馬之憂)]주115을 면하기 어렵다. 재관실세(財官失勢: 재성과 정관이 세력을 잃음)하고 겁인사령(劫刃肆逞: 겁재와 양인이 방자하게 왕성함)하면 주공의 우려[주공지려(周公之慮)]주116가 있을까 두렵다. 재생살당(財生殺黨: 재성이 칠살을 생하여 작당을 함)인데 비겁봉신(比劫幫身: 비겁이 일간을 도와줌)하면 큰 이불을 덮고 형제가 함께 잘 수 있다. 살중무인(殺重無印: 칠살이 중한데 인수가 없는 것)인데 주쇠상복(主衰傷伏: 일주가 쇠약하고 상관이 잠복해 있는 것)하면 집비둘기가 도와야(비겁의 도움이 있어야) 탄식을 안 할 수 있

주114 敗財比肩羊刃, 皆兄弟也. 要在提綱之神, 與財神喜神較其重輕, 財官弱, 三者顯其攘奪之跡, 兄弟必强; 財官旺, 三者出其助主之功, 兄弟必美; 身與財官平, 而三者伏而不出, 兄弟必貴; 比肩重而傷官財殺亦旺者, 兄弟必富. 身弱而幫者不顯, 有印而兄弟必多; 身旺而三者又顯, 無官而兄弟必衰.

주115 『논어』「안연(顔淵)」 편에서 사마가 "남들은 모두 형제가 있는데 나만 없구나" 하고 근심한 것에서 유래한 말로, 그가 장차 난을 일으켜 형제들이 죽을까 걱정했다는 의미이다.

주116 주공이 형제가 배반할까 걱정하였다는 말에서 유래하였다.

다. 살왕인복(殺旺印伏: 칠살이 왕한데 인수가 잠복해 있음)인데 비견무기(比肩無氣: 비견이 무근한 것)하면 아우가 비록 공경해도 형이 쇠약하다. 관왕인경(官旺印輕: 관이 왕하고 인수가 가벼운 것)한데 재성득기(財星得氣: 재성이 기운을 얻은 것)이면 형이 비록 사랑해도 아우가 이루는 것이 없다. 일주가 비록 쇠약해도 인수가 왕하고 월지 제강하면 형제가 무리를 이룬다. 신왕한데 효신을 만나고 겁재가 중한데 관이 없으면 독불장군이다. 재성이 가벼운데 겁재가 중하고 식상이 겁재를 인화하면 형제불화가 없을 것이다. 재성이 가벼운데 겁재를 만났지만 관성이 명확히 드러나면 형제가 서로 다투는 일이 없을 것이다. 효신과 비겁을 거듭 만나고 재성이 가벼운데 칠살이 잠복하면 형제를 잃을 수가 있다. 일주가 쇠약하고 인수가 있는데 재성이 겁재를 만나면 오히려 형제가 앞다투어 빼어나다. 제강의 희기를 불론하고 오로지 일주의 애증에 기대어 알맞게 본질을 살피면 판단하는 데 있어 증명하지 못할 것이 없다.㈜117

형제, 즉 비겁성에 대한 논의는 월지 제강 그리고 재성과의 관계를 보는 데 있다. 원주에서 패재(겁재), 비견, 양인으로 형제를 읽는다고 하였는데, 임철초는 세분하여 '비견은 형이고, 패재는 아우가 된다'고 하였다. 록과 양인도 비견성이면 형이고 겁재성이면 아우가 된다.

• 비겁성의 육신

패재(겁재)	아우
비견	형

㈜117　比肩爲兄, 敗財爲弟, 祿刃亦同此論. 如殺旺無食, 殺重無印, 得敗財合殺, 必得弟力; 殺旺食輕, 印弱逢財, 得比肩敵殺, 必得兄力; 殺旺食輕, 印弱逢財, 得比肩敵殺, 必得兄力, 官輕傷重, 比劫生傷, 制殺太過, 七劫助食, 必遭兄弟之累, 財輕劫重, 印綬制傷, 不免司馬之憂; 財官失勢, 劫刃肆逞, 恐有周公之慮. 財生殺黨, 比劫幫身, 大被可以同眠; 殺重無印, 主衰傷伏, 鴒原料能無興歎. 殺旺印伏, 比肩無氣, 弟雖敬而兄必衰; 官旺印輕, 財星得氣, 兄雖愛而弟無成. 日主雖衰, 印旺月提, 兄弟成群; 身旺逢梟, 劫重無官, 獨自主持, 財輕劫重, 食傷化劫, 可無斗粟尺布之謠; 財輕遇劫, 官星明顯, 不作煮豆燃萁之詠. 梟比重逢, 財輕殺伏, 未免折翎之悲啼; 主衰有印, 財星逢劫, 反許棠棣之競秀. 不論提綱之喜忌, 全憑日主之愛憎, 審察宜精, 斷無不驗.

형제성의 희기는 제강과의 관계 및 재성과 관성이 중한지 가벼운지에 있다. 월지 제강은 바로 일간의 신강·약을 결정하는 가장 중요한 성분이 되고, 재성과 관성은 바로 일간이 극하거나 일간을 극하는 성분으로 일간과 상극하여 대치하는 관계이다. 요지는 비겁성과 재관의 세력이 서로 균형이 잡히고 조화로우면 형제도 귀하고 재물과 권력을 손에 쥘 수 있다는 것이다. 원주의 "재관이 왕하고 세 가지가 일주를 돕는 공을 드러내면 형제는 반드시 아름답다. 일주와 재관이 평등하고 세 가지가 잠복하여 나타나지 않으면 형제가 반드시 귀하다. 비견이 중하고 상관과 재살 역시 왕하면 형제가 반드시 부자이다"라는 문장이 그것을 요약하고 있다.

형제에 관한 임철초의 해석은 다른 육신에 비해 많은 부분을 인용하였고, 독자의 이해를 위해 그 내용을 아래와 같이 표로 정리하였다. 한문 사용이 어렵게 느껴질 수 있기에 한글 번역에 해당하는 설명을 넣었고, 육신 통변을 적었다. 상극관계의 육신, 특히 부자지간의 해석에 논점은 남았지만 비견겁의 육신 통변은 학습자에게 명쾌하게 읽힐 수 있어서 그대로 옮기고 표로 정리하여 이해를 돕고자 하였다. 한문 표현에 익숙해지는 계기가 되었으면 한다.

• 형제 육친에 대한 임철초의 해석

임철초 해석	설명	육신 통변
살왕무식(殺旺無食) 살중무인(殺重無印)	칠살이 왕한데 식신이 없는 것 칠살이 중한데 인수가 없는 것	재가 칠살과 합을 하면 반드시 아우의 힘을 얻는다.
살왕식경(殺旺食輕) 인약봉재(印弱逢財)	칠살이 왕한데 식신이 가벼운 것 인수가 약한데 재성을 만난 것	비견을 얻어 칠살에 대적하면 반드시 형의 힘을 얻는다.
관경상중(官輕傷重) 비겁생상(比劫生傷) 제살태과(制殺太過)	정관이 가벼운데 상관이 중한 것 비겁이 상관을 생하는 것 칠살을 극제하는 것이 태과한 것	비겁이 식신을 도우면 반드시 형제의 괴로움을 만난다.
재경겁중(財輕劫重) 인수제상(印綬制傷)	재성이 가벼운데 겁재가 중한 것 인수가 상관을 제극하는 것	사마의 근심[사마지우(司馬之憂)]: 형제의 난으로 근심할 일이 있다.
재관실세(財官失勢) 겁인사령(劫刃肆逞)	재성과 정관이 세력을 잃음 겁재와 양인이 방자하게 왕성함	주공의 우려[주공지려(周公之慮)]: 비겁의 배반을 우려하게 된다.

재생살당(財生殺黨) 비겁봉신(比劫幫身)	재성이 칠살을 생하여 작당을 했는데, 비겁이 일간을 도와줌	큰 이불을 덮고 형제가 함께 잘 수 있다.
살중무인(殺重無印) 주쇠상복(主衰傷伏)	칠살이 중한데 인수가 없는 것 일주가 쇠약하고 상관이 잠복해 있는 것	비겁의 도움이 있어야 한다.
살왕인복(殺旺印伏) 비견무기(比肩無氣)	칠살이 왕한데 인수가 잠복해 있음 비견이 무근한 것	아우가 비록 공경해도 형이 쇠약하다.
관왕인경(官旺印輕) 재성득기(財星得氣)	관이 왕하고 인수가 가벼운 것 재성이 기운을 얻은 것	형이 비록 사랑해도 아우가 이루는 것이 없다.
일주수쇠(日主雖衰) 인왕월제(印旺月提)	일주가 비록 쇠약해도 인수가 왕하고 월지제강하고 있는 것	형제가 무리를 이룬다.
신왕봉효(身旺逢梟) 겁중무관(劫重無官)	신왕한데 효신을 만나고 겁재가 중한데 관이 없는 것	독불장군이다.
재경겁중(財輕劫重) 식상화겁(食傷化劫)	재성이 가벼운데 겁재가 중하고 식상이 겁재를 인화하고 있는 것	형제불화가 없을 것이다.
재경우겁(財輕遇劫) 관성명현(官星明顯)	재성이 가벼운데 겁재를 만났지만 관성이 명확히 드러난 경우	형제가 서로 다투는 일이 없을 것이다.
효비중봉(梟比重逢) 재경살복(財輕殺伏)	효신과 비겁을 거듭 만나고 재성이 가벼운데 칠살이 잠복한 경우	형제를 잃을 수가 있다.
주쇠유인(主衰有印) 재성봉겁(財星逢劫)	일주가 쇠약하고 인수가 있는데, 재성이 겁재를 만난 경우	오히려 형제가 앞다투어 빼어나다.

③ 육친의 격국 통변

앞에서 각 육신이 만들어지는 과정과 특성, 특히 일간과의 관계를 말하고 희기를 논하였다. 지금까지 원전을 참고하고 해석하여 공부한 육신의 형성과 작용, 의의를 요약하면 다음과 같다. 현장 통변에서 도움이 되기를 바란다.

• 육신은 동양 고대 전통 사유인 음양오행 이론이 명리학으로 발전하는 과정에서 사주팔자의 현실적 통변에 필요한 재료로서 구체화되었다.

- 육신은 일간과 팔자의 다른 글자, 특히 천간과의 생극제화 관계를 대명사로 나타낸 것이다. 이때 일간 외에 다른 글자는 천간을 위주로 읽는다. 먼저 드러난 천간을 읽고, 다음으로 지장간과 허자(虛字), 대운과 세운에서 들어오는 행운(行運)의 글자를 읽는다.
- 육신은 사물이나 관계 등 다양한 상황을 대표하여 사람이 살아가는 여러 모습을 보여준다. 육신을 인격화하여 사람으로 나타내기도 한다.
- 육신은 그 사람의 심리와 성격, 행동을 이해하고 대인관계의 양상을 알 수 있게 해준다.
- 육신을 통해 관계성의 변화와 사건사고에 관여한 인물과 사물의 역할을 추론한다. 이때 형·충·회·합·파·해와 십이운성 이론을 접목하여 읽는다.
- 일차적으로 배성(配星: 부부)은 극제하는 관계로 읽고, 그 외 혈연관계는 모성을 중심으로 생화하는 관계로 산출한다.
- 이차적 혈연관계로 부모에서 조부모, 부모의 형제자매, 시가와 처가, 3촌에서 4촌 등으로 확장하며, 이것을 사회적 인간관계에 적용하여 다양한 인간사를 읽는다.
- 정성(正星)과 편성(偏星)의 관계와 특성을 이해한다.
- 육신이 다른 이름으로 불리는 경우가 있다는 것을 알고 그 의의를 함께 이해한다. 예를 들어, 편관은 특히 흉살로 작용할 때 칠살이라는 이름이 더 많이 쓰이고, 겁재는 양간일 때는 양인으로도 불리고, 비견은 건록으로도 불린다. 그래서 격국을 논할 때 양인격이나 건록격이라는 명칭을 쓰기도 한다. 편인도 식신을 극제하여 흉한 작용을 할 때는 도식이나 효신이라 부른다. 이와 같이 특정 조건에서 다른 이름으로 불리는 다양한 육신을 알아둘 필요가 있다.

1. 왕쇠(旺衰)·강약(强弱)

육신 학습의 첫 번째 단추는 바로 앞에서 공부한 육신의 형성 조건을 이해하여 그 개념을 파악하는 것이다. 물론 사주팔자를 분석하고 격국을 해석하기 위해서는 그 다음 단계인 육신의 관계성과 해소의 과정을 알아야 한다. 이것이 격국 통변의 기본이자 중추이다.

일반적으로 사주 통변에는 여러 가지 방법론이 있는데, 그 정통이론의 핵심은 억부론이다. 억부는 오행의 생극제화를 읽어서 일간을 중심으로 주변 관계의 중화를 살피는 것이다. 즉 강한 것은 억제하고 부족한 것은 부축한다는 것이 그 요점이다. 먼저 일간이 신강한지 신약한지를 살피고, 주변 육신의 왕쇠강약으로 희기와 길흉을 따져서 그 해소의 관계를 파악한다. 억부론의 목적은 일간의 강약에 따라 주변 육신을 어떻게 감당하는지, 나아가 해당 육신을 조절하고 대응하는 능력과 방법을 보는 것이다. 이것은 일간이 자신에게 주어진 일이나 상황에 대처하는 방법과 주변이나 도구를 활용하는 능력, 사건과 사고의 처리방법을 간파할 수 있게 해준다. 말하자면 억부를 통해 일간의 처세술을 알아볼 수 있다.

그런데 사주팔자의 왕쇠강약을 판단하여 육신의 희기를 통변하는 것은 쉬운 작업이 아니다. 일간이 양간인지 음간인지, 일간의 오행 성분이 무엇인지에 따라 일간이 주변을 활용하거나 대처하는 방법이 다르다. 즉, 사람의 인생이 다양하듯이 일간별로 살아가는 방법도 여러 가지다. 일간을 비롯한 십천간을 의인화하고 자연 물상화하는 연습이 필요하다.

또 주변에 생조가 있는지 없는지 유근한지 무근한지에 따라 신약해 보여도 신강할 수가 있고, 신강해 보여도 신약할 수 있다. 거기에는 형충회합의 작용도 관여한다. 그만큼 천간과 지지의 생극제화와 형충회합의 작용에는 변수가 많다. 또한 고전에서 설명하는 전통적 해석방법은 현대사회의 변화와 현대인의 삶의 패턴에 따라 유연하게 해석해야 한다. 그와 같이 다양한 경우의 수를 간파하여 살아 있는 간법으로 통변해야 하는 것이 현대 사주명리학이다.

왕쇠(旺衰)는 음양의 생사와 관련된 용어로 십이운성의 개념에서 나왔다. 다시 말해서 생·욕·대·록·왕·쇠·병·사·묘·절·태·양이라는 열두 단계에서 왔다. 월령과의 관계로 말하자면 월령의 세력을 얻은 경우 득령하여 왕하다고도 하고, 또 일간이 비견겁의 세력을 얻으면 왕하다고도 한다. 쇠는 왕의 단계를 지나 그 세력이 사그라지기 시작하는 과정을 뜻한다. 정리하면, 왕쇠는 마치 인간의 생로병사처럼 각 오행의 세력이 가장 왕성할 때와 점차 변화하여 약해지기 시작하는 때를 나타내는 용어라고 할 수 있다. 왕쇠는 오행의 십이운성이라는 변화과정을 중요시하기에 왕은 인수에 의한 생으로 보고, 쇠는 식상으로의 설기로 보기도 한다. 이러한 관점에서 읽는다면 왕은 일간이 인수의 상생을 받아 강해진 것을 나타내고, 쇠는 일간이 식상을 상생하여 즉 설기하여 쇠약해지는 시기를 뜻한다. 왕은 바로 교육이나 정보를 습득하여 자신의 실력을 향상해 준비한다는 의미이고, 쇠는 자신이 지닌 실력을 활용하여 현장에서 능력을 발휘한다는 의미가 된다.

한편 강약(强弱)이라는 용어는 그야말로 강한지 약한지의 상태를 읽는 것이다. 왕쇠가 관계성에 따른 변화와 진행을 보는 것이라면, 강약은 그러한 상태에 대한 판단이다. 결론적으로는 왕쇠를 읽어서 강약을 판단한다고 보면 된다. 강약의 상태가 현실적으로 드러날 때 '강'은 일간이 재성을 극하여 쟁취하는 것을 말하고, '약'은 관살에 극을 당하여 유용한 기물이 되거나 제압당하는 것을 말한다. 다시 말해서 인수와 비견겁 그리고 식상의 관계로 왕쇠를 읽고, 재성과 관살의 관계로 강약의 결과를 판단한다.

• 왕쇠강약의 구분

왕(旺)	인수의 상생 월지 득령	교육이나 정보의 습득 실력 향상과 준비
쇠(衰)	식상을 상생(설기) 인수와 비견겁이 약한 것	노력을 통한 능력 발휘 현장 활용
강(强)	인수와 비견겁의 득세와 통근	재성을 극하여 쟁취함 관살을 제압함
약(弱)	일간의 무근과 식재관의 득세	재성에 대한 경쟁력이 없음 관살에 제압당함

사주팔자의 통변성은 팔자 중에서 두드러지게 강하거나 약한 성분, 혹은 너무 많거나 적은 성분에 나타난다. 이때 십이운성과 형충회합을 함께 읽어서 특히 상처를 많이 받는 글자 혹은 반대로 지나친 세력을 얻어서 해악을 끼치는 글자를 찾아서 통변한다. 보통 팔자가 손에 들어오면 하나부터 열까지 모든 글자를 읽는 것이 아니라 바로 눈에 들어오는 글자부터 읽는 게 현장 통변의 핵심이다. 이때 '바로 눈에 들어오는 글자'란 태강하거나 태약한 것, 혹은 상처를 입었거나 상처를 주는 글자를 말한다.

해당 육신의 길흉을 판단하기 위해서는 먼저 태왕(太旺)한지, 편중(偏重)되어 있는지, 혹은 그와 반대로 태약한지를 파악해야 한다. 태왕이나 편중은 원국에 삼합이나 방합의 국을 이루었거나, 천간에 두 글자 이상이 드러났거나, 지지의 여러 곳에 통근한 경우이다. 여러 글자가 드러난 경우에는 혼잡이라는 표현을 쓰기도 한다. 정확히 말하면 음양이 다른 것이 드러나면 혼잡이라 하고, 음양이 같은 것이 재차 드러나면 중첩되었다 혹은 중중하다고 표현한다. 원국에는 문제가 없다가 대운과 세운에서 와서 한시적으로 태왕해지거나 편중되는 경우도 있다.

삼합이 이루어지면 사주가 청해지는 경우가 있으므로 태왕이나 편중으로 간주하지 않기도 한다. 지금은 태왕·편중·혼잡 등을 같이 묶어서 태약·쇠약한 경우와 대비하였지만, 현장 통변에서는 모두 다른 현상이다. 그 차이점을 분별하여 섬세하게 읽을 줄 알아야 한다. 다음은 육신이 태왕하거나 편중되었을 때의 특성이다.

- 해당 육신과의 인연이 강하다. 예를 들어 연월주에 인수가 태왕하거나 편중되어 있으면 모계 유전이거나 외가의 영향이 강하다. 따라서 해당 육신의 성격이나 행동을 닮는 경향이 있다.
- 태왕하면 강한 영향력으로 표현하고, 편중되거나 중첩되어 있으면 오히려 인연에 변화가 많거나 여러 명으로 표현하기도 한다. 예를 들어 정인과 편인이 혼잡되면 전통적으로 어머니가 둘이라는 통변을 하기도 한다. 그러나 현대사회에서는 아버지가 과거처럼 어머니 외에 다른 여성과 가정을 꾸리는 일이 드물다. 그래서 학교

전학을 자주 다니거나, 전공 외에 부전공을 한다거나, 전과를 한다고 읽기도 한다. 물론 사주팔자의 어느 자리에 있는지에 따라 더 정밀하게 통변한다.

- 해당 육신이 정성으로 길신에 속하다가도, 편중되거나 중첩되면 흉신으로 바뀔 수 있다. 장점이 단점으로 변하거나 불순한 상황으로 인식한다. 예를 들어 정관은 순수한 길성이지만, 태왕하거나 중첩되어 있으면 관살혼잡으로 읽거나 편관의 성향으로 해석한다.

- 태왕한 육신은 그 특징이나 성향이 왜곡되거나 다른 육신으로 변화하기도 한다. 예를 들어 식신이 태왕하면 상관과 같은 행동을 하거나, 식상이 태왕한 사주가 시간이 흐르면 재성을 자연스럽게 생하는 등의 현상이다.

- 특정 육신이 태왕하면 그 육신이 싫어도 벗어나기 어렵고 의지와는 상관없이 그 육신에 좌우되는 인생을 살게 된다. 사주에 인수가 木인데 태왕하면 木이 싫어도 나무가 많은 곳에 살게 된다. 응용하면 책에 파묻혀 살게 된다는 식이다. 이와 같이 육신에 오행의 물상이나 글자의 자형 물상까지 가감하여 읽는 것이 고급 통변 기술이다.

- 팔자가 불순하면 태왕한 육신과의 갈등에 시달리고 트라우마를 가지게 되는 경우도 있다. 예를 들어 관살혼잡에 신약한 곤명 사주가 오히려 평생 미혼으로 사는 경우이다. 그렇더라도 관살혼잡과 관련된 삶에서 벗어나긴 어렵다. 실제 사례로 신약한 辛金 일간 여성이 팔자에 관살이 혼잡되어 있는데 평생 미혼으로 살았던 반면, 직업이 포르노 영화를 번역하는 일이었다. 이 여성이 복잡한 남성 관계에 시달리지 않았던 것을 알아야 한다. 이런 경우가 사법이 아닌 활법으로 해석해야 하는 사례이다.

- 태왕한 육신은 중화에서 벗어났다는 의미로 긍정적이기보다는 부정적인 영향을 미칠 가능성이 많지만, 이것이 제화되면 부정이 긍정으로, 단점이 장점으로 변화하여 대역전의 계기가 되기도 한다. 같은 이유로 팔자에 흉신이 많은데 그 흉신을 제화하면 영웅과 같은 삶을 살거나 큰 부자가 되는 경우가 많다. 팔자에 흉신이 3

개인데 그 흉신이 모두 제화되면 대귀 대부의 인생이라는 말이 있다.

• 팔자에 태왕한 육신이 있으면 그 육신에 대한 통변도 중요하지만 그 글자에 의해 파극(破剋: 태왕한 육신에 충파되거나 극을 당하는 육신)되거나 도기(盜氣: 태왕한 육신에게 기운을 지나치기 빼앗기는 육신) 당하는 육신과 자연스럽게 기운을 이어받아 세력을 얻는 육신의 동향을 함께 읽어야 한다.

한편 쇠약하다는 것은 사주팔자에서 월령을 얻지 못하고, 해당 육신의 글자가 아예 없거나 지장간에 숨어 있는데 주변 글자에 의해 파극을 당한 경우이다. 지장간에도 없을 경우 대운에서 오는지를 살펴서 그 기간 중에 한시적으로 적용한다. 대운이나 세운에서도 찾기 힘든 경우에는 천간합화 오행과 지지합의 기운, 공협(拱挾), 도충(到沖), 비합(飛合)과 같은 허자(虛字)나 납음으로 찾는다. 허자는 팔자에 없는 글자가 지지 육충이나 삼합의 비합 등에 의해 생겨난 글자이고, 납음은 고법이론에 기반한 것으로 육십갑자가 만들어낸 오행의 물상 기운이다.

사주팔자의 천간에 드러났더라도 지지에 무근(無根)하거나 합거가 된 경우, 혹은 제극을 받아 심하게 훼손된 경우도 쇠약한 것으로 본다. 쇠약하다고 하여 그 육신을 무시하고 읽지 않으면 안 된다. 쇠약하다면 쇠약에 해당하는 사연을 읽어야 하고, 일간이 느끼는 상실감을 이해하고 그 감정을 건드려줘야 한다. 무관이거나 쇠약한 관이라 하여 여명에 남편이 없는 것이 아니며, 무재라 하여 아내가 없는 것이 아니다. 전면에 드러나지 않았더라도 일간이 절실하게 바라는 상황이라면 그 심리를 읽어야 한다. 쇠약한 육신도 이면에는 반드시 존재한다. 왜냐하면 위에서 말한 다양한 허자의 기운과 세운의 유입이 있기 때문이다. 태왕한 육신과 마찬가지로 쇠약한 육신도 통변의 결정적 소재가 되므로 관심을 가지고 읽어야 한다. 쇠약한 육신의 통변은 다음과 같다. 위에서 태왕하거나 편중되었을 때의 상황과 상대적으로 차이가 나는 부분을 추론하여 이해하면 된다.

- 해당 육신과의 인연이 없거나 약하여 오랜 기간 인연을 이어가기 힘들다.
- 해당 오행의 성질 중 장점보다 단점이 드러나는 경우가 많고, 그에 대한 대처능력이 떨어져 적절하게 활용하지 못하거나 구체화시키지 못하는 경우가 많다.
- 쇠약한 육신은 일간이 정확하게 규정하지 못하고, 오히려 간절히 바라거나 아니면 중요성을 인식하지 못하는 경우가 있다.
- 쇠약한데 반드시 필요한 성분이라면 취약점이 되거나 평생 살아가는 목적이 되거나 집착 대상이 될 수도 있다. 한편 불필요한 성분이라면 쇠약한 육신의 통변성이 별로 없는 것이다.
- 쇠약한 육신이 대운이나 세운에서 들어오면 그 효력을 강하게 실감하지만, 지지에서 받쳐주지 못하거나 천간에서 띄워주지 못하면 그 작용력이 단기간에 끝나버리고 유용하게 사용되지 못하는 수가 있다. 지지에서 받쳐주지 못하면 정신적인 바람으로 끝나고, 천간에서 띄워주지 못하면 남들이 알아봐주지 않는 아쉬움이 남는다.
- 쇠약한 육신이 끝내 힘을 얻지 못하고 희신에게 방해가 되거나, 혹은 파극되어 일간이 가는 길에 도움이 안 되면 결국 없느니만 못한 성분이 된다.
- 쇠약한 육신은 실질성보다는 이상적, 관념적 기여를 중심으로 읽는다.

2. 정(正)과 편(偏)

육신의 왕쇠강약에 따른 상호작용을 통해 육신론은 격국론으로 발전한다. 격국론은 한마디로 말해 사주팔자의 월지와 전체적인 국을 읽어서 세력의 향배와 희기를 다루는 관법이다. 격국과 육친의 특성에 따라 이를 생하거나 설기하는 방법으로 운용할지, 혹은 제극하는 방법으로 운용할지를 결정하는 것이 격국론의 해석이다. 나아가 왕쇠강약에 의해 세력이 강할 때는 그 힘을 덜어내고, 그 세력이 약할 때는 도와줘서 조화를 이루게 하는 것이 육신의 억부론이다. 격국을 이루기 위해 활용하는 인자를 상신(相神)이라 하고, 궁극적으로 일간이 활용하는 인자를 용신(用神)이라 한다. 상신과 용신이 동일할 때도 있고 혹은 격국와 용신이 동일할 때도 있다. 또 용신이 바로 희신일 때도 있다.

격국을 잡고 용신을 선정하는 모든 과정에 육신의 정과 편의 문제, 혹은 길신과 흉신의 분류가 관여한다. 특히『자평진전』에서는 이것이 격국을 결정하는 중요한 요건이 되는데, 이에 근거하여 격국의 성패가 나누어지며 나아가 용신이 결정된다. 소위 육신에는 3개의 정성(正星: 정재·정관·정인)과 3개의 편성(偏星: 편재·편관·편인)이 있다고 한다. 또 3개의 재(財)와 3개의 관(官)이 있다고도 하는데 3개의 재는 정재·편재·겁재이고, 3개의 관은 정관·편관·상관이다. 그만큼 정과 편의 문제가 육신론에서 중요한 관건이라는 말이고, 또 그것을 통해 재와 관의 문제를 읽으려고 했다는 말이 되기도 한다.

위에서 말한 3개의 정과 편을 포함하여 육신의 전체적인 정성과 편성의 분류는 다음과 같다. 명칭 그대로 정재·정관·정인과 편재·편관·편인의 3가지 정성·편성에 더하여 식신과 비견이 정성에, 상관과 겁재가 편성에 추가되었다.

• 정성과 편성의 분류

정성(正星)	식신·정재·정관·정인(인수)·비견	긍정, 공식적, 공정, 느긋함, 유정
편성(偏星)	상관·편재·편관(칠살)·편인·겁재	부정, 사적, 부적절, 유동적, 무정

정성(正星)은 변치 않는 항상됨이 있고, 따뜻하고 적절한 정을 나누며, 긍정적, 공식적, 공정한 성분으로 느긋하고 언제나 같은 마음이다. 반면 편성(偏星)은 치우친 상황으로 부정적이고 부적절하며 유동적이고 사적인 마음이다. 정성은 유정(有情)한 관계이고 편성은 무정(無情)한 관계이다. 정성과 편성에서 발전하여『자평진전』은 육친을 4개의 길신과 4개의 흉신으로 구분하였다. 사길신은 식신, 재성, 정관, 정인을 말한다. 사흉신은 상관, 편관(칠살), 편인(효신), 양인을 말하거나 상관, 편관, 록겁, 양인을 말하기도 한다.『자평진전』「논용신(論用神)」에서는 상관, 편관(칠살), 겁재, 양인을

사흉신이라 하고, 「논사흉신능성격(論四凶神能成格: 사흉신도 성격이 될 수 있음)」에서는 상관, 편관(칠살), 편인(효신), 양인을 사흉신이라 하기도 한다. 격국 각론에서는 편관, 상관, 양인, 록겁을 사흉신으로 보고 격국의 특징과 취운(取運)을 논한다. 이러한 차이가 생긴 이유는, 특히 인수에 대해 생하는 요소의 정편(正偏)을 구분하지 않고 편인과 정인 모두 일간을 생한다는 점에서 길신으로 보았기 때문이다. 전체적인 주지는 상관, 편관, 록겁, 양인을 사흉신으로 보고, 인수는 정과 편을 구분하지 않는다.

• 『자평진전』의 사길신과 사흉신

사길신	식신, 재성, 정관, 인수	순용: 상생
사흉신	상관, 편관(칠살), 록겁, 양인	역용: 제극·제화

사길신은 생하거나 설기하는 것으로 격국을 이루는데 이를 순용이라 하고, 사흉신은 제극하는 것으로 격국을 이루는데 이를 역용이라 한다. 이에 대한 자세한 설명은 격국에서 다시 다루도록 하겠다. 아래에 인수의 정과 편을 나누어 보지 않는 이유를 설명한 내용을 가져왔다. 『자평진전』「논음양생극(論陰陽生剋)」의 문장이다.

오행을 총체적으로 논하면 水와 木은 상생이고, 金과 木은 상극이다. 오행의 음양으로 그것을 나누면 생극에는 다른 점도 있고 같은 점도 있다. 그래서 水가 똑같이 木을 생하지만 인(印)에는 편(偏)과 정(正)이 있다. 金은 똑같이 木을 극하지만 국(局)에 관(官: 정관)과 살(煞: 편관)이 있다. 인수 중에는 편과 정이 유사하여 (음양의 다름으로 인한) 생극의 차이를 두고 논하지 않아도 된다. 그러나 상극 중에서 하나는 정관이고 하나는 칠살이니 숙특(淑慝: 사악하고 선함, 나쁨과 좋음)이 분명하게 판단된다. 그 이치를 세밀하게 살피지 않으면 안 된다. 㮣118

㮣118   然以五行而統論之, 則水木相生, 金木相剋. 以五行之陰陽而分配之, 則生剋之中, 又有異同. 此所以水同生木, 而印有偏正; 金同剋木, 而局有官煞也. 印綬之中, 偏正相似, 生剋之殊, 可置勿論; 而相剋之內, 一官一煞, 淑慝判然, 其理不可不細詳也.

격국에서는 생과 극이 지나치거나 부족한 것을 읽어야 하고, 거기서 같음과 다름 즉 정(正)과 편(偏)의 관계를 알아야 한다. 서락오는 이를 해석하여 다음과 같이 설명하고 있다.

음양의 배합은 전자기의 성질과 유사하다. 양이 양을 만나거나 음이 음을 만나면 서로 밀어내는데, 칠살과 효인(편인)이 이러하다. 양이 음을 만나거나 음이 양을 만나면 서로 끌어당기는데, 재관인이 이러하다. 인수는 나를 생하는 것이고 재성은 내가 극하는 것으로 편이거나 정인데, 기세가 비록 순잡에 차이가 있을지라도 용법에서는 크게 차이가 없다. (그러나) 관살은 나를 극하는 것으로 숙특(선악)에 있어 크게 다르니 분별해야만 한다. 비겁은 동기이고 식상은 내가 생하는 것인데, 또 음양이 같은 것은 순이고 음양이 다른 것이면 잡이 된다. 순잡을 구분하는 것은 용신의 강약과 관련이 있으니, 이는 명리를 연구하는 자가 몰라서는 안 된다.㈜**119**

인수는 일간을 생하는 성분으로 정과 편이 유사하여 그 생극의 차이를 심각하게 논하지 않아도 되고 재성도 이와 같은데, 일간을 극하는 육친인 관살(官煞)은 정관과 편관을 엄밀하게 구분한다는 것을 설명한 문장이다. 정관은 일간을 선하게 이끄는 길신인 반면, 칠살은 몸을 공격하고 목숨을 위태롭게 하는 흉신이다. 그래서 좋음과 나쁨이 분명하다. 정관은 보호성에 그 사용 목적이 있고, 칠살은 제약성에 그 목적이 있다. 일간이 생하는 성분인 식신과 상관도 정과 편을 분명히 구별한다. 전자와 후자가 상반되니 그 이치를 분명히 이해해야 한다. 상관은 가장 귀한 성분인 정관에 상처를 입힌다는 측면에서 흉신의 선봉장이 되었다. 『자평진전』에서 격국 각론을 보면 정관격, 재격(정·편을 함께 논함), 인수격(정·편을 함께 논함), 식신격을 사길신으로 나누고, 편관격, 상관격, 양인격, 건록월겁격을 사흉신으로 나누어 살핀다.

㈜**119** 陰陽配合, 與磁電之性相似. 陽遇陽, 陰遇陰則相拒, 七煞梟印是也; 陽遇陰, 陰遇陽則相吸, 財官印是也. 印爲生我, 財爲我克, 或偏或正, 氣勢雖有純雜之殊, 用法尚無大異. 官煞, 克我者也, 淑慝迴殊, 不可不辨. 比劫, 同氣也, 食傷, 我生者也, 則又以同性爲純, 異性爲雜. 純雜之分關於用之強弱, 此爲研究命理者所不可不知也.

3. 희기(喜忌)와 해소(解消)

사주팔자 혹은 일간 입장에서는 경우에 따라 길한 육신을 보호하기 위해 다른 육신의 도움을 받기도 하고, 반대로 흉한 육신으로부터 자신을 보호하기 위해 다른 육신을 이용하여 그 흉신을 견제하기도 한다. 이것을 육신의 희기와 해소라 한다. 육신을 도와주는 것을 부조(扶助)라 하고, 흉한 육신을 해소하기 위한 조치가 제복(制伏)이다. 제복을 위해 제극(制剋)·합거(合去)·제화(制化)·합화(合化) 등의 방법이 동원된다. 때로는 설기하여 설화(洩化)하기도 한다. '화(化)'를 쓰면 천간합을 하여 오행에 변화를 주거나, 생하여 변화하는 것 등을 말한다. 예를 들면 甲 일간에게 칠살이 庚金인데 인수 癸水가 있으면 인수로 설화한다고 말한다. 겁재 乙이 있어서 칠살 庚을 합하면 합화 혹은 합거라고도 한다. 식신 丙이 칠살 庚을 제극하는 방안도 있다. 일간을 도와줄 때는 방신(幇身)이라는 표현을 쓰기도 한다.

• 부조와 제복의 방법

생화(生化)	생을 받는 것, 교육과 정보를 취득하여 실력을 갖추는 것
설화(洩化)	생을 하는 것, 실력을 발휘하는 것
제극(制剋)	제어하고 극하는 것, 경쟁에서 상대방을 꺾고 이기는 것
제화(制化)	극하는 상황을 변화시키는 것, 검증과 시험을 거쳐 인정받는 것, 인증과 책임
합화(合化)	합하여 변화시키는 것
합거(合去)	합하여 제거하는 것

생화(生化)는 생을 받는 것으로 실력을 갖추기 위한 필요조건을 구비하는 것이고, 설화(洩化)는 내가 생하여 노력하거나 능력을 발휘하는 것으로 상황에 맞는 행위를 하는 것이다. 극제(剋制) 혹은 제극(制剋)은 극하여 내 것으로 만든다는 뜻인데, 경쟁을 통하여 남의 것이나 권리를 취하고 실력을 보여주는 것이다. 제화(制化)는 상극을 통해 사회적 검증을 거치는 것으로 시험을 통해 나의 경력과 책임을 보여주는 것이다.

태왕한 성분을 제화했을 때 개운의 효과가 뚜렷하게 나타나듯, 쇠약한 성분이 보완

되었을 때의 효과도 상당하다. 반드시 찾아서 통변할 줄 알아야 한다. 이것이 해소를 통한 개운이다. 쇠약한 오행의 정신적 측면, 시간성, 운동성, 공간성 등을 풍수처방이나 양생, 섭생, 취미, 사람인연, 언행 등을 활용하여 읽는 것이 개운법이다. 여행이나 문화생활, 취미생활 등은 현대 사주명리의 주요 개운법이다.

• 해소의 개운 처방

정신성	성격·언행·문화·명상·기도 등
운동성	야외활동·여행·취미활동 등
공간성	풍수처방·거주 공간·사무실 공간·인테리어·장식품 등
양생	음식·기호식품·과일·육류 등
수리(數理)	비밀번호·아파트 층수·동호수·전화번호
기타	지갑이나 휴대폰과 같은 소지품이나 자주 사용하는 컴퓨터, 차량, 의상 등의 색상이나 바탕화면 이미지 등

　개운 처방에는 너무도 많은 사례와 방법이 있고, 그에 따른 조언도 다양하다. 여행을 예로 들면, 팔자에 水 오행을 재성으로 쓰는데 이것이 부족한 사람은 바닷가로 여행 가는 것을 추천한다. 이불이나 속옷과 같이 사람 몸에 직접적으로 닿는 것, 휴대폰 바탕화면과 같이 가장 많이 그리고 자주 쳐다보는 것, 혹은 가장 자주 만지는 것이 훌륭한 처방 도구이다.

　육신의 생극제화를 통한 개운법의 활용과 통변법은 다음과 같다.

• 생화와 설화가 같이 있으면 입력과 출력이 이루어지는 사주로 실력 발휘가 이루어지니, 배운 것을 현실에 적용할 수 있는 중류 이상의 삶이다.
• 생화와 극제가 같이 있으면 내가 준비한 실력으로 기득권을 챙취한다. 이때 천간에 글자가 드러나 있으면 사회적으로 인정받는 기득권이 된다.
• 생화와 제화가 같이 있으면 교육받은 대로 충실히 임무 수행을 하는 삶이다. 건실

한 사회인이나 공직자의 인생을 추론할 수 있다.

• 설화와 제화가 같이 있으면 설기를 당하고 또 제극을 받는 입장이므로 두 가지 기운이 서로 중화되지 않으면 힘들고 피곤한 인생이 된다.

• 설화와 극제가 함께 있으면 재다신약이 되어 재물이 들어와도 담을 그릇이 없으니 재물을 유지하기 힘든 삶이다.

• 제화와 극제가 함께 있으면 과중한 업무와 책임감으로 과로하는 삶이다.

 강 의 노 트

TITLE: 용신론의 기본 이론   DATE: .   .

Q1 시대별, 나라별, 연도별로 음양 개념이 어떻게 생성되고 변천해왔나요?

[답변]

간단하게 답변하기는 어렵습니다. 특히 음양은 사주명리학뿐만 아니라 동양철학 전반의 거대한 산맥과도 같은 개념입니다. 『주역』을 예로 들면, 『주역』의 원형인 『역경』에는 아직 음양이라는 철학적 개념이 나오지 않습니다. 양은 한 번도 언급되지 않았고, 음은 중부괘(中孚卦)에서 '그늘'이라는 의미로 짧게 나옵니다. 중부괘 구이(九二) 효사에 "우는 학이 음지에 있으니 그 새끼가 화답한다(鳴鶴在陰, 其子和之)"고 한 것이 그것입니다. 『역경』을 해석한 책이 『역전(易傳)』인데, 『역전』 「계사전 상」에 '일음일양지위도(一陰一陽之謂道)', 즉 "한 번 음하고 한 번 양하는 것을 도(道)라고 한다" 하였습니다. 이 말은 『역전』 전체를 아우르는 주요 개념이 되었습니다.

한편 음양의 사유는 도가, 특히 장자와도 많은 연관이 있습니다. 노자에서 음·양이 사용된 부분은 '만물부음이포양(萬物負陰而抱陽)' 한 곳밖에 없습니다. 반면 장자에서는 음양이 언급된 용례가 많습니다. 원전도 읽어야겠지만, 그것을 철학적으로 해석한 올바른 학자의 글을 읽으면 음양에 대한 풍부한 사유와 해석을 배울 수 있습니다. 물론 그 기원을 올라가보면 관자나 음양가와의 연계도 찾을 수 있습니다.

[답변]

1. 먼저 천문·귀문 등과 같은 신살 용어를 제거한 상태에서 십이지지 표를 펴놓고 찬찬히 한번 생각해 보기 바랍니다. 사주명리 공부는 올바른 스승의 지도가 있어야겠지만, 글자 하나라도 스스로 고뇌하고 사유하여 그 근거를 따져보는 것이 중요합니다.

십이지지 표를 보면 천간의 음양 배속처럼 양 → 음 → 양 → 음의 순서로 각 지지에 음양이 배속되다가, 辰과 戌을 거치면서 음양이 어그러지는 것을 볼 수 있습니다. 그 이유로 辰 다음 巳午火와 戌 다음 亥子水의 음양이 바뀝니다. 그래서 巳와 亥는 체는 음(음간과 육십갑자 짝을 함)이고 용은 양(지장간은 양)이며, 子와 午는 그와 반대로 체는 양(양간과 육십갑자 짝을 함)이고 용은 음(지장간은 음)입니다.

인	묘	진	사	오	미	신	유	술	해	자	축
寅	卯	辰	巳	午	未	申	酉	戌	亥	子	丑
양	음	양	양	음	음	양	음	양	양	음	음

	巳	午	亥	子
지장간	戊庚丙	丙己丁	戊甲壬	壬癸
용(用)	양	음	양	음
체(體)	음	양	음	양

2. 천간지지팔괘방위도를 사용하여 답변하면 다음과 같습니다. 다음 현대식 방위표를 보면 戌亥와 辰巳는 각각 서북과 동남방의 모서리에 있습니다. 신살을 깊이 있게 공부하면 알 수 있는데, 신살론은 당대 고법체계에서 나온 것이고 중국 고대 점성술과 관련이 있습니다. 辰巳, 戌亥의 음양 교차는 고대 별자리와 관련이 있고 그것에 근거하여 천간오합 및 그 합화 오행, 사주명식의 월간두(月干頭: 월천간과 월지배속)가 결정되었습니다.

• 천간지지팔괘방위도

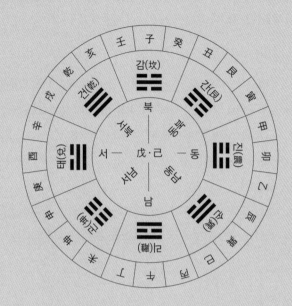

戊亥는 서북방의 모서리에 있는데 이곳을 규벽(奎壁)이라 하고, 辰巳는 동남방의 모서리에 있고 각진(角
軫)이라 합니다. 규벽과 각진은 천지의 문호로 戊와 己의 분야이기도 합니다. 이는 신살에서 천라(戊亥)와
지망(辰巳)에 해당하는 곳입니다. 오운(五運)은 모두 각진 분야에서 일어나는데, 甲과 己의 해년에는 戊와
己의 천기(天氣)가 모두 각진을 경유하니 각은 辰에 속하고 辰은 巳에 속하여 그 해의 辰월은 戊辰 월건이
고 巳월은 己巳 월건입니다. 甲과 己의 해년에 辰월과 巳월은 천간에 모두 戊土와 己土가 있으니 甲과 己
의 합은 토운이 됩니다. 한편 乙과 庚의 해년에 각진월, 즉 辰월과 巳월은 각각 庚辰월과 辛巳월로 모두 천
간에 金이 있어서 乙과 庚의 합은 금운이 됩니다. 같은 방법으로 찾아보면 丙과 辛년의 辰월과 巳월은 각
각 壬辰월, 癸巳월로 丙과 辛의 합은 수운이고, 丁·壬년에는 甲辰월과 乙巳월로 그 합은 목운이 되고, 마
지막으로 戊·癸년은 丙辰월과 丁巳월로 그 합이 화운이 됩니다.

Q3 사주를 세울 때 각 나라에 맞는 만세력이 있는지 궁금합니다. 예를 들어 미국이나 유럽에서 태어난 경우에는 어떻게 사주를 세우나요?

[답변]

외국인 사주는 한국시간으로 환산하지 말고 태어난 나라의 현지 시간을 그대로 입력하면 됩니다. 다만 각 국의 시간대가 그 나라 정책에 따라 경도를 정확하게 잘라서 적용하지 않는 경우가 있으니, 태어난 도시를 입력하여 구글맵에서 시주를 확인해야 합니다. 원광만세력을 이용하신다면 출생 연월일시를 입력하는 페이지 맨 아래 출생지 입력을 눌러서 도시를 입력하고 구글 GPS로 그 도시를 지도상에서 선택하면, 정확한 사주 시간을 계산할 수 있습니다.

그러나 외국인 사주는 남반구 출생이나 적도 국가, 사계절이 아닌 나라 등 조후를 읽을 때 조심해야 하는 경우가 있습니다. 기타 자세한 내용은 필자의 『명리학 CLASS』를 참조하기 바랍니다.

간지의 상관관계

음양오행의 생(生)과 사(死)

음양과 오행이 태어나 자라고 죽어가는 윤회 순환

1 오행 생사(生死)

음양오행의 생과 사는 현대명리학의 십이운성(十二運星) 이론이 나타나는 근거가 되었다. '십이운성'은 현대명리학의 현장 통변에서 일간을 포함한 주변 성분의 세력과 그들이 처해 있는 상황을 나타내는 주요 지표이다. 주로 천간의 상태를 위주로 파악한다. 십이운성으로 직업이나 취미를 읽기도 하고, 일간과의 호불호 관계를 추론하기도 하며, 통변하고자 하는 성분이 지닌 힘의 세기와 숨겨진 사연을 나타내기도 한다. 십이운성은 통상 통변의 주요 소재가 되는 형충회합이나 신살과는 또 다른 서사를 제공한다. 격국과 용신을 포함한 주요 이론들이 얼개를 짜듯이 서로의 근거가 되면서 교집으로 나온 현상을 찾아 읽는다고 생각하는 것이 좋다.

다만 '십이운성'이라는 용어는『오행대의』,『연해자평』,『삼명통회』,『적천수』,『자평진전』 등에서는 쉽게 찾아볼 수 없는 표현이다. 처음에는 생사(生死)라고 간단히 말하기도 하고, 생왕사절(生旺死絶)·생왕묘절(生旺墓絶)·생왕쇠절(生旺衰絶)이라고도 표현하였다. 삼합을 말할 때는 생왕묘(生旺墓) 위주로 읽고, 그 기원에서는 먼저 오행의 생사나 왕쇠를 통해 세력이 커지거나 줄어들어 죽고 묘에 드는 것에 관심을 가졌고, 간지로 확대되면서는 천간의 생록왕사묘절 등을 통해 길흉수요와 부귀빈천의 심천과 구체적 사연을 파악했다고 보면 된다.『명리정종』과 같은 책에서는 오행발용(五行發用)이라고 하였고,『연해자평』도「오행발용정례(五行發用定例)」에서 도표로 만들어 소개하고 있다.

오행 생사에 대한 최초의 언급은 중국 전한 시기 유안(劉安, 기원전 179~기원전 122)이 저술한『회남자(淮南子)』「천문훈(天文訓)」에서 오행의 '생장사(生壯死)'에 대해 다음과 같이 기술한 것이다. "木은 亥에서 생하고, 卯에서 성했다가 未에서 죽는다. 삼진(三辰: 亥·卯·未)은 모두 木이다. 火는 寅에서 생하고, 午에서 성했다가 戌에서 죽는다. 삼진(三辰: 寅·午·戌)은 모두 火이다. 土는 午에서 생하고, 戌에서 성했다가 寅에서 죽는다. 삼진(三辰: 午·戌·寅)은 모두 土이다. 金은 巳에서 생하고, 酉에서 성했다가 丑에서 죽는다. 삼진(三辰: 巳·酉·丑)은 모두 金이다. 水는 申에서 생하고 子에서 성했다가 辰에서 죽는다. 삼진(三辰: 申·子·辰)은 모두 水이다."㈜[120]

삼진(三辰)이란 3개의 지지를 말하고, '辰'은 지지를 나타낸다. 생왕묘의 삼합을 설명한 내용인데 생장사로 말한 것이 차이점이다.『회남자』는 중국 고대 방술가의 천문·지리·시령(時令) 등의 자연과학 자료와 병학(兵學)과 처세훈 등을 모아 편찬한 책이다. 이후 체계적인 언급이 있는 전적은『오행대의』의「논생사소(論生死所)」인데, 오행의 생사에 관한 비교적 자세한 설명을 담고 있다.

㈜[120] 木生于亥, 壯于卯, 死于未, 三辰皆木也. 火生于寅, 壯于午, 死于戌, 三辰皆火也. 土生于午, 壯于戌, 死于寅, 三辰皆土也. 金生于巳, 壯于酉, 死于丑, 三辰皆金也. 水生于申, 壯于子, 死于辰, 三辰皆水也.

『회남자』「천문훈」의 오행 '생장사(生壯死)'에서 시작된 개념이 『오행대의』「논생사소」에서 구체적으로 '수기, 태, 양, 생, 목욕, 관대, 임관, 왕, 쇠, 병, 사, 장'이라는 열두 단계의 순환이 되었고, 명리서로는 송대 『연해자평』의 「논천간생왕사절(論天干生旺死絶)」이나 『삼명통회』 등에서 이론적으로 구체화되었다. 아래 인용문은 『삼명통회』「논오행왕상휴수사병기생십이궁(論五行旺相休囚死並奇生十二宮)」에서 열두 단계 순환의 개념을 설명한 내용이다. 용어가 조금씩 변화하고 있다는 것을 확인할 수 있다.

오행은 십이궁에 기생하여 장생(長生), 목욕(沐浴), 관대(冠帶), 임관(臨官), 제왕(帝旺), 쇠(衰), 병(病), 사(死), 묘(墓), 절(絶), 태(胎), 양(養)으로 끊임없이 순환하며 주기를 반복한다. 만물이 만들어지는 것은 대체로 사람과 같다. 십이궁을 순환하는 것은 또 인간세상의 윤회와 같은 것이다. 『삼명제요(三命提要)』에 이르기를, 오행은 십이궁에 기생한다고 하였다. [주]121

먼저 오행이 십이궁에 기생하여 만들어내는 열두 단계를 장생(長生), 목욕(沐浴), 관대(冠帶), 임관(臨官), 제왕(帝旺), 쇠(衰), 병(病), 사(死), 묘(墓), 절(絶), 태(胎), 양(養)으로 소개하고 있다. 『오행대의』가 오행의 생사를 수기, 즉 기를 받는 것으로 시작하였다면, 『삼명통회』는 장생이라 말하여 생으로 시작하고, 그 아래에 개별 궁을 소개할 때는 다시 수기, 즉 절(絶) 혹은 포(胞)에서 시작하고 있다. 십이궁은 순서보다는 순환에 방점을 두기에 어디서 시작하는가가 중요한 것은 아니다. 다만, 포태 즉 수기에서 시작하거나, 생 즉 장생에서 주로 시작한다는 것은 참조할 만하다. 몇 가지 용어의 차이가 있는데, 예를 들면 수기는 절이고, 장(葬)은 묘가 된 것 등이다. 십이궁을 순환으로 표현하고 인간세상의 윤회와 같은 것이라 한 것도 기억해둘 만하다.

『삼명통회』는 1단계 수기부터 시작하여 12단계 묘까지 열두 가지를 인간의 탄생과

[주]121 夫五行寄生十二宮, 長生, 沐浴, 冠帶, 臨官, 帝旺, 衰, 病, 死, 墓, 絶, 胎, 養, 循環無端, 週而復始. 造物大體, 與人相似, 循環十二宮, 亦若人世輪迴也.《三命提要》云, 五行寄生十二宮.

죽음 그리고 다시 포태가 되는 변화와 순환으로 묘사하였다. 수기의 단계는 아직 상(象)이 없는 상태[미유기상(未有其象)]이니, 사람으로 치면 엄마 뱃속의 자궁에 아직 태아가 만들어지지 않은 상태[미유물(未有物)]이다. 실제로 난자와 정자가 만나서 태아가 만들어진 것은 2의 수태 단계, 즉 태(胎)이다. 3의 성형(成形)은 바로 양(養)의 단계로 자궁에서 태아가 자라 형상이 만들어지는 단계이다. 4의 장생이 있고 나서 5의 목욕 단계가 있다. 목욕과 관련하여 왜 목욕이 그렇게 흉성인지 의문을 갖는 학습자가 많다. 바로 그때가 사람이 태어나서 가장 취약하여 다치거나 사망하기 쉬운 시기이기 때문이다. 그때를 목욕이라 표현하여 갓 태어난 아기를 씻기는 단계로 나타냈다. 6·7·8의 관대·임관·제왕은 그야말로 사람이 성장하여 의관을 갖추고 사회에 나가 자신의 존재감을 과시하고 그 성숙도가 최고조에 이르는 단계이다. 9의 쇠(衰)에서 성장곡선은 하강곡선을 나타내어 10·11·12, 즉 병(病)·사(死)·묘(墓)의 과정을 겪는다. 아래 인용문은 『삼명통회』 「논오행왕상휴수사병기생십이궁」에서 이어지는 문장이다.

무릇 조화를 추론하면 생왕하다고 하여 바로 길하다고 논하면 안 되고, 휴왕사절이라고 하여 바로 흉하다고 말하면 안 된다. 예를 들어 생왕이 태과하면 마땅히 제복되어야 하고, 사절이 미치지 못하면 마땅히 생부해야 하는 것에 통변의 오묘함이 있다. 예로부터 태생왕고(胎生旺庫)하면 네 가지 귀[사귀(四貴)]가 된다고 하였고, 사절병패(死絶病敗)는 네 가지 꺼리는 것[사기(四忌)]이 된다고 하였다. 나머지(관대·임관·쇠·양)는 네 가지 평범한 것[사평(四平)]이니 이렇게 대략을 말하였다.㈜**122**

인용문에 '사귀' 즉 네 가지 귀한 것, '사기' 즉 네 가지 꺼리는 것, '사평' 즉 네 가지 평범한 것을 말하였는데, 아래와 같이 정리하여 구분할 수 있다. 현대명리학에서 학자

㈜**122**　凡推造化, 見生旺者, 未必便作吉論, 見休囚死絶, 未必便作凶言. 如生旺太過, 宜乎制伏, 死絶不及, 宜乎生扶, 妙在識其通變. 古以胎生旺庫爲四貴, 死絶病敗爲四忌, 餘爲四平, 亦大槪言之.

마다 십이운성을 길과 흉 혹은 평성으로 구분하는 것과는 조금씩 차이가 있음을 알수 있다. 어쨌든 십이운성을 길성과 흉성, 평범한 성분으로 구분하였던 전통을 보여준다. 태와 묘가 사귀에 속하고 관대나 임관(록)이 사평에 속한 것은 지금의 평가와는다르다.

• 『삼명통회』의 사귀 · 사기 · 사평

사귀(四貴)	태생왕고(胎生旺庫): 태·장생·왕·묘
사기(四忌)	사절병패(死絶病敗): 사·절·병·욕패(목욕)
사평(四平)	관대·임관·쇠·양

『회남자』의 '생장사(生壯死)'는 '亥卯未 · 寅午戌 · 巳酉丑 · 申子辰' 등 삼합의 '생왕묘(生壯死)'이다. 장(壯)이 『오행대의』에서는 왕(王)으로, 명리서에서는 왕(旺)으로 표시되었다. 『회남자』의 사(死)는 『오행대의』에서는 장(葬)으로, 명리서에서는 묘(墓)로쓰였다. 학습하다가 같은 개념을 유사하게, 때로는 다르게 표현한 경우를 접하게 될텐데 유연하게 받아들이기 바란다.

참고로 풍수지리학에서도 사국법(四局法)이나 팔십팔향법(八十八向法)에서 십이포태를 사용하여 생 · 관(임관) · 왕을 대길로 보고, 양 · 대 · 쇠는 평길로, 포 · 태 · 욕은 소흉으로, 병 · 사 · 묘는 대흉으로 읽는다. 금법의 주요 명리학 서적에는 십이운성의 생록왕 곡선을 무조건 길하다고 읽고, 사묘절 곡선을 무조건 흉하다고 읽는 것을 우려하는 목소리도 나타나 있다. 그에 대한 언급은 강조하여 읽을 필요가 있다.

• 풍수지리학의 십이포태와 사국법

대길	생·관(임관)·왕
평길	양·대·쇠
소흉	포·태·욕
대흉	병·사·묘

생사와 왕쇠는 현대명리학에서 길흉화복을 판단하는 중요 관법의 하나로 평가된다. 사람의 생로병사와 흥망성쇠를 추단하는 중요한 단서가 바로 십이운성법에서 나온다는 것이 바로 명리학의 십천간 생왕사절의 취용이다. 주로 십이운성법이라 하고, 다른 이름으로 장생법이라 하기도 하고, 포태법이라 하기도 한다. 아래의 표에 십이운성의 분류와 용어의 변화를 적었다. 맨 위가 『오행대의』의 용어이고, 그 외 다양한 술수 서적의 표현은 그 아래에 있다.

• 십이운성의 분류와 다양한 용어

수기 (受氣)	태 (胎)	양 (養)	생 (生)	목욕 (沐浴)	관대 (冠帶)	임관 (臨官)	왕 (王)	쇠 (衰)	병 (病)	사 (死)	장 (葬)
절 (絶)	태 (胎)	양 (養)	장생 (長生)	목욕 (沐浴)	관대 (冠帶)	건록 (建祿)	제왕 (帝旺)	쇠 (衰)	병 (病)	사 (死)	묘 (墓)
포 (胞)	태 (胎)	양 (養)	생 (生)	욕 (浴)	대 (帶)	관 (官)	왕 (旺)	쇠 (衰)	병 (病)	사 (死)	묘 (墓)

2 화토동행과 수토동행

명리학을 공부하다 보면 여러 종류의 난제를 마주하게 된다. 대표적인 것의 하나가 火 오행이 土 오행과 같이 움직인다는 사실이다. 이것을 화토동행(火土同行)이라고 한다. 참고로 과거에는 水 오행과 土 오행이 같이 움직인다는 주장도 있었는데, 이는 수토동행(水土同行)이라고 할 수 있다. 그 원인은 10개의 천간과 12개의 지지를 짝지어 배속하는 것과 5개의 오행을 사시 혹은 12지지에 배속할 때의 정합성 문제이다. 10(천간)과 12(지지)라는 숫자가 맞지 않고, 4(사시)와 5(오행)라는 숫자가 맞지 않아서 발생한 것이다. 여기서 야기되는 문제는 명리 학습자를 계속해서 곤혹스럽게 만들었다.

구체적으로 말하면, 오행의 상생과 상극으로 사시가 운행하는데 木火金水를 각각 춘하추동에 배속한 다음 土 오행을 어느 계절에 배속할지를 두고 문제가 발생하였다. 또한 오행의 상생으로 보았을 때 절기상 火 오행의 여름 다음에 상극하는 金 오행이 오는데, 金이 자신을 극하는 巳월에 생해야 하는 문제가 생겼다. 이를 어떻게 설명해야 좋을까? 물론 극설 또한 자연변화의 당연한 이치이고, 사계절의 변화는 상생뿐만 아니라 상극에 의해서도 일어난다는 것이 이론적 해답이다. 그러나 土 오행을 어떤 오행과 함께 출몰하여 살아가도록 해야 하는가 결정하는 일은 좀 더 복잡하고 많은 생각이 필요하였다. 『오행대의』는 그것을 다음과 같이 설명하고 있다.

戌은 火의 묘이다. 火는 土의 어머니이고 어머니와 자식은 함께 장사지내지 못한다. 나아가 (다음에 오는 土 오행인) 丑에서 장사지내려 하니 丑은 金의 묘지이고 金은 土의 자식이니 또한 그 의리가 불합하여 물러나 (이전에 오는 土 오행인) 未로 돌아가려 한다. 未는 木의 묘지인데 목극토를 하니 두려워 감히 들어가지 못하여 辰으로 물러나 쉰다. 辰은 水의 묘지이고 水는 그 처가 되니 의리가 부합하여 비로소 辰에서 매장한다. 㟁 123

인용문의 내용은 土를 어느 지지에서 장사지내야(묘고) 하는지에 대한 고민으로 시작한다. 戌에서 장사지내지 못하는 이유는 戌이 어머니인 火의 묘이기 때문이다. 자식을 어미와 같이 장사지낼 수 없다는 것이다. 丑에서 장사지내지 못하는 이유는 丑이 자식인 金의 묘지이기 때문이고, 未는 木의 묘지인데 木이 두려워서 같이 들어가지 못하니, 결국 아내 水의 묘지인 辰에서 장사지내는 것이 가장 합당하다는 설명이다. 이것으로 수토동행의 사유가 시작되었다.

명리학사에서 이에 대한 논의는 상당히 오랫동안 계속되었다. 오랜 기간 혼선과 변화 끝에 명리학에서는 土를 火와 동행하도록 하였고(화토동행), 괘효에서는 土를 水와 동행하도록 하였다(수토동행). 이 내용과 관련한 자세한 설명은 육치극의 『중국명

㟁 123　戌是火墓. 火是其母, 母子不同葬. 進行於丑. 丑是金墓. 金是其子, 義又不合. 欲還於未. 未是木墓. 木爲土鬼. 畏不敢入進, 休就辰. 辰是水墓. 水爲其妻. 於義爲合.

리학사론』이나[주]124 필자의『명리학 CLASS』를 읽어보기를 권한다. 결론적으로 말하면, 木火土金水라는 오행 상생의 순환을 주로 채택하고 있는 명리학에서는 土를 火와 동행하게 하는 것이 자연 순환이나 사시 운행의 이치에 더욱 합당하였다. 또한 긴 역사를 통해 동북아시아, 특히 중국의 자연생태 환경의 변화와도 부합한다는 이유가 있었다.

『회남자』의 오행 '생장사'에서 시작된 오행 생사의 초기 사유는『오행대의』에 와서 "오행은 체(體)가 달라서 태어나고 죽는 곳이 같지 않으니 열두 달, 열두 시간에 두루 출몰함이 있다(五行體別, 生死之處不同, 遍有十二月十二辰而出沒)" 하고, '수기, 태, 양, 생, 목욕, 관대, 임관, 왕, 쇠, 병, 사, 장'이라는 열두 단계의 순환으로 구체화되었다. 오행은 12개 지지를 거치면서 마치 우주만물이 생성하여 소멸되는 것과 같은 과정을 경험한다는 것, 즉 어떤 지지에 이르러 기운을 받는 것(수기)으로 시작하여 잉태되어 장성하였다가 기운이 쇠진하여 병들어 죽고 매장되는 과정을 십이지지에 대입하여 읽고 그 특징을 설명한 것이『오행대의』「논생사소」의 내용이다.

또한『오행대의』에는 화토동행과 수토동행의 논점이 발화하게 된 과정이 언급되어

[주]124 『중국명리학사론』「사시오행의 활용[四時五行用事]」에서 화토동행을 설명한 부분을 인용하면 다음과 같다. "木·火·金·水의 사행은 모두 독립적으로 왕성하다가 쇠퇴하는 과정을 거치는 것을 알 수 있다. 그러나 오직 土만은 '화토동행'의 방식을 지닌다. 이것은 한대에 성행했던 '수토동행(水土同行)'과 배치된다. (土의 운행은 午에서 생하여 戌에서 장성하며 寅에서 죽는다. 土는 金과 水의 사이에서 생왕사한다.) (중략)

경방 이후로『주역』의 괘는 '수토동행' 방식을 채택하였다. 경방과 달리『오행대의』에서는 '화토동행' 방식을 채택하였다. 경방역학과 달리『오행대의』에서는 '화토동행' 방식을 기본적으로 채택하였는데, 이는 분명 중대한 변화였다. 그러나 土의 묘지를 배치하는데 여전히 '수토동묘(水土同墓: 水와 土가 동일한 묘지이다)'라는 방식이 유지되고 있었다. 이는 당시에 '수토동행'에서 '화토동행'으로 변화하는 과정에 있었음을 나타낸다. 수대에도 분명 이러한 변화는 완결되지 못하였다.『옥조정진경』및 북송과 남송이 교체되는 시기에 나타난『낙록자삼명소식부』에 대한 서자평의 주석본에서는 그대로 '수토동행'의 방식을 고수하고 있다."

이상과 같은 논란을 거쳐 완전히 '화토동행'으로 완성된 때는 남송 시기이다. '수토동행'은 중앙의 土가 북방의 水에 더 의지하는 것이고 '화토동행'은 土가 남방의 火에 가까워진 것인데, 이에 대해 육치극은 "이는 중국에서 자연의 생태적 유형을 조정했음을 나타내는 것"이라고 말한다. 즉, 중국 땅의 지리적 위치가 진한시대의 하남성 낙양이라는 옛 도시(북위 35도 좌우, 황하의 중하류 지역)에서 남쪽(장강 유역)으로 이동했기 때문이다. 이에 따라 기후 유형도 봄-여름-장하(土)-가을-겨울의 전개에서 봄-여름-가을-겨울의 사계절을 평균적으로 배치하고 土는 사계절 끝에 18일씩 배속하였다.

있다. 즉, 土가 어머니(火)의 묘, 자식(金)의 묘, 두려워하는 존재(木)의 묘에 같이 들어갈 수 없는 이유를 설명하고, 이어서 네 가지 土(辰·戌·丑·未)의 생왕사묘 장소가 모두 다른 것을 각각 사계에 나누어 왕하기 때문이라고 설명하였다. 한편『삼명통회』의 오행 십이궁에 오면 현대명리학 십이운성의 초기 개념을 확인할 수 있다.

　다양한 고대 전적에 나타난 오행 생사 언급을 통해 용어 선택과 사용이 현대명리학에서 말하는 십이운성과 다소 차이가 있고 변화도 계속 겪었지만 충분히 깊이 있는 사유를 담고 있음을 알 수 있다. 특히 土 오행의 행태와 관련해 현대명리학에서의 중요 논점인 화토동행과 수토동행의 적용 문제를 발견할 수 있었다. 앞에서 설명하였듯이 괘효에서는 水土가 동행하도록, 명리학에서는 火土가 동행하도록 하였다.

③ 천간의 생왕사절

지금부터는 금법의 생왕사절론을 통해 오행에서 발전한 십천간의 생왕사절을 알아보고자 한다.『연해자평』은「논천간생왕사절(論天干生旺死絶)」,「논생왕(論生旺)」,「논오행생왕쇠절길흉(論五行生旺衰絶吉凶)」 등 여러 편에서 오행의 생사를 언급하고 있다. 먼저「논천간생왕사절」편은 십천간의 생왕사절에 대한 전체 개요를 논한 곳이다. 앞에서 초기 사유와 정의를 설명했기 때문에 이해에 큰 어려움은 없을 것이다. 오행 다섯 종의 생사에서 천간이라는 열 가지 종류의 생사를 논한 내용을 통해 음양 운동의 차이점으로 인한 변화를 이해해야 한다.

　음양 운동의 변화와 통합에 대한 논지에는 송대 동양철학사상사의 주요한 영향이 있다. 위에서 설명하였듯이, 용어 차이가 있는 것을 제외하면 십이운성 순서는 큰 차이가 있거나 복잡하지는 않다. 양간은 오행의 생사 순서와 동일하고, 음간은 역행하여 양간이 생(生)하는 곳에서 사(死)하고, 양간이 사하는 곳에서 생한다는 중요한 차이점이 있다. 이것을 양생음사 혹은 음생양사라고 하는데, 천간 생왕사절론의 중요한 논점이다.

먼저『연해자평』「논천간생왕사절」을 살펴보고 다음에『삼명통회』를 읽어볼 것이다. 주요 철학적 논거는『삼명통회』를 참고할 수 있다. 이후『자평진전』을 인용하면서 명리학적 논점을 정리하도록 하겠다. 우선『연해자평』「논천간생왕사절」을 옮겨보면 다음과 같다.

甲木은 亥에서 생(生)하며, 子에서 목욕(沐浴)이 되고, 丑에서 관대(冠帶)가 되고, 寅에서 건록(建祿)이 되고, 卯에서 제왕(帝旺)이 되고, 辰에서 쇠(衰)가 되고, 巳에서 병(病)이 되고, 午에서 사(死)가 되고, 未에서 묘(墓)에 들며, 申에서 절(絶)이 되고, 酉에서 태(胎)가 되며, 戌에서 양(養)이 된다.

乙木은 午에서 생하며, 巳에서 목욕이 되고, 辰에서 관대가 되고, 卯가 건록이 되고, 寅이 제왕이 되고, 丑에서 쇠가 되고, 子에서 병이 되고, 亥에서 사가 되고, 戌에서 묘에 들며, 酉에서 절이 되고, 申에서 태가 되며, 未에서 양이 된다.

丙火와 戊土는 寅에서 생하고, 卯에서 목욕하며, 辰에서 관대이고, 巳에서 건록하여 午에서 제왕이다. 未에서 쇠하여, 申에서 병이 되고, 酉에서 사하여, 戌에서 묘에 들고, 亥에서 절이고, 子에서 태가 되며, 丑에서 양이 된다.

丁火와 己土는 酉에서 생하며, 申에서 목욕하고, 未에서 관대가 되고, 午에서 건록이며, 巳에서 제왕이 되고, 辰에서 쇠하고, 卯에서 병이 되고, 寅에서 사하며 丑에서 묘에 들며, 子에서 절이 되고, 亥에서 태가 되며, 戌에서 양이 된다.

庚金은 巳에서 생하며, 午에서 목욕하고, 未에서 관대가 되고, 申에서 건록이고, 酉에서 제왕이며, 戌에서 쇠이고, 亥에서 병이며 子에서 사하고, 丑에서 묘에 들며, 寅에서 절하고, 卯에서 태이며 辰에서 양이 된다.

辛金은 子에서 생하고, 亥에서 목욕이며, 戌에서 관대가 되고, 酉에서 건록이며 申에서 제왕이다. 未에서 쇠하며 午에서 병이고, 巳에서 사하며, 辰에서 묘에 들고, 卯에서 절하고, 寅에서 태이며 丑에서 양이 된다.

壬水는 申에서 생하고, 酉에서 목욕이며, 戌에서 관대이고, 亥에서 건록이며 子에서 제왕이 된다. 丑에서 쇠하고, 寅에서 병들며, 卯에서 사하고, 辰에서 묘에 들고, 巳에서 절하고, 午에서 태이며 未에서 양이 된다.

癸水는 卯에서 생하고, 寅에서 목욕하며 丑에서 관대이고, 子에서 건록이며 亥에서 제왕이다. 戌에서 쇠하며, 酉에서 병이 들고, 申에서 사하며 未에서 묘에 들고, 午에서 절하며 巳에서 태이며 辰에서 양이 된다. 🈷125

• **천간의 십이운성 표**

	생 (生)	욕 (浴)	대 (帶)	록 (祿)	왕 (旺)	쇠 (衰)	병 (病)	사 (死)	묘 (墓)	절 (絶)	태 (胎)	양 (養)
甲	亥	子	丑	寅	卯	辰	巳	午	未	申	酉	戌
乙	午	巳	辰	卯	寅	丑	子	亥	戌	酉	申	未
丙	寅	卯	辰	巳	午	未	申	酉	戌	亥	子	丑
丁	酉	申	未	午	巳	辰	卯	寅	丑	子	亥	戌
戊	寅	卯	辰	巳	午	未	申	酉	戌	亥	子	丑
己	酉	申	未	午	巳	辰	卯	寅	丑	子	亥	戌
庚	巳	午	未	申	酉	戌	亥	子	丑	寅	卯	辰
辛	子	亥	戌	酉	申	未	午	巳	辰	卯	寅	丑
壬	申	酉	戌	亥	子	丑	寅	卯	辰	巳	午	未
癸	卯	寅	丑	子	亥	戌	酉	申	未	午	巳	辰

🈷125　甲木生亥, 沐浴在子, 冠帶在丑, 建祿在寅, 帝旺在卯, 衰在辰, 病在巳, 死在午, 墓在未, 絶在申, 胎在酉, 養在戌. 乙木生午, 沐浴在巳, 冠帶在辰, 建祿在卯, 帝旺在寅, 衰在丑, 病在子, 死在亥, 墓在戌, 絶在酉, 胎在申, 養在未. 丙火戊土生寅, 沐浴在卯, 冠帶在辰, 建祿在巳, 帝旺在午, 衰在未, 病在申, 死在酉, 墓在戌, 絶在亥, 胎在子, 養在丑. 丁火己土生酉, 沐浴在申, 冠帶在未, 建祿在午, 帝旺在巳, 衰在辰, 病在卯, 死在寅, 墓在丑, 絶在子, 胎在亥, 養在戌. 庚金生巳, 沐浴在午, 冠帶在未, 建祿在申, 帝旺在酉, 衰在戌, 病在亥, 死在子, 墓在丑, 絶在寅, 胎在卯, 養在辰. 辛金生子, 沐浴在亥, 冠帶在戌, 建祿在酉, 帝旺在申, 衰在未, 病在午, 死在巳, 墓在辰, 絶在卯, 胎在寅, 養在丑. 壬水生申, 沐浴在酉, 冠帶在戌, 建祿在亥, 帝旺在子, 衰在丑, 病在寅, 死在卯, 墓在辰, 絶在巳, 胎在午, 養在未. 癸水生卯, 沐浴在寅, 冠帶在丑, 建祿在子, 帝旺在亥, 衰在戌, 病在酉, 死在申, 墓在未, 絶在午, 胎在巳, 養在辰.

앞의 표에서 십천간의 십이운성을 甲乙丙丁戊己庚辛壬癸의 순서대로 적었는데, 戊己土는 각각 丙丁의 운로에 동행하도록 하였다. 즉, 앞에서 말한 火土동행의 논지를 따랐다. 그것을 火土동궁이라고도 한다. 양간의 순행과 음간의 역행에 관심을 가지고 참고하기 바란다. 이후 대부분의 명리서가 이를 따르고 있으니 십이운성에 대한 일반적 이해는 이 표를 참고할 수 있다.

『연해자평』에 장결(掌訣), 즉 손바닥으로 십이운성의 자리를 확인하는 방법이 들어 있는데 관심 있는 독자를 위해 소개한다. 무릉출판유한공사 본에서 가져온 것이다.

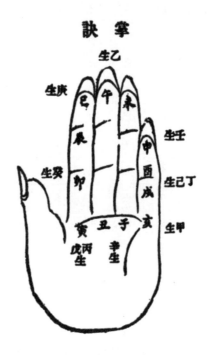

왼쪽 손바닥을 위를 향해 펴고, 넷째 손가락(약지)이 시작하는 손바닥 쪽 마디부터 子로 시작하여 엄지를 제외하고 시계방향으로 손가락의 바깥 마디에 십이지지를 배치한다. 이를 통해 십이운성뿐만 아니라 소위 당사주로 알려진 고법의 산명(算命)이 시행되었다.

십이지지를 이렇게 배치하고 엄지로 짚어 나가는 방법은 지지의 사방 위치에 대한 전통적 이해에 기반한다. 앞에서 한 번 설명한 바 있는 천원지방(天圓地方)에서 지방, 즉 땅의 사방으로 네모나게 표현한 것에서 왔다. 네 손가락의 바깥 마디에만 십이지지가 배속되었는데, 정사방의 네 모퉁이에는 寅·巳·申·亥가 배치된다. 寅·巳·申·亥는 각각 순서대로 丙戊·庚·壬·甲 다섯 양간의 생지가 된다. 子·卯·午·酉는 순서대로 辛·癸·乙·丁己 다섯 음간의 생지가 된다. 즉 寅·巳·申·亥는 오양간의 생지가 되고, 子·卯·午·酉는 오음간의 생지가 된다. 辰·未·戌·丑은 생지에서 제외된다. 이 내용을 표로 나타내면 다음과 같다.

• 십이운성 장결

검지	중지	약지	소지
巳 庚의 생지	午 乙의 생지	未	申 壬의 생지
辰			酉 丁己의 생지
卯 癸의 생지			戌
寅 丙戊의 생지	丑	子 辛의 생지	亥 甲의 생지

4 양순음역

오행의 생사에서 십간의 생사로 확장되면서 양 천간과 음 천간의 양순음역 사유가 생겨났다. 오행에서는 단순했던 생사의 운행이 음양이 분화하면서 양간과 음간의 운동을 구분해야 했기 때문이다. 양순음역은 양간은 순행하고 음간은 역행한다는 사유이다. 이것은 이후 명리학 이론과 현장 통변에서 중요한 논점을 낳았는데, 그러한 논점의 논리적 근거와 그에 따른 혼선을 학습할 필요가 있다. 『연해자평』의 「논오행생왕쇠절길흉」에 다음과 같은 내용이 있다. 아래 인용문에 음양의 생사, 즉 음사양생과 양사음생에 대한 고민이 드러나 있다.

음양가의 책에 있는 말을 보면, 생왕이론에 음사양생(陰死陽生: 음이 사하는 곳에 양이 생함)과 양사음생(陽死陰生: 양이 사하는 곳에 음이 생함)이 있다고 하였다. 예컨대 甲木은 亥에서 생하고 午에서 사하는데, 乙木은 午에서 생하고 亥에서 사한다. 나머지도 이 사례와 같다. 그리하면 열 가지 명조에 아홉이 잘못이니 이 또한 적확한 방법이 아니다. 그러니 명을 논하는데 어찌 생왕의 학설에 구속될 수 있겠는가? 또 丙寅은 火에 속하는데 亥에서 절(絶)이 되어 본래 좋아하지 않는다고 한다. 亥 중에 甲木이 있으니 인수가 되어서 丙火를 생한다는 것을 누가 모르는가? 丙 일간에 亥시이면 귀격이 많다. 또 戊는 土에 속하고 巳에서 왕하고 겸해서 건록(建祿)이어서 본래 귀격을 만든다. 그런데 巳는 오히려 金을 생하는 지지이고 (金은) 상관성으로 무릇 戊 일간에 巳시이면 관(官)은 결국 현달할 수 없다는 것을 누가 모르겠는가? 이 두 가지 사례를 거론하여, 즉 명을 논하는데 생왕(生旺)은 길하고 쇠패(衰敗)는 흉하다는 것에 전적으로 얽매이면 절대 안 된다. 마땅히 활법으로서 추명해야 한다. ㈜126

양순음역은 양간과 음간의 운동이 반대 방향이라는 것이며, 따라서 인용문에서 말하는 것과 같은 음사양생 혹은 양사음생 현상이 나타나게 되었다. 풀이하면 양간이 태어나는 곳에서 음간이 죽으며, 반대로 음간이 태어나는 곳에서 양간이 죽는다는 뜻이다. 그런데 양순음역은 생과 사의 단계에서만 교차가 일어나는 것이 아니라 나머지 십이운성에서도 양간과 음간의 교차가 일어난다. 예를 들어 양간이 묘에 들어가는 곳에서 음간은 양에 들고, 양간이 목욕하는 자리에서 음간이 병에 들고 양간이 관대가 되는 자리에서 음간이 쇠약한다는 등이다. 그 교차 지점을 정리하면 다음 표와 같은

㈜126　觀陰陽家書有日: 生旺有陰死陽生, 陽死陰生. 假如甲木生於亥而死於午, 乙木生於午而死於亥, 餘同例此. 故命十有九失, 又非的法也. 如論命豈可拘於生旺之說, 且丙寅屬火而絶於亥, 本爲不好, 孰不知亥中有甲木爲印綬, 而生丙火, 丙日亥時乃多貴格. 亦戊屬土而旺於巳, 兼又建祿, 本作貴格, 孰不知巳反生金之地, 而傷官星, 凡戊日巳時, 官終不顯. 舉此二例, 則論命切不可崙泥於生旺而吉, 衰敗而凶也, 又當以活法推之.

데, 건록과 왕, 절과 태의 자리에는 상대적으로 큰 차이점이 나타나지 않는다.

• 음양생사의 교차

양	생 (生)	욕 (浴)	대 (帶)	록 (祿)	왕 (旺)	쇠 (衰)	병 (病)	사 (死)	묘 (墓)	절 (絶)	태 (胎)	양 (養)
음	사 (死)	병 (病)	쇠 (衰)	왕 (旺)	록 (祿)	대 (帶)	욕 (浴)	생 (生)	양 (養)	태 (胎)	절 (絶)	묘 (墓)

십이운성에서 말하는 음양의 생사와 양생음사 혹은 음생양사의 논의는『주역』철학의 주요 테제에서 왔다. 「계사전(繫辭傳)」 4장에서 음양의 도(道)를 한마디로 축약한 문장이 바로 '일음일양지위도(一陰一陽之謂道)', 즉 "한 번 음하고, 한 번 양하는 것을 도라 이른다"이다. 음양의 상호 대립·호근·전환에 의한 통일이 바로 우주만물의 운행과 조화의 규율이 된다는 말이다. 명리학의 전적들이『주역』의 철학사상에서 영향 받은 바가 적지 않다는 것은 잘 알려진 사실이다. 지금부터 살펴보고자 하는 음양생사와 같은 사유가 특히 그러하다.

「계사전」은『주역』의 사상을 철학적으로 정리한 해석서이다. 먼저 천존지비(天尊地卑), 길흉생의(吉凶生矣), 변화현의(變化見矣)를 개괄할 수 있는데, 아래에「계사전」첫 장의 내용을 옮겨보았다.

하늘은 높고 땅은 낮으니 건(乾)·곤(坤)이 정해지고, 낮은 것과 높은 것이 진열되니 귀(貴)·천(賤)이 자리하고, 동(動)과 정(靜)에 항상됨이 있으니 강(剛)·유(柔)가 갈라지고, 성향이 유사한 것[유(類)]끼리 모이고 사물은 무리로써 나누어지니 길(吉)·흉(凶)이 생기고, 하늘에 있어서는 상(象)이 이루어지고 땅에 있어서는 형(形)이 이루어지니 변(變)·화(化)가 나타난다. 그러므로 강(剛)과 유(柔)가 서로 갈마들며 팔괘가 서로 섞인다. 우레와 번개로써 고동하며, 바람과 비로써 적셔주며, 해와 달이 운행하며, 한 번 춥고 한 번 더워, 건(乾)의 도(道)가 남자가 되고 곤(坤)의 도(道)가 여자가 되었으니, 건(乾)은 큰 시작을 주장하고 곤(坤)은 물건

을 만들어 완성한다. 주127

첫 문장의 천존지비(天尊地卑)는 바로 하늘은 존귀하고 땅은 비천하다는 뜻이다. 구체적 양상은 건곤·고비(高卑: 높고 낮음)·귀천·동정·강유·길흉으로 나타난다. 건과 곤은 순양과 순음을 나타낸 괘의 이름이고 고와 비, 귀와 천 등은 모두 괘효의 위와 아래 자리를 나타낸다. 동정은 각각 양효와 음효의 행동 양식이고, 강유는 양효와 음효의 명칭이며 성정이다. 우주만물의 길과 흉은 같은 종류가 모여서 무리 짓는 것과 그렇게 나누어진 다른 부류의 차이를 말한 것으로, 이를 방이유취(方以類聚: 성향이 유사한 것끼리 모아짐)하고 물이군분(物以群分: 사물은 무리로써 나누어짐)이라 한다. 괘와 효로 점을 쳐서 추단하는 것이 바로 길흉의 점단인데, 이때 판단의 방법이 방이유취와 물이군분이며 그 근거에 음양의 도리가 있다.

• 음양의 분류

양	음	비교
천존(天尊)	지비(地卑)	하늘과 땅
건(乾)	곤(坤)	괘
높음(고귀)	낮음(비천)	지위
양효	음효	효
동(動)	정(靜)	행동양식
강(剛)	유(柔)	성정

그 다음에 '강(剛)과 유(柔)가 서로 갈마들고[상마(相摩)] 섞이는 것[상탕(相盪)]'을 말하였다. 이것으로 우레와 번개의 움직임, 바람과 비의 적심, 해와 달의 운행으로 한

주127　天尊地卑, 乾坤定矣, 卑高以陳, 貴賤位矣, 動靜有常, 剛柔斷矣, 方以類聚, 物以群分, 吉凶生矣, 在天成象, 在地成形, 變化見矣. 是故剛柔相摩, 八卦相盪. 鼓之以雷霆, 潤之以風雨. 日月運行, 一寒一暑. 乾道成男, 坤道成女. 乾知大始, 坤作成物.

번 춥고 한 번 더운 자연의 이치가 설명된다. '건은 남자의 도이고, 곤은 여자의 도'이니 바로 명리학에서 말하는 건명과 곤명의 유래가 되었다. 다만, 『주역』이 유가의 경전이라는 점은 부정하기 어렵고, 유가적 인식에 기반한 양존음비 사상은 비판에서 자유로울 수 없다. 강유에 대해서도 서로 갈마들고 섞여서 상호 조화를 이루는 관계로 묘사하기도 하였지만, 음은 유(柔)하여 강(剛)한 양을 따른다[음유순양강(陰柔順陽剛)]는 종속적 사유가 다분하다.

이러한 사유는 명리서에도 이어졌다. 예를 들면, 『적천수』의 '오양종기부종세(五陽從氣不從勢) 오음종세무정의(五陰從勢無情義)'와 같은 문장은 '오양간은 기를 따르고 세력을 따르지 않으니 그 의리를 높이 사고, 오음은 세력을 좇아 의리가 없다'로 해석되어 양간에 대한 우위적 가치판단을 숨기지 않는다. 운명에 관심을 가지고 사람의 명조를 읽어서 그 사람의 운로를 추단하는 것이 명리학인데, 여기서 양과 음의 우열을 말하는 것은 이치에 맞지 않는다. 음이 양에 존속된다는 인식 또한 다시 생각할 필요가 있다. 남자의 운명과 여자의 운명에서 어느 것 하나 더 높고 더 낮음이 있겠으며, 누구의 운명이든 사람의 인생에 귀하지 않은 것이 있겠는가? 다만 철학적 인식의 범위 내에서 양과 음의 행동양식을 이해하고 그에 따른 취상비류(取象比類: 상을 취하여 비슷한 유형끼리 비교하는 것)라는 학문적 방법론을 사용하는 발전적 인식이 필요할 뿐이다. 이어서 「계사전」 다음 장의 첫 문장을 인용하면 아래와 같다.

성인(聖人)이 괘(卦)를 만들어 상(象)을 보고 말을 달아 길(吉)·흉(凶)을 밝히며, 강(剛)과 유(柔)가 서로 미루어 변화를 낳으니, 그러므로 길(吉)·흉(凶)은 실(失)과 득(得)의 상(象)이요, 뉘우침과 부끄러움은 근심과 헤아림의 상(象)이요, 변(變)·화(化)는 나아감과 물러감의 상(象)이요, 강(剛)·유(柔)는 낮과 밤의 상(象)이요, 육효(六爻)의 동함은 삼극(三極)의 도(道)이다.㈜**128**

㈜**128** 聖人設卦觀象, 繫辭焉而明吉凶. 剛柔相推, 而生變化. 是故吉凶者, 失得之象也, 悔吝者, 憂虞之象也. 變化者, 進退之象也. 剛柔者, 晝夜之象也. 六爻之動, 三極之道也.

강(剛)과 유(柔)는 서로 미루어 변화를 낳는다고 하였다. 즉 강유가 음양의 변화를 발휘하여 효를 만들고, 그 변화를 읽는 것이 바로 길흉의 추단이라는 뜻이다. 이어서 길흉득실과 회린(悔吝), 즉 뉘우침과 부끄러움의 상을 말하여 강유로 읽는 길흉변화를 설명하였다. 「계사전」 3장에서 길흉은 성공과 실패를 말한 것[언호기실득야(言乎其失得也)]이라 하고, 회린은 약간의 허물을 말한 것[언호기소자야(言乎其小疵也)]이라 하였다. 거기에 무구(無咎: 허물이 없음)를 더하여 무구는 잘못을 보충한 것[선보과야(善補過也)]이라 하였다.

• 길흉 · 회린 · 무구

길흉(吉凶)	실(失)·득(得): 성공·실패
회린(悔吝)	뉘우침·후회: 약간의 허물
무구(無咎)	허물이 없음

이 말은 상당히 중요한 의미가 있다. 즉, 『주역』은 길흉의 성패와 득실이라는 두 가지 극단만을 말한 것이 아니라 회린이라는 중간의 형태도 말하고, 더구나 무구라는 흉에 대한 대안까지 말하고 있는 것이다. 사람들은 길흉만을 읽으려고 하고, 회린에 대해서는 무시하거나 혹은 알려고 하지 않으며, 무구에 대해서는 심지어 전혀 모르기도 한다. 길하다는 것은 상당히 좋은 것이지만 얻기가 쉽지 않다. 흉하다는 것은 아주 두려운 것이지만 실제로 보면 거기서 벗어나 해소할 수 있는 방안이 존재한다. 그리고 현실에서는 길과 흉으로 양분된 삶만 있는 것이 아니다. 따라서 『주역』은 길흉만을 강조하는 것이 아니라 회린을 가르치고 무구를 매우 중시한다. 「계사전」은 뒤에서 "두려워하기를 마무리와 시작으로 한다면 그 요점은 허물이 없으니 이것을 일러 역(易)의 도리이다[구이종시(懼以終始) 기요무구(其要无咎) 차지위역지도야(此之謂易之道也)]"라고 하였다. 그러니 공자가 『논어』에서 "나에게 몇 해의 수명이 주어져서 50세에 역을 공부하였다면 큰 잘못이 없었을 것[가아수년(假我數年) 오십이학역(五十以

學易) 가이무대과의(可以無大過矣)"이라고 하지 않았겠는가. 지천명(知天命)의 의의가 바로 여기에 있는데, 이에 대한 올바른 이해가 얼마나 있을까 싶다.

조금 멀리 돌아왔지만, 다시 명리학의 음양생사 즉 양생음사를 논의하고자 한다. 천간의 음양생사에 대한 본격적인 논의와 철학적 해명은『삼명통회』에 상세히 나타나 있는데, 그 내용에 위에서 살펴본『주역』의 의의가 다분히 녹아 있다. 아래는『삼명통회』「논천간음양생사(論天干陰陽生死)」에서 인용한 내용이다.

간혹 십간에 음양이 있어 강유(剛柔)와 생사의 구분이 있다고 하는데, 그 설명이 그러한가? 답은 십간의 오양과 오음에서 양은 강하고[강(剛)] 음은 부드럽다[유(柔)].『역』에 말하기를, 음과 양으로 나누어져서 강과 유를 번갈아 운용한다는 것이 그것이다. 그 생과 사의 구분은 가령 어미가 자식을 생하고 자식이 성장하면 어미가 늙어서 죽는 것이 그러한 이치이다. 부(賦)에서 말하길, 양이 생하면 음이 사하고 양이 사하면 음이 생한다고 하였는데, 순환과 역순의 변화가 나타나는 것이 그것이다.㈜**129**

첫 단락에서 음양의 강유를 말하고, 따라서 순역으로 음양의 생사를 읽는 것이 이치에 합당하다는 것을 설명하고 있다. 음양과 강유 그리고 두 가지를 번갈아 운용한다는 것은 앞에서 살핀「계사전」을 인용하여 설명하였다. '강과 유가 서로 갈마들고[상마(相摩)] 섞이는 것[상탕(相盪)]'이라는 문장이 그것이다. 그리고『삼명통회』는 양생음사의 이유로 자식이 성장하면서 어미가 늙어 죽은 것이 자연의 이치임을 말한다.

다음에 이어지는 문장은 이와 같은 순역의 이치로 양간인 甲木의 생과 사를 설명하고 있다. 먼저 甲木 물상의 특징을 말하고, 亥水에서 생(生)하여 午火에서 사(死)하는 까닭을 물상적으로 설명하였다.

㈜**129**　或問, 十干有陰陽剛柔生死之分, 其說然否? 答曰, 十干五陽五陰, 陽者爲剛, 陰者爲柔.《易》曰, 分陰分陽, 迭用柔剛, 是也. 其生死之分, 如母生子, 子成而母老死, 理之自然. 賦曰, 陽生陰死, 陽死陰生, 循環逆順, 變化見矣, 是也.

甲木은 십간의 우두머리로 사시(四時)를 주재하고 만물을 생육한다. 하늘에 있어서는 우레가 되고 용이 되며, 땅에 있어서는 대들보[양(梁)]가 되고 용마루[동(棟)]가 되니 양목이라 일컫는다. 그 록(祿)은 寅에 닿고, 寅은 土를 떠난 木으로 그 뿌리가 이미 끊어졌고 그 가지도 이미 절단되었으니 사목(死木)이라 일컫는다. 사목이라는 것은 강한 木[강목(剛木)]이다. 모름지기 도끼와 같은 연장으로 깎아서 기물을 만들어야 한다. ㈜ **130**

장생(長生)은 亥에 있는데, 亥는 강·못·호수·소 등의 물이 된다. 이름하여 사수(死水)라 한다. 따라서 사목을 사수에 놓으면 오랫동안 침수해도 썩어 붕괴되지 않는다. 비유하자면 삼나무나 참죽나무와 같아서 수중에 있어도 견고할 수 있다. 만약 (나무가) 水를 떠나 해안에 이르면 癸水를 만나는데, 癸水라는 것은 활수(活水)로 천지 사이의 비와 이슬[우로(雨露)]이 된다. 햇볕을 쬐었다가 비에 맞았다가 건조함과 습함이 조화롭지 않으면 마침내 시들어 썩기도 하는데 즉 火를 생할 수 있게 된다[생화(生火)]. 火가 왕하면[화왕(火旺)] 木은 반드시 불살라지니 따라서 재가 날리고 연기로 사라지는 근심이 있다. 또 午는 火에 속하는데 火는 木의 생함에 의지하여 木은 火의 어미가 되고, 火는 木의 자식이 된다. 자식이 왕하면 어미가 쇠약하니 어찌 끝나지 않는 이치가 있겠는가? 그러므로 甲木은 午에서 사(死)한다. 경에 이르길, 木은 남쪽으로 달리지 않는다고 하였는데, 바로 이것을 말한 것이다. ㈜ **131**

또 말하길, 甲은 이에 양강(陽剛)의 두목[준목(蠢木)]이다. 원래 뿌리와 잎 그리고 가지가 없어서 기물을 만들어 쓸 수 있는데, 반드시 金의 힘을 빌려야 하고 빽빽하게 잘 감추어 있어야 무너지지 않는다. 반드시 水와 火가 배합되어 도움을 받으면 문명(文明)의 상을 이룬다. 火가 과다하고 또 남방운을 만나면 숯과 재가 만들어져서 도리어 해롭게 된다. 대체로 甲木은 춘추(春秋)에 따라 영화롭거나 시들게 되니 만물마다 변화가 정해진 것이 없다. 모름지기 火金水

㈜ **130** 甲木乃十干之首, 主宰四時, 生育萬物. 在天爲雷爲龍, 在地爲梁爲棟, 謂之陽木. 其祿到寅, 寅爲離土之木, 其根已斷, 其枝已絶, 謂之死木, 死木者, 剛木也, 須仗斧斤斲削, 方成其器.

㈜ **131** 長生於亥, 亥爲河潭池沼之水, 名曰死水, 故死木放death水中, 雖浸年久, 不能朽壞. 譬如杉椿之木, 在於水中, 則能堅固. 若離水至岸, 而遇癸水, 癸水者, 活水也, 爲天地間雨露, 日曬雨淋, 乾濕不調, 遂成枯朽, 則能生火, 火旺而木必焚矣, 故有灰飛煙滅之患. 且午屬離火, 火賴木生, 木爲火母, 火爲木子, 子旺母衰, 焉有不終之理? 故甲木死於午.《經》云, 木不南奔, 正謂此也.

의 여하를 살피고 또 화합의 여하를 살펴야 하니 한 가지 논리에 집착하면 안 된다. ㈜**132**

이상은 甲木을 예로 들어 천지의 물상에 비유하고, 金의 힘을 빌려 기물로 사용되는 이치를 설명하였다. 甲木을 사목(死木)이라 하였는데, 그렇다면 乙木은 활목(活木)이 된다. 사목이란 강목(剛木)인 甲木을 절단하여 어딘가에 소용이 되게 쌓아둔 것이다. 그래서 甲木은 庚金의 절단을 반길 때가 있다. 庚金이 甲木을 기물로 만들어주는 성분이기 때문이다.

甲木은 亥水에서 생하는데, 甲木이 물속에서도 썩어 무너지지 않는 것을 이유로 말하였고, 午火에 이르면 마치 자식이 왕하여 어미가 쇠약해지는 것과 같이 사(死)한다고 하였다. 중요한 것은 甲木도 金의 상극이 있어야 유용한 물건이 되고, 火와 水의 적절한 배합이 있어야 너무 시들지 않으니, 춘추(春秋) 계절을 살펴서 그 변화를 읽어야 한다고 하였다. 그렇지 않고 단순하게 한 가지에 집착하면 안 된다 하였다. 이어서 乙木의 생사를 설명한 문장은 아래와 같다.

乙木은 甲의 뒤를 이어 만물이 발육하여 생생불기(生生不已: 생하고 생하여 그침이 없음)한다. 하늘에 있어서는 바람[풍(風)]이 되고, 땅에 있어서는 나무[수(樹)]가 되니 음목(陰木)이라 일컫는다. 그 록(祿)은 卯에 이르니, 卯가 수목(樹木)이 된다. 뿌리는 깊고 가지가 무성하니 활목(活木)이라 하였다. 활목이란 것은 부드러운 木[유목(柔木)]이다. ㈜**133**

(乙木은) 양금(陽金)에 베이는 것이 두려우니 우환이 된다. 가을에 木이 시들어 떨어지는 것이 두려우니 윤택한 土[윤토(潤土)]로 그 뿌리를 배양하기를 원한다. 활수(活水)는 그 가지와 잎을 자양하니 이롭다. 활수는 癸水이다. 즉 하늘의 비와 이슬이고 땅에서는 샘물의 근원이

㈜**132** 又曰, 甲乃陽剛蠢木, 原無根葉枝荄, 若成器得用, 必藉乎金, 密藏不壞. 必賴乎水火初得配, 遂成文明之象. 使火過多, 兼遇南方, 化成灰炭, 反致其害矣. 蓋甲木不以春秋而爲榮悴, 觸物變化, 亦無定形. 須看火金水何如, 又看化合何如, 不可執一論.

㈜**133** 乙木, 繼甲之後, 發育萬物, 生生不已. 在天爲風, 在地爲樹, 謂之陰木. 其祿到卯, 卯爲樹木, 根深枝茂, 謂之活木. 活木者, 柔木也.

다. 윤토는 己土이다. 밭을 갈고 김을 매는 토양과 같이 가색(稼穡: 곡식농사)의 공을 이룬다. 己의 록(祿)은 午에 있는데 午는 바로 육양(六陽)이 소진하여 일음(一陰)이 생겨나는 곳이다. 그래서 벼꽃이 午시에 피는 것이다. 乙木은 지지 午에서 생한다. ^주 **134**

10월은 亥에 세워지고, 亥는 바로 순음(純陰)의 사령으로 壬의 록(祿)은 亥에 이르면 권한을 맡게 된다. 사수(死水: 壬)가 범람하면 土가 얇아지고 뿌리가 허해져서 배양에 실패하니 따라서 乙木은 亥에서 사(死)한다. 경에 말하길, 水가 범람하면 木이 뜬다고 하였는데, 바로 이를 말한 것이다. 또 말하길, 乙은 가지와 잎이 번성한 나무로 밝은 태양이 따뜻하게 비춰서[양화(陽和)] 온화하게 하면 크게 이로워서 부귀영화를 누린다고 하고, 음랭(陰冷)하면 처참하게 시든다고 하였으니, 水가 많으면 그 뿌리가 기울어 무너지고, 金이 왕하면 살아가고자 하는 의지에 상처를 입고 죽게 된다. 가령 몸이 쇠약한데 火가 많은 경우 또 남방운으로 가면 재앙이 가볍지 않고, 서방으로 가는데 土가 무거워서 칠살을 도우면 몸에 상처가 생긴다. 이겨내고 종하지 못한 자는 그 재앙이 더욱 깊다. 대체로 활목은 뿌리가 있는 나무이니 어찌 동량목[갑(甲)]에 비유하겠는가?^주 **135**

이상은 乙木의 생과 사를 논한 문장이다. 甲木과 마찬가지로 乙木의 물상을 논하였는데, 하늘에서는 바람이고 땅에서는 수목과 같다고 하였다. 甲木이 강목으로 사목이라면 乙木은 유목으로 활목이다. 활목은 뿌리가 있고 가지가 무성한 나무 종류로, 金에 베이는 것이 두렵고 윤택한 땅에 뿌리를 배양하여 마치 밭에서 김을 매어 곡식과 같이 농사짓는 것이 乙木의 공로라고 설명하였다. 甲木과 반대로 乙木이 午火에서 생하는 것은 따뜻한 태양볕에 꽃나무가 번성하는 것과 같고, 午시에 벼꽃이 피는 것과 같다고 하였다. '午는 바로 육양(六陽)이 소진하여 일음(一陰)이 생겨나는 곳'이라는

---

^주 **134** 懼陽金斫伐爲患, 畏秋至木落凋零, 欲潤土而培其根荄, 利活水而滋其枝葉. 活水者, 癸水也, 卽天之雨露, 地之泉源. 潤土者, 己土也, 如耕耨之土, 成稼穡之功. 己祿在午, 午乃六陽消盡, 一陰復生, 故稻花開於午時. 乙木生於午地.
^주 **135** 十月建亥, 亥乃純陰司令, 壬祿到亥當權, 死水泛濫, 土薄根虛, 有失培養, 故乙木死於亥.《經》云, 水泛木浮, 正此謂也. 又曰, 乙乃枝葉繁華之木, 大喜陽和胞照則發榮不利, 陰冷慘刻則耗枯, 水多則傾頹其根荄, 金旺則戕剝其生意, 如身衰火多, 兼行南方而禍不淺, 西行土重助煞傷身, 不克從者, 爲禍尤深. 蓋活水連根之木也, 豈棟梁之比哉.

문장과 '亥는 바로 순음(純陰)의 사령'이라는 문장은 십이지지와 괘의 배속을 알아야 이해할 수 있다. 午는 64괘 중에 구괘(姤: ䷫)로 아래에서 일음이 올라오기 시작하는 괘이고, 亥는 곤괘(坤: ䷁)로 육음으로 이루어진 괘이다.

십이지지와 64괘의 배속이 익숙하지 않은 독자를 위해 아래에 십이지지와 절기, 64괘 배속을 정리한 표를 넣었다. 동지가 속해 있는 子월부터 일양이 아래에서 올라오기 시작하여 巳월에 이르면 육양이 되고, 하지가 속해 있는 午월부터 일음이 아래에서 올라오기 시작하여 亥월에 이르면 육음이 된다. 괘상을 보면 잘 나타나 있다. 아래 표를 참조하기 바란다.

• 지지의 절기와 괘

지지	子	丑	寅	卯	辰	巳	午	未	申	酉	戌	亥
절기	대설 동지	소한 대한	입춘 우수	경칩 춘분	청명 곡우	입하 소만	망종 하지	소서 대서	입추 처서	백로 추분	한로 상강	입동 소설
괘	복 (復)	림 (臨)	태 (泰)	대장 (大壯)	쾌 (夬)	건 (乾)	구 (姤)	둔 (遯)	비 (否)	관 (觀)	박 (剝)	곤 (坤)
	䷗	䷒	䷊	䷡	䷪	䷀	䷫	䷠	䷋	䷓	䷖	䷁

壬水는 사수로 乙木을 배양하는 데 이롭지 않지만, 활수인 癸水는 乙木의 가지와 잎을 자양하여 이롭다고 하였다. 『삼명통회』는 이어서 나머지 천간인 丙丁戊己庚辛壬癸의 생사에 대해서도 논하였는데, 십천간의 물상과 희기를 이해할 수 있는 풍부한 내용을 담고 있다. 이곳에서는 甲乙木을 소개하고 나머지 천간은 생략했지만, 전체적으로 반드시 일독하기를 권한다. 아래 문장은 『삼명통회』「논천간음양생사(論天干陰陽生死)」에서 십천간의 생사를 논한 후 전체를 개괄한 내용이다.

논하여 말하길, 오행이 장생하는 이치는 만물의 이치와 같다. 아침 태양이 떠오를 때 광명이 가관이듯이 午시 리궁(離宮: 午 방위의 팔괘)에 이르면 광명은 더욱 빛나게 된다. 달이 처음

뜰 때는 눈썹처럼 예쁘고 보름달이 되면 광명이 둥글고 깨끗해진다. 사람이 태어나면 자연히 어려서부터 성장하고 늙어서 죽게 되는 것이 당연한 이치이다. 사람이 갓 태어나 아기일 때는 울거나 웃을 뿐이고, 장년에 이르러서야 현명하거나 어리석은 것을 분별한다. 만물이 모두 이와 같다. ^주**136**

여기서 말하는 팔괘의 방위는 후천팔괘방위도를 참고하는 것이 좋다. 명리학에서 사용하는 방위는 후천팔괘를 주로 따른다는 것을 다시 밝혀둔다. 명리는 결국 사람의 일을 읽는 공부이기 때문이다.

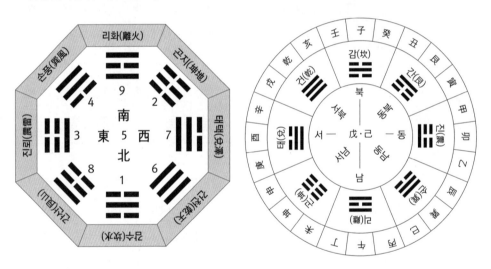

• **문왕팔괘방위도(후천팔괘)** • **천간지지팔괘방위도**

위의 그림에서 좌측은 문왕팔괘(후천팔괘) 방위도이고, 우측은 동서남북을 서양식 방위로 돌려서 재배치한 것이다. 중국은 고대로부터 하늘이 지구 주위를 돌고 있다

^주**136**   論曰, 五行長生之理, 與萬物亦同. 且如日之初出時, 光明可觀, 至午離宮, 光明愈甚. 月之初出, 巧若蛾眉, 至望光 明圓潔. 若人之生也, 自少至壯, 自老至死, 常理也. 人之初生也, 嬰孩啼笑而已, 至壯賢愚方辨, 萬物皆一同.

고 생각하였기 때문에 하늘을 바라보며 방위를 나타냈다. 그래서 현대의 서양식 방위와는 다르다. 무엇을 참조하든 이와 같은 이치를 알고 공부하면 문제가 될 것은 없다. 중요한 것은 감(坎, 水)·리(離, 火)·진(震, 木)·태(兌, 金)를 북·남·동·서에 배치한 것인데, 각각의 물상은 물·불·우레·연못이다. 그것을 십이지지에 대입하면 子·午·卯·酉의 사패지가 된다. 이것을 정위(正位)라 하는데, 정위를 중심으로 나머지 십이지지와 십천간을 모두 배치하면 우측 도표와 같다. 子·午·卯·酉가 정위에 처한다면, 辰·戌·丑·未는 사유(四維) 즉 네 모퉁이에 처한다. 팔괘와 간지의 음양오행 배치로 알 수 있듯이 후천팔괘는 오행의 상생을 상징하여 시계방향으로 동방에서 해가 떠서 남방에서 중천에 이르고 서방에서 해가 지는 이치를 나타냈다. 위의 인용문에서 리궁(離宮)은 오행의 火이고 지지의 午가 된다.

甲乙丙丁庚辛壬癸의 생사에 대한 내용은 중략하였다. 마지막으로 戊己土의 생사를 논하고 있는데, 土 오행이 어디서 생하고 어디서 장사를 지내느냐는 명리학사의 오행 생사 편에서 중요한 논점이다. 화토동행(火土同行) 혹은 수토동행(水土同行)이냐와 같은 논쟁이 출발한 지점이다. 앞서 설명한 것에 이어서 아래에 옮긴 「논천간음양생사」의 내용을 참조하기 바란다.

戊土는 寅에서 생한다. 寅 중에 火가 있는데 戊土가 어떻게 생하는가? 삼양의 때에 흙이 기름지게 되니 만물이 발생한다. 이것이 바로 寅에서 생하는 까닭이다. 土는 사계에 왕하다. 火土는 이와 같이 모자가 상생하는 것과 같다. 그래서 戊가 丙을 따라 임관하여 巳에서 귀록하는 것이다. 己는 丁을 따라 임관하여 午에서 귀록한다. 戊土가 寅에서 생하고, 己土가 酉에서 생하는 것은 명확하다. 만약 戊가 申에서 생하고, 己가 卯에서 생한다면 어찌 壬과 戊가 亥에서 귀록하고 癸와 己가 子에서 귀록하지 않겠는가? 후인들이 망령되게 만들어내 土를 비유한 말이다. 그러면 戊己가 당연히 巳에서 절(絶)한다고 생각될 것인데, 戊는 申酉에서 생하고, 戊

에서 관대이니 음양 간격에 오류가 심하다. ^주137

　간혹 말하기를, 오행의 장생은 어미가 있은 후에 자식이 있으니 어미에 의해 잉태된 것이라 한다. 유독 土 오행 하나만은 체(體)와 용(用)을 구분하여 후덕하게 만물을 싣는 것이니 거주한 가운데 움직임이 없는 것이 土의 체이다. 네 모퉁이[사유(四維)]에 흩어져서 사계(四季)에서 각각 왕하니 이것이 土의 용이다. 체가 巳에서 생하는 것은 부모의 록(祿)에 편승한 것이고, 용이 申에서 생하는 것은 부모의 자리를 이은 것이다. 水土가 申에서 생한다는 것은 음양가의 학설이고, 土가 巳에서 생하는 것은 의가(醫家)의 학설이다. ^주138

　먼저 '戊土가 寅에서 생한다'고 하였는데 寅은 丙火의 생지이니 바로 화토동행을 말하는 문장이다. '삼양(三陽)'의 때'라는 것은 寅월의 괘체를 말한다. 寅월의 괘는 태괘(泰: ䷊)이다. 子월의 복괘(復: ䷗)에서 일양이 하나씩 밀고 올라와 寅월에서 삼양이 되었다. '戊가 丙을 따라 임관하여 巳에서 귀록하고 己는 丁을 따라 임관하여 午에서 귀록한다'는 것은 모자지간인 火土가 상생함을 말한다.

　이어서 '戊가 申에서 생하고, 己가 卯에서 생한다'는 것은 수토동행의 사유이다. 즉 申은 壬의 장생지이고, 卯는 癸의 장생지이기 때문이다. 화토동행 혹은 수토동행은 화토동궁 혹은 수토동궁이라고도 한다. 다음 단락에서는 이 두 가지 학설의 차이점을 체와 용의 관점에서 설명하고 있다. '체가 巳에서 생하는 것은 부모의 록(祿)에 편승한 것이고, 용이 申에서 생하는 것은 부모의 자리를 이은 것'이라 하였다. 土의 용으로 보면 네 모퉁이[사유(四維)]에 흩어져서 사계(四季)에서 각각 왕하다. 사계는 각 계절의 마지막 달을 말한다. 각 계절의 첫 달인 寅·申·巳·亥는 사맹(四孟)이라 하고, 가운데 달인 子·午·卯·酉는 사중(四仲)이며, 마지막 달인 辰·戌·丑·未는 사계(四

---

^주137　戊土生於寅, 寅中有火, 戊土生焉. 三陽之時, 土膏以動, 萬物發生, 是戊生於寅也. 土旺於四季, 火土有如, 母子相生, 所以戊隨丙臨官, 歸祿於巳, 己隨丁臨官, 歸祿於午, 戊土生於寅, 己土生於酉, 明矣. 若以戊生申, 己生卯, 何不以壬戊歸祿於亥, 癸己歸祿於子? 後人妄作擬土歌, 有戊己當絶在巳懷之句, 以戊生申酉, 沐浴戊冠帶, 陰陽間隔, 謬戾甚矣.

^주138　或曰, 五行長生, 有母而後有子, 歸母成孕之說也. 獨土一行分體用, 厚德載物, 居中不動者, 土之體也. 散於四維, 各旺四季, 土之用也. 體生於巳, 乘父母之祿. 用生於申, 維父母之位. 故水土生申, 陰陽家之說, 土生於巳, 醫家之說.

季)이다. 土는 모든 계절의 마지막 달을 차지하여 사유(四維)에 흩어져 있다고 하였다. 土의 체는 火의 생을 받아 寅에서 생하는 화토동행을 하고, 土의 용은 사계에 속하여 土를 이어 다음의 申에서 생한다. 마지막으로 '水土가 申에서 생한다는 것은 음양가의 학설이고, 土가 巳에서 생하는 것은 의가(醫家)의 학설'이라고 하였다. 이어지는 「논천간음양생사」의 내용을 보자.

『오성서(五星書)』를 고찰하면, 申은 음양의 궁이 되니 따라서 水土가 함께 申과 坤의 위치에서 생한다고 하였다. 水土는 원래 서로 떨어질 수 없어서 土는 수원(水源)을 따른다고 말하였는데, 역시 이치에 맞는다. 오행 중 네 가지는 하나의 생이 있지만 유독 土만은 寅에서도 장생하고 또 申에서도 장생한다. 한 개의 물건인데 두 개의 생이 있으니 이로써 곤(坤)과 간(艮)의 방위이다. 곤(坤)은 서남방에 속하는데 土가 이곳에 이르면 친구를 얻는다 하고, 그래서 이형(利亨)이라 하였다.㊅**139**

『호중자(壺中子)』에 이르길, 곤(坤)은 후중하니 土가 쌓여 공을 이룬다고 하였는데 土가 이곳에서 생하는 것은 자연스런 일이다. 거듭 말하지만 戊土가 寅에서 생하고 巳에 기생하여 록이 되는 것은 어미를 따라 가정을 얻는 의미이다. 이것은 土에게는 정해진 위치가 없어서 여러 곳에서 만물을 생하는 것이니 어찌 의심을 하겠는가?㊅**140**

위의 문장은 팔괘 방위를 알아야 이해할 수 있는 내용이다. 다시 한 번 위에서 말한 천간지지팔괘방위도를 보면, 지지 중 申과 팔괘 중 坤의 위치는 서남방에 해당한다. 未·坤·申의 세 가지를 합하여 곤방(坤: ☷)이라 하였다. 그 반대 동북방에는 간방(艮: ☶)인 丑·艮·寅이 있다. 풍수 방위에서 북쪽인 감방(坎: ☵)은 水이고, 동쪽 진방(震: ☳)과 동남쪽 손방(巽: ☴)은 木이며, 남쪽인 리방(離: ☲)은 火이고, 서쪽 태방

㊅**139** 考《五星書》, 申爲陰陽宮, 故水土俱生申坤位, 水土原不相離, 而土隨水源之說, 亦爲有理. 四行有一生, 獨土長生於寅, 又生於申, 一物而有兩生, 以坤艮土之方, 九坤屬西南, 土至此而得朋, 故曰利亨.
㊅**140** 《壺中子》曰, 坤之厚重, 積土成功, 土生於此者然也. 復言戊土生寅, 寄祿於巳者, 隨母得家之義也. 是以土無正位, 生物多方, 又何疑矣.

(兌: ☱)과 서북쪽 건방(乾: ☰)은 金이다. 여기서 남은 간방과 곤방이 土이니 바로 위 문장의 내용과 일치한다. 간방에 寅이 있고 곤방에 申이 있다. 간방에서 생한다는 것은 화토동행의 이치이고, 곤방에서 생한다는 것은 수토동행의 이치이다. 그래서 '한 개의 물건인데 두 개의 생이 있다'고 한 것이다. '土가 이곳에 이르면 친구를 얻는다 하고, 그래서 이형(利亨)이라 하였다'는 문장은 『주역』 곤괘의 괘사이다. 곤괘 괘사의 전체 문장은 "곤은 크게 형통하고 암말의 바름이 이롭다. 군자가 가는 바가 있으니 먼저 하면 주인을 잃고 뒤에 하면 주인을 얻는다. 서남에서 벗을 얻고 동북에서 벗을 잃는 것이 이로우니 편안하고 바르면 길하다[곤(坤) 원형(元亨) 이빈마지정(利牝馬之貞) 군자유유왕(君子有攸往) 선미(先迷) 후득주리(後得主利) 서남득붕(西南得朋) 동북상붕(東北喪朋) 안정길(安貞吉)]"이다.

• 간지팔괘 방위와 오행의 배속

방위	팔괘	간지팔괘	오행
북	감방(坎: ☵)	壬·子·癸	水
동북	간방(艮: ☶)	丑·艮·寅	土
동	진방(震: ☳)	甲·卯·乙	木
동남	손방(巽: ☴)	辰·巽·巳	木
남	리방(離: ☲)	丙·午·丁	火
서남	곤방(坤: ☷)	未·坤·申	土
서	태방(兌: ☱)	庚·酉·辛	金
서북	건방(乾: ☰)	戌·乾·亥	金

두루 살펴서 지은 『음양정론(陰陽定論)』을 다시 고찰하니, 말하기를 乙木은 午에서 생하고, 癸水는 卯에서 생하고, 辛金은 子에서 생하고, 丁火는 酉에서 생하는 것은 양이 사하는 곳에서 음이 생하는 것[양사음생(陽死陰生)]을 의미한다고 하였는데, 동지는 子水가 왕한 때이고, 춘

분은 乙木이 왕한 때이고, 하지는 丁火가 왕한 때이며, 추분은 辛金이 왕한 때라는 것을 모른 것이다. 감리손태(坎離巽兌)는 바로 子午卯酉의 바른 위치[정위(正位)]이다. 자리[위(位)]라는 것은 시간이 정해진 존재이고, 때[시(時)]라는 것은 자리의 묘용(妙用)이다. 어찌 사절(死絕)에서 생함을 만난 것(사절처봉생)이라 아니할 수 있겠는가?[주141]

혹은 이르기를, 과연 말한 대로라면 乙木은 어디에서 생하는가? 亥에 있다고 가정하면 亥中 甲이 있는데 甲木은 어떻게 생하는가. 卯에 있다고 가정하면 卯 중에 乙이 있을 뿐이다. 火土金水의 예로 분별해보면 음양은 서로 한몸이 되는 것이라 한다.[주142]

위의 「논천간음양생사」 인용문에서 '乙木은 午에서 생하고, 癸水는 卯에서 생하고, 辛金은 子에서 생하고, 丁火는 酉에서 생한다'는 것은 음간이 생하는 곳을 말한 것이다. 음간만을 말하여 양이 사(死)하는 곳에서 음이 생하는 것을 설명했다. '동지는 子水가 왕한 때이고, 춘분은 乙木이 왕한 때이고, 하지는 丁火가 왕한 때이며, 추분은 辛金이 왕한 때'라는 문장은 간지팔괘 방위와 절기의 배속을 말한 것이다. 동지가 子월이고, 춘분은 乙木이 왕한 때이고, 하지는 丁火의 시기에 있으며, 추분은 辛金의 시기에 있다. 『연해자평』「지지장둔가(地支藏遁歌)」에 子·卯·酉에는 모두 癸·乙·辛의 음간만 있다고 하였다. 감리손태(坎離巽兌)는 각각 水火木金의 방위이다. '사절(死絕)에서 생함을 만난 것(사절처봉생)'이라는 말은 乙木이 木의 사지인 午에서 생하는 것, 癸水가 水의 사지인 卯에서 생하는 것, 辛金이 金의 사지인 子에서 생하는 것, 丁火는 火의 사지인 酉에서 생하는 것을 말한다.

공자가 이르길, 태극은 양의(兩儀)를 생한다고 하였다. 주자(周子)가 이르길, 양은 변하고 음

[주141] 再考周視作《陰陽定論》, 有云, 乙木生於午, 癸水生於卯, 辛金生於子, 丁火生於酉, 是爲陽死陰生. 不知冬至卽子水旺時, 春分卽乙木旺時, 夏至卽丁火旺時, 秋分卽辛金旺時, 而坎離巽兌, 卽子午卯酉之正位. 位者時之定在, 時者位之妙用, 曷嘗逢生於死絕哉?

[주142] 或曰, 果如所謂, 則乙木何由生耶? 假云在亥, 亥中止有甲, 甲木何由生耶? 假云在卯, 卯中止有乙. 試辨以火土金水之例曰, 陰陽相爲一體.

은 합[양변음합(陽變陰合)]하여 水火木金土를 생한다고 하였다. 주자(朱子)가 말하길, 만물은 각기 하나의 태극을 갖추었다고 하였다. 이 세 말씀은 모두 오행의 핵심이다. 즉 만물은 각기 하나의 태극을 갖추었다는 말은 바로 木이 사물이 된 것 역시 하나의 태극을 갖추었다는 뜻임을 알아야 한다. 곧 태극이 양의를 생한다는 말은 바로 甲乙로 나뉘어 甲은 앞에서 먼저 움직이는 양이 되고, 乙은 뒤에서 고요한 음이 된다는 것을 알 수 있다. 양변음합의 설은 바로 甲이 한 번 변하고[일변(一變)] 乙이 한 번 합한[일합(一合)] 연후에 木을 생하였다는 것을 알 수 있다. ^주143

甲만이 하나의 木이라 할 수 없고, 乙 또한 하나뿐인 특별한 木이라 할 수 없다. 무릇 甲乙은 서로 의지하여 하나의 나무가 되었다. 즉 甲만이 굳이 卯에서 왕하지 않고, 卯가 스스로 이후에 왕해져서 乙이 되지도 못한다. 乙 역시 亥에서 생하지 못하고, 亥는 스스로 甲이 되어 먼저 생하지 못한다. 추론하면 丙丁은 서로 의지하여 火가 되고, 戊己는 서로 의지하여 土가 되고, 庚辛은 서로 의지하여 金이 되고, 壬癸는 서로 의지하여 水가 되니 어찌 마땅한 것이 아니겠는가! ^주144

주자(朱子)가 말하길, 음기(陰氣)가 유행하면 바로 양이 되고, 양기(陽氣)가 엉겨서 모이면 바로 음이 되니, 두 가지 물건은 서로 상대하여 대척하는 것이 아니라 하였다. 채씨(蔡氏)가 말하길, 동방의 寅卯 木과 辰土는 亥에서 생하고, 남방의 巳午 火와 未土는 寅에서 생하고, 서방의 申酉 金과 戌土는 巳에서 생하고, 북방의 亥子 水와 丑土는 申에서 생한다고 하였다. 또 말하길, 金木水火土 각각은 하나의 음과 하나의 양이 있어서, 가령 甲은 木의 양(陽)이고 乙은 木의 음(陰)인 것과 같다고 하였다. 乙은 질(質)로서 논하고, 甲은 기(氣)로서 논한다. ^주145

주143 孔子曰, 太極生兩儀. 周子曰, 陽變陰合, 而生水火木金土, 朱子曰, 萬物各具一太極. 此三言者, 皆五行之樞紐, 卽萬物各具一太極之說, 則木之爲物, 亦具一太極者可知矣. 卽太極生兩儀之說, 則分甲乙而甲爲陽之動於先, 乙爲陰之靜於後可知矣. 卽陽變陰合之說, 則甲之爲一變, 而乙之爲一合, 然後能生木者又可知矣.

주144 非謂甲是一木, 而乙又別爲一木也. 夫甲乙相須而爲一木, 則甲固不必旺於卯, 而卯自不能不爲乙以旺於後. 乙亦不必生於亥, 而亥自不能不爲甲以生乎其先. 推而至於丙丁相須爲火, 戊己相須爲土, 庚辛相須爲金, 壬癸相須爲水, 豈不了了然哉!

주145 朱子曰, 陰氣流行則爲陽, 陽氣凝聚則爲陰, 非眞有二物相對也. 蔡氏曰, 東方寅卯木, 辰土生於亥, 南方巳午火, 未土生於寅. 西方申酉金, 戌土生於巳. 北方亥子水, 丑土生於申. 又曰, 金木水火土, 各有一陰一陽, 如甲便是木之陽, 乙便是木之陰. 乙以質言, 甲以氣言.

음은 수렴하여 모으는 것[흡(翕)]을 주관하니, 무릇 성취하여 거두는 것은 乙이 맡는다. 양은 개척하여 여는 것[벽(闢)]을 주관하니 무릇 창발하여 광채가 확산하는 것은 甲이 맡는다고 하였다. 이것을 살펴보면, 또한 甲이 반드시 주관하는 것은 아니고 乙이 반드시 생하는 것도 아니라는 말이다. 그 말은 앞에서 말한 것을 깨뜨릴 수 있으며 옛사람의 원론적인 십간의 의미에 부합한다. 주146

계속해서 위의 인용문에서는 공자, 주자(周子), 주희[주자(朱子)]의 학설을 인용하여 설명하고 있다. 주자(周子)는 북송의 유학자 주렴계(周濂溪, 1017~1073) 즉 주돈이(周敦頤)를 말한다. 주돈이는 성리학의 기초를 세운 유학자로『주역』에 정통하고, 무극(無極)과 태극(太極), 이기(理氣), 심(心)·성(性)·명(命) 등의 철학 범주를 제안하였다고 전해진다. 그에게 학문을 전수받은 이가 정향의 두 아들인 정호(1032~1085)와 정이(1033~1107) 형제이다. 북송오자는 바로 주돈이, 정호, 정이, 소옹, 장재를 말한다. 주돈이가 지은『태극도설(太極圖說)』은 진단의 「무극도(無極圖)」를 참고하여 세계의 본체 및 형성 발전을 도식화한 태극도(太極圖)와 그 도면 설명으로 구성된 저작으로, 주자학의 성전(聖典)이라 불린다.

『광록(廣錄)』을 다시 고찰하면, 甲은 木의 간(幹: 줄기)이고, 乙은 木의 근(根: 뿌리)이다. 丙은 火의 수(宿)이고, 丁은 火의 광(光)이며, 戊는 土의 강(剛)이고, 己는 土의 유(柔)이다. 庚은 金의 질(質)이며, 辛은 金의 인(刃)이고, 壬은 水의 원(源)이며, 癸는 水의 유(流)이다. 이 甲乙은 하나의 木이 음양으로 나누어진 것이다. 사목(死木)이나 활목(活木)으로 갈라진 두 가지가 아니다. 이미 하나의 木으로 모두 같이 사하고 같이 생한다[동사동생(同死同生)]. 그래서 옛사람들은 오직 사대 장생이 있다고 말하였을 뿐인데, 오늘날은 음양을 둘로 나누어 양사음생(陽

주146 陰主翕, 凡聚斂成就者, 乙爲之也. 陽主闢, 凡發暢暉散者, 甲爲之也. 觀此亦見甲不必主, 乙不必生之說矣. 其言足以破前說之偏, 而有合古人原論十干之義也.

死陰生)과 양생음사(陽生陰死)를 분별하고 있다. ^주147

진단(陳摶)이 말한 '甲은 木이요 乙은 초(草: 풀)이고, 丙은 火요, 丁은 재(灰)이며, 戊는 土요 己는 사(砂: 모래)이며, 庚은 金이고 辛은 석(石)이고, 壬은 水요 癸는 천(泉)이다'라는 학설을 고찰해보면, 이것 역시 두 가지로 구분한 것이다. 만약 구분하지 않으면 관살과 식상, 인수와 효신, 겁재와 비견(劫敗比肩) 등은 어떻게 하나의 기물로 이름 지어 두 개가 되겠으며 길흉화복이 다르지 않겠는가? 간명하는 자는 마땅히 앞의 이론을 옳은 것으로 여겨야 한다. ^주148

이후의 명리서적 중에서 양간과 음간의 십이운성을 읽고 그 이치를 설명하는 전적으로 『적천수』와 『자평진전』을 대표적으로 꼽을 수 있다. 먼저 『적천수』의 「간지총론(干支總論)」에서 음양의 순역에 대한 설명을 읽어보면 다음과 같다.

적천수 원문 음양이 순행하느냐 역행하느냐에 관한 학설은 낙서(洛書)에서 유행하여 사용되고 있다. 그 이치는 믿을 만한 것이 있지만 그 방법은 한 가지만 집착하면 안 된다. ^주149

원주 음생양사와 양순음역이라는 이 이론은 낙서에서 나온 것이다. 오행의 유행 작용은 확실히 믿을 만한 것이 있다. 그러나 甲木이 午에서 사(死)하는 것은 午가 설기하는 지지라 이치가 확실히 그럴듯하지만, 乙木이 亥에서 사하는 것은 亥 중 壬水가 있어서 그 친어머니[적모(嫡母): 정인]가 되는데 어찌 사한다고 하겠는가? 이러한 것은 대체로 그 간지 경중의 기틀과 모자가 서로 의지하는 기세와 음양의 소식(사라지고 생겨나는 것)을 상세히 살펴서 길흉을 논해야 한다. 오로지 생사패절의 학설만을 고집한다면 명을 추단하는 데 오류가 많

^주147 再考《廣錄》, 甲是木之幹, 乙是木之根, 丙火之宿, 丁火之光, 戊土之剛, 己土之柔, 庚金之質, 辛金之刃, 壬水之源, 癸水之流, 是甲乙一木而分陰陽, 非死木活木岐而二之也. 旣一木皆同死同生, 故古人只有四大長生之說. 今分陰陽爲二, 所以有陽死陰生, 陽生陰死之辨.

^주148 考陳摶甲木乙草, 丙火丁灰, 戊土己砂, 庚金辛石, 壬水癸泉之說, 是亦分而爲二也, 若不分, 則官煞食傷, 印綬梟神, 劫敗, 比肩, 何以一物名而爲二, 而吉凶禍福, 迥不同耶? 看命者, 當以前說爲是.

^주149 陰陽順逆之說,《洛書》流行之用, 其理信有之也, 其法不可執一.

게 된다. ^주150

임철초 해석 음양순역의 학설은 그 이론이 낙서에서 나왔는데, 유행하는 작용이 양은 모이는 것을 주관하여 나아가는 것으로 물러남을 삼고, 음은 흩어지는 것을 주관하여 물러나는 것으로 나아감을 삼는 것에 불과하다. 명리를 논한다면 오로지 순역의 이치에만 근거하면 안 된다. 모름지기 일주의 쇠왕을 보고, 생시의 심천(깊고 얕음)을 살펴서 사주의 용신을 궁리하고 길흉을 논해야 확실하다. ^주151

장생이나 목욕 등의 명칭은 그 상황을 빌려서 나타낸 형용사일 뿐이다. 장생이라는 것은 마치 사람이 처음 태어나는 것과 같다. 목욕이라는 것은 마치 사람이 처음 태어나 목욕하여 때를 제거하는 것과 같다. 관대라는 것은 형체와 기운이 점점 자라나 마치 사람이 나이가 들면서 관(갓)을 쓰고 띠를 두르는 것과 같다. 임관이라는 것은 성장하면서 왕성해지는 것이니 마치 사람이 벼슬길에 나아갈 수 있는 것과 같다. 제왕은 장성의 극치이니 마치 사람이 임금을 보좌하여 크게 되는 것과 같다. 쇠라는 것은 성장이 극에 이르고 쇠약해지는 것으로 사물이 처음 변화하는 것이다. 병이란 것은 쇠약이 심해진 것이다. 사란 것은 기운이 다하여 남음이 없는 것이다. 묘란 것은 조화가 수장된 것으로 마치 사람이 흙에 묻히는 것과 같다. 절이란 것은 이전의 기운이 단절되고 후세로 이어지는 것이다. 태라는 것은 후세의 기운이 이어져서 태를 이어주는 것이다. 양이란 것은 마치 사람이 어머니 뱃속에서 길러지는 것과 같다. 이로부터 다시 장생으로 돌아가 순환이 끝이 없다. ^주152

사람의 일주가 반드시 록지와 왕지에서 생해야 하는 것은 아니다. 즉 월령이 휴수(休囚)하

주**150** 陰生陽死, 陽順陰逆, 此理出於《洛書》. 五行流行之用, 固信有之, 然甲木死午, 午爲洩氣之地, 理固然也, 而乙木死亥, 亥中有壬水, 乃其嫡母, 何爲死哉? 凡此皆詳其干支輕重之機, 母子相依之勢, 陰陽消息之理, 而論吉凶可也. 若專執生死敗絶之說, 推斷多誤矣.

주**151** 陰陽順逆之說, 其理出《洛書》, 流行之用, 不過陽主聚, 以進爲退, 陰主散, 以退爲進. 若論命理, 則不專以順逆爲憑, 須觀日主之衰旺, 察生時之淺深, 究四柱之用神, 以論吉凶, 則了然矣.

주**152** 至於長生沐浴等名, 乃假借形容之辭也. 長生者, 猶人之初生也; 沐浴者, 猶人之初生而沐浴以去垢也; 冠帶者, 形氣漸長, 猶人年長而冠帶也; 臨官者, 由長而旺, 猶人之可以出仕也; 帝旺者, 壯盛之極, 猶人之輔帝而大有爲也; 衰者, 盛極而衰, 物之初變也; 病者, 衰之甚也; 死者, 氣之盡而無餘也; 墓者, 造化有收藏, 猶人之埋於土也; 絶者, 前之氣絶而後將續也; 胎者, 後之氣續而結胎也; 養者, 如人之養母腹也, 自是而複長生, 循環無端矣.

여도 연일시 중에 장생과 록왕을 득하면 약해지지 않는다. 고(庫)를 만나도 뿌리가 될 수 있다. 때로 말하기를 묘에서 투하였으면 반드시 충해야 한다고 하는데, 속서의 오류일 뿐이다. 고법에 단지 네 개의 장생(寅·申·巳·亥)만 있고 子·午·卯·酉는 음간의 장생이라는 말은 없었다. 수생목(水生木)인데, 申은 천관(天關)이 되고, 亥는 천문(天門)이 되어 천일(天一)이 생수(生水)하니 즉 생생불식(生生不息: 생하고 생하여 멈춤이 없음)이다. 그러므로 木은 모두 亥에서 생한다. 木이 午에서 사하는 것은, 火가 왕한 지지이기 때문에 木이 午에 이르러 발설(설기의 발산)이 다한 것이다. 그러므로 木은 모두 午에서 사한다. 木으로 설명하였으니 나머지는 유추할 수 있다. 🈯153

　무릇 오양(다섯 양간)이 생방(生方: 생한 지지 방위)에서 자라나 본방(本方: 자신과 같은 방위)에서 무성해지고 설방(洩方: 설기되는 방위)에서는 닳아서 쓰러지고, 극방(剋方: 극을 당하는 방위)에서 기운이 다한다는 것은 순리에 맞지만, 오음(다섯 음간)이 설방에서 생하고 생방에서 사한다는 것은 이치에 어긋난다. 바로 왜곡된 말이 되니, 子와 午의 지지가 마침내 金과 木을 생산하는 도리가 없고, 寅과 亥의 지지가 마침내 火와 木을 멸하는 도리도 없다. 옛사람들이 격을 취할 때 丁이 酉를 만나면 재성으로 논하고, 乙이 午를 만나거나 己가 酉를 만나거나 辛이 子를 만나고 癸가 卯를 만나는 등을 식신설기한다고 논하였지, 생지로 논하지 않았다. 乙이 亥를 만나고 癸가 申을 만나는 것은 인수로 논하였지, 사지로 논하지 않았다. 또한 己가 寅의 지장간 丙火를 만나고 辛이 巳의 지장간 戊土를 만나는 것 역시 인수로 논하지, 사지로 논하지 않았다. 이로부터 본다면 음양은 같이 생하고 같이 죽는다[동생동사(同生同死)]는 것을 알 수 있으니, 만약 음양순역을 고집하여 양이 생하는 곳에서 음이 사하고, 음이 생하는 것에서 양이 사한다는 것으로 명을 논하면 큰 잘못이다. 따라서 지명장(知命章) 중에 '순역의 기틀

🈯153　人之日主不必生逢祿旺, 即月令休囚, 而年日時中, 得長生祿旺, 便不爲弱, 就使逢庫, 亦爲有根. 時說謂投墓而必沖者, 俗書之謬也. 古法只有四長生, 從無子, 午, 卯, 酉爲陰長生之說. 水生木, 申爲天關, 亥爲天門, 天一生水, 即生生不息, 故木皆生在亥. 木死午爲火旺之地, 木至午發洩已盡, 故木皆死在午. 言木而餘可類推矣.

은 반드시 이해해야 한다'고 한 말은 바로 이 때문이다.^{㈜154}

　이상 『적천수』 「간지총론(干支總論)」의 내용을 통해 양순음역이 낙서에서 유래하여 오행의 유행을 말하는 데 있어서는 믿을 만한 의의가 있음을 알 수 있다. 그 이유로 양이라는 성분은 모이는 것을 주관하고 음이라는 성분은 흩어지는 것을 주관하니, 양은 앞으로 나아가는 성향이 있고 음은 뒤로 물러서는 것으로 진행하기 때문이다. 그러나 명리를 논할 때는 음양순역의 이치로만 읽으면 안 되고 반드시 일주의 왕쇠와 월지 세력의 깊고 얕음, 사주팔자의 용신을 구하여 길흉을 논해야 한다고 하였다. 그 근거로 양간이 자신이 생한 방위(계절)에서 자라나서 자신의 방위에서 장성하고 자신의 기운을 설기하는 방위(자신이 생하는 설기의 지지)에서는 기운이 쇠약해지고 자신을 극하는 방위에서 마침내 기운이 다하는 것이 맞지만, 음간이 역행하는 체계에는 이러한 섭리가 맞아 떨어지지 않는다고 하였다. 그에 대해 음간의 사례를 들어 丁火와 己土의 생지인 酉金은 丁火에게는 재성이고 己土에게는 식신일 뿐, 酉金에는 丁火나 己土를 생하는 성분이 없다고 하였다. 한편 癸가 申을 만나거나 己가 寅 중 丙火를 만나고 辛이 巳 중 戊土를 만나는 것은 인수를 보는 것인데, 사지를 만났다고 말할 수는 없다고 하였다. 결론적으로 임철초는 음과 양이 동생동사, 즉 같이 생하고 같이 사한다는 논리로 글을 마치고 있다.

　다음으로는 『자평진전』의 십이운성론을 알아보겠다. 제1장 간지론에서는 십간과 십이지지에 대해 설명했다. 천간은 하늘의 상(象)으로서 유행하되 머물지 않는다고 하였고, 지지는 사계절과 사방위 그리고 12절기에 배속되어 그 거처가 정해져 있어서 옮겨 다니지 않는다고 하였다. 사주통변은 천간을 읽어 인간의 운명을 설명하는 것인

㈜154　夫五陽育於生方, 盛於本方, 弊於洩方, 盡於剋方, 于理爲順; 五陰生於洩方, 死於生方, 於理爲背. 卽曲爲之說, 而子午之地, 終無産金産木之道; 寅亥之地, 終無滅火滅木之道. 古人取格, 丁遇酉以財論, 乙遇午, 己遇酉, 辛遇子, 癸遇卯, 以食神洩氣論, 俱不以生論. 乙遇亥, 癸遇申以印論, 俱不以死論. 卽己遇寅藏之丙火, 辛遇巳藏之戊土, 亦以印論, 不以死論. 由此觀之, 陰陽同生同死可知也, 若執定陰陽順逆, 而以陽生陰死, 陰生陽死論命, 則大謬矣. 故《知命章》中"順逆之機須理會", 正爲此也.

데 천간의 상태를 자세하게 파악하기 위해서는 그 천간이 어떠한 지지의 구체적 시간과 공간적 상황에 놓여 있는지를 알아야 한다. 이것이 십이운성의 관법이다. 아래는 『자평진전평주』「논음양생사(論陰陽生死)」편의 첫 문장이다.

자평진전 원문　오행과 천간지지에 대한 설명은 이미 간지 편에서 상세히 논했다. 천간은 움직이는 데 쉼이 없으며, 지지는 고요하여 항상됨이 있다. 각각의 천간이 십이지지의 월에서 유행하여 생왕묘절 등의 관계가 생겨난다.㈜155

서락오 해석　생왕묘절(生旺墓絶)의 학설은 그 유래가 아주 오래되었다. 『회남자(淮南子)』가 이르길, 춘령(春令: 봄에 태어난 월령)에는 木이 장(壯, 장성)하고 水가 노(老)하며 火가 생(生)하고 金이 수(囚)하며 土가 사(死)한다고 하였다. 『태평어람(太平禦覽)』의 오행휴왕론(五行休旺論)에 이르길, 입춘에는 간(艮)이 왕(旺)이고 진(震)은 상(相)이며 손(巽)은 태(胎)이고 리(離)는 몰(沒)이며 곤(坤)은 사(死)이고 태(兌)는 수(囚)이며 건(乾)은 폐(廢)이고 감(坎)은 휴(休)라고 말하였다. [명리심원(命理尋源)을 보라. 덧붙이지 않겠다.]

　원문에서 십이운성에 대해 '천간이 십이지지의 월에서 유행하여 생왕묘절 등의 관계가 생겨났다'고 설명하고 있다. 사주에서 천간을 읽을 때 월령의 중요성을 말하는 문장이다. 월령을 통해 거대 우주에서 천(天)과 인(人)의 관계가 형성되었다는 것을 알 수 있다.

　춘하추동의 개념을 오행과 결합한 자료로 『회남자』를 언급한 내용이 있는데, 앞에서 공부한 오행생사에 대한 최초의 언급과 부합한다. 월령에 대한 언급은 『관자(管子)』「사시(四時)」와 『여씨춘추(呂氏春秋)』「십이기(十二記)」, 『예기(禮記)』「월령(月令)」 등이 있다. 『회남자』에서는 「시칙훈(時則訓)」과 「천문훈(天文訓)」을 참고할 수 있는데, 이상은 월령과 명리학의 구체적 관련을 읽을 수 있는 자료이다. 앞에서 설명하

㈜155　五行干支之說, 已詳論於干支篇. 干動而不息, 支靜而有常. 以每干流行於十二支之月, 而生旺墓絶系焉.

였듯이, 명식에서 일간과 다른 글자들 간에 오행 생극제화의 작용으로 얻어진 것이 육신인데, 이러한 육신의 글자들이 각 궁에 어떻게 위치하고 세력을 얻었는지를 일간과 월지를 주축으로 하여 읽는 것이 월령의 해석이다. 이때 월의 기세를 얕게 얻었는지 혹은 깊게 얻었는지가 중요한데, 그것을 판단하는 관법이 바로 십이운성법이다.

'양순음역' 혹은 '양생음사'는 십이운성의 주요 특수성이다. 이 양생음사 학설은 당나라 초기 『서록명』에 나타나서 중기 『이허중명서』에 확립되었고, 나아가 송대에 이르러 상당히 성행하였다. 아래는 양순음역을 논한 『자평진전』 원문의 문장이다.

양은 모여서 앞으로 나아가는 것을 주관하니 그러므로 순행한다. 음은 흩어져 뒤로 물러나는 것을 주관하니 그러므로 역행한다. 이것이 장생, 목욕 등의 항목인 바, 양은 순행하고 음은 역행하는(양순음역) 특수성을 가지게 되었다. 사계절이 운행하는데, 공(功)을 이룬 것은 물러나고 장차 쓰임을 기대하는 것은 전진한다. 따라서 각 천간은 십이지지의 월을 유행하면서 생왕묘절을 만들어낸다. 양이 생(生)하는 곳에서 음이 사(死)하고 음양이 호환되는 것은 자연이 운행하는 이치이다. 주156

즉, 甲과 乙을 논하자면 甲은 木의 양이 되고, 하늘의 생기가 유행하는 만목(萬木)이다. 그러므로 亥에서 생(生)하고 午에서 사(死)한다. 乙은 木의 음이 되고 木의 지지엽엽(枝枝葉葉)이고 하늘의 생기를 받아들인다. 그러므로 午에서 생하고 亥에서 사한다. 무릇 나무란 亥월이 되면 바야흐로 지엽이 벗겨지고 떨어지지만, 그 속의 생기는 이미 거두어 저장됨이 충분하니 다가오는 봄에 발설하는 기틀이 될 수 있다. 이것이 바로 亥에서 생하는 까닭이다. 주157

나무는 午월이 되면 바야흐로 지엽이 번성하는 시기인데 어찌하여 甲이 사(死)하는가? 이는 겉으로는 비록 번성하지만, 안으로는 생기가 발설되어 이미 다 소진되었다는 것을 알지 못해서 그렇다. 이것이 (甲이) 午에서 사하는 까닭이다. 乙木은 이와 반대이다. 午월에 지엽이 번성

주156 陽主聚, 以進爲進, 故主順; 陰主散, 以退爲退, 故主逆. 此生沐浴等項, 所以有陽順陰逆之殊也. 四時之運, 功成者去, 等用者進, 故每流行於十二支之月, 而生旺墓絶, 又有一定. 陽之所生, 卽陰之所死, 彼此互換, 自然之運也.

주157 卽以甲乙論, 甲爲木之陽, 天之生氣流行萬木者, 是故生於亥而死於午, 乙爲木之陰, 木之枝枝葉葉, 受天生氣, 是故生於午而死於亥, 夫木當亥月, 正枝葉剝落, 而內之生氣, 已收藏飽足, 可以爲來克發洩之機, 此其所以生於亥也.

하니 즉 생(生)이 되지만 亥월에는 지엽이 벗겨져 떨어지니 즉 사(死)가 된다. (이는) 질(質)로서 논한 것이다. 당연히 기(氣)와는 다른 것이다. 甲乙로 예를 들었으니 나머지도 알 수 있다.[주]158

그러나 명리학의 역사를 살펴보면 이와 상반되는 견해도 지속적으로 나타난다. 예를 들어 청대 초기 진소암의 『명리약언』에는 다음과 같은 언급이 있다.

오양간은 상생의 방위에서 생왕하고 설기의 방위에서 사하고 상극의 방위에서 절하는데 이는 이치에 맞다. 그런데 오음간이 설기의 방위에서 생하고 생하는 방위에서 사하면 이치가 통하지 않아 왜곡된 견해가 된다. 子와 午에서 금(辛)을 만들고 목(乙)을 만드는 도가 없으며, 寅과 亥에서 화(丁)가 죽고 목(乙)이 죽는 도가 없다. 여러 옛 책의 명조에서 丁이 寅과 酉를 만나면 재(財)로 논했고, 乙이 午를 만나고 己가 酉를 만나고 辛이 子를 만나고 癸가 卯를 만나면 식신으로 논하지 생으로 논하지 않았다.[주]159

이상의 내용은 앞에서 인용한 『삼명통회』와 부합한다. 진소암이 『삼명통회』를 읽고 참조하여 쓴 것으로 보인다. 서락오의 『자평진전평주』에서도 양순음역에서 중요한 것은 양간의 순환이라고 보고 있다. 왜냐하면 십이운성의 근본 기준은 오행이고 오행의 근본은 양간이라 하였기 때문이다. '양은 음을 겸할 수 있지만, 음은 양을 겸할 수 없음이 자연의 이치이다'라고 하였는데, 『자평진전평주』에서 서락오의 설명을 구체적으로 읽어보면 다음과 같다.

생왕묘절이란 것은 오행의 생왕묘절이지 십간의 생왕묘절이 아니다. 십간의 명칭은 오행의 음양을 대표하는 것으로, 오행이 비록 음양으로 구분되지만 사실은 하나의 성분이다. 甲乙은

[주]158 木當午月, 正枝葉繁盛之候, 而甲何以死? 却不知外雖繁盛, 而內之生氣發洩已盡, 此其所以死於午也. 乙木反是, 午月枝葉繁盛, 即為之生, 亥月枝葉剝落, 即為之死. 以質而論, 自與氣殊也. 以甲乙為例, 余可知矣.

[주]159 김정혜, 서소옥, 안명순, 『명리약언』, 이담북스, 2016, p.331.

하나의 木이지 두 가지가 아니다. 寅申巳亥는 오행이 장생하고 임관(臨官)하는 지지이고, 子午卯酉는 오행의 왕(旺)지이며, 辰戌丑未는 오행의 묘지가 된다. 음간이 양간과 별도로 장생, 록, 왕, 묘지가 있는 것은 아니다. 왜냐하면 장생, 록, 왕, 묘기를 따라 지장 인원(人元)이 있기 때문이다. 㴷160

다만 이치로써 말하면 모든 사물에는 이미 음양이 있고, 양이 극에 이르면 음이 발생한다. 자석의 침에 비유하면 甲의 극단이 양극이 되고, 乙의 극단은 반드시 음극이 되는데, 가장 왕한 곳의 중심이 바로 녹왕(綠旺)의 자리이다. 㴷161

그러나 쓰임으로 논하면, 생왕묘절(生旺墓絶)은 다만 오행을 구분하는 것일 뿐, 반드시 음양으로 나눌 필요는 없다. 종래의 술수서(術數書) 중에는 다만 오양의 장생만 말하고 오음의 장생을 말하지 않았고, 양인(陽刃)만 말하고 음인(陰刃)을 말하지 않았는데, 후세에 그 이치를 살피지 못하고서 스스로 그 학설을 끼워 맞추거나 곡해하여 그 따라야 하는 바를 알지 못하였다. 혹 오음에는 양인이 없다 하거나 혹자는 일위(一位)를 전진한 것을 양인이라고 하거나 혹자는 일위(一位)를 후퇴한 것을 양인이라고 한다. (가령 乙은 寅 혹은 辰을 양인이라 한다.) 각기 마음대로 추측하여 이설(異說)이 분분하니, 실제로 그 이치를 밝히지 못한 것이다. 㴷162

요약하면, 십이운성의 양순음역에 대한 논란은 원전과 서락오의 해석 차이에서 나온 것으로, 『자평진전』 원전에서는 양순음역을 말하였으나, 서락오가 이를 해석하면서 오행만 구분해야 한다고 말한 것에서 발생한 오해이다. 이를 기억하고 통변 현장에서 유연하게 활용하면 된다. 가령 甲 일간의 정관의 상태를 보려면 그 사주명식에

㴷160 生旺墓絶者, 五行之生旺墓絶, 非十干之旺墓絶也. 十干之名稱, 爲代表五行之陰陽; 五行雖分陰陽, 實爲一物. 甲乙, 一木也, 非有二也. 寅申巳亥, 爲五行長生臨官之地; 子午卯酉, 爲五行旺地; 辰戌丑未, 爲五行墓地, 非陰干另有長生祿旺墓也. 因長生臨官旺墓, 而有支藏人元, 觀下人元司令圖自明.

㴷161 特以理言之, 凡物既有陰陽, 陽之極即陰之生, 譬如磁電之針, 甲端爲陽極, 乙端爲陰極, 而最旺之地, 則在中心, 即祿旺之地是也.

㴷162 然以用而論, 生旺墓絶, 僅分五行, 不必分陰陽. 從來術數書中, 僅言五陽長生, 而不言五陰長生, 僅言陽刃而不言陰刃, 後世未察其理, 而欲自圓其說, 支離曲解, 莫知所從. 或言五陰無刃, 或者以進一位爲刃, 或者以退一位爲刃(如乙以寅或辰爲刃), 各以意測, 異說紛岐, 實未明其理也.

투간된 辛金의 십이운성을 읽어야겠지만, 관이 투출되지 않은 사주라면 그 대표인 庚金의 십이운성으로 통변하는 일이 있을 수도 있다는 의미이다.

『자평진전』 원문에서 다음으로 이어지는 문장은 장생에서 태와 양에 이르기까지 기운의 왕쇠병사를 사람에 빗대거나 초목에 비유하여 설명하고 있다. 이에 대해서는 따로 정리하여 학습하는 것이 좋겠다.

⑤ 십이운성의 특징

십이운성은 오행의 생극제화나 음양의 정편(正偏) 관계보다 더 자세하게 천간의 상태를 설명하고 통변 활용도 또한 높다. 일단 용어부터가 인생사를 설명한 것이기에 그 명칭만으로도 의미 있는 스토리텔링의 소재가 된다. 간략하게 다시 설명하면, 십이운성은 앞에서 배운 오행 생사의 장생(長生), 목욕(沐浴), 관대(冠帶), 건록(建祿), 제왕(帝旺), 쇠(衰), 병(病), 사(死), 묘(墓), 절(絶), 태(胎), 양(養)의 열두 가지이다. 다른 이름으로 '포태법' 혹은 '장생법'이라고도 한다. 포태법이라고 하면 태에서 시작하여 절로 운행하는 것이고, 장생법이라고 하면 위에 적힌 순서처럼 장생에서 시작하여 양으로 운행하는 것이다. 포태법은 오행 생사의 초기 사유가 나타난 『오행대의』의 수기(受氣) 단계에서 시작한다. 전문 명리 전적인 『연해자평』·『삼명통회』·『자평진전』은 장생부터 설명하고 있으니 이 책에서도 장생법의 체계를 따르기로 하였다. 어떠한 명칭으로 불리든 12단계가 끊임없이 순환한다는 점에서는 동일하다.

- 장생: 사람이 세상 밖으로 출생하는 단계
- 목욕: 출생 후 양수와 피로 젖어 있는 태아의 몸을 씻겨주는 것, 유아의 단계
- 관대: 출생과 목욕을 잘 마치고 옷을 반듯하게 차려입은 소년기나 희망찬 미래를 설계하는 청년기
- 건록: 장성하여 혈기왕성하고 사회활동의 중추가 되는 시기. 건강함과 아름다움이

무르익는 중년기, 임관

- 제왕: 인간의 활동이 최강에 이르고 왕성한 사회활동을 하는 장년기
- 쇠: 성장이 왕성한 장년기를 지나 서서히 기운이 빠져가는 상태
- 병: 노년기의 허약한 모습을 상징
- 사: 노년기에 시름시름 앓다가 임종을 맞이하는 단계
- 묘: 죽은 후 땅속에 묻혀 있는 기간
- 절: 이승과 저승의 중간단계인 유계에서 완전히 저승으로 가는 시기. 앞의 기는 끊겼지만 뒤의 기는 장차 이어지는 시기
- 태: 전생의 업에 따라 다시 내생과 인연을 맺는 단계
- 양: 어머니 뱃속에서 열 달 동안 자라고 있는 상태

• 십이운성의 특징과 통변 활용

	특징	통변
장생	후원, 도움, 축하, 기쁨	자신감, 긍정, 원만한 대인관계, 귀인의 도움
목욕	구설, 나약함, 환복과 탈태	타인의 시선, 낭만, 욕구, 호기심, 충동
관대	관복, 상복, 초상, 독립, 면접시험, 자만심, 사회진출	입시, 이상적, 자부심, 완장, 잘난 척
건록	고집, 건전, 자신감, 실속	왕성한 활동, 출세, 좋은 수익
제왕	리더십, 최고, 일등주의	유아독존, 정상, 최고, 다혈질
쇠	보수적, 계산적, 방어적	사회적 영화를 뒤로하고 귀향함, 은퇴, 안정
병	노쇠, 배려, 후회, 조심	회상, 과거의 그리움, 역마, 간호, 건강염려증, 외로움
사	죽음	사별, 이별, 죽을 만큼 힘듦
묘	절대적 안정, 감옥, 비관, 어두움, 갇힘	저축, 지하, 구두쇠, 재생, 철학, 활인, 관조, 재회
절	단절, 분리, 단순	바닥을 친다, 절처봉생
태	보호, 수옥, 격리	소극적, 불안, 성별의 분리가 안 됨, 두려움
양	상속, 교육, 양육	성별 분리가 되고 모태에서 안정적으로 길러짐

본격적으로 십이운성을 활용한 통변에 들어가기 전에 특히 주의해야 할 십이운성을 알아보자. 어떤 학문이든 현장의 실전에서는 선택과 집중이 필요하다. 1부터 100까지 공부하는 것이 이론 학습이라면, 그중에서 어떤 것이 중요한지 요점을 간추려 활용하는 것이 실전이다. 일종의 핵심 파악 혹은 예상문제를 통한 시험 대비가 되겠다.

명리학 이론의 실전은 현장 통변이다. 육신을 다 찾고, 격국과 용신을 말하고 모든 십이운성을 다 대입해서 읽고, 형충회합으로 사건 사고를 말하다 보면 하루 종일 상담해도 부족하다. 통변성이 없는 육신이나 평범한 십이운성을 붙들고 있다 보면 할 말이 없어지기도 한다. 필자가 자주 하는 말인데, 그러는 사이 손님은 그냥 일어서서 나가버릴 것이다. 무엇보다도 내담객이 왔을 때 무릎이 닿자마자 감동시킬 코드가 필요하다. 그때 필요한 처방이 바로 꼭 읽어야 할 통변성을 찾아 내담객의 절박한 질문에 대한 답으로 선공하는 것이다. 팔자가 손에 입수되면 읽어달라고 소리치는 글자가 반드시 나타난다. 그것부터 통변해야 한다. 그때 내담객과 상담자 간에 라포(rapport: 내담객과 만들어가는 친밀감이나 신뢰관계)가 형성된다. 라포가 만들어지고 나면 내담객은 상담자의 조언을 신뢰하게 되고 그 다음부터는 상담자가 상담 현장을 이끌어갈 수 있다.

앞에서 육친의 통변을 말할 때 태왕하거나 태약한 육신, 정과 편의 분류, 희기의 해석과 그 해소에 대해 설명한 바 있다. 이러한 것이 통변성이다. 십이운성으로 말하자면 대개 길성은 장생·관대·건록·왕지이며 흉성은 병·사·묘·절인데, 묘지에 대해서는 따로 연구가 필요하고 목욕지도 흉성으로 분류되는 경우가 있다고 하였다. 이것은 보편적인 분류이면서 필자가 사용하기도 하지만 또 변형이 있어서 주의가 요구된다. 앞에서 『삼명통회』를 근거로 하였을 때는 '태(胎)·생(生)·왕(旺)·고(庫)는 사귀(四貴)가 되고, 사(死)·절(絶)·병(病)·패(敗)는 사기(四忌)가 되며, 나머지 관대(冠帶)·임관(臨官)·쇠(衰)·양(養)은 사평(四平)이 된다'고도 하였다.[주]163 이것은 대체

[주]163 古以胎生旺庫爲四貴, 死絶病敗爲四忌, 餘爲四平. 亦大概而言之.

적으로 설명한 내용으로 시대적 변화나 관점의 차이가 있을 수 있다고 부연하였다. '사귀'는 말하자면 길성이 될 수 있고, '사기'는 흉성, '사평'은 반흉반길이라 할 수 있다. 그렇다면 사귀에 관대와 건록 대신에 태지와 고지가 들어 있고, 사기에 묘지 대신에 패지 즉 목욕이 들어 있는 것에 의문이 생긴다. 목욕지가 전통적으로 흉성에 분류되었다는 것은 익히 알고 있는 내용으로, 이것이 현대의 사회적 변화에 따라 그 통변성도 변화한 것이라 이미 설명하였다. 태지와 고지가 사귀가 된 것에 대해서는 연구가 필요하다. 즉, 태지와 고지의 귀함, 간명할 때 그 두 자리의 묘함을 인지하고 사려 깊게 해석할 필요가 있다.

• 십이운성의 길흉 분류

길흉의 분류	사귀(四貴)	사기(四忌)	사평(四平)
	길	흉	반길반흉
『삼명통회』	태·장생·왕·고(묘)	사·절·병·패(욕)	관대·임관(건록)·쇠·양
현대적 변화	장생·관대·건록·왕지	병·사·묘·절	태·양·쇠·욕

『삼명통회』는 이와 같이 분류하기 전에 먼저 '무릇 조화를 추론하면서 생왕한 것을 본다고 반드시 길한 것으로 논하지 말아야 하고, 휴수사절도 반드시 흉하다고 하는 것은 옳지 않다' 하고 '가령 생왕이 태과하면 마땅히 제복하여야 하고, 사절로 불급하면 생부하여야 하는 통변의 묘가 있다'[주]164는 것을 밝혔다. 즉 십이운성의 길흉 분류가 간명의 종착이 아니라 그것을 다루어 해소와 변화의 과정을 읽는 것이 중요하다. 정리하면, 십이운성의 특성을 이해할 때 현대사회의 다양한 직업성이나 사회현상을 고려하여 길성·흉성 등의 구분에 유연성을 가질 필요가 있다는 말이다.

[주]164　凡推造化, 見生旺者, 未必便作吉論, 見休囚死絶, 未必便作凶言. 如生旺太過, 宜乎制伏, 死絶不及, 宜乎生扶, 妙在識其通變. 古以胎生旺庫爲四貴, 死絶病敗爲四忌, 餘爲四平, 亦大槪言之.

아래 표는 십이운성을 도식화하여 각각의 강·약이나 지위 등을 나타냈고, 길흉을 표시하였다. 참고로 길성에 ○, 흉성에 ×, 상황에 따라 읽어야 되는 것은 그 중간 지점인 △으로 표시하였다. 다시 말하지만 이러한 분류는 참조일 뿐, 항상 가변적이라는 점을 이해하기 바란다. 또한 십이운성의 높낮이를 나타낸 포물선과 그 상향 및 하향의 경사도 또한 이해를 돕기 위한 장치임을 밝힌다.

• **십이운성의 높낮이를 나타낸 그래프**

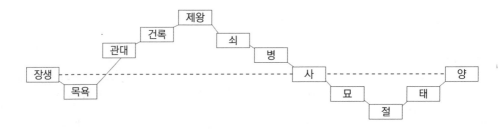

• **주의해야 할 십이운성**

장생	목욕	관대	건록	제왕	쇠	병	사	묘	절	태	양
○	×	○	○	○	△	△	×	△	×	△	△

이제 지금까지 공부한 십이운성을 실제로 사주팔자에 대입해서 읽는 방법을 알아보자. 십이운성으로 알 수 있는 것은 크게 세 가지이다. 첫째는 각 천간의 열두 가지 힘의 세기이고, 둘째는 열두 가지 특성(실력)이며, 마지막으로 간지 사이의 관계성이다. 그 관계성을 사주 통변 현장에서 시(時: 근묘화실)와 공(空: 궁성이론) 차원으로 읽어나가는 것이 상담자의 요령이다. 먼저 일간을 보고, 다음으로 사주의 나머지 천간을 읽는다. 이때 첫째 월지에 대비하여 십이운성을 파악하고, 다음으로 동주(同柱: 같은 기둥에 있는 천간과 지지)를 보고, 마지막으로 연월일시 지지의 흐름에 대비하여 시간 흐름에 따라 변화하는 십이운성을 읽는다. 공간적 차원으로 읽는 것은 십이운성을 조상·부모형제·부부·자식의 성분에 대입하여 읽는 것을 의미한다. 이것이 궁성이

론이다. 건명에서 재성이 연주에 있더라도 그보다는 부부궁에 십이운성을 대입하는 경향이 있고, 자식을 읽을 때 시주의 십이운성 상태를 읽는 것이 그 예이다.

다음은 십이운성의 적용법을 『아부태산전집』, 제2권의 봉법(逢法)·좌법(坐法)·거법(居法)·인종법(引從法)의 네 가지 체계에 근거하여 정리한 내용이다. 다만, 이러한 용어는 그야말로 하나의 표현일 뿐이다.

- 봉법: 일간을 일지에 적용하여 십이운성을 읽는 것
- 좌법: 일지 지장간을 일지에 적용하여 십이운성을 읽는 것. 다음에 나머지 지지도 이와 같이 읽음
- 거법: 동주로 해당 천간을 해당 지지에 대입하는 것
- 인종법: 없는 육신을 불러와서 일지에 대입하여 십이운성을 읽는 것

강 의 노 트

TITLE: 간지의 상관관계   DATE: .   .

Q1 사주에 십이운성을 적용할 때 오행의 왕상휴수사는 계절을 의미한다고 해석해도 되나요? 또한 양 천간과 음 천간의 생왕사절에서 甲乙, 寅卯가 건록 재왕인 것은 이해되지만, 甲의 장생이 亥, 乙의 장생이 午, 庚의 장생이 巳, 辛의 장생이 子인데 양간은 순행, 음간은 역행이라는 것 외에는 잘 이해되지 않습니다.

[답변]
십이운성은 계절과 천간지지의 관계를 잘 공부하면 좀 더 쉽게 이해할 수 있습니다.
1.   오행의 왕상휴수사는 천간을 木火土金水 오행으로 분류하여 각 오행이 태어난 계절에 따라 어떠한

상황에 처하는지를 논하는 이론입니다. 그 외에 진기, 왕기, 퇴기 등으로 나타내기도 하는데, 다양한 용어에 혼동되지 마시고 십이운성의 개념으로 총괄해서 공부하시면 도움이 될 것 같습니다.

2. 십이운성의 생왕사절은 본문의 표와 해당 강의 내용을 참고하시면 좋을 것 같습니다. 다시 요약하면 양간은 자신의 본기 계절, 예를 들면 甲木의 본기는 봄, 丙火와 戊土는 여름, 庚金은 가을, 壬水는 겨울이 본기이며 왕지이고 이때 왕합니다. 그 전 계절, 예를 들면 甲木에게 겨울, 丙火와 戊土는 봄, 庚金은 여름, 壬水는 가을의 생지에서 생하고, 다음 계절(甲木에게 여름)의 고지에서 묘고에 빠진다고 생각하시면 됩니다.

3. '양간은 순행하고 음간은 역행한다'는 『자평진전』 원전에서 "양은 모여서 앞으로 나아가는 속성이 있어서 순행하고, 음은 흩어져 뒤로 물러나는 속성이 있으므로 역행한다"고 한 문장을 다시 읽고 숙지하시기 바랍니다. 그 외에도 『삼명통회』에 자세한 설명이 있습니다.

4. 양생음사, 음생양사는 태극문양을 빌려 설명할 수 있는데, 그 또한 『자평진전』 원전에 "양이 출생하는 곳에서 음이 사망하고 음양이 서로 교환되는 것은 자연의 이치이다"라고 언급되었습니다.

Q2 예문 강의가 십이운성 간명에 아주 중요하고 핵심적임을 알게 되어 새벽시간 잠을 못 이룰 정도로 가슴 뛰고 매우 벅찹니다. 다만 처음으로 알게 되고 이해하는 부분이라서 강의 예문에는 없는 쇠·태·양·절 등이 있는 사주명식으로 설명을 부탁드려도 될까요?

[답변]

쇠·태·양·절에 대해 질문하셨는데, 우선 말씀드릴 것은 십이운성에서 중요 통변 지점은 생·왕·묘이고 그 외 욕·사·절·묘지 등에 있습니다. 12개의 십이운성을 모두 통변하는 것은 실제 현장에서 효과적이라고 볼 수 없으니 선택과 집중을 잘 하시기 바랍니다.

다만 한 가지 요령을 말씀드리자면, 이미 공부하신 지지 삼합의 조합에 따라 십이운성을 조합하면 생왕묘, 절욕쇠, 병태대, 록사양 등이 십이운성의 삼합국을 만들어냅니다. 그들이 어떠한 합작을 만들어내는지도 연구해보시기 바랍니다. 이 부분은 차후 신살론의 십이신살과 함께 학습하시면 도움이 될 것입니다.

Q3 십이운성의 火土가 동궁하는 원리가 궁금합니다.

[답변]

오행 중 土는 어느 특정 절기에 배속되지 않고 변화와 저장을 주관합니다. 『자평진전』 제1장 「십간십이지지」 편에 "土는 음양, 노소, 木火金水의 충기(沖氣)가 응결된 것이다"라고 하였습니다. 다만 오행이 사계절에 따라 木火金水로 이동할 때 火와 金 사이에 놓여 火의 기운을 金으로 옮기는데 변화를 주관하므로 火의 운동과 함께한다고 간단히 이해하시면 좋을 것 같습니다. 자세한 내용은 이 책의 본문에 적었습니다.

Q4 사생지 지장간의 중기는 다음 계절의 생지가 된다고 하셨고, 그래서 甲은 亥, 丙은 寅, 戊도 寅(화토동궁설), 庚은 巳, 壬은 申이라고 배웠습니다. 여기서 지장간 이론을 배제하고 오행의 상생상극론으로 보면 상기한 오행 중 庚金을 제외한 타 오행들은 상생구조로 생지가 되지만, 庚金은 巳火와 상극의 관계가 형성되므로 쉽게 이해되지 않습니다. 십이운성도 음양오행론에 기초한다면 이러한 결과를 어떻게 이해해야 할까요?

[답변]

1. 질문 내용의 '지장간의 중기는 다음 계절의 생지가 된다'는 것을 인용하여 다시 설명하면, '사생지(寅申巳亥)의 중기는 앞으로 다가올 계절의 기운을 미리 준비하여 다음에 오는 오행의 양간이 되고, 사고지(辰戌丑未)의 중기는 지나간 계절의 음간이 된다'입니다. 그래서 '甲은 亥, 丙은 寅, 戊도 寅(화토동궁설), 庚은 巳, 壬은 申'에서 생지에 임합니다.

2. 십이운성은 계절의 순환으로 설명하는 이론입니다. 따라서 오행의 상생상극 순환과 서로 어긋나는 지점이 있는데, 庚金의 생지가 巳火이며 火는 金을 극한다는 것입니다. 다시 설명하지만 십이운성은 오행의 생극제화만으로 이해하려 하지 말고 사시의 순환으로 이해하여 木火金水가 사시에 따라 순행하고 그 충기가 土 오행이라는 간지론 중심으로 공부하셔야 합니다. 간지론 수업에서 음양, 사상, 오행, 천간, 지지의 생성과 상호관계를 다시 상기해보십시오. 십이운성을 터득하면 간지 체계를 훨씬 잘 이해할 수 있습니다. 십이운성은 천간이 특정 지지를 만났을 때 어떤 모습을 보이는지를 12단계로 말해주기 때문에 기본적인 생극제화의 법칙보다 더 정밀한 정보를 제공합니다.

Q5

천간이 특정 지지를 만났을 때 어떤 모습을 보이는지 십이운성이 열두 단계로 말해준다는 것은 이해됩니다. 하지만 서락오가 『자평진전평주』에서 "오행이 비록 음과 양으로 나누어져 있지만 사실은 하나인 것이다"라고 했는데, 십이운성표에서는 음간은 양간과 반대로 생하고 사하는 것이 이해되지 않습니다.

예를 들어 乙木이 亥水에서 사한다고 할 때, 乙木도 木인데 어찌 자신을 생하는 亥水에서 죽는다는 건지 이치에 맞지 않는 것 같습니다. 천간에 음양이 있다 하더라도 어디까지나 木의 기 안에서 목양(木陽)과 목음(木陰)일 텐데, 같은 지지를 만나서 반대로 반응하는 것이 가능한지 의문입니다.

또 실제 임상에서 십이운성표대로 통변하는 것과 음간도 양간처럼 변화한다고 보는 것 중에서 어느 쪽이 더 실제(내담자의 현실)와 부합하는지도 궁금합니다.

[답변]

명리학도들이 많이 하는 질문이지만 대답은 간단하지 않습니다. 이 질문은 『자평진전』으로 말하면 제3장 「논음양생사(論陰陽生死: 음양의 생과 사)」와 관련된 내용으로, 이 책 본문에서도 『삼명통회』 등을 인용하여 비교적 상세히 설명하였습니다. 그러나 애석하게도 원전들 사이에서 서로 다른 주장을 하고 있어서 결국은 학습자가 스스로의 주관을 가지고 최종 판단을 해야 합니다.

1.   먼저 『자평진전』을 인용하면, 원전은 천간과 지지의 특성을 말하고 생왕묘절의 십이운성에 대해 설명하는 것으로 시작합니다. "천간은 움직이는데 쉼이 없으며, 지지는 고요하여 항상됨이 있다. 각각의 천간이 십이지지의 월에서 유행하고 생왕묘절 등의 관계(십이운성)가 생겨난다."

다음에 이어지는 원전의 내용이 바로 양간과 음간의 차이입니다. 즉 양간이 순행하고 음간이 역행하는 논리를 말합니다. 甲과 乙의 차이를 예로 들었습니다. 그러나 서락오의 해석에서는 '양간이 오행을 대표한다'고 하였습니다. 이 말은 서락오가 양간의 대표성을 좀 더 강조하였다고 볼 수 있습니다.

2.   그렇다면 실제 임상에서 내담자의 현실과 부합하는 것이 무엇인가에 대한 질문이 남는데, 그 해답은 지장간과 자연의 이치에 있습니다. 예를 들어 己와 丁이 酉에서 장생하는지는 주변의 다른 글자들을 감안하여 읽어야 합니다. 여기에는 어떤 법칙이 있는 것이 아니고 많은 사주를 읽으면서 상황에 따른 논리를 살펴야 합니다. 팔자에 드러난 천간이 양간이면 그 양간의 상태로, 음간이면 그 음간의 상태로 읽습니다. 팔자에 드러나지 않은 천간은 양간으로 오행을 대표하여 읽습니다. 천간에는 드러나지 않았고 지지로 있다면 먼저 정기를 위주로 읽고, 내부의 지장간을 열어서 읽어야 할 수도 있습니다.

간지의 상관관계

형충회합

간지 물상의 파헤침과 나들이

형충회합(刑沖會合)은 명리 선행이론의 마무리이자 심화이론의 시작이고, 사주통변의 중요한 단서이다. 다시 말하면, 심화와 기초를 연결하여 사건이나 사고와 관련한 명리 통변의 중심에 서 있다고 할 수 있는 것이 형충회합이다. 나아가 형충회합론은 구법의 개념 성립에도 관여하였고, 신법 해석에도 중요한 이야깃거리를 제공하고 있다. 그만큼 사주명리학의 심화학습에서 간과할 수 없는 이론이자 현장 통변의 필수적인 재료가 형충회합론이다.

이 책에서 공부하는 격국과 용신은 구조적 측면에서 신법의 이론체계로 볼 수 있지만, 그것을 만든 구체이론으로 보면 구법의 다양한 이론과 긴밀하게 연결되어 있다. 이를 입증하는 것이 앞에서 배운 바와 같이 오행의 생극제화가 만들어낸 육신론이요,

또한 육신의 상태를 읽을 수 있는 십이운성이다. 지금부터 공부할 형충회합론은 육신에 대한 직접적인 결단을 내릴 수 있게 하는 단초이다. 형충회합을 통해 육신에 발생한 사건과 사고의 발단과 과정 그리고 결과를 추론할 수 있기 때문이다.

격국에서 형충회합이 어떤 역할을 하는지를 살펴보는 것이 이번 장의 목적이다. 신법이라고 하면 구법의 신살류를 배제하고 일간을 중심으로 팔자를 월령에 대입하여 사주팔자를 분석하는 논법이다. 일간이라는 주체가 있고, 환경과 세력을 주관하는 월지가 있으며, 거기에 객체인 나머지 여섯 글자 혹은 월지를 포함한 일곱 글자 그리고 대운과 세운을 대입하여 체용 관계를 읽는 것이 신법이론의 격국론이다. 이것은 사주팔자의 구조를 읽는 체계적 분석모형이라 할 수 있다. 그 구조적 작용과 분석에 구법에서 유래한 형충회합이 어떤 영향을 미치는지를 앞으로 논의하고자 한다.

앞 장에서 공부한 것처럼 사주팔자, 즉 여덟 글자는 오행의 생극제화에 의해 육신의 이름으로 치환되는데, 그 육신이 명리학 통변의 주요 주체가 된다. 필자는 여러 곳에서 육신은 마치 주인공(일간)이 살아가는 인생이라는 무대에 등장하는 다양한 인물과 같다고 표현하였다. 격국은 인생의 무대가 되고, 그곳에는 일간이라는 주연 외에 여러 명의 조연과 카메오가 등장하는 것이 격국·용신론의 개요이다. 때로는 일간이 주연 역할을 못하게 되는 경우가 있고, 월지라는 환경도 쓰지 못하게 되어 격국에 변화가 생긴다. 하나의 연극 혹은 영화에는 선한 역도, 악한 역도 등장한다. 그곳에는 주연도 있고, 조연도 있다. 또 카메오도 있고 신스틸러도 있다.

각각의 등장인물은 다양한 상황에 처해 있는데, 그것을 나타낸 것이 십이운성이다. 그 환경은 앉은 자리 즉 좌법으로도 읽고, 만난 글자 즉 봉법으로도 읽으며, 짝을 지은 글자 즉 거법으로도 읽으며, 읽어야 할 글자가 없을 때는 가상으로 대입한 인종법으로도 읽는다. 이와 같은 내용을 오행의 생극제화, 육신, 십이운성 편에서 학습하였다. 형충회합은 각 등장인물에게 발생하는 사건과 사고이며, 인생이라는 영화를 비극으로 혹은 희극으로 만드는 각본의 중요 변곡점이다. 이번 장에서 논하는 형충회합으로 격국의 주요 선행학습을 마무리하게 된다.

형충회합은 대부분의 명리 입문서에서 빠지지 않고 등장하는 이론으로, 오행과 십간의 생왕묘절과 함께 격국이론과 그 해석의 중추가 된다. 이 책을 읽는 독자들은 이미 형충회합의 발생 원리와 구분 및 종류에 대해 알고 있을 것이라 믿는다. 이곳에서는 격국론과 관련한 형충회합이 어떻게 성립되고 또 변화하는지를 알아보고, 나아가 그 해소와 통변을 위주로 살펴보고자 한다.

1 형충회합의 성립과 변화

지금부터 천간과 지지의 합과 충 그리고 파와 해까지 포함하여 형충회합을 공부하고 격국에 적용하는 것까지 배워보도록 하자. 첫 단추는 성립 원리에 대한 이해이고, 다음으로 변화와 적용에 대해 공부할 것이다. 이 책에서는 형충회합의 기본개념이나 발생원리와 분류 등에 대해서는 깊이 논의하지 않는다고 밝혀두었다. 그러나 원리를 따지는 과정마저도 게을리하고 기계적으로 암기만 하거나 잘못된 근거로 공부하는 것은 명리학습의 병폐로 남을 수 있다. 적어도 원리를 학습하는 단계에서 고전에 정의된 내용을 찾아 올바르게 규정하기를 당부하고 시작해야겠다. 적용 또한 단순 통변의 문제인가 아니면 학술적으로 어느 명리 이론체계에 적용할 것인가에 따라 다루어야 할 내용이 다르다. 넘어야 할 산이 여러 갈래로 나뉘지만, 이러한 고심을 형충회합의 변화와 적용에 맞추어 시작하고자 한다.

시중의 다양한 주장들을 살펴보면 서로 합치되는 것도 있지만 상반되는 경우도 허다하다. 명리학 공부에서 가장 어려운 점이 이 때문이다. 독자들도 한 번씩 느꼈겠지만, 필자는 논리적이지 못하거나 보편타당하지 않은 명리이론과 실제를 만날 때마다 학습의욕이 급격히 떨어지는 것을 경험했다. 어떤 공부든 난이도가 한 단계씩 올라갈 때 이해하기 어려운 지점이 나타나기 마련인데, 그것을 어떻게 간파하여 다음 단계로 넘어가는가가 학습을 포기하지 않고 이어 나갈 수 있는 관건이다. 형충회합에도 그러한 불합치와 오해의 요소가 다분하다. 올바른 교재를 선택하여 읽어야 하고, 때로는 좋은 스승의 도움을 받아서라도 잘 극복해야 한다.

1. 천간합과 합화오행

먼저 천간오합의 종류와 합화(合化)오행, 서로 합하는 오행의 관계를 아래의 표로 정리하였다. 천간이 열 가지이므로 천간합의 종류는 다섯 가지가 된다. 아래 표에는 다섯 종류의 천간합과 그 합으로 만들어진 오행(합화), 합을 하는 성분의 관계와 화기(化氣)의 이름을 정리하였다. 천간오합은 자신으로부터 다섯 번째 오행과의 합이며 음양의 합이고, 육신으로 말하자면 정재와의 만남 혹은 정관과의 만남이다. 오양간은 정재와 합하고 오음간은 정관과 합한다. 합화오행은 甲己합화 土에서 시작하여 상생의 원리로 土 → 金 → 水 → 木 → 火로 진행한다. 그 발생원리가 하도낙서에서 왔다는 등의 내용은 기본서에서 설명하였다.

• **천간오합의 관계와 변화한 기운(화기)**

오합	합화	관계	화기(化氣)
甲己	土(戊)	甲木 (己土 입장에서) 정관과 己土 (甲木 입장에서) 재성의 합	중정지합(中正之合)
乙庚	金(庚)	庚金 정관과 乙木 재성의 합	인의지합(仁義之合)
丙辛	水(壬)	丙火 정관과 辛金 재성의 합	위제지합(威制之合)
丁壬	木(甲)	壬水 정관과 丁火 재성의 합	음닐지합(淫暱之合)
戊癸	火(丙)	戊土 정관과 癸水 재성의 합	무정지합(無情之合)

천간오합이나 기타 형·충·회·합·파·해 등에서 주요 논점은 이격된 경우 형·충·회·합·파·해 등이 성립하는가의 문제이다. 예를 들어 연간에 甲木이 있고 일간에 己土가 있을 때 어떤 곳에서는 그 둘이 합한다 하고, 다른 곳에서는 그 둘이 합하지 않을 수도 있다고 한다. 지지도 마찬가지로, 일지 子와 연지 午가 서로 충을 한다는 곳도 있고, 충이 안 된다고 말하는 곳도 있다.

실제로 수업 중에 이런 질문을 많이 받는데, 결론부터 말하면 현장에서는 이격된 형충회합을 읽는 경우가 더 많다. 이뿐이 아니다. 파해, 원진, 귀문이나 각종 신살 등, 뭐든지 가려서 읽기보다는 그냥 그대로 읽는 경우가 더 많다. 물론 초학자들은 그런 것들이 보이지도 않으니 더 곤혹스럽다고 한다. 법칙이 정확하게 있으면 좋겠고 또 그대로 따르면 좋겠는데, 법칙이 있어도 애매한 부분이 있고 엄밀히 따르지도 않는다. 필자가 고전을 읽고, 그것이 현대명리학 이론으로 발전한 과정을 연구하고 비교 분석하여 통변 현장에 적용하여 임상한 바에 의하면, 사람들이 주장하는 사주이론의 오류들은 사주명리의 고전부터 현대명리학 이론까지 꼼꼼히 학습하지 않은 결과이다. 혹시 서운해 할 학습자들에게 위로와 격려의 표현을 쓰자면, 학습자들이 수많은 다양한 인생사를 가능한 다각적으로 해석하려고 시도한 결과로 보인다.

• **이격된 천간의 합**

시	일	월	연
	己		甲

• **이격된 지지의 충**

시	일	월	연
子			午

사람들이 낭설을 믿게 되는 첫 번째 이유는 기존의 확립된 관법 체계로는 설명되지 않는 것에 대한 해답을 찾고자 하기 때문이다. 물론 그러한 시도는 학습자로서 어느 정도는 가져야 할 태도이다. 그러나 이것이 잘못되면 명리학은 이현령비현령 식의 사

술이 되어버린다. 가능한 한 채로 걸러서 잘못된 것을 제거하고, 받아들여야 할 것을 제대로 세우는 과정이 필요하다.

두 번째 이유는 자신의 주장이 마치 새로운 주장인 듯 혹은 비법인 듯 내세우기 위해서인데, 이것은 첫 번째 이유보다 위험하고 고약한 태도이다. 술수라는 것을 공부하고 실행하다 보면 특수한 사례가 많을 수밖에 없다. 사회적 변화에 대입하여 과거로부터 내려온 전통들을 현실적으로 다시 손보는 것은 어쩔 수 없는 과정이다. 그러나 다시 말하지만, 이 과정이 잘못되면 사주명리의 학문성은 포기되어야 한다. 현장에서 수많은 사주통변을 경험해보시라! 특수의 비법에 취하면 중심을 잃고 이리저리 휘둘리는 자신을 발견하게 될 것이다. 마치 끊임없이 거짓말을 만들어내야 하는 양치기 소년처럼. 지금이라도 늦지 않았으니 올바른 교재와 반듯한 스승을 찾아 비틀거리지 않는 체계를 세우기를 부탁한다. 이와 같은 논란을 중심으로 합이불합(合而不合) 편에서 형충회합의 중요 변화와 적용 지점들을 알아보고자 한다.

2. 합화(合化)와 화이불화((化而不化)

합이불합(合而不合)을 본격적으로 논하기에 앞서, 먼저 '화(化)'에 대해 알아보도록 하겠다. '합화(合化)'라는 것은 합이 되어서 변화한다는 것이다. '화(化)'는 '변화(變化)'의 '화'이다. 변화는 물리적 변화[變]가 쌓이고 쌓여 변경되고 고쳐지면서 화학적 변화[化]에 이른 것을 말한다. 즉 '변'이 모여서 '화'에 이르는 것이 변화이다. '화'는 그중에서도 변화가 마무리된 것이다. 앞에서 천간오합의 종류를 말하고 '합화' 또는 '화기'라는 것을 말하였다. 합화라는 것은 다섯 개의 양 천간이 다섯 개의 음 천간과 만나서 새로운 오행 성분으로 변화하는 것을 의미한다. 일간이 변화했을 때는 '화기'라는 표현을 쓰기도 한다. 그런데 합을 한다고 해서 화기가 항상 일어나는 것은 아니다. '진화(眞化)', '가화(假化)', '불화(不化)', '정화(正化)' 등이 이를 나타내는 말이다.

서락오는 합화를 논하려면 화(化)하는 천간의 오행이 동주하는 지지에 통근하거나 월령의 왕기를 얻어야 가능하다고 말한다. 다시 말해 천간의 오합으로 화기를 논할 때는 반드시 지지의 도움이 있어야 한다는 것이다. 그중에서도 동주와 월주가 의미 있다. 이 내용은 다른 이론에도 적용된다. 『자평진전평주』의 부록 '간지회합리화' 표를 참조하기 바란다. 그 내용을 일부 소개한다. 예를 들어 寅월에 태어났다면 丁壬합은 木으로 화하고(正化) 戊癸합의 火는 다음 순이며(次化), 乙庚합은 金으로 화하고(일설에는 乙이 甲에 귀속하므로 불화한다 함), 丙辛은 불화(사주에 申子辰이 있으면 화함), 甲己도 불화(木이 무성하니 불화)이다. 이것은 월지가 寅월일 때를 예로 들어 천간오합의 합화 사례를 말한 것이다. 또한 寅월일 때 회합이 있다면 寅午戌합은 火로 화하고, 亥卯未합화 木한다. 그러나 申子辰은 불화하고, 巳酉丑은 파상(破相: 형상이 깨어짐)이며, 辰戌丑未는 실지(失地: 자리를 빼앗김)라 하였다. 寅午戌은 火국이므로 寅월 월지가 생해주어 화할 수 있고, 亥卯未는 木국이니 당연히 寅월에 자신의 세력을 얻은 것이다. 그러나 申子辰과 巳酉丑은 寅월의 지지를 받기 힘들고, 더구나 辰戌丑未가 寅월에 태어났다면 실지이다. 특히 일간이 합화한 경우는 화기격(化氣格)이 되는데, 화기격에는 진화(眞化)와 가화(假化)가 있다. 일간이 비겁에 확실히 통근했거나 인수와 같이 있는 경우, 혹은 한신이 화기를 손상하는 경우 가화가 된다.

『적천수천미』에서 인용한 아래의 명조는 일간 壬이 월간 丁과 합을 하여 丁壬합 木이 되고 연간에도 甲木이 있다. 지지로는 卯辰, 亥卯 등이 있어서 화하는 木의 기운을 지지하고 있다. 화기를 거스르는 시간의 辛金은 통근처가 없어서 木 화신이 진실해졌다. 화기격은 대운이 왕지로 행하는 것을 반기고, 인수와 비겁의 운이 좋고 화기를 극하거나 설기하는 운은 꺼린다.

예)

시	일	월	연
辛	壬	丁	甲
亥	辰	卯	辰

『적천수』「화상」편에서 원주가 제시한 참된 변화의 조건은 다음과 같다. 첫째, 甲

일주가 단지 한 자리의 己土와 만나야 합을 할 수 있고 쟁합을 하면 안 된다. 둘째, 월간이나 시간에서 일간과 합해야 한다. 이는 일간과 첩지해야 진정한 합[진합(眞合)]이 된다는 말이다. 월간과 시간의 자리가 바로 일간의 옆자리이기 때문이다. 그리고 원주에서 甲己합의 경우 壬·癸·甲·乙·戊를 만나지 않아야 하는데, 그 이유는 壬·癸·甲·乙은 土와 상극하는 오행이고, 戊는 己土의 겁재가 되기 때문이다.

다음으로 언급한 조건은 辰을 만나야 한다는 것이다. 지지 중 辰은 다섯 번째 지지인데 그야말로 낙서의 생수가 성수로 변화하는 기제가 된다. 변화를 위해서는 오토(五土)인 辰을 만나야 한다는 것이 그 말이다. 또한 이는 천간이 자신으로부터 다섯 번째 천간을 지나 반드시 여섯 번째 천간과 합하는 원리와도 관련이 있다. 辰은 만물이 생성하는 3월이고, 괘기로 보면 삼양과 삼음으로 이루어져 기가 열리고 변화하며 움직이는 자리이다.

이에 더해 『삼명통회』는 「논십간화기(論十干化氣)」에서 십간오합은 삼합의 달에 생한 경우에도 화(化)한다고 하였다. 甲己의 금천지기, 乙庚의 소천지기, 丙辛의 현천지기, 丁壬의 창천지기, 戊癸의 단천지기는 각각 土의 누른빛[黅], 金의 흰빛[素], 水의 검은빛[玄], 木의 푸른빛[蒼], 火의 붉은빛[丹]을 의미한다. 생시의 戊辰·庚辰·壬辰·甲辰·丙辰은 천간오합으로 조건한 시간지에서 辰時의 육십갑자 조합이다. 이 내용을 정리하면 다음 표와 같다.

• 일간 합화(合化)가 성립되기 위한 생월 조건

천간합	화기(化氣)	특징	생월	생시
甲己	土(戊)	금천지기(黅天之氣)	辰·戌·丑·未	戊辰
乙庚	金(庚)	소천지기(素天之氣)	巳·酉·丑, 申	庚辰
丙辛	水(壬)	현천지기(玄天之氣)	申·子·辰, 亥	壬辰
丁壬	木(甲)	창천지기(蒼天之氣)	亥·卯·未, 寅	甲辰
戊癸	火(丙)	단천지기(丹天之氣)	寅·午·戌, 巳	丙辰

이상으로『적천수』「화상」과『삼명통회』「논십간화기」에서 말한 진정한 합화의 원리를 요약하면 아래와 같다.

- 쟁합이나 투합하지 않아야 함
- 일간이 합화하여 화기가 되려면 첩지한 천간과 합해야 함
- 합화 오행의 계절에 태어나야 함
- 월지에 합화 오행에 해당하는 삼합의 조건을 얻음
- 천간합을 하는 글자가 동주의 지지에서 세력을 얻음
- 천간에 합화 오행과 상극 관계나 겁재에 해당하는 천간을 만나지 않아야 함
- 辰土를 얻어야 함

위에서 회합변화(會合變化), 화기(化氣), 화상(化象), 화신(化神) 등의 개념을 바탕으로 진화의 조건과 화이불화(化而不化), 즉 화하여도 화한 것이 아닌 경우를 살펴보았다. 천간합이 되어도 진정한 합화오행이 발생하기 위한 조건이 있고, 일간이 합을 하고 또 화신이 되기 위에서도 필요조건이 있다. 특히 '진화(眞化)' 즉 진정한 변화가 이루어지기 위한 조건을 살펴보았는데, 이를 통해서도 일간과 사주팔자 글자들 사이에서 일어나는 형충회합의 성립과 변화에 대한 단초를 추단할 수 있다.

다음으로 합이불합(合而不合)이란 것이 있는데, 여기서도 진정 합이 이루어지는 경우와 합이라 할 수 없는 경우를 분별할 수 있다. 또한 합이불합에서 합이 되어서 오히려 좋아지는 경우도 있는데, 이는 합으로 불편한 것 하나를 제거하여 둘 중 하나만 남기는 경우이다. 서락오는『지평진전평주』「합이불합」편에서 중관(정관이 중첩된 경우)이든 중살(칠살이 중첩된 경우)이든 하나를 합하고 하나를 남기면 성격이 되어 좋아진다고 하였다. 관은 최상의 성분이지만 살은 최기의 성분이다. 좋은 관도 중첩되면 불편해진다. 하물며 살이 중첩되는 것은 더 말할 필요가 없다. 특히 관살혼잡인 경우에는 합관류살(정관을 합하고 칠살을 남김)이나 합살류관(칠살을 합하고 정관을 남

김)을 이루면 청해진다고 하였다. 합관류살은 좋은 관을 합하고 싫은 살을 남겼는데도 합으로 좋아진 경우에서 설명하고 있다.

• 합이 되어도 나쁘지 않은 경우

중관	정관이 중첩된 것	둘 중 하나를 합하여 하나를 남기면 합이 되어도 그 손실이나 상해가 없는 것이라 봄
중살	칠살이 중첩된 것	
관살혼잡	정관과 칠살이 중첩된 것	합관류살: 정관을 합하고 칠살을 남긴 것 합살류관: 칠살을 합하고 정관을 남긴 것

위에서 말한 것과 같이 정관이나 칠살이 중첩된 상황 혹은 혼잡된 상황에서 둘 중 하나를 합거한다면, 이는 오히려 합으로 인하여 도움이 되는 경우이다. 그렇다면 그들을 합거할 수 있는 육신은 무엇인가? 정관과 칠살 중에 특히 칠살을 합거한 육신을 일간 입장에서는 더욱 반길 것이다. 중관인 경우를 포함하여 아래의 표에 칠살이나 정관을 합거할 수 있는 육신을 찾아 분류하였다.

• 합살(合殺)하거나 합관(合官)하는 육신

천간	칠살	합살	정관	합관
甲	庚	겁재 乙	辛	식신 丙
乙	辛	상관 丙	庚	비견 乙
丙	壬	겁재 丁	癸	식신 戊
丁	癸	상관 戊	壬	비견 丁
戊	甲	겁재 己	乙	식신 庚
己	乙	상관 庚	甲	비견 己
庚	丙	겁재 辛	丁	식신 壬
辛	丁	상관 壬	丙	비견 辛
壬	戊	겁재 癸	己	식신 甲
癸	己	상관 甲	戊	비견 癸

표에서 알 수 있듯 양간에게 칠살을 합거할 수 있는 육신은 겁재이고, 음간에게는 합살지신이 상관이다. 겁재는 생물학적 관계로 보면 일간의 형제나 자매이다. 건명의 사주로 말하자면 여자형제이다. 명리학 고전에서 주로 건명으로 사람의 운명을 설명하였기 때문에, 천간합의 발생원리를 설명할 때 여동생을 적장에게 시집보낸다는 예시를 많이 들었다. 그 유래는 주역의 뇌택귀매(雷澤歸妹: ䷵)괘에서 상나라 왕이었던 제을(帝乙)이 여동생을 시집보낸 것에서 왔다. 고대 약탈혼 문화의 흔적이라고 말하기도 하지만, 명리학 육신의 역학 구조로 본다면 일간이 칠살, 즉 적장의 공격으로부터 살아남기 위해 나의 형제를 이용한 것이다. 이것이 격국론으로 가서 칠살의 위협에 대응하기 위해 비견겁을 용신으로 쓰는 사례를 찾아볼 수 있다.

그런데 음간의 경우는 상관이 칠살과 합을 한다. 이것을 또 어떻게 설명할 수 있는가? 상관은 사회적 규범에 무너지지 않는 일간의 소신이요, 자존심이며 능력이고 담대함이다. 물론 상관의 흉의는 백 가지 말로 표현할 수 없을 정도라 하였지만 위기에 대처하는 상관의 능력 또한 대단하다. 칠살의 위협이 아무리 무서워도 상관을 지닌 음간은 칠살에 맞서 싸울 용기가 있다. 말하자면 배짱이 있다. 상관은 정관에 상처를 주는 요소로 '상관견관 위화백단(傷官見官 爲禍百端)'이라 하였다. 그러나 칠살에 대적하는 상관은 오히려 전화위복의 성분이 된다. 통상 칠살과 상관은 모두 기피하는 흉신이지만 명조의 구조가 잘 갖추어졌을 경우, 즉 칠살과 상관이 합거하는 경우는 영웅의 팔자가 된다는 뜻이다.

여기서 나온 통변 현장의 팁이 양간은 겁재의 존재로 그 귀함을 읽고, 음간은 상관의 존재로 그 귀함을 읽는다는 것이다. 한 시대를 풍미한 영웅인데 양간에게는 겁재가 있을 경우, 음간에게는 상관이 있을 경우가 그렇다. 이것을 일러 상관대살(傷官帶煞), 즉 상관이 칠살을 차고 있다고 한다.

한편 정관과 합을 하는 경우 양간은 식신이고, 음간은 비견이다. 칠살과 합을 하는 육신에 비해서는 상대적으로 주목을 덜 받는다. 정관이 길신이므로 이를 합거했을 때 손실이 있기 때문이다. 위에서 상관이나 겁재가 칠살과 합하여 제거되었을 때는 흉신과 흉신이 합을 하여 사라지기 때문에 그 귀함이 특히 묘하다고 할 수 있으나, 식신이나 비견이 정관과 합을 하여 사라지는 경우는 주변 여건을 잘 살피고 반드시 필요했는지 그 향배를 읽어야 한다.

• 『오행대의』 천간합 발생원리

양간	음간	발생원리
甲	己	土가 칠살 甲木의 극제를 두려워하여 겁재 己土를 甲木에게 시집보냄
丙	辛	金이 칠살 丙火의 극제가 두려워 겁재 辛金을 丙火에게 시집보냄
戊	癸	水가 칠살 戊土의 극제가 두려워 겁재 癸水를 戊土에게 시집보냄
庚	乙	木이 칠살 庚金의 극제가 두려워 겁재 乙木을 庚金에게 시집보냄
壬	丁	火가 칠살 壬水의 극제가 두려워 겁재 丁火를 壬水에게 시집보냄

강 의 노 트

TITLE: 간지의 상관관계   DATE: .   .

Q1 아래 사주에서 연간과 월간이 합을 하면 비견과 정재의 힘이 약해지면서 명주에 인성이 작용하게 되나요? 또 시간의 정재가 약해지면서 인성(火)이 작용하게 되나요?

예)

시	일	월	연
癸	戊	癸	戊

[답변]

연간 戊土와 월간 癸水가 합하여 火 오행을 생성하니 戊土 일간 입장에서 인성(火)의 힘을 얻습니다. 그러나 사주는 항상 천간과 지지의 관계를 봐서 읽어야 합니다. 천간 글자 따로, 지지 글자 따로 읽으면 안 됩니다. 『적천수』에서 "천전일기(天全一氣: 천간의 전일한 기운)는 땅의 덕에 힘을 얻지 않으면 안 되고, 지전삼물(地全三物: 지지의 온전한 세 가지 물건)은 하늘의 도가 용납하지 않으면 안 된다"고 하였습니다. 지전삼물이란 지지 지장간에 있는 3개의 천간을 말하기도 하고, 지지 삼합을 이룬 경우를 말하기도 합니다. 이 말은 통근과 투출의 중요성을 강조하는 표현입니다.

천간이 합하여 어떤 오행이 발생하였다면, 지지에 해당 오행이 있어서 그 기운의 생성을 도와주고 있는지를 봐야 합니다. 특히 월지와 동주를 읽습니다. 지지에서 火 오행이 통근처로 있다면 戊土 일간에게 인성의 힘이 확실히 커지지만, 만약 네 지지 아무 곳에서도 화기의 힘을 받지 못한다면(통근처가 없다면) 戊癸합의 의미가 약해집니다.

한편 일간 戊土는 시간의 癸水와 합을 하기 때문에 정재의 힘이 약해졌다고 해석할 수도 없습니다.

어느 문헌인지는 기억이 안 나지만, 팔자 내에서 일지의 천간은 연월시의 천간과 합과 충이 이루어질 수 없다고 보았는데, 『자평진전』에서는 이러한 이론에 대한 여지 자체가 없는지요?

[답변]

질문 내용은 십간의 '합이불합(合而不合)'에 대한 것인데, 『자평진전』 원전 제5장을 보면 "합이지만 합이라 말하지 않는 것이 있으니 어떠한 것인가? 본신(本身=일간)의 합이다"라 하고, "오직 본신의 십간이 그 것과 합을 하니 합거되지 않는다. 예를 들어 乙 일간이 庚과 합하면 이것은 나의 정관이 나를 합하는 것이니 어찌 합거가 되겠는가?"라고 하였습니다.

곰곰히 읽고 생각해보면 일간이 타간과 합을 안 한다는 뜻이 아니라 합거되지 않는다, 즉 합하여 사라지거나 그 본성이 바뀌지 않는다는 뜻입니다. 그러나 다시 또 말하기를, 乙木 일간인데 "庚이 연상에 있고, 乙이 월상에 있으면 월상의 乙이 먼저 가서 庚과 합거하니 일간(乙)은 합이 되지 않는다"라고 하여, 일간의 합은 타간들끼리 먼저 합이 되고 난 다음에 이루어진다는 것을 알 수 있습니다.

예)

시	일	월	연
	乙	乙	庚

만약 합으로 생성된 火 기운이 있는데 대운이나 세운에서 극이나 충을 하는 글자가 오면 영향을 받나요? 壬水나 癸水, 지지로는 亥水와 子水와 같은 것이 올 때 합으로 생성된 것에도 영향을 미치는지 궁금합니다. 또 원국에 火가 없고 水가 여러 개 있다면 합으로 생긴 火 기운도 힘이 약해지는지, 원국에 있지 않고 합으로 생긴 기운이라 영향을 받지 않는지 궁금합니다.

[답변]

1. 합으로 생성된 火 기운도 대운이나 세운에서 오는 극이나 충의 영향을 받습니다.

2. 합으로 생긴 火 기운은 원국의 강력한 水에 의해 영향을 받습니다. 다만 그것은 힘의 세기에 의한 영향일 뿐, 충이 일어나지 않는다면 충에 의한 영향은 없다는 것을 알 수 있습니다.

② 형충회합의 해소와 통변

십이운성이 천간과 지지 사이의 관계를 인간의 생로병사에 대입하고 그것으로 길흉과 수요(壽夭)를 읽는 것이라면, 형충회합은 천간과 지지의 상호작용을 통하여 사건의 발단과 인과관계를 밝히고 결과를 추론하는 명리간법이다. 십이운성이 천간과 지지의 좌(坐: 앉아 있는 곳)와 봉(逢: 만나는 곳) 그리고 거(居: 거주하는 곳) 등을 보는 것이라면, 형충회합은 천간과 천간 그리고 지지와 지지가 만나서 합을 하는지 혹은 어떠한 충격을 받고 파괴되거나, 합거되거나, 생겨나는 과정을 읽어 사건의 원인, 과정, 결과를 해석한다.

필자가 동서양 고금의 명리학 자료를 찾아 읽어본 경험으로 말하자면, 형충회합에 대해서는 한국 사주명리술이 상당한 수준의 실력을 갖추었다고 자부할 수 있다. 앞에서는 주로 천간의 합을 중심으로 화이불화와 합이불합에 대해서 논하였다면, 여기에서는 그 외 지지의 관계까지 포괄하여 변화와 해소를 논하고 전체적인 통변을 어떻게 하는지에 알아보도록 하겠다. 필자가 천간의 충을 심각하게 논하지 않는 이유는 천간은 충이라기보다 극하는 관계이기 때문이다. 여러 자리에서 말하였는데, 천간은 허공에 떠 있는 무형의 기운이다. 천간이 극하는 것은 자극하고 위기감을 느끼게 한다. 반면 지지는 특정 공간에서 싸우는 물리적 충돌이다. 천간으로 하늘의 해와 달 그리고 별자리를 말한다면, 지지로는 실제 땅에 사는 인간들의 생생한 삶을 말한다. 말하자면 UFC 경기가 열리는 펜타곤과 같다. 주먹을 날리더라도 허공에 내지르는 것이 아니라 힘이 실리고 유혈이 낭자한 것이 지지의 싸움이다.

본론을 시작하기 전에 전체를 아우르는 형충회합 및 파해 등에 대한 간법을 요약하겠다. 첫째, 일간은 타간보다 형충회합 작용의 순위에서 뒤로 밀린다. 앞에서 일간의 합을 합이불합으로 소개한 것도 그 이유 중 하나이다. 예를 들어 월간에 己土가 있는데 연간과 일간에 甲木이 있다면, 월간 己土는 일간이 아니라 연간 甲木과 먼저 간합을 한다는 것이다.

둘째, 형을 제외한 그 외 충회합 등의 작용은 가능한 첩지의 원칙을 지킨다. 이것은 첩지와 이격의 의미를 읽어야 한다는 말이지, 이격되었을 경우 절대로 형충회합이 일어나지 않는다는 뜻은 아니다. 앞에서 말하였듯이 첩지는 글자가 옆에 붙어서 위치하는 것이고, 이격은 두 글자의 위치에 격차가 있다는 뜻이면서 다른 성분이 두 글자 사이에 와서 둘을 갈라놓는다는 뜻이기도 하다. 만약 두 글자 사이에 이격하는 성분이 두 글자 중 하나를 지극히 극하지 않고 오히려 화해시키는 상황이라면 합이 일어날 수도 있다. 뒤에서 다시 설명하겠지만 서락오가 『자평진전평주』에서 "충이란 극이니 가까이 붙어 있으면 극이 되고, 멀리서 진동하면 충이 되는데, 연지(年支)와 시지(時支)와 같은 충이 바로 이것이다[충자(沖者) 극야(克也) 첩근위극(貼近爲克) 요동위충(遙動爲沖) 여년지여시지지충시야(如年支與時支之沖是也)]"라고 한 문장이 있다. 즉 첩지하면 극으로 읽고, 요격되어 있으면 충으로 읽는다는 뜻이다. 중요한 것은 그 세력과 현상의 차이를 읽고 해석해야 한다는 것이다.

형이 거리를 두고도 발생하는 것은 그 발생원리 때문이다. 형은 삼합이나 방합의 세력이 지나쳐서 글자들끼리 서로 밀쳐내거나 다른 세력을 생산해내는 등의 반응이다. 충은 마주보고 직접적으로 부딪치는 물리적 현상인 반면, 형은 진동과 같은 것이다. 충은 기물이 깨어져서 그 속의 내용물이 쏟아지는 것이라면, 형은 기물이 부풀거나 흔들려서 그 속의 내용물이 못 견디고 튀어나오는 현상이다. 어떻게 보면 충이 물리적이라면 형은 정신적인 형태로 나타나기도 한다. 그에 따라 사건과 사고의 진행과정과 결과에 차이가 날 수 있다.

셋째, 형충회합 작용의 우선순위는 세운>대운>명식이다. 이 공식에 대해서는 오해가 없기 바란다. 세운이 가장 중요하고 명식의 형충회합이 가장 덜 중요하다는 의미가 아니다. 물론 명식, 즉 원국 자체에 있는 형충회합이 가장 절대적인 영향력을 가진다. 여기서 말한 세운>대운>명식의 순위는 체감하는 느낌, 당장 읽어야 할 성분이라는 의미가 있다. 즉 빨리, 짧게 움직이는 글자에 형충회합이 우선 반응한다는 뜻이다. '우선'이라는 글자 그대로의 뜻보다는 빠르게 움직이는 글자에 통변성이 더 있다는 의미로 이해해야 한다.

명식에 甲己합이 있을 때 대운에서 甲木이 들어오면 명식의 己土는 기존의 甲己합을 풀고 대운과 합하려 한다. 세운에서 甲木이 또 들어오면 명식이나 대운의 甲己합을 풀고 세운과 먼저 간합하려고 한다. 현장 상담에서 형충회합이 발생한 사주를 만나면 세운과의 통변성을 먼저 찾아 읽는 것이 적중률을 올리는 방법이다. 그렇다고 대운이나 명식에 이미 있는 형충회합은 의미가 없다는 뜻은 아니다. 일간 입장에서 그만큼 충격을 실감하는 것은 세운이라는 의미이고, 그만큼 상담을 오게 된 이유와도 관련이 있다는 뜻이다. 거기에 더하여 대운의 충에 세운의 충이 추가된 경우, 또 세운의 충이 있는데 그해 특정 월의 육십갑자가 다시 충을 해오는 경우도 충격을 실감하는 시기이다. 항상 사주팔자에서 읽어달라고 소리치는 글자를 찾아 먼저 읽는 습관을 가져야 한다.

네 번째로 형충회합은 명식과 대운·세운의 상호작용 여건에 따라 발생해서 손상이 생기는 것이 있고, 반대로 오히려 나아지는 것이 있으며, 별문제 없이 지나가버리는 것이 있다. 이것을 배합과 향배라고 하였다. 필자는 배합과 향배가 명리학의 묘미라 말하고 이것을 읽을 줄 알아야 제대로 된 통변에 이른다고 강조한다. 올바른 해석을 위해서는 앞에서 배운 육신과 십간의 생사를 통해 강약을 읽어야 한다. 즉 육신이 길신에 해당하는지 흉신에 해당하는지, 십이운성의 세력이 강한지 약한지 등을 보고 길흉을 해석해야 한다. 여기에 더하여 형충회합의 향배도 읽어야 한다. 이것이 격국의 성패와 변화에서 주요 원인이며 팔자 통변의 핵심이다.

마지막으로 형충회합파해에서 선후가 있고, 중요한 것과 덜 중요한 것이 있다. 『자평진전』이나 『적천수』와 같은 책은 충회합을 위주로 하고, 형파해에 대해서는 비중을 낮게 보았다. 각각의 발생원리와 변화를 이해한다면 학습자가 스스로 판단할 수 있을 것이다.

해소(解消)라는 것은 형충회합이 발생하였지만 어떤 계기로 해결되거나 사라지는 것을 말한다. 『자평진전』에서 이것을 다룬 곳은 「논형충회합해법(論刑沖會合解法)」

편이다. 서락오는 삼형, 육충, 오합, 육합, 삼합 등의 관계 중에서 형과 해·파의 작용이 나머지에 비해 상대적으로 약하다고 말하였다. 『적천수』에서도 이와 같이 말하고 있다. 또한 비록 팔자에 육충, 삼형 등이 있는 것은 좋다고 말할 수 없지만, 삼합이나 육합이 오면 이를 해소할 수 있다고 하였다. 이 경우 오히려 일간의 운로에 좋은 변화가 생겨나기도 한다. 널리 존경받는 인물이나 크게 성공한 사람들은 대부분 고난과 역경을 극복한 경우가 많다. 그들의 사주를 보면 형충회합파해가 비일비재하다. 온전한 사주를 찾기 어려운 경우가 많다.

예를 들면 아래 사주에서 원국에 卯酉충이 있지만 동시에 辰酉합이 있어서 충을 해소하니, 충과 합이 모두 발생하지 않는다는 것이 이론적인 설명이다. 이것은 명식 내의 육합이 육충을 해소한 사례이다.

예1)

시	일	월	연
	甲		
	辰	酉	卯

또한 아래 사주처럼 세운에서 戌이 와서 卯戌합을 하거나, 亥나 未가 와서 삼합을 해도 충이 해소된다. 이것은 행운(行運)의 육합이나 삼합이 명식의 육충을 해소한 경우이다.

예2)

시	일	월	연	운	운	운
	甲					
		酉	卯	戌	亥	未

이와 같이 충은 육합으로도 해소할 수 있고, 삼합이나 방합으로도 해소할 수 있다. 거기에 반합까지 포함하고, 파해와 같은 다양한 간지의 작용을 생각하면 각 현상들

사이에 수많은 역학관계가 생긴다.

형충회합 작용력의 세기		
약	파·해〈 반합〈 육합 = 육충〈 반합+천간, 록지〈 삼합·방합	강

　위의 표는 형충회합과 파해의 작용력을 순서대로 나타낸 것이다. 좌측에서 우측으로 갈수록 힘이 점점 강해진다. 비록 도식화 과정에서 파를 가장 약한 자리에, 방합을 가장 강한 자리에 두었지만, 그 형성과정과 주변 상황을 고려하면 얼마든지 변화가 일어날 수 있으니 유연하게 적용해야 한다. 방합은 寅·卯·辰, 巳·午·未, 申·酉·戌, 亥·子·丑 등의 합이고, 삼합은 亥·卯·未, 寅·午·戌, 巳·酉·丑, 申·子·辰 등의 합이다. 방합은 지지를 순서대로 병렬했을 때 같은 장소와 시간(계절)에 속한 글자들이 모인 것이고, 삼합은 각 방위의 전후에서 한 글자씩 모아서 생왕묘(生旺墓)를 묶은 것이다. 방합은 한 집안 혹은 같은 가족에서 나와서 형제의 합이라 하고, 삼합은 다른 집에서 비슷한 성향과 목적을 가지고 모인 글자라서 사회의 합이라 한다. 방합은 본태적으로 결집력이 강한 글자이고, 삼합은 필요한 상황이 되면 목적을 가지고 더욱 강하게 결집하는 세력이다. 때에 따라 방합이 삼합보다 더 강력하게 결집한다고 할 수 있고, 혹은 삼합이 방합보다 더 강하게 이끌린다고 할 수도 있다.

　반합은 이미 알고 있듯이 삼합이나 방합의 세 글자 중 왕지를 포함한 두 글자가 있을 때를 말한다. 예를 들어 寅·午·戌 삼합에서 寅과 午 혹은 午와 戌이 있으면 반합이다. 왕지인 午가 없이 寅과 戌만 있으면 반합이 성립되지 않는다. 그 상태만으로는 육합보다 세력이 약하지만, 주변에 그 삼합 오행의 록지가 오거나 천간에 해당 오행의 음·양간이 투간되어 있으면 강력해진다. 삼합 오행의 록지라는 것은 木국의 양간인 甲木에게는 寅, 火국의 양간인 丙火에게는 巳, 金국에는 申, 水국에는 亥가 된다. 왕지인 子·午·卯·酉에 반해, 록지는 寅·申·巳·亥가 된다. 예를 들면, 지지에 寅·午가 있어서 火의 반합을 이루었는데, 만약 지지에 巳火가 있거나 천간에 丙이나 丁이 투출되어 있으면 火의 삼합국에 가까운 세력이다. 이때는 지지에 子·午충이나 寅·申충이 있어도 해소가 된다. 육합이나 육충은 동일한 힘을 가진 현상이다. 도식화에 따르면 두 가지는 서로가 서로를 해소한다. 그러나 사주팔자는 명식이라는 체(體)가 있지만 행운(行運)이라는 용(用)이 개입되어 언제든 변화한다는 것을 항상 기억해야 한다. 팔자에 충이 나타나 있으면 비록 육합이나 삼합, 혹은 반합으로 해소되었을지라도 그 사연을 어떻게든지 겪었을 가능성이 있다. 지나온 인생에서 어떻게 겪으면서 지내왔는지 조심스럽게 확인할 필요가 있다.

3 辰·戌·丑·未의 형충회합

辰·戌·丑·未는 입고(入庫) 혹은 입묘(入墓)와 관련이 있다. '입고(入庫)'는 고(庫)로 들어가는 것이고 '입묘(入墓)'는 묘(墓)로 들어가는 것이다. 입고와 입묘는 화개지, 즉 辰·戌·丑·未의 형충회합론이다. 辰·戌·丑·未는 주로 사고지 혹은 사묘지라 불린다. 이것은 4개의 고지 혹은 묘지라는 뜻이다. 왜 辰·戌·丑·未만 입고나 입묘라는 이름으로 그 형충회합을 따로 거론하는가? 그만큼 辰·戌·丑·未가 만들어내는 변화가 복잡하고 팔자에 미치는 영향이 중대하면서도 은미하기 때문이다. 다음은 주요 고전에서 언급한 辰·戌·丑·未 사고지의 격국 변화와 통변의 특징을 정리한 내용이다.

1. 辰·戌·丑·未의 의의

辰·戌·丑·未는 지장간을 가두거나 숨기거나 묻어두는 지지들이다. 화개라는 이름은 신살에서 유래하였는데, 고대 천문의 자미원이라는 이름에서 왔고 보물을 덮는 덮개나 곳간의 의미로 쓰였다. 그러한 유래로 고지나 묘지로 불리게 되었다. 또한 그 속에 여러 가지 성분이 숨어 있어서 복잡하다는 의미로 잡기(雜氣)라고도 하였다. 잡기이기 때문에 辰·戌·丑·未에 형충파해가 발생하면 팔자의 구성에도 변화가 일어난다. 辰·戌·丑·未에 가두어뒀던 지장간이 쏟아져서 사주팔자에 여러 가지 작용으로 영향을 미치기 때문이다. 팔자에 드러난 글자와 상극을 하기도 하고, 천간과 합을 하거나 파헤친 땅에 묻어버리기도 한다. 또한 辰·戌·丑·未가 합이 되면 土 오행이 아닌 다른 오행으로 변화하게 된다. 이것이 격국의 성립과 변화 그리고 해석에 중요한 원인이 된다.

격국이론을 다룬 많은 명리서들은 묘고의 형충회합 혹은 잡기(雜氣)를 특별히 다루고 있다. 『삼명통회』는 「논잡기(論雜氣)」와 「부론묘운(附論墓運)」에서, 『자평진전』은 「논잡기여하취용(論雜氣如何取用: 잡기를 어떻게 취용할 것인가)」과 「논묘고형충지설 (論墓庫刑沖之說: 묘고의 형충에 관한 설)」에서 비교적 자세히 다루고 있다. 『적천수』도 「지지(地支)」에서 사생·사왕(사패)·사고의 형충회합을 각각 다루었는데, 그중 일부는 위에서 이미 인용하였다. 다음은 『연해자평』 「논오행묘고재인(論五行墓庫財印)」인데 비교적 짧은 내용이라 이곳에 간단히 소개한다.

丙丁생은 辰이 관고(官庫)이다. 水土의 고(庫)는 辰에 있기 때문이다. 모름지기 연월시 중에 木이 있거나 혹 亥卯未와 寅木이 있으면 청하다. 가령 木이 없으면 土가 바로 丙丁의 관을 분탈하니 탁하고 비천하며 청하지도 않고 현달하지 못하게 된다.㈜ **165**

위에 인용한 『연해자평』의 내용은 묘고지에 대하여 丙丁 일주를 예로 든 것이다. 상세한 설명이 있는 것은 아니지만, 丙丁생에게 관은 水 오행이 되니 辰을 만났을 때 관고가 된다고 말하고 있다. 水土동행의 사유가 여전히 나타났고, 그것보다 辰土인 관고를 木으로 극하여 관을 꺼냈을 때의 청함과 현달함을 설명하였다. 土가 관고이면서 水 오행을 분탈하는데 인수인 木이 그것을 해소하기 때문이다. 제목에 논오행묘고재인(論五行墓庫財印)이라 하였는데, 바로 木이 丙丁火 일간의 인수이면서 사주를 소통시키는 중요한 인자이기 때문이다.

㈜ **165** 丙丁生人以辰爲官庫, 水土庫於辰故也. 須年月時中有木, 或亥卯未並寅即淸. 如無木, 則土奪丙丁之官, 則濁卑而不淸, 亦不顯矣.

2. 『삼명통회』의 잡기론

辰·戌·丑·未 잡기에 대한 자세한 설명은 『삼명통회』에 나와 있다. 아래 인용문은 『삼명통회』의 「논잡기(論雜氣)」에서 가져왔다. 비교적 긴 내용이라 나누어서 인용한다. 먼저 辰·戌·丑·未를 잡기라 부르는 까닭은 재관인이라는 성분이 모두 들어 있기 때문임을 밝히고, 다음으로 辰·戌·丑·未로 격을 잡는 방법 그리고 그 변화를 설명하고 있다. 辰·戌·丑·未를 잡기라고 할 때 단순히 복잡한 것이라거나 입묘라는 부정적 인식을 보이는 게 아니라, 재성·관성·인수라는 귀한 육신을 소장하였다는 데 의의를 두고 있다. 현대명리학계에서 辰·戌·丑·未나 화개에 대한 부정적 인식이 있는 것이 사실인데 그러한 오해를 불식시키는 계기가 될 것이다.

> 잡기라는 것은 바로 辰戌丑未이다. 辰 중에 乙戊癸가 있고 水土의 고(庫)가 된다. 戌 중에 辛戊丁이 있고 火의 고가 된다. 丑 중에 癸辛己가 있고 金의 고가 된다. 未 중에 丁己乙이 있고 木의 고가 된다. 각각은 소장된 기를 따라 설명한다. 나를 일간으로 보면 혹은 관이 되고, 혹 재가 되고 혹 인수가 된다. 관은 일신의 복을 잇는 물건이고, 재는 명(命)을 양생하는 원천이며, 인은 몸의 근본이 되는 뿌리이니 사람에게 절대적으로 필요한 것이다. 주166

> 사고지 각각에는 세 개의 물건이 암장되어 있어 바로 천지의 정기가 되지 않는 기운이고 그래서 잡기라 한다. 경에 이르길, 재관인을 모두 갖춘 것은 사계 중에 있다는 것이 그것이다. 이 격은 투로(透露: 천간에 드러난 것)와 형충을 반기고, 압복(壓伏: 억압되어 굴복하고 있는 것)을 꺼린다. 그 외 상세한 희기는 앞의 정기 재관인과 동일하다. 주167

첫 단락은 辰·戌·丑·未를 잡기라 하는 이유를 밝혔다. 재관인이라는 귀한 육신 성분이 소장되었기 때문이다. 재관인의 의미가 각각 '재는 명(命)을 양생하는 원

주166 雜氣者, 乃辰戌丑未, 辰中有乙戊癸, 爲水土庫. 戌中有辛戊丁, 爲火庫. 丑中有癸辛己, 爲金庫. 未中有丁己乙, 爲木庫. 各隨所藏之氣而言. 看我日干, 或爲官, 或爲財, 或爲印. 官係福身之物, 財是養命之源, 印乃資身之本, 在人最爲切要.

주167 四庫各藏三件, 乃天地不正之氣, 故以雜言也.《經》云, 財官印綬, 全備藏蓄於四季之中, 是也. 此格喜透露衝刑, 忌壓伏, 其餘喜忌消詳, 與前正氣財官印同.

천이며, 관은 일신의 복을 잇는 물건이고, 인은 몸의 근본이 되는 뿌리'이기 때문이라 설명하였다. 통상 수명을 읽을 때 재성의 상태로 판단하는데, 그 이유는 재성이 바로 명을 양생하는 원천이기 때문이다. 관은 일신의 복이고, 인수는 일신의 근본이 된다는 문장은 어렵지 않다. '재관인을 모두 갖춘 것은 사계 중에 있다'는 문장은 바로 辰 · 戌 · 丑 · 未의 지장간에 재관인이 모두 포함되어 있다는 의미이다. 辰 · 戌 · 丑 · 未를 사계(四季)라 한다. 사계는 사시의 마지막 달인 음력 3 · 6 · 9 · 12월로, 辰 · 戌 · 丑 · 未를 각각 계춘 · 계하 · 계추 · 계동이라 하였다. 그 외에는 앞의 육신편에서 공부한 것을 참조하여 그대로 적용하면 된다.

가령 여섯 甲 일간이 丑월을 얻었으면 丑 중 辛金은 관이 되고, 己土는 재가 되며, 癸水는 인수가 된다. 천간에 투출한 글자가 복이 되고, 다음으로 절기의 심천을 가려 어떤 것이 당령했는지를 본다. 대개 재성이 투출하면 부가 되고, 관성이 투출하면 귀하다. 인수가 있으면 조부가 이룬 부를 누리고 칙서나 음덕의 귀함을 받게 된다.[168]

투출된 것이 없는 경우, 형충이 조금 있으면서 신왕을 겸하면 묘함이 있고, 신약한데 형충이 태과한 것은 꺼린다. 즉 복이 그 기를 흩어버리기 때문이다. 가령 사주원국에 파해하는 물건이 있는데 운에서 재차 이들을 만나면 안 된다. 운에서 재차 행하는 것은 태과이니 빼어난 기운을 충하여 파괴하니 도리어 길하지 않게 된다. 원국에 파해가 없으면 충형이 되는 운을 반긴다. 경감(景鑑)에 이르길, 잡기재관(雜氣財官)은 신왕하고 충이 있으면 발전하고, 태과하면 고독하여 빈천하다고 하였다. 또 이르길, 잡기재관격은 사주에 재성이 많을 필요가 있으니 즉 좋은 명이 된다.[169]

주168 假令六甲日生得丑月, 以丑中辛金爲官, 己土爲財, 癸水爲印, 看天干透出何字爲福, 次分節氣淺深何物當令, 大槪透財者富, 透官者貴, 印綬享父祖見成之福, 受宣敕蔭庇之貴.

주169 如無透出, 衝刑少許, 兼身旺爲妙, 忌身弱衝刑太過, 則福聚之氣散矣. 如柱元有破害之物, 再不可遇此等運, 再行則爲太過, 衝壞秀氣, 反不爲吉, 元無破害, 喜衝刑運.《景鑑》云, 雜氣財官, 身旺有衝而發, 若太過反受孤貧是也. 又云, 雜氣財官, 格要四柱財星多, 便爲好命.

위에 이어서 인용한 단락은 辰·戌·丑·未로 격을 잡는 경우를 말한다. 이것을 잡기재관격이라 하는데, 辰·戌·丑·未에 들어 있는 재관은 투출하면 좋고 형충을 반기지만, 제극당하는 것을 꺼린다고 하였다. 재성이 투출하면 부자의 사주이고, 관성이 투출하면 귀한 사주이며, 인수가 투출하면 부모나 조상의 보살핌이 있다고 해석하였다. 투출이 안 된 잡기재관격은 형충을 반기는데 신왕하고 형충이 가벼워야 한다고 하였다. 형충이 무거우면 복이 흩어지기 때문이다. 형충이 무겁다는 것은 사주명식에 파해와 같은 것이 추가되고 운에서 재차 형충하는 것을 말한다.

만약 사주에 다른 격이 들어오면 다른 격으로 판단한다. 또 잡기재관은 정관격, 편관격, 정재격, 편재격이 있고, 잡기인수는 정인격과 편인격이 있으니 모름지기 정과 편을 구분한다. 만약 편관이 왕하면 조금 제복하는 것은 된다. 만약 묘고가 중첩되고 원국에 형충이 없으면서 귀한 기운이 투출하지 않고 戊己土가 그 위에서 압박하고 있으면 어려서 발달하기 아주 어렵다. 그래서 재관이 폐쇄되면 소년불발이라 하였는데, 묘 중에 있기 때문이라는 것이 그것이다. 또 말하길 사고지는 쇠양관대(衰養冠帶)인데 만약 시상(時上)에 나타나면 시묘격(時墓格)이 되고, 월상도 이와 같이 논하는데 다만 발전이 비교적 늦다. ^{주170}

이어지는 인용문은 잡기재관의 격국 변화에 대한 것이다. 잡기재관격의 경우 정과 편을 구분해야 한다는 문장은 다른 책에서는 언급이 안 된 내용이다. 그 이유로 편성의 경우는 제복해도 된다고 하였는데, 즉 길성과 흉성을 구분하여 제복의 희기를 읽은 것이다. 또 예를 들어 묘고가 중첩된 사주에서 형충이 없으면서 재관인과 같은 귀한 기운이 투출되지 않았고, 戊己土가 투출하여 위에서 누르고 있으면 발달이 느리다고 하였다. 이 말은 지지에 辰·戌·丑·未, 천간에 戊己土가 형충도 없이 중첩

주170 若四柱別入他格, 依他格斷. 又云, 雜氣財官, 有正官格, 偏官格, 正財格, 偏財格, 雜氣印綬有正印格, 偏印格, 須分偏正, 若偏官旺, 亦要少許制伏則可. 若墓庫重疊, 元無刑衝, 不透貴氣, 兼有戊己壓其上, 最難發於少年, 故曰, 財官鎖閉, 少年不發墓中人, 是也. 又曰, 四庫亦是衰養冠帶之鄕. 若時上見, 爲時墓格, 與月上同論, 但發較晩.

된 경우를 말한다. 그것을 소년불발, 즉 어려서 발전이 안 된다고 표현하였다. 이유
는 묘고 속에 들어 있는 귀한 글자들(재관)이 나오지 못하기 때문이다. '사고지는 쇠
양관대(衰養冠帶)이다'라는 문장은 십이운성 표에서 충분히 참조할 수 있다. 십이운
성에 따르면 사고지는 모두 쇠·양·관대·묘지에 해당한다. 참고로 寅·申·巳·亥는
생·록·병·절이고, 子·午·卯·酉는 태·욕·왕·사의 자리이다.

가령 丁亥, 戊子, 丙申, 己丑의 사주는 丙 일간이 丑 묘지를 재고(財庫)로 용하는데 未운으로
행하면 丑 고지를 충하여 재물을 충발하고, 壬辰을 보면 관고인데 戌운에 이르러 辰을 충하니
관을 충발하게 된다.^{주171}

예)

시	일	월	연
己	丙	戊	丁
丑	申	子	亥

만약 사주 중 다른 곳에 戊辰과 己丑이 있으면 고지 위를 압박하니 재성과 관성을 발전시키
지 못하여 좋은 명을 만들기 어렵다고 본다. 만약 충이 있는데 합을 보면 또한 충이 안 된다.
또 말하길, 월이 고지에 임하면 동서남북 사우(四隅: 네 모퉁이)의 기운이다. 가령 未(木의 묘)
가 동방을 행하거나, 戌(火의 묘)이 남방을 행하고, 辰(水의 묘)이 북방을 행하고, 丑(金의 묘)이
서방을 행하면 묘고에 임하여 생왕지로 행하니 반드시 발전한다. 가령 월이 辰 水기에 임하여
운이 남방으로 전환하여 회합하지 않으면 土로 논할 뿐이다.^{주172}

사례로 든 丙申 일주의 사주는 시주에 丑土 재고를 가지고 있는데, 천간의 己土와

주171   如丁亥, 戊子, 丙申, 己丑, 丙用丑墓爲財庫, 行未運, 衝丑庫發財, 見壬辰爲官庫, 至戌運衝辰庫發官.

주172   倘柱中別有戊辰己丑壓伏庫上, 則不能發財發官, 難作好命看. 若有衝見合, 則又不能衝矣. 又日, 月臨庫地, 東西
南北四隅之氣. 如未木行東方, 戌火行南方, 辰水行北方, 丑金行西方, 臨庫墓運行生旺之地, 必發. 如月臨辰水氣, 運轉南
方, 不見會合, 只以土論.

짝을 하여 누르고 있으니 발전이 더딘 사주이다. 이 경우 未운에서 丑 재고를 충하면 재성이 충으로 발전한다고 하였다. 만약 戊辰이 사주 중에 있었다면 관고가 戊土에 눌려서 발전이 어려운데, 운에서 戌을 만나면 마찬가지로 충하여 관의 발전이 있을 것이다. 가령 사주에 월지가 고지라면 각 생왕지의 운에서 발전한다고 하였다. 예를 들어 未월이면 木의 묘고지이니 동방 즉 寅·卯·辰의 동방운으로 가는 것, 戌월은 火의 묘고이니 巳·午·未의 남방운으로 가는 것, 丑은 金의 묘고이니 申·酉·戌의 서방운으로 가는 것, 辰은 水의 묘고이니 亥·子·丑 북방운으로 가는 것이다. 이때는 각 묘고의 월지가 생왕지로 행하는 것이고, 그러면 반드시 발전한다고 하였다. 만약 그렇지 못하다면 그냥 土로 보고 읽으면 된다.

또 말하길, 옛 사람들은 오행의 묘는 창고가 된다고 하였다. 만약 명 중에 창고가 있고 태세에서 극하는 (납음) 오행이 가해지면, 예를 들어 木 일간인데 辛未(노중토)를 얻거나, 火 일간이 庚戌(차전금)을 얻거나, 土 일간이 壬辰(장류수)를 얻거나 水 일간이 甲辰(복등화)를 얻거나, 金 일간이 癸丑(상자목)을 얻으면 이것은 창고 중 재성이 있어 그 사람은 반드시 넉넉한 부자가 된다. [주]173

만약 사주에 묘절이 있고, 태세에 오히려 두려운 (납음) 오행이 가해지면, 예를 들어 木 일간인데 乙未(사중금)를 얻거나, 火 일간이 壬戌(대해수)을 얻거나, 土 일간이 戊辰(대림목)를 얻거나 金 일간이 己丑(벽력화)을 얻거나, 水 일간이 丙辰(사중토)를 얻으면 이것은 절처에서 의지할 곳이 없어 그 사람은 반드시 머뭇거리고 막히게 된다. [주]174

만약 오행이 서로 갈마들어 묘고가 순수하여 파하지 않았으며 또 복신이 임하였으면 이것은 두 개의 벼슬을 하는 격이다. 파하고 생왕하거나, 파하고 사절지라면 복신이 임하였어도 감퇴하는 것으로 판단한다. 극파되고 복신이 없으면 일반 백성에 불과하고, 이 묘고 격국은 귀천을

[주]173 又曰, 古人以五行墓處爲倉庫, 若命中帶倉庫, 遇太歲所剋之五行加之, 如木人得辛未, 火人得庚戌, 土人得壬辰, 水人得甲辰, 金人得癸丑, 是謂庫中有財, 其人必豊盛.

[주]174 若命帶墓絶, 而反値太歲所畏之五行加之, 如木人得乙未, 火人得壬戌, 土人得戊辰, 金人得己丑, 水人得丙辰, 謂之絶處無依, 其人必迍滯.

불문하고 단지 일생에 자기의 영화는 왕해도 육신에 불리하고 자식을 얻기도 어렵다. ^주 **175**

　앞에서는 주로 묘고지의 형충이나 투출 혹은 제극의 효용을 설명하였는데, 위의 인용문은 묘고지에 납음오행의 제극이 가해진 경우를 설명하고 있다. 묘고지와 납음의 관계는 다른 명리서에서 드물게 다뤄지고 있다. 납음오행은『적천수』나『자평진전』과 같은 류의 명리서에서는 거의 언급되지 않았지만,『연해자평』과『삼명통회』, 특히『삼명통회』가 깊이 있게 다루고 있다. 물론『오행대의』와 같은 책에서도 원류를 찾을 수 있다. 비록 납음오행에 대한 이견이 존재하지만, 명리학을 공부하면 할수록 납음오행의 영향을 간과할 수 없음을 절감할 것이다. 반드시 시간을 할애해서 그 발생과 의의에 대해 공부하고, 간략하게 정리한 납음표를 옆에 두고 통변에 어떻게 적용되는지를 체득해야 한다.

　위의 인용문을 요약하면, 우선 좋은 측면으로는 사주에 창고가 있는데 세운에서 일간의 묘지가 들어오고 또 그 납음오행이 일간의 재성에 해당하면 부자가 된다는 것이 첫 번째 단락이다. 예를 들어 木 일간에게는 未土가 묘지이고, 火 일간에게는 戌土, 土 일간은 辰土(수토 동행으로 읽음), 金 일간에게 丑土, 水 일간에게 辰土가 묘지인데, 세운 육십갑자의 납음오행이 재성에 해당할 때이다. 한편 사주에 묘절이 있는데 세운에서 제극하는 묘고의 납음오행이 가해지면 흉하다는 것이 두 번째 단락이다. 이러한 상황을 설명하여 '절처에서 의지할 곳 없어서 머뭇거리고 막히게 된다'고 하였다. '오행이 서로 갈마든다'는 것은 묘고의 오행이 상생하는 것으로 순수하고 파괴되지 않았으며, 복신 즉 재관인식과 같은 육신 혹은 용신이 들어오면 두 개의 벼슬을 할 정도로 좋은 격이라 하였다.

　현기부(玄機賦)에 이르길, 잡기재관은 형충하면 발달한다고 하였다. 천리마(千里馬)에 이르

---

^주**175**　若五行遞相, 庫墓純粹而不破, 又有福神加臨, 此兩府之格也. 若破而生旺, 破而死絶, 有福神加臨, 則減退斷之. 若剋破而無福神, 只是百姓.

길, 辰戌丑未가 형충을 만나면 발달하지 않는 사람이 없다고 하였다. 통명부(通明賦)에 이르길, 일주가 관고와 재묘에 임하여 열리면 영예로운 작록에 봉해지고 닫히면 재물에 인색해진다. 수수론(搜髓論)에 이르길, 재성이 입고된 일주는 재물이 모인다고 하였다. 고가(古歌)에 이르길, 잡기재관은 월궁을 용하는데 천간에 투로해야 비로소 풍부해진다. 재다관왕은 충파가 마땅하고, 간지가 중하게 압박되는 것을 절대 기피한다. 또 辰戌丑未는 사계가 되는데, 인수와 재관은 잡기에 거주한다. 간두에 투출한 격국이 참되고 재가 많으면 존귀해진다.㊟176 (중략)

또 월령 제강은 충하면 안 된다. 열 개가 충하면 아홉 명은 흉해진다. 오직 재관이 묘고를 만나 운에서 이에 (충) 이르면 오히려 성공한다.㊟177

마지막은 잡기재관이 형충하거나 투출하면 발전한다는 말을 여러 근거를 들어 다시 요약한 인용문이다. 재다관왕 즉 재성이 여러 개이고 관성이 왕성할 때는 충파로 덜어내는 것이 좋고, 간지가 압박하고 있는 경우 즉 묘고의 천간에 戊己土가 얹혀 있는 것을 좋지 않게 보았다. 그리고 월령 제강은 보통 충하면 안 되는데, 오직 재관 묘고 즉 잡기재관인 경우는 운에서 충을 하면 오히려 성공한다고 하였다.

지금까지 『삼명통회』「논잡기」를 인용하였다. 독자들이 긴 호흡으로 전체 내용의 연속성을 이해하기 바라는 마음으로 인용이 길지만 이어서 적었다. 여러 번 여러 장소에서 말하였듯이 『삼명통회』만큼 명리의 모든 이론을 자세히 설명하고, 내용이 풍부하며 출처를 밝히면서도 논리적으로 충실한 책은 드물다. 『연해자평』이나 『적천수』또는 『자평진전』등에서 담지 못한 귀한 설명이 많이 포함되어 있다는 것을 염두에 두기 바란다. 일반 학습자들이 다 이해하기 힘들 만큼 깊이 있는 내용도 많은데, 특히 신살 편이 그렇다. 그 외에는 여러 번 읽으면서 숙독하면 이해가 된다. 비교적 명리

㊟176 《玄機賦》云, 雜氣財官, 刑衝則發.《千里馬》云, 辰戌丑未遇刑衝, 無人不發.《通明賦》云, 主臨官庫財墓開則榮封爵祿, 閉則慳吝資財.《搜髓論》云, 財星入庫主聚財.《古歌》曰, 雜氣財官用月宮, 天干透露始爲豐, 財多官旺宜衝破, 切忌干支壓伏重. 又辰戌丑未爲四季, 印綬財官居雜氣. 干頭透出格爲眞, 只以財多爲尊貴.

㊟177 又月令提綱不可衝, 十衝九命皆爲凶. 惟有財官逢墓庫, 運行到此反成功.

이해도가 있는 학습자들에게는 보고와 같은 책이다. 격국론에 한정한다면『자평진전』을 추가로 읽어 체계적 지식을 더하면 된다. 이어지는「부론묘운」편에서 묘고를 간단히 언급하였기에 그 부분까지 인용하였다.

비결(祕訣)에 이르길, 초년에 묘고를 만나는 것은 마땅치 않고 노년에는 이것을 보면 오히려 풍륭하다. 또 말하길, 왕한 관과 왕한 인수와 왕한 재는 입묘하면 화가 있고, 상관·식신과 아울러 신왕한데 고를 만나면 재앙이 있다. 또 왕한 살이 입묘하면 수명을 연장하기 어렵고, 관인과 상관을 보는 것은 가능하여 칠살이 용신이 되는 경우 묘고운으로 행하는 것을 꺼리고, 오직 만년에 자신이 고지로 행하는 것은 길하다. 부(賦)에 이르길, 노년에 묘지로 행하면 만경유유(晚景悠悠: 만년의 경치가 여유 있음)라 한 것이 그것이다.㈜178

「부론묘운」은 짧지만 앞의「논잡기」와 같이 읽다 보면 마치 묘수를 알려주는 듯한 문장이다. 요지를 정리하면, 묘고의 글자는 초년에 보는 것보다 노년에 보는 것이 아름답고, 재관인이 왕할 때는 입묘하는 것이 오히려 화가 되며, 흉살이 왕한데 입묘해 있으면 오래 흉하다는 것이다. 이를 통해 사주에 왕한 글자가 입묘하면 해롭다고 추론할 수 있는데, 즉 입묘한다는 것이 그 글자를 무한히 안전한 곳, 혹은 꺼내기 힘든 곳에 넣어 감춰버린다는 의미이다. 반대로 비교적 약한 길신을 보호하는 장소로 묘고지가 절묘하다는 뜻도 된다. 묘고지 형충의 오묘한 효용을 감지할 수 있는 문장이 되겠다.

이상『삼명통회』의 잡기론을 정리하면 다음과 같다. 잡기의 의의에서 시작하여 잡기로 격을 잡는 방법 그리고 그에 따른 변화와 간명의 특징을 알 수 있었다.

첫째 辰·戌·丑·未는 재성·관성·인성을 숨기고 있는 지지여서 잡기라 부른다.

㈜178 《祕訣》云, 幼年不宜逢墓庫, 老年值此却豐隆. 又云, 旺官旺印與旺財, 入墓有禍, 傷官食神並身旺, 遇庫興災. 又云, 旺殺入墓, 壽算難延. 可見凡官印傷官, 七殺爲用神者, 俱忌行墓庫之運, 惟晚年行自庫之地則吉. 賦云, 老行墓地, 晚景悠悠, 是也.

둘째, 辰·戌·丑·未가 월지에 있을 때 재관잡기로 격을 잡는다. 辰·戌·丑·未의 지장간 중 투출한 천간으로 격국을 잡고 일반 격국과 같이 논하면 된다. 이때는 정과 편을 구분한다. 즉 재관잡기 중 투출한 글자가 정관이면 정관격, 편관이면 편관격, 정재면 정재격 등이다.

셋째, 辰·戌·丑·未는 형충을 반기는데, 그렇더라도 심하게 형충되는 경우는 귀한 글자가 손상되는지를 살펴야 한다. 원국에 이미 형충이 되어 있으면 반가운데, 세운이나 대운에서 재차 충이 되면 그 경중을 따져서 읽어야 한다. 반대로 원국에 형충이 없으면 행운에서 형충하는 시기에 발전이 있다.

넷째, 팔자에 辰·戌·丑·未가 있을 때 그 글자의 천간에 戊己土가 얹혀 있으면 너무 무거워진다. 고전에는 그것을 압박이라고 표현하였고, 통변성으로는 발전이 더디다고 하였다.

다섯째, 辰·戌·丑·未에 암장된 글자 중에서 특히 재관의 상태를 살펴서 그 부귀를 읽는데, 재성은 암장된 것도 반기고 관성은 투간된 것을 반긴다. 이것을 풀어서 설명하면, 부를 담당하는 재성 입장에서 돈은 남들이 모르는 은밀한 곳에 숨겨두는 것이 오래가고, 귀를 관장하는 관성은 천간에 드러나야 남들이 알아주는 명예가 된다. 그러나 재관은 두루 드러나는 것을 아름답게 보았다.

여섯째, 辰·戌·丑·未는 초년에 오는 것보다 말년에 오는 것을 더 바람직하게 본다. 辰·戌·丑·未 성분이 그만큼 세상의 산전수전을 겪고 노련미가 있는 글자라는 의미이다. 삼합의 글자 중 화개지는 생왕묘 혹은 지장화 중 마지막 글자로 한 시대 영욕의 세월을 모두 견딘 성분이다. 가장 노련한 참모에 해당한다.

마지막으로 辰·戌·丑·未는 천간 오행을 넣어서 감추고 숨겨두는 글자이다. 약한 세력이 들어가면 안전한 보호처가 되고, 왕한 세력이 들어가서 숨어버리면 오히려 불편해질 수 있다. 왕한 칠살이 더구나 묘지에 통근하고 있다면 그만큼 위험을 조절하기 힘들다는 뜻이 된다. 일간이 신약할 때는 큰 위험 요소가 되고, 반대로 일간이 묘고에 잘 통근하고 있으면 안전한 처소를 얻었다고 해석한다.

3. 『적천수』의 사고지론

『적천수』는 「지지(地支)」 편에서 사생·사왕(사패)·사고의 형충회합을 함께 다루었다. 전체적인 언급을 참고하면 생왕고의 특징을 비교할 수 있다. 시작하면서 양지와 음지를 비교하였는데, 양지는 동적이고 강하기 때문에 형충회합이라는 현상도 신속하게 발생하니 그에 따른 재앙과 복이 그만큼 빠르게 드러난다고 말하였고, 음지는 정적이기 때문에 길흉에 대한 통변도 시간을 두고 읽어야 한다고 말하고 있다.

적천수 원문 양지는 동적이고 강하여 신속하게 발달하여 재앙과 복을 드러내고, 음지는 정적이고 전일하여 불행과 행복은 해가 지난 뒤에 나타난다. 생방은 움직이는 것을 두려워하고, 고지는 열어야 마땅하며, 패지가 충을 만나면 자세히 추론해야 한다.**179**

위의 원문에서 고지에 대한 내용만 추리면 '고지는 열어야 마땅하다'는 것이 그 요점으로, 앞에서 읽은 『삼명통회』의 언급과 대동소이하다. 이에 대한 원주에서 "寅·申·巳·亥는 생방이니 충동을 기피하고, 辰·戌·丑·未는 사고이니 마땅히 충하면 열리게 된다. 子·午·卯·酉는 사패이니 합을 만났을 때 충을 기뻐하게 된다"**180** 고 하였다. 子·午·卯·酉가 합을 만나면 오히려 충을 기뻐한다는 말은 생지를 충하면 안 된다는 문장과 상치되는 문장이다. 辰·戌·丑·未는 충을 만나면 기쁘지만, 반대로 辰·戌·丑·未가 충이 되었을 때 합을 기뻐할 수도 있다. 그만큼 원국의 다양한 상황을 살펴서 해석해야 한다는 말이다. 임철초는 사고지의 충에 대해 몇 가지 명조를 사례로 들어 설명하고 있는데, 아래에 인용하였다. 사고지의 충을 읽고 이해하는 데 도움이 될 것이다.

주**179** 陽支動且强, 速達顯災祥; 陰支靜且專, 否泰每經年. 生方怕動庫宜開, 敗地逢沖仔細推.
주**180** 寅申巳亥生方也, 忌沖動, 辰戌丑未四庫也, 宜沖則開, 子午卯酉四敗也, 有逢合而喜沖者.

예1)	시	일	월	연
	壬	戊	辛	辛
	戌	辰	丑	未

乙	丙	丁	戊	己	庚
未	申	酉	戌	亥	子

위의 사주는 네 지지가 모두 사고지이다. 임철초는 이 사주를 해석하여, 지지가 모두 사고지인 것은 좋다고 할 수 없지만 辛金이 빼어나게 드러난 것은 아름답다고 하였다. (월지) 丑 중 원신이 투출하여 정미하고 빼어난 기를 발설하고, 더욱 묘한 것은 木火가 잠복하여 보이지 않고 순수하고 맑으며 혼탁하지 않다는 것이다. 木火는 辛金과 상극의 성분이다. 酉운에 이르러 辛金이 득지하여 향시에 급제하였다. 이후에 운이 남방으로 행하니 木火가 둘 다 왕하고, 이로 인해 용신인 辛金이 손상을 입어 과거를 통해 벼슬에 나가고자 하였으나 선택받지 못하였다.[주181]

위의 사주를 아름답게 읽었다면 그 이유는 辰·戌·丑·未의 무거운 기운을 설기하는 辛金이라는 글자가 빼어나게 드러났기 때문이다. 더구나 월지 丑土에 통근하여 더욱 정미하다고 하였고, 辛金과 상극이 되는 木火가 숨어 있으면서 혼잡되지 않은 것도 묘하다고 하였다. 운에서 木火가 드러났을 때 뜻한 바를 이루지 못하는 안타까움이 있었다.

[주181]　此造非支全四庫之美, 所喜者辛金吐秀, 丑中元神透出, 洩其精英, 更妙木火伏而不見, 純淸不混. 至酉運, 辛金得地, 中鄕榜; 後因運行南方, 木火並旺, 用神之辛金受傷, 由擧而進, 而不能選.

예2)	시	일	월	연
	己	辛	壬	戊
	丑	未	戌	辰

戊	丁	丙	乙	甲	癸
辰	卯	寅	丑	子	亥

위의 사주 역시 팔자에 사고지가 가득하다. 게다가 戊己土가 천간을 덮고 있기까지 하다. 임철초는 이를 해석하여, 인수가 국에 가득하니 토중금매(土重金埋)라 하였다. 壬水 용신이 상관상진(傷盡)되었다. 未辰이 비록 乙木을 암장하여 간혹 차용할 수는 있지만, 운에서 와서 인출되기를 기다려야 한다. 그런데 丑戌 충파로 지장간 金이 몰래 (乙木을) 파벌하니 처를 극하고 자식이 없는 지경에 이르렀다. 이로써 논하자면, 사고지가 반드시 충해야 한다는 것은 한 가지만 고집하는 말이다. 모두 천간이 조화롭게 마땅함을 이루었는지에 달렸고, 또 용신이 유력하고 세운이 보조해야만 편고된 병이 없다. 㽞182

이 사주도 네 지지가 모두 辰·戌·丑·未 사고지인데, 앞에서 본 戊辰 일주의 사례와 간명이 다르다. 토중금매, 즉 土가 중중하여 辛金이 매몰된 사례이다. 辛金을 아름답게 설기하는 상관 壬水 용신이 상진되어 아름답지 않은 경우이다. 상관상진이란 말은 상관이 극을 당하여 기운이 다했다는 뜻이다. 土가 너무 과하여 상관인 壬水를 지나치게 제극해버린 것이다. 辛金 일간에게는 壬水가 도세주옥(陶洗珠玉: 물로 보석을 씻겨주는 조화로운 관계)이 되는데 그 壬水가 파기되었다. 이때 중중한 土를 제극할

㽞182 此滿局印綬, 土重金埋, 壬水用神傷盡, 未辰雖藏乙木無沖, 或可借用, 以待運來引出, 乃被丑戌沖破, 藏金暗相砍伐, 以至剋妻無子. 由此論之, 四庫必要沖者, 執一之論也, 全在天干調劑得宜, 更須用神有力, 歲運輔助, 庶無偏枯之病也.

乙木이 未와 辰에 암장되었지만, 丑戌형으로 지장간 金이 그 乙木을 벌채해버렸다. 재성인 乙木이 꺾여버려서 처를 극하였다고 읽었다. 보통 사고지인 辰·戌·丑·未는 형충하면 반갑다고 하였는데, 그렇지 못한 사례이다. 반드시 사주원국의 구성을 파악하고 세운이 들어와서 길한지 흉한지를 판단해야 한다.

시	일	월	연
丁	庚	乙	辛
亥	辰	未	未

예3)

己	庚	辛	壬	癸	甲
丑	寅	卯	辰	巳	午

위의 사주는 庚辰 일원이 계하(季夏: 未월)에 태어나 金은 진기(進氣)이고 土가 당권(當權)을 잡았다. 기쁜 것은 丁火가 사령한 것인데, 원신이 드러나 용신이 되고 辛金 겁재를 제압할 수 있기 때문이다. 未는 火의 여기이고 辰은 바로 木의 여기이니 재관이 모두 통근하여 기운이 있다. 더욱 묘한 것은 亥水가 土를 윤택하게 하여 金을 기르고 木을 자양하니 사주에 결함이 없다. 운이 동남으로 달리니 金水가 허하고 木火가 실하다. 일생 흉한 게 없고 험한 것도 없었다. 辰 대운 午년에 재관인이 모두 생부하니 향시에 합격하고 현감을 경유하여 사마에 올랐으며 수명은 丑운까지 이르렀다. [주]183

[주]183 庚辰日元, 生於季夏, 金進氣, 土當權, 喜其丁火司令, 元神發露而爲用神, 能制辛金之劫. 未爲火之餘氣, 辰乃木之餘氣, 財官皆通根有氣, 更妙亥水潤土養金而滋木, 四柱無缺陷. 運走東南, 金水虛, 木火實, 一生無凶無險. 辰運午年, 財官印皆有生扶, 中鄕榜, 由琴堂而遷司馬. 壽至丑運.

예4)	시	일	월	연
	丁	庚	乙	辛
	丑	辰	未	丑

己	庚	辛	壬	癸	甲
丑	寅	卯	辰	巳	午

이번 사주는 앞의 사주와 비슷해 보인다. 재관이 역시 통근하여 기운이 있다. 앞의 사주는 丁火가 사령하였는데 이 사주는 己土 사령이다. 더욱 꺼리는 것은 丑시로, 丁火가 꺼져서 소멸하면 연간 辛金이 방자하게 힘을 펼치고 未 중의 木火가 충으로 제거되니 재관이 있어도 없는 것과 같다. 초년운의 甲午는 木火가 둘 다 왕성하여 조상의 음덕으로 여유가 있었다. 癸巳운은 丁火를 극하고 丑과 손을 잡으니 상관과 겁재가 둘 다 왕성해져서 형벌과 초상으로 모두 소진해버렸다. 壬辰운에 처자가 모두 상처를 입고 가업을 탕진하여 남은 것이 없자 머리를 깎고 중이 되었다. 속설에서 이것을 논하였다면 丑未충으로 재관의 곳간을 둘 다 열어 명예와 재물을 동시에 챙긴다고 하였을 것이다.㈜184

『적천수천미』에서 인용한 위의 네 가지 사례가 사고지의 형충을 이해하는 데 도움이 되었기를 바란다. 글자 그대로 해석하여 생각해보면 고(庫)는 곳간이니 넣어두면 보관이 되고 필요할 때 꺼내 쓸 수 있다. 그러나 개고를 하려면 형·충 등의 파극을 겪

㈜184　此與前造大同小異, 財官亦通根有氣, 前則丁火司令, 此則己土司令. 更嫌丑時, 丁火熄滅, 則年干辛金肆逞, 沖去未中木火微根, 財官雖有若無. 初運甲午, 木火並旺, 蔭庇有餘; 一交癸巳, 剋丁拱丑, 傷劫並旺, 刑喪破耗; 壬辰運, 妻子兩傷, 家業蕩然無存, 削髮爲僧. 以俗論之, 丑未沖開財官兩庫, 名利兩全也.

어야 하는데, 이는 사건과 사고를 동반하는 현상이다. 왜냐하면 개고 과정에서 각 지장간 글자들끼리 혹은 명식에 있는 글자들과 복잡한 상호작용(형충회합 등)을 일으키기 때문이다. 사주팔자 구조에 따라 아무리 비슷한 글자로 이루어진 사주라도 한 자리가 다르거나 중요한 성분의 손상이 있다면 판이하게 다른 인생을 산다. 그러니 글자의 숫자를 세거나, 일주가 같다는 이유로 혹은 팔자 중에 몇 개의 글자가 같다는 이유로 같은 삶이 펼쳐질 거라 기대한다는 게 얼마나 무리한 추론인가.

묘(墓)는 무덤이니 삶이 다하여 죽어서 묻히는 곳이고, 고지라는 것은 물건을 저장하여 보관한다는 의미이다. 묘지라는 것은 어떤 물건의 작용이 다하여 수명이 끝났다는 뜻이다. 묘는 글자 의미로는 흉의를 가진 것 같지만, 또 다른 측면으로는 그만큼 세상의 이치를 깨우친 글자이기도 하고 성숙의 시기를 지난 글자이다. 묘는 창고보다 더 안전한 곳일 수도 있다. 그만큼 辰·戌·丑·未의 형충회합 이론은 복잡하지만 의미가 있으며 인생사를 해석하는 데 미묘함을 나타낸다.

4. 사고지의 지장간 특징

사고지(四庫支)인 辰·戌·丑·未의 지장간을 분석해보면, 제일 먼저 본기 이외에 음양오행이 혼재해 있다는 사실을 알 수 있다. 즉 사생지나 사패지와 비교하였을 때 사고지의 지장간 구성이 가장 복잡하다. 음양도 섞여 있고 오행의 구성도 가장 다양하다. 그중에 재성·관성·인성과 같은 성분이 있으니 잡기(雜氣)로 불린다고 하였다. 辰·戌·丑·未의 지장간 중 재관이 천간에 투출하면 그것으로 격국을 잡고, 이를 잡기재관격이라 한다고 하였다.

한편 辰·戌·丑·未를 묘지라 부르는 까닭은 지장간 중 중기에 해당하는 오행(혹은 계절)이 마감되어 묻히기 때문이고, 춘하추동의 흐름으로 보면 각 오행은 이전 계절에서 생(生)하고 자신의 계절에서 왕(旺)하며 다음 계절에서 생을 마감하여 입묘[묘(墓)]한다는 이치이다. 여기서 파생한 것이 삼합이론이다. 아래는 화토동행으로 정리하였으나, 지금까지 읽었던 고전들에서 수토동행으로 설명하고 있는 사례도 많았다.

• 사시 오행과 천간의 생왕묘

사시	오행	천간	생(生)	왕(旺)	묘(墓)
봄	木	甲	亥	卯	未
여름	火	丙·戊	寅	午	戌
가을	金	庚	巳	酉	丑
겨울	水	壬	申	子	辰

　지장간의 사령일을 보면 사고지(사령일 9·3·18)의 중기(3일)는 다른 지지 지장간의 사령일 중에서 가장 짧다. 위의 표에서 사시 중 봄을 예로 들면, 봄의 대표 오행은 甲木이고 亥·卯·未가 생왕묘 삼합을 이룬다. 未의 지장간은 丁乙己로 중기가 乙木이니 오행의 묘지가 되는 것이다. 시작은 양간으로 하고 마무리는 음간으로 한다는 사실을 다시 한번 알 수 있다. 未가 속한 방합은 여름 즉 火인데, 이전 계절인 봄의 묘지가 된 것을 중기가 말해준다. 그것이 乙木이다.

　따라서 辰·戌·丑·未의 중기는 어떤 오행을 만들어내는 마중물 정도의 역할만 하고, 임시로 보관하거나 오히려 생을 마감하는 경향이 있다. 반면 辰·戌·丑·未의 여기(9일)는 지지 중에서 가장 길다. 그래서 특히 사고지 여기 에너지의 활용도가 높다. 여러 정황을 고려하면 辰·戌·丑·未는 마치 인생의 대전환기(터닝포인트)로 도로의 인터체인지와 같아 잦은 사고가 발생할 수밖에 없는 지점이다. 辰·戌·丑·未 대운이나 세운에서는 누구나 조심하고 속도를 줄여 차분하게 운전해야 하는 구간이다.

　사고지의 지장간 사령일을 통해 알 수 있는 또 한 가지가 있다. 예를 들어 辰戌충이 되면 辰 중 乙·癸·戊와 戌 중 辛·丁·戊가 튀어나와 辛은 乙을 극하고, 癸는 丁을 극한다고 한다. 물론 정기인 戊土는 크게 다치는 바가 없으니 이를 붕충(朋沖: 동료들 간의 충)이라 말한다. 그런데 사령일로 보면 여기인 辛은 乙을 극하겠지만(사령 에너지가 크기 때문) 중기인 癸가 丁을 극하는 기운은 약하다. 다시 말해 戌 중 丁火는 辰戌충으로 꺼지지 않는다. 만약 丑戌형이 일어난다면 丑의 여기인 癸水가 戌의 중기인

丁火를 극하는 힘이 강하니 丁火는 꺼질 수도 있다. 또한 戌未형이 일어나면 未 중 乙木은 戌 중 辛金에 꺾일 수도 있다. 이만큼 복잡한 것이 사고지의 형충이다.

형충 외에도 辰·戌·丑·未의 글자를 극하는 木 성분이 사주에 뚜렷하면 목극토가 잘되어 이 또한 개고의 원인이 된다. 형충과 마찬가지로 목극토의 상황에 의해서도 곳간 속의 기물을 잘 꺼내 쓸 수 있다는 말이다. 충으로 개고된 글자들이 손상되는 이치는 금극목과 수극화의 싸움을 주로 읽고, 목극토나 토극수의 이치는 충으로 손상되기보다는 극의 이치로 읽는 경우가 많다. 지지 육충 중에서 다른 오행끼리의 충은 금극목과 수극화만 읽는다는 것이 그 근거이다. 오행 중 '土'와 관련한 것은 고전을 꼼꼼히 읽고 이해해야 하는데, 그 이론이 워낙 복잡하여 명리 학습자들 사이에 土 오행을 공부하면 비로소 오행 공부를 마쳤다고 할 수 있다는 말이 있을 정도이다.

• 사생지 · 사왕지 · 사고지의 지장간 특징

	지지	지장간(여 - 중 - 본)	특징
사 생 지	寅	戊-丙-甲	1. 여기-중기-본기의 사령일이 7-7-16일이다. 2. 모두 戊로 시작한다. 3. 중기는 다음에 오는 계절의 양간이다. 4. 모두 양간으로 이루어져 있다.
	申	戊-壬-庚	
	巳	戊-庚-丙	
	亥	戊-甲-壬	
사 왕 지	子	壬- -癸	1. 여기-중기-본기의 사령일이 10-20일이다. 2. 午만 중기 己를 가지고 있다. 3. 해당 지지의 대표 오행으로만 이루어져 있다.
	午	丙-己-丁	
	卯	甲- -乙	
	酉	庚- -辛	
사 고 지	辰	乙-癸-戊	1. 여기-중기-본기의 사령일이 9-3-18일이다. 2. 중기는 지난 계절의 음간이다. 3. 음양오행이 복잡하게 섞여 있어 잡기(雜氣)라고 불린다.
	戌	辛-丁-戊	
	丑	癸-辛-己	
	未	丁-乙-己	

5. 사고지의 통변

辰·戌·丑·未를 지지로 가지고 있는 사람은 그 화려함을 내면에 숨기고 정신적으로 유려하게 관리하는 능력이 있다. 삼합이 되거나 형충파해, 혹은 木으로 인해 극이 일어나면 다양한 성분의 변화가 발생한다. 辰土는 癸水를 머금은 습토로 조열한 사주에게 요긴하고 乙木의 뿌리로 각종 木이 가장 좋아하는 땅이다. 그래서 乙木과 辰土가 있으면 乙木이 辰土를 극한다고 읽기보다 乙木이 辰土에 기쁘게 통근한다고 읽는다. 未土는 木을 마무리하는 동시에 양의 기운을 음으로 전환하는 역할을 한다. 火 오행과 金 오행 사이에 등장하기 때문이다. 甲木이 未土를 보면 묘고이면서 천을귀인이다. 未월에 태어난 甲木 일간은 반드시 甲木의 목마름을 해소할 정인 癸水의 존재를 찾아 조후용신으로 써야 한다. 己未 일주 여성이라면 남편의 상황을 확인해야 한다. 己土의 정관인 甲木이 일지 未土 묘고에 들기 때문이다. 未土는 부동산 등의 중개나 커플매칭 같은 일을 잘한다. 戌土는 丁火를 거두어 마무리하는데 사고지 중에서 가장 화려하고 높은 성벽과 같은 물상이다. 戌土가 火의 묘고가 된다는 이유로 戌월에 태어난 丁火 일간을 약하게 읽으면 안 된다. 戌土는 오히려 丁火의 가장 든든한 보호막이 될 수 있다. 마치 화로나 아궁이의 흙벽과도 같은 역할을 한다. 丁火와 戌土가 조화를 이루면 엄청난 용광로와 같은 물상이 될 수 있다. 戌土는 만물을 변화시키고 보수적인 성향이 있는데, 戌土가 충·형이 되면 그 성향이 바뀌어서 대담하고 솔직해진다. 마지막으로 丑土는 金을 마무리하여 귀금속 보석과 같은 패물류를 소지하고 싶어한다. 따라서 금융·경제와 관련된 업종에 많다.

재관으로 보면 둘 다 드러나서 격국으로 삼을 수 있는 것을 좋게 보았다. 한편 재성의 입고는 반기지만, 관성의 입고는 상황을 보고 해석해야 한다. 또한 재성이 천간에 뜨면 드러난 돈이니 내 돈이 아니고, 관성은 천간에 떠야 만인이 알아주는 명예가 된다. 한편 일간이 입묘되는 시기에는 건강 등 신상에 관련된 일들을 조심해야 한다. 전체적으로 정리하면 양인의 입고는 군사, 경찰, 무술, 체육 등의 일과 관련이 있고, 식상의 입고는 교육, 놀이, 식당, 음식이며, 재고는 금융, 금고, 여자에 대한 지배력이고,

관고는 권력, 도둑, 관재 등 힘들고 어려운 일이며, 인성고는 학교, 문서, 학위, 자격증 등 학문 연구에 몰두하는 모습으로 보면 된다.

『자평진전』에서 '고(庫)'와 '묘(墓)'의 쓰임을 보면 고(庫)는 모두 37여 차례 나타나고, 묘(墓)는 17여 차례 나타난다. 제목으로 쓰이거나 다른 의미로 쓰인 사례[주]185를 제외하더라도 고(庫)로 쓰인 사례가 월등히 많다. 그것은 고(庫)가 묘(墓)의 의미를 대체하거나 포괄적으로 사용되고 있음을 말해준다. 또한 '묘고(墓庫)'가 같이 쓰여[주]186 묘(墓)와 고(庫)를 함께 섞어 쓰는 경우도 있다는 것을 알 수 있다.

• 육신 입묘와 통변

비겁입묘	1. 일간이 비겁의 글자에 입묘했을 때: 친구나 동료에 빠져든다. 혹은 동료 때문에 활동이 위축된다. 2. 일간이 비겁의 입묘지를 가지는 경우는 그와 반대로 일간이 비겁을 지배하고 경쟁력에서 우위를 차지한다.
식상입묘	1. 일간이 식상의 글자에 입묘하면 자식에 몰두, 일에 몰두, 제자에 몰두한다. 2. 일간이 식상의 입묘지를 가지면 일간이 일, 자식, 제자 등을 지배하려 한다.
재성입묘	1. 일간이 재성에 입묘하면 돈, 여자, 일 등에 몰두한다. 2. 일간이 재성의 입묘지를 가지면 재성을 지배하고 가두려 한다.
관성입묘	1. 일간이 관성에 입묘하면 직장에 몰두하거나 명예에 집착한다. 2. 일간이 관성의 입묘지를 가지면 직장에서 지배력을 가지려 하거나 남편을 가두려 한다.
인성입묘	1. 일간이 인성에 입묘하면 어머니, 공부, 문서, 계약 등에 몰두한다. 2. 일간이 인성의 입묘지를 가지면 어머니, 공부, 문서, 계약 등을 지배하려 한다.

辰·戌·丑·未의 형충으로 인한 입묘와 입고에 관련된 내용을 총괄하여 정리하면 다음과 같다. 형충이 생기면 일단 사건과 사고의 시발이 된다. 이것은 모든 지지에 동일하다. 그러나 사생이나 사패의 형충에 비해 사고의 형충은 그 추이가 복잡하다. 대

[주]185 고(庫)는 제33장 재격에서 '관청의 창고'라는 뜻으로 한 번 쓰이고, 묘(墓)는 제47장 잡격에서 '식신시묘격'으로 한 번 쓰였다.

[주]186 묘고가 같이 쓰인 사례는 제6장 십간득시에서 두 차례, 제17장 묘고의 형충에서 쓰였다.

부분의 명리서는 사고지가 형충을 반긴다고 하였는데, 그 이유는 사고지에는 재관잡기가 암장되었고 형충으로 재관을 사용할 기회가 생기기 때문이다. 엄밀하게 말하면 재관인 세 가지를 언급하고 있다. 원국에 사고지가 형충되어 재관을 쓰게 된 경우를 좋게 보았지만 만약 戊己土가 천간에 무겁게 압박하고 있으면 발전이 더디다고 하였고, 사고지의 충이 중첩된 경우는 아름답지 않다고 하였다.

사고지가 형충으로 개고되어 길한지 흉한지, 혹은 실인지 득인지의 여부는 상황에 따라 다르다. 일간이 합하여 가져오는 경우는 확실한 득인데, 이때도 득하는 것이 길신인지 흉신인지를 따져야 한다. 개고되어 나온 지장간이 합하려는 천간이 명식에 있다면 그 해당 천간이 합거로 사라지는 경우가 있다. 그것이 흉신이면 길이고 길신이면 실이다. 다시 말해 득실에 해당하는 성분이 기신인지 희신인지에 따라 다르다는 말이다. 소위 사주에 있는 글자는 합거로 사라지는지 여부를 살펴야 하고 사주에 없는 글자는 개고로 얻게 되는 상황을 읽어야 한다. 또한 월지의 힘을 얻었는지(득령)를 살펴 그 강약을 판단할 수 있다.

• **사고지의 지장간과 입묘 천간**

사고지	辰	未	戌	丑
지장간 (입고천간)	乙 癸 戊	丁 乙 己	辛 丁 戊	癸 辛 己
입묘천간	壬·辛	甲·癸	丙·戊·乙	庚·己·丁
입고계절(오행)	겨울(水)	봄(木)	여름(火)	가을(金)

강 의 노 트

TITLE: 간지의 상관관계   DATE: .   .

Q1 형충회합 설명에서 반합이 성립하는 것을 寅戌일 때 천간에 丙丁이 있는지 혹은 申辰일 때 천간에 壬癸가 있는지를 예로 들었고, 寅戌일 때 巳火가 있거나 申辰일 때 亥水가 있어도 된다고 하셨습니다. 다른 삼합과 방위의 합도 같은지 궁금합니다. 예를 들어, 亥未인데 甲乙이 있거나 亥未인데 寅이 있을 때도 성립하나요? 또 巳未만 있을 때 천간에 丙丁이 있으면 어떻게 되는지도 궁금합니다.

[답변]

회합에는 삼합(亥·卯·未, 寅·午·戌, 巳·酉·丑, 申·子·辰)과 방합(寅·卯·辰, 巳·午·未, 申·酉·戌, 亥·子·丑)이 있는데, 회합의 세 글자 중 두 글자만 있다면 그중 특히 왕지(子·午·卯·酉)의 존재가 중요합니다. 그러나 만약 해당 천간이 있는 경우는 왕지 글자가 없어도 천간의 유인력이 발효됩니다. 예로 든 것 말고도 모든 회합에 적용됩니다.

Q2 1. 천간합의 경우 그 결과가 양간이라 하셨는데, 예를 들어 甲己합 土(戊)인데 지지합의 경우는 음양이 어찌 되나요? 예를 들면 巳酉丑합은 庚金이 되나요?
2. 午未합은 합화오행이 없다고 나오는데 원래 火가 아닌가요?
3. 지지의 합은 그 글자 고유의 성질을 유지한다고 들었는데 巳·酉·丑과 같은 삼합의 경우도 그런가요? 삼합은 개고의 반대로 뭔가 기능을 못한다는 뜻으로 들리기도 합니다.
4. 형충회합의 해소에서, 예를 들어 卯酉충과 卯戌합이 있으면 서로 해소한다고 하였는데, 卯戌합이 아니고 巳酉丑이나 巳酉반합만 올 경우도 해소가 되나요?

[답변]

1.   지지합의 음양 질문

천간합화 오행을 양간으로 생각하는 것은 그 대표성 때문입니다. 『자평진전』을 인용하면 '양은 음을 겸할 수 있지만 음은 양을 겸할 수 없음이 자연의 이치'이기 때문입니다. 그렇게 따지면 지지합의 경우도 그 대표성으로 보면 양간으로 감안하시면 됩니다.

2. 지지육합 중 午未합은 합화오행이 없다고 한 것에 대해, 질문하신 것처럼 午未합은 당연히 火기를 가지고 있습니다. 그와 같이 생각하면 子丑합은 당연히 水기를 가지고 있지만 지지 합화오행은 土라고 합니다. 이러한 이유로 지지합화 오행에 대해 천간합화의 오행처럼 큰 의미를 두지는 않는 경향이 있습니다. 이미 공부하였듯이 천간합화 오행은 여러 가지 중요한 의미(사주명식의 구성을 결정하는 등)와 기능을 합니다.

3. 두 번째 질문에 대한 설명에 이어서, 지지합은 그 고유의 성질을 유지하고 그래서 합한 이후에도 천간 통근처의 역할을 그대로 하는 경우가 많습니다. 다만 삼합은 이론적으로는 완전한 삼합이 되고 나면 통근처로서의 기능을 상실한다고 합니다. 그만큼 본래 오행의 성질을 잃고 합화된 오행의 기운만 가진다고 하는데, 제 임상에서는 지지가 삼합을 한 이후에도 원래의 오행 성분을 가지고 있는 경우가 많았습니다. 학습자가 스스로 여러 사례를 통해 공부해보시면 자신의 경험치에 따른 의미 있는 임상자료를 얻게 되실 겁니다.

4. 명식에 卯酉충이 있고 동시에 卯戌합이 있으면 서로 해소하여 둘 다 발생하지 않습니다. 巳酉丑이나 巳酉반합(왕지 포함)이 와도 육충을 해소할 수 있습니다.

Q3   형충회합 작용에서 발생 순서가 세운 〉 대운 〉 명식이라고 말씀해주셨습니다. ○甲○○과 같은 명식에게 대운 천간 乙木과 세운 천간 庚金이 온다면 일간 甲과 세운 庚이 충을 하지 않고 대운 乙과 세운 庚이 합을 먼저 하는지, 아니면 운끼리 합이 이뤄지지 않아서 甲庚충으로 가는지 알려주세요.

[답변]

이론적으로 명식의 甲木은 영향을 받지 않습니다. 다만, 저는 천간충보다는 『궁통보감』 입장에서 조후와 천간 물상의 자연 관계를 더 읽습니다. 예를 들면, 甲木에게 庚金이 들어와서 甲木을 충할지, 아니면 甲木을 재목으로 만들어서 관적 성취를 이루게 할지는 월령과 주변 환경을 보고 판단합니다.

<table>
<tr><td>

Q4

</td><td>

명조와 세운의 지지충으로 개고되면 지장간이 튀어나와 합충이 발생한다고 하셨습니다. 듣다 보니 대운과 세운의 지지충, 대운과 명조의 지지충으로 지장간에 어떤 변화가 일어나는지 궁금합니다.

</td></tr>
</table>

[답변]

형충회합은 사생, 사왕, 사고에 따라 관법이 다릅니다. 하나하나 사례를 들어 연습하시는 게 좋습니다. 간략하게나마 다시 요약하겠습니다. 지지충이 일어날 때 공통점은 아래와 같습니다,

1. 기물이 파괴되기 때문에 불편, 사건, 사고, 변화가 일어납니다.

2. 다음으로 지장간이 튀어나옵니다. 辰·戌·丑·未로 말하면 형충으로 개고되어 곳간이 열리고 기물이 나오는 겁니다. 반찬이 많아지니 먹을 것이 많아졌다고 할 수도 있지만 명식에 가지고 있는 것에 생채기가 날 수도 있고, 천간이 입고되어 소실이 생길 수도 있습니다.

3. 형충으로 튀어나온 지장간과 명식 혹은 대운의 글자들 사이에 화학작용이 일어납니다. 타간과 합거되는지 혹은 일간이 가져오는지를 면밀하게 살펴야 합니다.

4. 합거되거나 상처받은 글자를 제외하고 남은 글자는 명식에 추가됩니다.

5. 그 모든 과정에서 살펴야 할 것은, 격국 관점 혹은 육친 관점에서 득이 되는지 실이 되는지를 살펴 길흉을 판단하는 것입니다. 예를 들어 명식의 천간이 합거로 사라지거나 입고되더라도 그것이 흉신이었다면 오히려 득이 됩니다.

6. 전체적으로 일의 흐름을 말하면 '사건사고의 발생, 변화의 원인 → 득실을 통한 사건 전개 → 길흉 판단'으로 이어집니다. 이것이 형충회합, 특히 형충으로 인한 통변입니다.

<table>
<tr><td>

Q5

</td><td>

1. 辰·戌·丑·未의 지장간은 개고가 됐을 때만 그 작용이 일어난다고 읽어야 하는지요?
2. 지지가 형충이 되었을 때 양쪽 모두 그 작용이 일어나는지요? 예를 들면 일지가 卯이고 시지가 酉이면 금극목인데, 이때 자식이 나를 극하는 작용이 많다고 보아야 하는지 아니면 둘 다 서로를 극한다고 보아야 하는지요? 해당 육친에게도 형·충 작용이 일어나는지 궁금합니다.
3. 육친이 천간에만 있을 때와 지지에만 있을 때 어떤 차이가 있는지요?

</td></tr>
</table>

[답변]

1. 　辰·戌·丑·未의 지장간 중 여기와 중기는 개고하여 쓰는 것이 일반론입니다. 물론 정기인 戊己土는 항상 쓸 수 있습니다. 그러나 『자평진전』 중 묘고의 형충에 관한 설을 읽어보시면 좀 더 깊이 있는 이해가 가능한데 그 내용은 다음과 같습니다.

① 辰戌丑未는 형충을 가장 반기고 재관이 입고되었을 때 충하지 않으면 발전이 없다는 학설은 비록 속서에서 많이 거론되고 있지만 자평 선생이 만든 명리에서는 그러한 말을 하지 않았다. → 이 말은 '辰戌丑未뿐 아니라 다른 지지에도 재관이 암장되었을 때 반드시 형·충하여 개고해야만 한다'라는 속설을 반론하는 것입니다.

② 잡기는 투간하고 지지에서 회합하면 어찌 매우 아름답지 않겠는가? 또 어찌 힘들여 형충하겠는가? → 이 말은 굳이 형충하지 않아도 투간하였거나 지지에서 회합하면 쓸 수 있다는 의미입니다. 예를 들어 다음 사주처럼 辰월에 태어난 甲木 일간에게 인수는 辰 중 癸水 중기가 되는데, 굳이 개고하지 않아도 천간에 壬癸水가 투간되어 있으면 이를 인수로 쓸 수 있다는 말입니다. 물론 壬水가 투간되었으면 편인으로 읽습니다. 또는 지지에 申과 子가 와서 辰과 회합하면 또한 申·子·辰 水의 삼합이 되니 굳이 개고하지 않아도 됩니다.

시	일	월	연
	甲	壬	
		辰	

2. 　형과 충은 서로 해소하는 작용을 하지 않기 때문에 둘 다 일어난다고 봅니다. 일지 卯와 시지 酉의 충은 자식이 나를 극한다 혹은 자식으로 인한 부부관계의 어려움으로도 읽고, 해당 육친을 대입해서도 읽습니다. 만약 재성과 인성의 충이라면 잘못된 계약 관계로 금전 손실이 있다고 읽을 수도 있습니다. 각 글자가 용신의 역할을 하는지 기신의 역할을 하는지도 봐야 하고, 공망이나 천을귀인에 해당하는지에 따라 통변이 달라집니다. 공망이라면 물론 충의 흉의는 줄어들 것이요, 주변에 보호하는 글자들의 역할도 주시해야 합니다. 전체 사주를 보고 간명을 선택하는 것이 술사의 능력입니다.

3. 　천간과 지지에 대해서는 기초부터 다시 읽고 정확히 이해하는 것이 중요합니다. 저는 이 점을 저의 책에 중요하게 다루었고, 저뿐만 아니라 다른 책에도 그렇게 쓰여 있습니다. 여러분들이 그 문제에 대해

명쾌한 답을 얻으려면 스스로 글을 읽고, 터득하고 실제 사주를 펼쳐놓고 연습해야 합니다. 천간에 있는 육친성이 지지에 통근하였는지 여부를 먼저 살펴야 하고 그 강도를 읽어야 하며, 어떤 글자 어떤 궁성에 통근하였는지를 읽고 추명하는 것이 올바른 통변 기법입니다.

Q6 천간과 지장간의 형·충·회·합(동주끼리의 교합)은 본다고 배웠는데, 대운과 세운의 지장간도 형충회합을 봐야 하는지요?

[답변]

대운과 세운의 지장간도 봅니다. 특히 지지 글자들은 형충회합뿐 아니라 파해 원진 귀문, 격각 등으로 요동칠 때가 많습니다. 그중 지장간이 쏟아지는 시기가 있으니 반드시 그 추이를 살펴야 합니다.

지장간끼리의 형충회합을 보는지에 대해 답변하겠습니다. 시중에 워낙 다양한 자료와 술사들의 강의가 있는데, 하나하나 찾아보면 어떤 이는 그걸 읽고 어떤 이는 읽지 않는다고 합니다. 그 자료를 가려내어 옳고 그름을 판단하는 것은 실력이 늘면서 가능합니다. 어떤 사람이 거짓말을 하는지, 어떤 사람이 자기 자랑만 하는지, 설령 그 사람, 그 학파가 어떤 것을 잘 맞힌다고 해서 제자에게 모두 가르쳐주지도 못하고 제자들이 따라 하려고 하면 안 맞습니다. 그보다는 오히려 여러 가지 주장을 가려듣고 자기 것으로 만들 수 있는 힘을 갖추어야 합니다.

제 임상경험을 말씀드리면, 개고된 지장간끼리의 형충회합을 아주 중요하게 보지는 않습니다. 그래서 놓치고 못 맞히는 것이 있어도 관법의 대요를 지키는 것이 저의 지론입니다.

Q7 '형은 이격되어도 발생하고, 충·회·합이 있어도 중첩적으로 형은 발생한다'와 '형·충·회·합의 해소에서 삼합과 육합으로 형충 해소가 가능하다'에서 '합이 있어도 발생한다'와 '합으로 해소가 가능하다'라는 문장들 사이에 뭔가 빠진 내용이 있을 것 같습니다. 설명을 좀 더 부탁드리겠습니다.

[답변]

1. 질문하신 내용은 형충회합 및 그 해소에 관한 것인데, 답변을 적기에 앞서 여러분들의 학습을 위해 『자평진전』「형충회합의 해법(원전)」편을 아래와 같이 네 가지로 요약하겠습니다.

① 먼저 형충회합의 개요가 정리되어 있습니다.

② 형충은 삼합과 육합으로 해소할 수 있습니다.

③ 그런데 삼합과 육합이 와서 오히려 형충이 되는 경우가 있습니다. 예를 들어 사주에 이미 충과 합이 같이 있어서 해소되었거나, 한 글자를 두고 양쪽에서 다투어 충(쟁충)하니 발생하지 않는데, 다른 글자가 옆에서 하나를 합해버리면 다시 충이 됩니다. 아래 사주처럼 酉월 乙木 일간은 일지와 연지가 양쪽에서 卯를 충하여 卯酉충이 일어나지 않아야 하는데, 시지에 戌이 있으면 일지 卯를 묶어버리니 다시 卯酉충이 일어납니다.

시	일	월	연
	乙		
戌	卯	酉	卯

④ 형충이 다른 형충을 해소하는 경우가 있고, 형충이라도 희용신을 충하면 나쁘지만 기신이 충을 당하면 오히려 좋을 수도 있습니다.

2. 충회합이 있어도 형이 발생한다는 근거와 논지는 다음과 같습니다.

① 형에 대해서는 충과는 다르다는 의견이 많습니다. 『적천수』와 『자평진전』을 보아도 서로 다른 설명을 합니다. 예를 들면 『적천수』는 "지지에서는 충만이 중요하다[지신지이충위중(支神只以沖爲重)]" 하였고, 『자평진전』은 충과 육합 및 삼합은 비교하여 설명하고 있으나 형이나 파해는 따로 언급하지 않았습니다. 그러나 현실적으로 현대 명리학계나 현장에서는 충회합뿐 아니라 형에 대해서도 중요하게 다루고, 저도 이에 동의한다고 말씀드렸습니다.

② 충과 형의 원리[위에 『자평진전』 「형충회합의 해법(원전)」 편을 요약한 내용 중 첫 번째 형충회합의 개요]를 자세히 읽어보면, 충은 마주보고 격사(공격)하는 것이라 하였고, 육합이나 삼합은 자신의 궁(위치)에서 나온 것인데 함께 모인 친구나 이웃을 의미한다고 하였습니다. 그런데 『자평진전』 원전은 형에 대해서는 어려워서 잠시 보류하겠다 하고 그냥 넘어갑니다. 이것이 형에 대해 『자평진전』 원전이 간과하였다고 말하는 이유입니다.

③ 저의 주장은 『오행대의』나 『음부경』을 인용한 부분에 근거합니다. 두 책의 내용은 대동소이한데, 읽어보면 형의 원리는 어떤 한 기운이 너무 왕성해져서 중화의 도를 잃어버려서 생긴 것입니다. 형과 비교하여 충이나 합의 원리를 보면 충은 마주보고 공격하는 것이고, 합은 이웃하는 것입니다. 모두 물리적으로 합하

거나 깨지는 것입니다. 그래서 첩지의 상태를 감안해야 합니다. 이격되었을 때는 충이 마주보고 공격한다는 개념으로 읽으면 됩니다.

반면 형은 부풀어오른 기운, 과한 기운의 진동과 같은 것입니다. 예를 들면 충은 유리가 직접 부딪쳐서 깨지는 것이고, 형은 진동에 의해 깨지는 것입니다. 간혹 자극적인 소리에 의해 요동칠 수도 있습니다. 결과적으로는 충과 형 모두 그 속에 있는 장간들이 쏟아져 나오지만, 그 원리는 다릅니다. 형은 진동이나 기운의 부풀림 때문에 발생합니다. 그러니 이격되어도 형은 일어난다고 합니다. 충회합이 있어도 형이 발생한다는 논거가 여기에 있습니다.

PART

02

격국의
성립과 변화

사주팔자의 구조

시작하기 전에

학습 요점

사주팔자란 사람의 출생 연월일시로 네 기둥을 세우고, 네 기둥에 근거하여 그 사람과 주변 관계를 부귀빈천과 길흉생멸의 무궁한 변화로 나타낸 것이다. 명리학은 그것을 해석하여 인생의 과거를 읽고, 현재를 해석하여 미래를 예측하는 학설이다. 그 방법론으로 제시된 것이 한 사람의 탄생 데이터를 입력하고 인생의 다양한 정보를 출력하는 체계이다. 네 기둥은 천간과 지지라는 상징적 부호로 이루어져 있기 때문에 그 상징 구조를 분석하여 해석하는 논리가 명리학의 중요한 학문적 체계를 이루었고, 그것이 바로 이 책에서 공부하는 격국과 용신이다.

사주팔자의 구조란 연월일시 네 개의 기둥과 여덟 개의 글자가 만든 것으로, 이 책에서 말하는 격국론은 그 구조를 논리적으로 분석하는 방법이다. 격국론에서 기본적으로 학습해야 할 것이 앞에서 배운 육친론·음양오행의 생사·형충회합론이다. 격국론의 현대적 정형은 사주명리학의 신법에서 왔고, 신법은 일간을 사주팔자의 주인공으로 상정한다고 하였다. 일간을 중심으로 나머지 글자들과 월지(환경)의 관계를 입체적으로 조망하는 것이 격국 방법론의 기본 설정이다.

• **사주팔자의 통변(입력과 출력의 이론체계)**

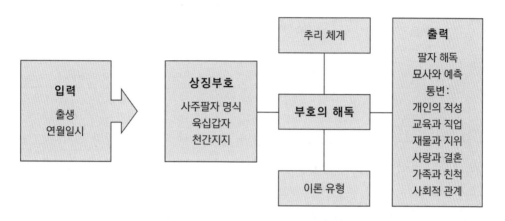

사주명리와 그 통변은 입력과 출력의 체계이다. 사주팔자의 입력 자료는 한 사람의 생년월일시이고, 출력 방법은 사주팔자라는 상징적 부호를 해독하고 다각적으로 대입한 자료로 해석하여 고차원의 인출 정보를 얻는 것이다. 격국론은 사주팔자 해석에서 기본 설계도를 그리고, 각 부위의 역학 관계를 파악하여 그 좌표에 따른 행동양식을 읽어내는 일이라고 할 수 있다. 생년의 육십갑자로 태세(太歲)의 기운을 감지하는데, 그것이 그 사람 인생의 뿌리가 된다. 생월의 절기로 일간이 태어날 때의 기후조건과 생태환경을 파악하는데, 이로써 묘목이 되고 인생의 동력이 생겨난다. 이와 같이 태세에서 시작하여 일간과 월지를 중심으로 나머지 글자들에 궁성과 근묘화실을 대입하여 시간과 공간의 관계로 하나하나 밝혀 나가는 것이 격국론 해석의 전제이다. 이때 사주팔자의 구조를 이해하는 것이 가장 중요하다. 다음은 사주 구조의 기본 설계도이다.

• 사주팔자 명식의 기본구조

시주(時柱)	일주(日柱)	월주(月柱)	연주(年柱)
시간 생시 천간	일간 생일 천간	월간 생월 천간	연간 생년 천간
시지 생시 지지	일지 생일 지지	월지 생월 지지	연지 생년 지지
자식궁	부부궁	부모·형제궁	조상궁
말년운 미래	중년운 현재	청년운 가까운 과거	유년운 먼 과거
실(實)	화(花)	묘(苗)	근(根)

우측에서 좌측으로 연월일시의 네 기둥을 세웠고 각 기둥에 천간과 지지라는 여덟 글자를 포진하였다. 각각을 좌표로 나타내면 연주에서부터 조상·부모형제·부부·자식이라는 가장 중요한 생물학적 관계를 의미한다. 또 태어나면서 유년·청년·장년·말년의 인생 연대사를 나타냈는데, 이는 시간적으로 먼 과거부터 과거·현재·미래를 의미한다. 이것이 대략적으로 살핀 사주팔자 명식 구조의 시간적·공간적 체계이다.

다음 장에서는 격국론을 이해하기 위해 사주팔자의 기본구조가 어떻게 형성되었는지를 살펴보고자 한다. 첫 번째로 사주명리학사에서 신법 체계의 가장 주요한 특징인 일간이 위주가 된 과정을 주요 명리 고전을 통해 살펴보고, 두 번째로 격국의 성립에 중추가 되는 월지 제강을 공부할 것이다. 월지 월령의 중요성을 알기 위해서는 득시(得時)와 실시(失時)에 대한 이해가 필수이다. 득시와 실시에 관한 내용을 세 번째로 다룬다.

사주팔자의 구조를 설명하는 초기 저작으로『이허중명서(李虛中命書)』를 참고할 수 있다. 이 책의「사주자태월일시(四柱者胎月日時)」편의 내용을 아래에 인용하였다. 제목의 한자는 '사주라는 것은 태(胎)와 월(月)과 일(日)과 시(時)이다'라는 뜻이고, 이허중은 그것을 해석하여 다음과 같이 설명하였다.

이허중 해석 삼원은 만물의 근본이 되고 사주는 오행이 보좌한다. 또한 건곤에 사시(춘하추동)가 있고 위에 사상(일월성신)이 있으며 사람에게 사지가 있는 것과 같다. 그러므로 낙록자가 이르기를 '뿌리는 싹에 앞서고, 열매는 꽃의 뒤를 따르는 것'이라 하였으니 사주 간지 오행에 편고됨이 있으면 주요한 것에 따라 명을 논해야 한다.[주]1

이어지는 원문에 "태(胎)는 부모와 조상을 주관하는 것이 십분(十分)이고 일[事]을 주관하는 것이 이분(二分)이며, 월(月)은 때[時]의 기(氣)를 주관하는 것이 십분이고 일을 주관하는 것이 육분이며, 일(日)은 기를 얻지 못함을 주관하는 것이 십분이고 일을 주관하는 것이 팔분이며, 시(時)는 용도, 진퇴향배, 역량과 기력, 성공과 실패 등을 주관하는 것이 모두 십분인데 길하고 흉한 것이 모두 같다"고 하였다. 즉 『이허중명서』에서 이미 근묘화실을 말하였고, 월이 사령을 하고 일이 주체가 된다는 내용을 적시하였다. 다만, 연주를 조상궁으로 삼아 뿌리가 만물의 근본임을 말하면서 연주가 운명의 근본이 됨을 강조하고 있다. 연은 근본이고 월이 일주에게는 마치 군주와 같고, 자식에게 아비와 같이 사령하는 것이니 사주가 서로 질서를 지켜 받들고 순종해야 한다고 하였다. 아래는 『이허중명서』 「연위본일위주(年爲本日爲主)」 편의 내용이다. 제목을 해석하면 연이 본이고 일을 위주로 한다는 뜻이다.

이허중명서 원문 대체로 연이 본(本)이 되고 일은 주(主)가 되며 월은 사(使)이며 시는 보(輔)가 된다.[주]2

이허중 해석 연은 일의 근본이고, 일은 명의 주체이니 마치 군주에게 신하가 있고 아비에게

[주]1 三元爲萬物之本, 四柱乃五行之補佐, 亦猶乾坤之有四時, 土[上]有四象, 人有四肢, 故珞琭子云, 根在苗先, 實從花後者, 四柱有偏枯, 則隨所主而論之.
[주]2 大抵年爲本 則日爲主 月爲使 則時爲輔.

자식이 있고, 남편에게 아내가 있고 나라에 왕이 있는 것과 같다. 이것은 태월생시가 일주의 본과 부조가 되는 것으로 반드시 차례대로 서로 받들고 순종할 수 있어야 한다.㈜3

  아래는 같은 책 「원명승부삼원(元命勝負三元)」 편에서 삼원(三元)을 설명한 내용이다. 삼원은 원명의 승패가 달린 간록(干祿), 지명(支命), 납음신(納音身)을 말하고 각각 쇠왕의 자리로 구분하여 논한다는 것이다.

이허중명서 원문 대체로 천간은 명예, 관록, 부귀, 권세를 주관하니 입는 것과 먹는 것을 받아서 누리는 기초가 되며, 지지는 금전과 주옥과 부를 축적하는 것을 주관하니 성공과 실패, 영고성쇠의 근본이 되며, 납음은 재주와 능력과 기량과 식견을 주관하니 인륜과 친속의 근본이 된다.㈜4

  삼원 중 천간은 록(祿), 지지는 명(命), 천간과 지지의 조합인 육십갑자가 만들어 낸 납음의 상은 신(身)이다. 이것은 사주 중 특히 연주를 읽은 것이다. 즉 연주의 '록·명·신'을 삼명으로 읽고 그 쇠왕으로 명의 승패를 읽는다는 내용이다. 비록 「연위본일위주」 편에서 연이 근본이 되고 일은 명주가 된다고 하였으나 여전히 연주를 일의 근본으로 삼았고, 천간과 지지와 납음으로 록명신의 왕쇠휴수를 읽고, 겁살·재살·천살 그리고 역마 등의 신살로 길흉과 성쇠를 판단한 것으로 봐서, 일간 위주의 신법과 격국의 체계는 『이허중명서』보다는 이후 서자평을 계승한 『연해자평』을 기다려야 하였다.
  서자평은 사주를 저울에 비유하여 '연주는 물건을 들어올리는 갈고리와 같으며, 월주는 물건을 달고 저울을 들어올리는 손잡이의 끈과 같고, 일주는 저울의 눈금이 새겨진 몸통인 바릿대이며, 시주는 사주의 화복을 가늠하는 저울추에 비교할 수 있다'

㈜3 年爲日之本 日爲命主 如君之有臣 父之有子 夫之有婦 國之有王 是胎月生時爲主本之扶援 欲得以序相承順也.
㈜4 干主名祿貴權 爲衣食受用之基 支主金珠積富 爲得失榮枯之本 納音主材能器識 爲人倫親屬之宗.

고 하였다. 현대명리학에서는 사주 네 기둥을 자동차에 비유하여 연주는 앞 번호판과 같아서 차량 전체를 관조할 수 있고, 월주는 차량의 엔진과 같으며, 일주는 운전석이 있는 핸들이고, 시주는 물건을 실어 나르는 트렁크와 같다고 한다. 비유 대상에 차이는 있지만, 과거나 현대나 사주 각 기둥을 사람들이 자주 사용하여 잘 이해할 수 있는 물건에 비유한 점이 흥미롭다. 그 이치는 스스로 잘 따져서 이해하는 것이 좋겠다.

사주팔자의 각 기둥과 각 글자는 그 자리에서 하는 역할이 있다. 시간적으로 근묘화실이라 하고, 공간적으로는 조상·부모형제·배우자·자식 등이 머무는 궁성이라 한다. 근묘화실은 화초목의 성장에 비유한 것이고, 궁성은 사람이 사는 공간에 비유한 것이다. 그래서 사주팔자에는 시공 개념이 모두 있다. 다음 장에서 일간을 위주로 사주 각 기둥의 의의와 격국 해석에서 시간적·공간적 역할을 학습할 것이다.

사주팔자의 구조

일간 위주

일간: 팔자의 주인 이야기

사주팔자의 해석은 생년월일로 네 개의 기둥을 세우고 각 기둥을 근묘화실과 궁성의 관계로 읽어 사람의 길흉을 파악하고자 하는 것이다. 『이허중명서』에서 연월일시를 근묘화실로 설명하였고, 연이 근본이 되고 일은 명주가 된다는 것도 밝혔으며, 월이 사령을 하고 일이 주체가 된다는 내용을 적시하였다. 그러나 현대명리학에서 말하는 일간 위주의 표준적 모형은 신법의 자평학에 와서 구체화되었고, 그 첫 번째 저술이 『연해자평』이다. 그 시점이 송대라는 사실에서 송대 이학의 영향을 받았다는 철학사적 의의도 있다. 다만 『연해자평』 이후에 나온 대부분의 주요 명리서 중에서 『삼명통회』를 제외하면 일을 위주로 읽어야 하는 근거는 따로 깊이 있게 논하지 않았다. 물론 일주를 읽는 방법은 대부분 중요하게 다루고 있다. 이로 미루어 『연해자평』 이후 일간 위주로 사주를 읽는 것이 당연시되었다는 사실을 알 수 있다. 아래에 먼저『연해자평』을 인용하고, 다음에『삼명통회』를 인용하였다.

1 『연해자평』의 일 위주론

신법의 중요한 전환점은 연주에서 일주로 그 중심이 옮겨온 것이다. 『연해자평』에서 일을 위주로 해석하는 것에 대하여 구체적으로 설명하기를, 일을 위주로 신왕한지 혹은 신약한지와 지지의 격국을 파악하고 월령에서 어떤 오행이 왕한지를 살핀 다음 세운을 대입하라고 한 것이 그 근거이다. 통상 구법과 신법의 차이가 연주 위주에서 일 위주로 넘어온 데 있다고 한다. 하지만 한 단계 더 나아가 생각하면 신법이 바로 격국론이라고 할 만큼 그 상세한 내용에는 격국이론과 관련된 것이 많다. 즉 일을 위주로 할 뿐만 아니라 신왕과 신약을 파악하는 것, 월령에서 어떤 오행이 왕한지를 살피는 것이 바로 격국이론의 정수이다. 그런 다음 세운을 대입한다고 하였는데, 이것으로 신법 체용론의 논리가 갖추어졌다. 『연해자평』「논일위주(論日爲主)」에 다음과 같이 쓰고 있다.

　내가 일찍이 당나라 서적에 기재되어 있는 것을 보니, 이허중(李虛中)이라는 자가 사람의 생년월일시 간지의 생극을 취하여 명이 귀한지 천한지, 장수할지 요절할지를 설명하였는데 이미 상세하였다. 송대에 이르러 자평의 학설이 있었는데, 일간을 위주로 취하였다. 연은 뿌리(근)이고, 월은 싹(묘)이며, 일이 꽃(화)이고 시는 열매[과(果)]로 삼았고, 생왕사절휴수와 극제하고 변화[제화(制化)]하는 것으로 인생의 휴구(休咎: 쉼과 허물, 길흉)가 결정되는데 그 이치가 필연이다. 다시 무슨 의문이 있겠는가?[주]5

[주]5　予嘗觀唐書所載, 有李虛中者, 取人所生年月日時干支生剋, 論命之貴賤壽夭之說, 已詳之矣! 至於宋時, 方有子平之說; 取日干爲主, 以年爲根, 以月爲苗, 以日爲花, 以時爲果; 以生旺死絶休囚制化, 決人生休咎. 其理必然矣, 複有何疑哉!

당대 『이허중명서』에서 사주팔자의 간지로 생왕사절과 왕상휴수사를 따져서 생극과 제화로 명의 귀천과 수명과 휴구를 결정하였다는 것을 상세히 설명하고, 이를 이어 송대에 자평학이 일간 위주의 학설을 취하였다는 것을 밝힌 인용문이다. 앞에서 이미 인용한 『이허중명서』의 「사주자태월일시(四柱者胎月日時)」와 「연위본일위주(年爲本日爲主)」 편의 내용을 참조한 것으로 보이는데, 『연해자평』에 와서 월과 시에 대한 구체적 논의가 시작되고 있음을 알 수 있다. 「논일위주(論日爲主)」는 이어서 일간을 중심으로 월지 월령으로 격국을 파악하는 과정을 다음과 같이 설명하고 있다.

일을 위주로 하여 연은 본이 되고, 월은 제강이 되며, 시는 보좌가 된다. 일을 위주로 가장 중요한 것은 일(일간)이 어느 정도로 처해 있는가로 신왕한지 혹은 신약한지를 보는 것이다. 또한 지지에 어떤 격국이 있는지 金木水火土의 수(數)를 살핀다. 다음에 월령의 金木水火土 중에 어떤 것이 왕한가를 보고 또 세운에 무엇이 왕한가를 본다. 이어서 일간 아래의 정황을 소상히 해야 하는데, 한 모퉁이의 이론에 구애받는 것은 옳지 않다. 주 6

위의 문장에서 '격국'이란 용어가 오롯이 쓰였다. 즉 월령을 통해 일간의 신약 혹은 신강 여부를 파악하는 것과 오행의 상태를 통해 격국을 살피는 내용이 나타나 있다. 다음 인용하는 『연해자평』 「상해정진론(詳解定眞論)」 편에서 궁성이론을 자세히 설명하고, 「계선(繼善)」 편에서 용신을 월령에 의거해서 취하고 그 세력이 깊은지 혹은 얕은지를 알아야 한다고 쓰고 있다.

사주를 선택하는 데에 연을 조상으로 삼으면 각 세대에서 종파가 흥망성쇠하는 이치를 안다. 월을 부모로 삼으면 부모의 음덕, 명예와 재물의 여부와 같은 부류를 안다. 일을 자신의 몸으로 삼고 그 천간을 미루어 팔자를 찾아내 사용하는 것은 안과 밖, 상생과 상극, 취사선택의

주 6 以日爲主, 年爲本, 月爲提綱, 時爲輔佐. 以日爲主, 大要看日加臨於甚度, 或身旺? 或身弱? 又看地支有何格局? 金木水火土之數; 後看月令中金木水火土, 何者旺? 又看歲運有何旺? 却次日下消詳. 此非是拘之一隅之說也.

근원이 된다. … 월을 형제로 삼고 … 일을 아내로 삼고 … 시를 자식으로 삼는다. ^주**7**

— 『연해자평』「상해정진론(詳解定眞論)」편

사람은 하늘과 땅에서 품부하고 명은 음과 양에 속한다. 삶이 하늘의 덮음과 땅의 실음 속에 머물며 오행 속에 다 드러난다. 귀함과 천함을 알고자 한다면 먼저 월령 제강을 살펴야 한다. 다음으로 길흉을 판단하는데 전적으로 일간을 쓴다. 삼원(三元)이 격국을 이루어야 하고 사주에서 재성과 관성을 만나는 것이 기쁘다. 용신은 손상되어서는 안 되고 일주는 건왕한 것이 가장 합당하다. ^주**8**

— 『연해자평』「계선(繼善)」편

「상해정진론」편은 연을 조상궁으로 하여 월을 부모와 형제로, 일을 배우자로, 시를 자식으로 보는 궁성이론을 설명하고, 「계선」편은 월령으로 절기의 깊거나 얕음을 파악하여 팔자의 강령을 살피는 중요성을 밝히고 있다. 「계선」편에서 말하는 삼원(三元)은 『이허중명서』의 록명신이 아니라 천간·지지·지장간의 천원·지원·인원을 말한다. 이는 『척천수』「통신론」에서 말한 삼원과도 일치한다. 삼원 외에 「계선」편은 일간을 위주로 월령의 강령을 따져서 육신으로 격국을 잡으라 하고, 그때 재관을 반긴다는 것을 언급하였다. 또한 일주가 건왕해야 좋다 하였고, 용신은 손상되어서는 안 된다고 쓰고 있다. 이상은 격국에 대한 전통적 논리이다.

『연해자평』에서 인용한 위의 문장을 통해 격국과 관련하여 신법 체계의 구체적 간법이 언급되고 있음을 알 수 있다. 예를 들면 삼원으로 천지인을 설명하여 그것이 천간·지지·지장간이라 하고, 월령에 대한 중요성과 그 역할, 격국을 성립시키는 과정과 용신을 함께 고려하고 있으며, 신강과 신약, 용신과 같은 주요 요소의 손상 여부를 통해 사주팔자를 통변하는 것 등이다.

---

^주**7** 又擇四柱之中, 以年爲祖上, 則知世代宗派盛衰之理; 月爲父母, 則知親蔭名利有無之類; 以日爲己身. 當推其干, 搜用八字, 爲內外生剋取舍之源. 干弱則求氣旺之藉, 有餘則欲不足之營. … 以月爲兄弟, … 以日爲妻, … 以時爲子息.

^주**8** 人稟天地, 命屬陰陽, 生居覆載之內, 盡在五行之中. 欲知貴賤, 先觀月令乃提綱, 次斷吉凶. 專用日干爲主本; 三元要成格局, 四柱喜見財官. 用神不可損傷.

② 『삼명통회』의 일주론

『삼명통회』는 「논연월일시(論年月日時)」 편에서 사람의 운명을 논할 때 연월일시로 사주를 구성하는데, 월은 연을 본으로 삼고, 시는 일을 위주로 삼는다고 하였다. 이것이 연주에 따라 월주를 둔간(遁干)하고 일주에 따라 시주를 둔간하는 법칙이다. 둔간이란 천간의 합에 근거하여 특정 지지에 짝이 될 천간을 찾아내는 것이다. 또한 고법으로는 연을 보았지만[고법이년간(古法以年看)] 자평 이후에는 '일로써 간명한다[자평이일간(子平以日看)]'고 명시하여 지금까지 설명한 고법과 금법 체계의 주요 차이점을 설명하였다. 이어서 대체로 연은 한 해를 총괄하고 월은 1년 중의 30일에 해당하며 일시는 하루에 불과하니, 일시만으로 길흉을 알 수 없고 월이 응해주지 않으면 무용하다고 하였다. 이로써 사주팔자의 구조에서 일을 위주로 간명하지만, 월이 그 판단의 중심이 된다는 것을 강조하였다. 이것으로 앞으로 공부할 월지 제강의 기틀이 소개되었다.

1. 甲乙木

일간을 좀 더 자세히 학습해보자. 말하자면 일종의 천간 학습이다. 십천간의 성질은 모든 명리서들이 다루고 있다. 『삼명통회』 권 4의 「논십간좌지겸득월시급행운길흉(論十干坐支兼得月時及行運吉凶: 십간이 좌한 지지와 월시 및 운의 길흉)」 편은 일간별로 월지와 연관지어 정리하고 있다. 『삼명통회』 해석서로는 국내에 소개된 것이 거의 없다. 물론 번역서도 충분하지 않다. 그러나 만육오의 원저만으로도 풍부한 지식을 담고 있는 책이다. 여러 번 말하였듯이 주요 명리이론에 대한 가장 많은 체계적인 이론 정보를 구해볼 수 있으니 반드시 시간을 할애해서 『삼명통회』를 다독하기를 권한다. 먼저 甲乙木 일간을 설명하고, 이어서 여섯 甲 일간(甲寅·甲申·甲戌·甲辰·甲午·甲子)과 여섯 乙 일간(乙卯·乙未·乙亥·乙酉·乙丑·乙巳)에 대해서도 논하고 있다. 요약하면 다음과 같다.

甲寅 일주는 건록에 앉은 것인데 寅은 金(관)의 절지이고 土(재)의 사지이다. 즉 甲寅 일주는 재관이 모두 등진 것으로 辛未 시주일 때가 가장 길하다. 가을은 전송(申)이 임하는데 甲申은 申이 甲의 절지이다. 申 중의 庚은 甲의 칠살이니 가을에 태어나면 칠살이 왕해진다. 甲戌 일주의 경우는 戌 중에 정관 辛이 있고 재성 戊가 있는데 앉은 자리의 재관이 모두 불(丁火)에 타오르는 형상이다. 甲戌 일주는 성품이 선하고 丙寅시를 보면 귀하다. 甲辰의 辰 중에는 재성이 저장되어 있고 역시 성품이 선량하다. 戊己土가 입묘되어 있고 마찬가지로 丙寅시를 보면 귀하다. 甲午는 午 중의 己土 정재가 건왕하고 甲午가 여름에 태어나면 천사(天赦) 일주이다. 천사는 하늘이 죄를 용서한다는 신살의 종류로, 천사일은 처세함에 걱정이 없다는 날이다. 甲子는 비록 목욕지이지만 인수인 癸水의 건록이고 甲子가 겨울에 태어나면 천사일이 된다.㈜9

춘하추동 사계절 별로 네 가지 천사 일주가 있다. 봄(寅卯辰)에 태어났으면 戊寅 일주가 천사가 되고, 여름(巳午未)에 태어났으면 甲午 일주, 가을(申酉戌)에 태어났으면 戊申 일주, 겨울(亥子丑)에 태어났으면 甲子 일주가 천사이다. 춘하추동 각각 寅午申子의 사생 혹은 사왕지가 천사이고, 천간으로는 寅과 申은 戊와 짝하였고 午와 子는 甲과 짝하였다. 『삼명통회』에서 여섯 甲 일간을 논하면서 여름에 태어난 甲午 일주와 겨울에 태어난 甲子 일주가 천사라고 한 것은 바로 이에 근거한다.

여섯 甲 일주에게 辛은 정관이 되고, 庚은 편관, 戊己는 재성이 된다. 연월시 중에 戊己와 辛 글자가 투출하면 좋다. 가을이나 사계(辰·戌·丑·未 월)에 태어났다면 바로 金土국으로 재관을 유용한다. 가령 이 세 글자(戊己와 辛)가 투출하지 않아도 가을이나 사계에 태어났다면 바로 金土국이고 역시 재관으로 논한다. 甲乙을 보면 재물을 분탈하고, 丙丁은 상관으로 명예와 재물이 되기 어렵다. 만약 봄과 여름에 태어나 火木국이 되면 재관이 무력하다. 비록 번성하고 도움을 얻더라도 명예와 재물은 역시

㈜9　六甲日詩曰: 建祿於寅是旺鄕. 寅上甲木坐祿, 金絶土死, 財官兩背, 見辛未時最貴. 秋臨傳送鬼刑傷. 謂申中甲絶庚爲殺, 秋生鬼旺. 戌中坐祿心懷善, 戌中辛有餘氣, 戊土正位, 身坐財官, 身被火焚, 心多懷善, 見丙寅時貴. 辰位藏財性亦良. 辰中戊己入墓, 身坐財庫, 水氣發生, 性多善良, 見丙寅時貴. 午喜己財天有赦, 午中, 己土建旺, 丁火傷官, 有財無官, 夏生爲天赦. 子雖沐浴日無妨. 甲木子上雖沐浴, 子中癸祿旺, 坐生氣. 印綬冬生爲天赦.

가볍다. 서방과 사계의 金土 분야로 행하여 재관에 임하는 것이 좋고, 동남의 木火 상관과 패재(敗財: 겁재를 말함)의 자리는 좋지 않다. 만약 사주에 庚辛을 함께 보면 관살혼잡이라 한다. 거류제복을 하지 않으면 도리어 빈천하다. 庚(칠살)이 제복되지 않으면 당연히 귀(鬼)라고 논하는데 일주와 귀(칠살)의 강약을 분별하여 길흉수요를 판단한다. 제복이 되면 편관으로 논하고, 태과는 오히려 복이 되지 않는다. 다시 태어난 월을 보고 일간이 유력한지 무력한지, 절기의 심천과 경중을 분별하여 결정한다. 일간이 왕해지고 귀(鬼)가 쇠약해지는 운이 좋고, 일간이 쇠약해지고 귀(鬼)가 왕해지는 운을 꺼린다.㈜10

　여섯 乙 일주는 乙卯·乙未·乙亥·乙酉·乙丑·乙巳이다. 乙卯는 건록으로 영화롭고 창달한다. 卯에서 관성 金은 절지이고 재성 土는 사지이다. 乙木이 록에 앉았는데 재관이 무력하니 庚辰시가 귀하다. 혹은 木국을 이루면 대귀하다. 乙未는 재성을 보아서 올바르다. 未 위에 있는 乙木은 (未 중) 己土가 재성이 되고 丁火는 상관이 된다. 乙亥 일주의 亥 중에는 壬이 살고 있으니 국을 잃지 않는다. 亥 위에 있는 乙木은 사(死)이지만 (인수) 壬이 왕하여 생기가 된다. 인수가 목국을 잃지 않는다. 丙子, 壬午, 甲申 시가 귀하다. 乙酉는 酉 중 辛이 극하여 (乙이) 손상되는 것이 두렵다. 酉 위에 있는 乙木은 절(絶)이다. 辛을 보면 칠살이니 화(化)한다면 길하고, 변화가 되지 않으면 흉하다. 辛巳는 화(化)하므로 시에 金 오행이 오면 길하다. 乙丑은 丑이 관고에 임하니 종하면 길하다. 丑은 金국으로 화(化)하여 金이 되면 복이다. 일간이 (丑 중에) 재(己)·관(辛)·편인(癸)에 앉은 것이다. 乙巳는 巳가 金궁으로 화(化)하면 좋다. 巳는 金국이 되어 복이 된다. 다만 일간이 정재(戊)에 앉은 것이니 남자 사주는 극처이고 여자 사주는 남편을 방해한다. 壬水를 보면 (방해가) 가볍고 다시 천시(天時)와 합국

㈜10　六甲日用辛爲正官, 庚爲偏官, 戊爲財. 如年月時中透出戊己辛字, 生三秋四季, 及金土局, 財官有用. 如不透此三字, 只生三秋四季, 及金土局, 亦作財官論. 見甲乙奪財, 丙丁傷官, 名利艱難. 若生春夏及火木局, 財官無氣, 雖得滋助, 名利亦輕. 喜行西方四季, 金土分野, 向官臨財之運, 不喜東南木火傷官敗財之地. 若四柱庚辛俱見, 謂之官殺混雜, 無去留制伏, 反主貧賤. 如只有庚不見制伏, 當作鬼論, 分身鬼強弱, 定其吉凶壽夭. 若制伏得中, 作偏官論, 太過反不爲福. 更看日干於所生月內, 有力無力, 有助無助, 分節氣淺深輕重言之. 喜行身旺鬼衰運, 忌身衰鬼旺運.

을 아울러 보고 길흉화복을 상세히 살펴야 한다.㈜11

여섯 乙 일주는 戊를 정재로 쓰고, 己를 편재로, 庚을 정관, 辛을 편관으로 쓴다. 연월시 상에 戊己庚 자가 투출하고 가을이나 사계(辰·戌·丑·未)에 생하였다면 바로 金土국을 이루어 역시 재관(격)을 이루었다고 논한다. 甲乙을 보면 탈재(奪財: 재성을 분탈)가 되고 丙을 보면 상관이 되니 명예와 재물에 곤란하다. 봄·여름에 생하였다면 바로 火木국을 이루니 재관이 있다고 한들 기운이 없어서 도움을 얻어도 벼슬이 높지 않다. 서방과 사계로 행하는 것이 기쁘고 金土 분야이면 관을 향하여 재성에 임한다. 火木지로 행하는 것을 꺼리고 관살혼잡도 두렵다. 칠살이 있는데 제압하지 못하면 귀(鬼)로 논하고, 태과하거나 불급한 것 모두 복이 되지 않는다. 다시 일간을 살펴 생한 월지 중에 조력이 있는지 유무를 보고 판단해야 한다. 운의 희기도 위와 같다.㈜12

2. 丙丁火

다음은 丙丁火 일간에 대한 설명이다. 여섯 丙 일주는 丙寅·丙午·丙申·丙子·丙辰·丙戌이다. 丙寅 일주는 수려하고 수명이 긴 편이다. 寅에서 金은 절지이고 水는 사지이니 재관이 등을 돌렸다. 丙火는 장생이고 유독 식신이 생왕하므로 장수한다. 己亥·辛卯·辛巳 시가 귀하다. 丙午는 (정관 子와) 형충하고 일간 역시 강하다. 午는 火가 왕한 자리이다. 그래서 이를 일인(日刃: 일주 양인)이라 말한다. 형충파해(刑衝破害)는 좋다. 午 중에 金이 욕패(敗)지이고 癸는 절지이니 재관이 등을 돌린 것이다. 건

㈜11 六乙日詩曰, 卯宮得地祿榮昌. 卯上金絶土死, 乙木坐祿, 財官無氣. 庚辰時主貴. 或類坐木局, 主大貴. 未上逢財, 是正鄕. 未上乙木, 本局有己土爲財, 丁火傷官. 亥內壬居不失局, 亥上乙木死, 喜壬旺爲生氣, 印綬不失木局, 見丙子壬午甲申時貴. 酉中辛剋恐遭傷. 酉上乙木絶, 見辛爲七殺, 有化者吉, 無化者凶. 辛巳化氣, 金神時貴. 丑臨官庫從夫吉. 丑金局, 從夫化金爲福, 身坐財官偏印爲丑, 有己土, 辛金, 癸水餘氣故也. 巳上金宮有化良. 巳爲金局, 須化金爲福. 但身坐正財, 男主剋妻, 女主妨夫, 見壬水者輕, 更看天時幷合局, 吉凶禍福細推詳.

㈜12 六乙日用戊爲正財己爲偏財, 庚爲正官辛爲偏官. 若年月時上透出戊己庚字, 生三秋四季, 及金土局, 財官有用. 如不透此三字, 生三秋四季及金土局, 亦作財官論. 見甲乙爲奪財, 丙爲傷官, 名利艱難. 若生春夏及火木局, 縱有財官無氣, 雖得滋助亦輕. 喜行西方四季, 金土分野, 向官臨財, 忌行火木之地, 傷官敗財, 怕官殺混雜, 有殺無制鬼論制太過不及, 皆不爲福, 更詳日干, 於所生月內, 有無力助, 分輕重言之. 運喜忌同上.

명은 처를 방해하고 곤명도 남편을 방해한다. 癸水를 본 사주는 (흉이) 가볍다. 丙申은 申에서 귀(鬼: 칠살)가 강하지만 보통 월은 길다. 申 中 庚은 재성이고 壬은 칠살이니 일간이 재관에 앉은 것이다. 庚寅시가 귀하다. 癸巳의 금신(金神)이 화기(化氣)가 되는 것은 귀하다. 丙子는 子 中 정관 癸가 록이고 시간에 드러나면 창달한다. 子 中 辛은 장생이고 癸는 왕하다. 일간이 재관에 앉은 것으로 癸巳 · 庚寅 시가 귀하다. 丙辰은 辰이 관(水)의 고지이다. 겨울에 생하는 것은 꺼린다. 辰은 위에 앉은 일간에게 관성으로 壬癸가 입묘된 것이다. 庚寅시는 귀하다. 丙戌은 戌이 재성으로 여름생은 불량하다. 戌은 바로 (火의) 묘지인데 그 중에 辛金이 여기로, 일간 곁에 재성이 있는데 여름에 생하면 재관이 무력하다. 소식영허(消息盈虛: 천지 시운이 변하고 바뀌는 것, 우주 자연의 운행과 변화)의 현묘한 이치가 있으니 휴왕을 정밀하게 살펴서 행하고 감추는 것을 논해야 한다. ^주 13

여섯 丙 일주는 庚辛을 재성으로 쓰고, 癸를 정관으로, 壬을 편관으로 쓴다. 연월시에 庚辛癸가 투출하고 가을이나 겨울의 金水국에 생하면 재관을 유용하게 쓴다. 이세 글자가 투출하지 않았어도 가을이나 겨울의 金水국에 생하였다면 그래도 재관(격)이 되었다고 논한다. 丙丁을 보면 탈재(奪財)이고 己는 상관이 되니 명예와 재물에 곤란하다. 만약 9월(戌월)이나 여름 그리고 사계(辰 · 戌 · 丑 · 未)에 생하였다면 火土국이 되어 재관이 있어도 무력하고 도움이 얻어도 역시 별 볼 일 없다. 서북 金水 분야로 행하면 재관운으로 임하여 좋다. 사주 중에 壬癸를 둘 다 보면 관살혼잡이 되어 제거하지 못하면 오히려 천하다. 壬은 있고 癸가 없는 경우 제거하지 않으면 귀(鬼)로 논한다. 일간과 귀(鬼)를 나누어 강약을 살피고 길흉과 수요를 판정해야 한다. 제복을 하면 편관(격)이 되고 태과하면 도리어 복이 되지 않는다. 다시 일간을 상세히 살피고

---

^주 13　六丙日. 《詩》日, 居寅有秀壽偏長. 寅上金絶水死, 財官俱背, 丙火長生, 獨食神生旺, 故主有壽. 見己亥, 辛卯, 辛巳時貴. 在午刑衝身亦强. 午上火旺之地, 謂之日刃, 喜刑衝破害, 爲午中金敗, 癸絶財官俱背, 男妨妻, 女妨夫, 見癸水乙木者輕. 申上鬼强, 通月吉. 申中庚爲財, 壬爲殺, 身坐財官, 見庚寅時貴, 癸巳金神化氣貴. 子中祿旺得時昌. 子中有辛生癸旺, 身坐財官, 見癸巳庚寅時貴. 辰臨官庫, 冬生, 忌. 辰上身坐官鄕, 爲壬癸入墓, 庚寅時貴. 戌傍財鄕夏不良. 戌乃墓地, 中有辛金餘氣. 身傍財鄕, 夏生財官無氣. 消息盈虛玄妙理, 要精休旺說行藏.

태어난 월지 중에 유력한지 무력한지, 구원이 있는지 없는지를 보고 절기의 심천과 경중을 분별하여 말해야 한다. 일간은 왕해지고 귀(鬼)는 쇠해지는 운으로 행하는 것이 기쁘고 일간이 쇠해지고 귀가 왕해지는 운으로 행하는 것은 꺼린다. 㹭14

여섯 丁 일주는 丁酉・丁亥・丁卯・丁未・丁巳・丁丑이다. 丁酉는 酉가 재성으로 학업에 정성이다. 酉에서 丁火는 장생이고 학당귀인이기 때문이다. 㹭15 일간이 재관에 앉은 것으로 壬寅시가 귀하다. 丁亥는 亥가 귀인으로 관직이 영화롭다. 亥는 일귀(日貴)로 그중에 壬이 왕하여 일간이 관을 향하고 있다. 壬寅시가 귀하고, 己巳시가 金으로 화하면 귀하지만 충이 크니 무력한 재관이 등지게 된다. 丁卯는 卯에서 水가 사지이고 金은 절지이다. 재관이 둘 다 등지고 무력하다. 인수의 생을 맞이해서 조금은 길하다. 丁未는 未 중에 木의 여기가 있다. 비록 재관이 등을 져도 인수가 일간을 생한다. 丁巳는 巳가 火궁과 가까우니 일간이 왕상(旺相)이다. 남방 화왕지이니 재관이 제극을 당한다. 巳 중 丙火가 탈재(奪財)하고 戊土가 탈관(奪官)하는 까닭이다. 건명은 처를 방해하고 곤명도 남편을 방해한다. 丁丑은 丑이 금고로 재록이 풍성하다. 丑 중에 庚辛이 입묘하고 癸水가 여기로 있다. 일간이 재관에 앉아 있으니 辛亥시를 보면 귀하다. 인생의 길흉 여부는 월의 기운과 시의 경중을 보고 정한다. 㹭16

여섯 丁 일주는 庚辛을 재성으로 쓰고, 壬을 관으로, 癸를 편관으로 쓴다. 연월시 중

㹭14 六丙日, 用庚辛爲財, 癸正官, 壬偏官. 若年月時中透出庚辛癸字, 生秋冬金水局中, 財官有用. 如不透出此三字, 生秋冬金水局中, 亦作財官論. 見丙丁奪財, 己爲傷官, 名利艱難. 若生九夏四季火土局中, 縱有財官無氣, 雖得滋助亦輕. 喜行西北金水分野, 向官臨財之運, 若柱中壬癸俱見官殺, 混雜無制反賤, 如有壬無癸, 不見制, 當作鬼論. 要分身鬼强弱, 定其吉凶壽夭, 制伏得中, 作偏官用, 太過反不爲福. 更詳日干, 於所生月內, 有力無力, 有救無救, 分節氣淺深輕重言之. 喜行身旺鬼衰之運, 忌行身衰鬼旺之鄕.

㹭15 학당귀인은 일간을 기준으로 장생을 만난 경우이다. 즉 甲은 亥, 乙은 午, 丙戊는 寅, 丁己는 酉, 庚은 巳, 辛은 子, 壬은 申, 癸는 卯이다.

㹭16 六丁日. 《詩》曰, 酉上臨財學業精. 酉上丁火, 長生, 學堂貴人, 身坐財官, 見壬寅時貴. 亥中坐貴向官榮. 亥上日貴, 中有壬旺, 身坐官鄕, 見壬寅時貴, 己巳爲金神化氣貴. 太衝無氣財官背, 卯上水死, 金絶, 財官俱背無氣. 小吉迎祥印綬生. 未中有木餘氣, 財官雖背, 印綬生身. 巳近火宮身旺相. 南方火旺之地, 財官受制, 謂巳中丙火奪財, 戊土奪官故也. 男妨妻, 女妨夫, 有戊者重, 甲寅者輕. 丑中金庫祿榮豐. 丑中庚辛入墓, 有癸水餘氣, 身坐財官, 見辛亥時貴. 人生吉凶如何定, 月氣時中見重輕.

에 庚辛壬이 투출하고 가을이나 겨울에 생하여 水국을 이루면 재관(격)을 유용하게 쓴다. 이 세 글자가 투출하지 않아도 가을이나 겨울에 생하여 水국을 이루면 역시 재관(격)으로 논한다. 丙丁을 보면 탈재(奪財)이고 戊를 보면 상관이니 명예와 재물을 얻기에 고달프다. 9월(戌월)이나 여름 그리고 사계(辰·戌·丑·未)에 생하였다면 火土국이 되니 재관이 무력하여 비록 조력이 있어도 별 볼 일 없다. 서북운으로 행하는 것은 바로 金水의 분야이니 기쁘고 상관과 패재를 기피한다. 운에서 관살혼잡이 되면 두렵고, 칠살이 있는데 제극이 없으면 귀(鬼)로 논한다. 제극이 태과하면 빈천하다. 다시 일간이 생한 월지를 상세히 살펴서 월지에서 유력과 무력, 조력의 경중을 분별하여 말해야 한다. 운의 희기는 위와 동일하다. 주17

참고로 丁火가 寅월에 태어나면 천덕귀인이라 하였는데, 원전을 찾아 읽을 독자를 위해 천덕귀인과 월덕귀인에 대한 내용을 아래에 정리하였다.

• 월지별 천덕귀인

월지	子	丑	寅	卯	辰	巳	午	未	申	酉	戌	亥
월	11	12	1	2	3	4	5	6	7	8	9	10
천덕귀인	巳	庚	丁	申	壬	辛	亥	甲	癸	寅	丙	乙

• 월지별 월덕귀인 · 월덕합 · 월공

월지	亥卯未	寅午戌	巳酉丑	申子辰
월덕귀인	甲	丙	庚	壬
월덕합	己	辛	乙	丁
월공	庚	壬	甲	丙

주17 六丁日, 用庚辛爲財, 壬爲正官, 癸爲偏官. 若年月時中透出庚辛壬字, 生秋冬金水局中, 財官有用. 如不透此三字, 生秋冬金水局, 亦作財官論. 見丙丁奪財, 戊傷官, 名利艱辛. 若生九夏四季火土局中, 縱有財官無氣, 雖得滋助亦輕. 喜行西北及金水分野, 忌傷官敗財, 運怕官殺混雑, 有殺無制鬼論, 制太過貧. 更詳, 日干於所生, 月內有無力助分輕重言之, 運喜忌同上.

3. 戊己土

이어서 여섯 戊 일간과 여섯 己 일간을 논하고 있다. 먼저 여섯 戊 일간은 戊子·戊午·戊申·戊寅·戊辰·戊戌이다. 戊子는 子가 재성이니 상서롭다. 子 중에 癸水가 왕하니 자신이 재성에 앉은 것이다. 乙卯시가 귀하고, 丁巳시가 金으로 화(化)하면 귀하다. 戊午는 일인(日刃: 일주 양인)이라 한다. 형충파해는 좋다. 午 중에 水木이 없어 재관이 모두 등을 진다. 남방(리괘)은 火가 왕하여 4월이나 5월에 생하면 인수가 비록 파괴되어도 빛을 발휘한다. 戊申은 申에서 재성이 왕하다. 申에서 壬은 장생이고 甲은 절지이다. 재성은 있는데 관은 없다. 戊寅은 장생이고 귀(鬼)의 록이 창성하다. 戊辰은 辰이 재성을 겸한 올바른 위치이다. 辰 중에 壬癸가 입묘하고 乙木은 여기로 있다. 자신이 재관에 앉은 것이다. 戊戌은 戌 중의 火에 의지하는 유일한 곳이다. 戊戌은 괴강이 된다. 재관이 모두 등지니 사주 중에 재관이 없어야 상급의 사주이다. 신왕하고 중첩된 것이 좋고 형충은 꺼린다. 재관이 왕하여 별격에 들어서 연월시에 재관을 보면 水木 분야의 운이 좋다. 사주 중에 유용한지 혹은 무용한지는 월령을 보고 헤아려야 한다. 㽞18

여섯 戊 일간에서 괴강이 되는 戊戌을 제외하고 그 재관의 희기를 논하는 것은 戊子·戊午·戊申·戊寅·戊辰의 다섯 일주이다. 壬癸를 재성으로 쓰고, 乙은 정관으로 甲은 편관으로 쓴다. 연월시 중에 壬癸乙이 투출하고 봄이나 겨울에 태어나 水木국이 되면 재관(격)을 사용할 수 있다. 이 세 글자가 투출하지 않아도 봄이나 겨울에 태어나 水木국이 되면 역시 재관(격)으로 논한다. 戊己는 탈재이고 辛은 상관이니 명예와 재물을 얻기 어렵다. 삼추(申·酉·戌)와 사계(辰·戌·丑·未)월에 생하면 바로 金土국이 되니 재관이 무력하여 비록 조력이 있어도 가볍다. 동북방의 水木 분야가 좋으니

㽞18　六戊日. 《詩》曰, 子坐財鄉亦是祥. 子中癸旺, 自坐財鄉, 見乙卯時貴, 丁巳時爲金神化氣貴. 離南有破却輝光. 戊午謂之日刃, 喜刑衝破害, 午中無水木, 財官俱背, 然南離火旺生四五月, 印綬雖破, 却有輝光. 在於申位財神旺, 申上壬生甲絕, 有財無官. 長生寅宮祿鬼昌. 寅上火生土, 秀氣鍾毓. 甲木當權, 身坐偏官. 辰上兼財居正位. 辰中壬癸入墓, 乙木有餘氣, 自坐財宮. 戌中依火是專旺. 戌上戊爲魁罡, 財官俱背柱中不見財官爲上, 喜身旺, 重疊, 忌刑衝. 財官旺, 若入別格, 年月時中見財官, 喜水木分野運. 柱中有用或無用, 月令如何要忖量.

재관이 임한 운의 향이기 때문이다. 사계와 서방으로 행하는 것은 꺼리는데 패재(土)와 상관(金)의 지지이기 때문이다. 사주에 甲乙이 투출하면 관살혼잡이다. 제극이 없으면 비천하다. 乙이 없는데 甲이 있고 제극이 없으면 당연히 귀(鬼)로 논한다. 일간과 귀(鬼)의 강약을 분별하여 그 길흉수요를 판정해야 한다. 제복으로 중화되면 편관(격)이 되고 태과하거나 불급하면 복이 되지 않는다. 다시 일간을 상세히 살피고 태어난 월주에 유력한지 무력한지, 구원이 있는지 혹은 없는지를 살피고 절기의 심천과 경중을 분별하여 말해야 한다. 일간은 왕하고 귀는 쇠한 운이 좋고 일간은 쇠하고 귀는 왕한 운은 꺼린다. [주]19

다음은 여섯 己 일주에 대해 논한 것이다. 己酉·己卯·己巳·己亥·己未·己丑이 그것이다. 己酉는 酉 중에 재성과 록이 둘 다 등을 진다. 酉에서 (재성) 水는 욕패[敗]이고 (관성) 木은 사지이니 재관이 둘 다 등졌다. 己卯의 卯는 편관으로 힘을 조정할 필요가 있다. 卯 중에 乙木이 전권을 쥐고 일간이 편관에 앉았으니 모름지기 己土가 사령하고 득지하여야 힘이 (편관에) 대적할 수 있다. 己巳는 巳의 소신이 어찌 이지러질 수 있겠는가. 巳 중에 (재성) 水는 절지이고 (관성) 木은 병지이다. 丙은 왕하고 재관이 무력한데 인수가 일간을 생하고 있다. 丙寅시가 귀하다. 己亥는 亥가 마지막에 높은 이름을 얻게 된다. 亥 중 일간이 재관에 앉았으니 丙寅시가 귀하다. 己未는 未가 관고에 임했으니 시주에 통해야 귀하다. 未에는 관은 있는데 재가 없다. 바로 木은 있는데 水가 없는 것이다. 己丑은 丑에 재성이 있으니 월이 도우면 영화롭다. 丑에 재성은 있고 관은 없다. 丙寅시가 귀하다. 사주의 영고성쇠는 천태만상이니 임한 시주의

[주]19 六戊日, 除戊戌爲魁罡, 其財官喜忌, 論於日下, 其餘戊子, 戊午, 戊申, 戊寅, 戊辰五日, 用壬癸爲財, 乙正官, 甲偏官, 若年月時中透壬癸乙字, 生春冬水木局中, 財官有用. 不透此三字, 生春冬及水木局中, 亦作財官論. 見戊己奪財, 辛傷官, 名利艱難. 若生三秋四季, 及金土局, 財官無氣, 雖得滋助亦輕. 喜行東北方水木分野, 向官臨財之運, 忌行四季西方, 敗財傷官之地. 若柱透甲乙, 官殺混雜, 無制反賤, 如無乙有甲無制, 當作鬼論. 要分身鬼強弱, 定其吉凶壽夭, 制伏中和, 作偏官用, 太過反不爲福. 更詳日干, 於所生月內, 有力無力, 有救無救, 分節氣淺深輕重言之. 喜身旺鬼衰運, 忌身衰鬼旺運.

소식을 분명히 파악할 필요가 있다. 주20

 여섯 己 일주는 壬癸를 재로 쓰고, 甲은 정관, 乙은 편관으로 쓴다. 연월시에 壬癸 甲 세 글자가 투간하고 봄이나 겨울에 생하여 水木국이 되면 재관(격)의 기세가 있다. 이 세 글자가 투간하지 않아도 봄이나 겨울에 생하여 水木국이 되면 역시 재관(격)으로 논한다. 戊己를 보면 탈재이고 庚은 상관이니 명예와 재물을 얻기 어렵다. 삼추 (申·酉·戌)와 사계(辰·戌·丑·未)월에 생하면 바로 金土국이 되니 재관이 무력하여 비록 조력이 있어도 가볍다. 동북방의 水木 분야가 좋고 패재와 상관은 꺼리며, 관살 혼잡이 두려운데 칠살이 있고 제극이 없으면 귀(鬼)로 논한다. 제극이 태과하면 빈천 하다. 다시 일간을 상세히 살피고 태어난 월주에 구원이 있는지 혹은 없는지 경중을 분별하여 말해야 한다. 운의 희기는 위에서 말한 것과 동일하다. 주21

4. 庚辛金

 여섯 庚 일주는 庚申·庚寅·庚辰·庚戌·庚午·庚子이다. 庚申은 일간이 건왕하여 수명이 연장된다. 申에서 일덕(日德)이고 일간은 건록에 앉은 것이다. 신왕하기 때문 에 일주가 장수한다. 庚寅은 寅에서 비록 절지이지만 오히려 일주는 창성한다. 寅 중 에 甲丙이 생왕하니 일간이 편관과 편재에 앉은 것이다. 신왕하여야 귀(鬼)가 변하여 관이 되어서 좋다. 庚辰은 辰이 괴강성으로 영화롭고 용맹하다. 庚辰은 괴강이다. 일 간이 앉은 곳이 재성이니 辰 중에 乙木 여기 때문이다. 사주에 재관을 보지 않는 것이 상급이다. 신왕한 것이 좋고 형충과 재관이 왕한 것을 꺼린다. 연월시에 재관을 보게 되면 별격에 드는데, 火木 분야의 운으로 행하는 것이 좋다. 庚戌은 戌이 괴수(魁宿)

주20 六己日.《詩》曰, 酉中財祿兩相背. 酉中水敗, 木死, 財官兩背. 卯遇偏官要力停. 卯中乙木專權, 身坐偏官, 須己土司 令, 得地方是力停. 巳位豈能虧小信. 巳中水絶, 木病, 丙旺財官無氣, 印却生身, 丙寅時貴. 亥中終是得高名. 亥中身坐財官, 見丙寅時貴. 未臨官庫時通貴. 未上有官無財, 乃有木無水, 見丙寅時貴. 丑坐財鄕month助榮. 丑上有財無官, 見丙寅時貴. 中有 榮枯千百樣, 臨時消息要分明.

주21 六己日, 用壬癸爲財, 甲正官, 乙偏官. 若年月時透壬癸甲三字, 生春冬水木局, 財官有氣. 如不透此三字, 生春冬水 木局, 亦作財官論. 見戊己奪財, 庚傷官, 名利艱難. 若生三秋四季, 及金土局中, 縱有財官無氣, 雖得滋助亦輕. 喜行東北水 木分野, 忌傷官敗財, 運怕官殺混雜, 有殺無制鬼論, 制太過貧. 更詳日干於所生月內, 有無力助, 分輕重言之. 運喜忌同上.

이니 역시 마음이 강하다. 庚戌은 괴강이다. 일간이 칠살에 앉았는데, 戌 중에 丙(丁)이 왕하기 때문이다. 재차 보는 것은 마땅하지 않다. 丙丁은 일간을 쇠약하게 하고 귀(鬼)를 왕하게 한다. 5월(午)에 생하면 일찍 발전하고 일찍 퇴조한다. 신왕한 것이 좋고 형충과 재관이 왕한 것을 꺼린다. 별격에 들면 木운으로 행하는 것이 좋고 火운으로 행하는 것은 꺼린다. 庚午는 午에 록이 있는데 어찌 근심이 있겠는가. 午는 일간의 관인의 자리이다. 午 중에는 丁巳金이 있다고 하니 비록 욕패(목욕지)여도 어찌 우환이 있겠는가. 庚子는 子가 형체가 없어서 좋지 않다고 한다. 子는 木의 욕패지요 火가 사멸하며 庚의 사지이다. 금침수저(金沉水底: 金이 물 밑으로 가라앉은 것)라 이르니 그래서 그 형태를 볼 수 없는 것이다. 재관이 무력하여 신왕한 일간이 월에 통하여 사주에 丁火가 있으면 길하다. 모름지기 천시를 보고 귀천을 분별하고 사주 중에 통하고 변화하는 것을 세밀히 살펴야 한다.[주]22

여섯 庚 일주는 庚戌과 庚辰은 괴강으로 제외하고 재관의 희기로 일주를 논하는데, 庚申·庚寅·庚午·庚子 네 개의 일주는 甲乙을 재성으로 쓰고, 丁은 정관으로, 丙은 편관으로 쓴다. 연월시에 甲乙丁이 투간하고 봄이나 여름에 생하여 木을 이루면 재관(격)으로 유용하게 된다. 이 세 글자가 투간하지 않아도 봄이나 여름에 생하여 木을 이루면 역시 재관(격)으로 논한다. 庚辛을 보면 탈재(奪財)이고 壬癸는 상관으로 명예와 재물을 얻기 어렵다. 가을이나 겨울에 생하면 金水 중에 재관이 무력하여 비록 조력이 있어도 큰 도움이 되지 못한다. 동남의 木火 분야의 운으로 행하는 것이 재관에 임하는 운이라 좋고, 서북의 金水 분야로 행하는 것은 상관패재라 좋지 않다. 사주에 丙丁이 있다면 관살혼잡이고, 칠살을 제극하지 않으면 오히려 빈천하다. 丁은 없고

[주]22　六庚日.《詩》日, 居身建旺壽延長. 申上日德, 自坐建祿, 身旺, 故主壽. 寅上雖絶反主昌. 寅中甲丙生旺, 身坐偏官偏財, 胎生元命, 喜身旺化鬼爲官. 辰上魁星多榮勇, 庚辰魁罡, 身坐財鄕, 謂辰中乙木餘氣. 柱中不見財官爲上, 喜重疊身旺, 忌刑衝, 財官旺. 若入別格年月時見財官, 喜行火木分野之運. 戌爲魁宿亦心剛. 庚戌魁罡, 身坐七殺, 謂戌中有旺丙丁, 不宜重見. 丙丁爲身衰鬼旺, 五月生則發早退早, 喜身旺, 忌刑衝, 財官旺, 若入別格, 喜行木運, 忌行火運. 午宮有祿何憂困. 午上自坐官印, 謂午中丁巳金, 雖敗何憂. 子上無形不是良. 子上木敗火滅庚死, 謂金沉水底, 不見其形. 財官無氣, 喜通身旺, 月柱有丁火則吉. 須看天時分貴賤, 柱中通變細推詳.

丙은 있는데 제극이 없으면 귀(鬼)로 논한다. 일간과 귀(鬼)의 강약을 분별하여 그 길흉수요를 정할 필요가 있다. 제복이 되면 편관(격)이 되었다고 논한다. 제복이 과하면 오히려 복이 되지 않는다. ㊵23

여섯 辛 일주는 辛酉·辛亥·辛未·辛丑·辛卯·辛巳이다. 辛酉는 酉가 록지이니 최고로 강하다. 酉는 木의 절지이고, 火의 사지이니 재관이 둘 다 등졌다. 戊子와 丙申시가 귀하다. 辛亥는 亥에서 일간이 목욕지이다. 辛金은 子에서 장생이고 亥에서 목욕이다. 재성은 생지이고 관은 절지이다. 辛未는 未에 암장된 丁이 일간을 극하여 괴롭힌다. 未 중의 木이 재성이다. 丁은 칠살이 되고 己(편인)는 도식한다. 일간을 극하여 괴롭히고 상처를 내니, 신왕하고 귀(鬼)를 변화시켜 관이 되도록 해야 좋다. 丙申시가 귀하다. 辛丑은 丑 중에 癸가 암장되어 식신으로 영화롭고 창달한다. 丑 중 癸는 식신이다. 火木의 재관이 비록 등져도 길하다. 辛卯는 卯가 재성에 임하고 (일간을) 쇠약하게 하지만 두렵지는 않다. 卯에서 일간은 재관에 앉아 있으니 木이 왕하여 火를 생한다고 한다. 戊子시가 귀하다. 辛巳는 巳에서 金국이고 사지이지만 거리낄 것은 없다. 巳에서 일간은 관인에 앉아 있으니 丙戊의 건록이 巳에 있어서 그렇다고 한다. 辛이 비록 사지이지만 뛰어나게 된다. 戊子시를 보면 귀하다. ㊵24

여섯 辛 일주는 甲乙을 재성으로 쓰고, 丙을 정관으로, 丁을 편관으로 쓴다. 사주 중 연월시에 甲乙丙이 투간하고 봄이나 여름에 생하여 火木이 국을 이루면 재관(격)을 용한다. 이 세 글자가 투간하지 않아도 봄이나 여름에 생하여 火木이 국을 이루면 역

㊵23　六庚日, 除庚戌, 庚辰爲魁罡, 財官喜忌, 論於日下, 庚申, 庚寅, 庚午, 庚子四日, 用甲乙爲財, 丁正官, 丙偏官. 若年月時透甲乙丁字, 生春夏火木局中, 財官有用. 如不透此三字, 生春夏火木局, 亦作財官論. 見庚辛奪財, 壬癸傷官, 名利艱難. 如生秋冬金水中, 財官無氣, 雖得滋助亦輕. 喜行東南木火分野, 向官臨財之運, 不喜行西北金水分野, 傷官敗財之運, 若柱有丙丁, 官殺混雜, 殺無制反賤, 如無丁有丙, 無制作鬼論, 要分身鬼强弱, 定其吉凶壽夭, 制伏得中, 作偏官論, 制過反不爲福.

㊵24　六辛日.《詩》曰, 酉中坐祿最爲强. 酉中木絶, 火死財官兩背自然辛建祿最强, 見戊子丙申時貴. 亥上身臨沐浴鄕. 辛金生子, 亥上沐浴, 財生官絶. 未位暗丁身剋剋. 未中木爲財, 丁爲殺, 己爲倒食, 剋剋傷身, 喜身旺化鬼爲官, 見丙申時貴. 丑中藏癸. 食榮昌. 丑中有癸爲食, 無火木財官雖背亦吉. 卯臨財, 地衰無懼. 卯上身坐財官, 謂木旺生火, 見戊子時貴. 巳坐金局死不妨. 巳上身坐官印, 謂丙戊建祿在巳, 辛雖死, 地有倚, 見戊子時貴.

시 재관(격)으로 논한다. 庚辛을 보면 탈재이고 壬은 상관이니 명예와 재물을 얻기 어렵다. 가을이나 겨울에 생하여 金水가 국을 이루면 재관이 무력하니 비록 조력이 있어도 크게 되지 못한다. 동남 火木 분야로 행하면 재관이 임하여 좋다. 서북의 金水 분야는 상관과 패재 운이니 좋지 않다. 두려운 것은 관살혼잡이다.㈜25 이하 앞에서 설명한 내용과 동일하다.

5. 壬癸水

마지막으로 여섯 壬 일주와 여섯 癸 일주에 대한 설명이 이어진다. 여섯 壬 일주는 壬寅·壬子·壬申·壬辰·壬午·壬戌이다. 壬寅은 寅궁이 기제(旣濟)되어 가장 뛰어나다. 寅에서 水火가 기제된다.㈜26 일간이 재성과 식신에 앉아서 생왕하므로 壬寅시가 귀한 것이다. 壬子는 子의 자리가 (재관과) 형충하니 오히려 마땅하지 않다. 壬子 일주는 일인(日刃)이고 비천록마(飛天祿馬)㈜27이고 형충파해를 좋아한다. 子에서 己는 절지이고 丙은 태지이다. 재관이 무력하니 午 중에 丁과 己를 취해야 하는 까닭이다. 壬申은 申에서 생지를 만나니 수려하다. 申에서 土(己)는 목욕[敗]이고 火는 병지

㈜25 六辛日用甲乙爲財, 丙正官, 丁偏官, 柱中年月時透甲乙丙字, 生春夏及火木局中, 財官有用. 如不透此三字, 生春夏及火木局, 亦作財官論. 見庚辛爲奪財, 壬傷官, 名利艱難. 若生秋冬及金水局, 財官無氣, 雖得滋助亦輕. 運喜東南火木分野, 向官臨財, 不喜西北金水分野, 傷官敗財之運, 怕官殺混雜, 有殺無制. 鬼論, 制太過不福, 更詳日干, 於所生月內有無力助, 分輕重言之. 運喜忌同上.

㈜26 수화기제(䷾)는 주역의 63번째 괘로 리괘(☲)가 아래에 있고 감괘(☵)가 위에 있다. 기제괘가 63번째이고 미제괘가 64번째로 맨 마지막에 이 두 괘가 온 것은 『주역』의 작자가 세상만사와 만물의 발전과정을 생각하고 배열했기 때문이다. 기제는 모순이 이미 그치고 사물이 다하였음을 나타낸다. 그러나 세상만사와 모순을 그칠 수도 없고 건곤이 없어질 수가 없으므로 다시 미제괘가 왔다. 기제의 의미는 '험난함에서 벗어나서 어려움을 구제하는 것'이라고도 하고 '이미 이루어져서 이미 구제된 것'이라고도 하였다. '기(旣)'는 이미 그러하다는 뜻이고 '제(濟)'는 『이아(爾雅)』에서 '건너다'라고 해석하였으니 합하여 '기제'는 '이미 건너다'라는 뜻으로 큰 강을 이미 건너 험난함에서 벗어났으니 어려움을 구제하였다는 의미이다.

㈜27 비천록마의 록은 관성, 마는 재성을 말한다. 록마가 하늘로 날아오르는 것을 말한다. 도충의 일종으로 도충록마라고도 한다. 도충으로 생겨난 허자가 재성이나 정관이 되어 사주팔자에 귀하게 쓰이는 것을 말한다. 壬子에서 午火 재성을 도충으로 생겨나게 하는 것이나, 庚子에서 午火 관성을 도충으로 생겨나게 하는 것 등을 말한다. 특히 겨울에 태어났을 때 귀하다.

이다. 재관이 모두 등을 졌으나, 壬申은 水의 장생이며 학당이 된다. 그래서 총명하고 수려하다. 壬辰은 辰에서 건록이 비천하고 미약하다. 壬辰은 괴강이다. 사주에서 재관을 보지 않고 중첩된 것을 압박하여 제압하는 것이 좋다. 형충은 꺼린다. 土의 제어가 없으면 범람하여 비록 문장은 수려하여도 평생 공로를 세우고 이름을 내기에는 지리멸렬하다. 재관이 생왕하면 별격으로 본다. 사주 중에 재관을 보았다면 상관이 파괴하는 운을 꺼린다. 운에서 火土 분야의 운이 좋다. 壬午는 午가 록마(祿馬: 정관과 재성을 의미)와 같은 것으로 판단한다. 일간이 재관에 앉아서 사람이 영리하고 지모가 있다. 壬寅시가 귀하다. 壬戌은 戌이 재관 둘 다를 좋게 만드는 것으로 추론한다. 壬戌은 일덕이다. 일간이 앉아 있는 丙戌는 재관이 되고 현무당권(玄武當權)이라 명하니 보통 辰午와 같이 인용되는 분야이다. 조화와 궁통의 각각은 다를 수 있으니 사주의 배합이 중요하다는 것을 알아야 한다.㈜28

여섯 壬 일주에서 壬辰은 괴강이 되니 제외하고 재관의 희기는 일간이 앉은 자리로 논한다. 壬寅·壬子·壬申·壬午·壬戌가 그 다섯 일주이니 丙丁을 재성으로 쓰고, 己를 정관으로, 戊는 편관으로 쓴다. 사주에 丙丁己가 투간되었고, 9월(戌월)과 여름 그리고 사계(辰·戌·丑·未)에 생하여 火土국이 되면 재관(격)으로 용한다. 이 세 글자가 투간하지 않아도 9월(戌월)과 여름 그리고 사계(辰·戌·丑·未)에 생하여 火土국이 되면 역시 재관(격)으로 논한다. 壬癸를 보면 탈재(奪財)이고 乙은 상관이니 명예와 재물을 얻기 곤란하다. 봄이나 겨울에 생하여 水木국을 이루면 재관이 무력하니 설령 도움이 있어도 높지 않다. 남방과 사계의 火土 분야로 행하는 것이 좋은 이유는 재관이 임하는 향이기 때문이다. 운에서 戊己를 보면 관살혼잡으로 제극이 없으면 오히려

㈜28 六壬日.《詩》曰, 寅宮旣濟最爲奇. 寅上水火旣濟, 身坐財食, 生旺見壬寅時貴. 子位刑衝反是宜. 壬子日刃, 飛天祿馬, 喜刑衝破害, 子中已絕丙胎, 財官無氣, 取午中丁巳故也. 申上逢生多秀麗, 申中土敗水病, 財官俱背却水長生爲學堂, 主聰明秀麗. 辰中建祿却卑微. 壬辰魁罡, 柱中不見財官, 喜重疊壓伏, 忌刑衝, 無土制禦則泛, 雖是文秀, 平生於功名中歇滅. 若財官生旺, 別入他格. 柱中見財官, 忌傷破運, 喜火土分野運. 午爲祿馬同鄉斷. 壬午爲祿馬同鄉, 身坐財官, 爲人伶俐有謀, 斷見壬寅時貴. 戌作財官雙美推. 壬戌日德, 身坐丙戌, 爲財官, 名玄武當權. 凡引用分野與辰午同. 造化窮通各有異, 柱中配合要須知.

빈천하다. 己는 없고 戊는 있는데 제복이 없으면 귀(鬼)로 논한다. 이하는 앞에서 이미 인용한 내용과 동일하다. ^주29

여섯 癸 일주는 癸卯·癸巳·癸未·癸亥·癸酉·癸丑이다. 癸卯는 卯가 일귀(日貴)이면서 학당(學堂)에 앉은 것이다. 癸卯는 일귀가 되며 장생과 학당에 앉아 있다. 식신이 건왕하여 재관이 무력하여도 길하다. 癸巳는 巳가 재관의 건록이니 가장 길하고 상서롭다. 癸巳는 일귀가 된다. 일간이 재관과 인수에 앉아 생왕하다. 巳 중 丙戊가 건록이고 庚金이 장생이다. 丁巳시가 귀하다. 癸未는 未가 귀(鬼)이니 질박(質朴)하다. 未에서 일간은 편관과 편재에 앉은 것이다. 신왕한 것이 좋고 귀(鬼)를 관으로 변화시키면 좋다. 癸亥는 亥에서 관이 등을 지니 영화와 번성을 물러나게 한다. 亥 중 丙戊가 모두 절지이니 재관이 모두 등을 진다. 亥가 巳를 도충하여 丙戊를 인출하면 날아올라 癸를 진출시키니 재관 록마가 귀해진다. 癸亥시를 얻으면 도충하고 방합한다. 癸酉는 酉궁에서 구원을 얻으니 허물이 없다. 酉에서 癸水는 쇠패하고 재관이 무력하니 반드시 신왕하고 월에 통하여야 귀해진다. 癸丑은 丑에서 비록 충을 하지만 재앙을 만들지는 못한다. 丑은 양인이고 관은 있지만 재는 없다. 己土가 칠살의 자리로 양인을 충파하는 것은 재액이 되지 않아 좋다. 근심이 될지 안 될지, 기쁠지 안 기쁠지는 월과의 휴왕 관계를 상세히 참고해야 한다. ^주30

여섯 癸 일주는 丙丁을 재성으로, 戊를 정관으로, 己를 편관으로 쓴다. 사주에 丙丁戊가 투간하고 9월(戌월)이나 여름 그리고 사계(辰·戌·丑·未)에 생하였으면 火土가

주29　六壬日, 除壬辰爲魁罡, 財官喜忌, 論於日下. 壬寅, 壬子, 壬申, 壬午, 壬戌五日, 用丙丁爲財, 己正官, 戊偏官, 四柱透丙丁己字, 生九夏四季火土局中, 財官有用. 如不透此三字, 生九夏火土局, 亦作財官論. 見壬癸奪財, 乙傷官, 名利艱難. 若生春冬及水木局中, 財官無氣, 雖得滋助亦輕. 喜行南方四季火土分野, 向官臨財, 運柱見戊己, 殺官混雜, 無制反賤. 如無己有戊, 不見制伏, 作鬼論. 要分身鬼強弱, 定其吉凶, 制伏得中, 作偏官論. 制過不福, 更詳日干, 於所生月內有無力助, 分節氣淺深輕重言之. 喜行身旺鬼衰運, 忌行身衰鬼旺運.

주30　六癸日.《詩》曰, 卯爲日貴日坐學堂. 癸卯爲日貴, 坐長生學堂, 食神建旺, 雖財官無氣, 亦吉. 巳建財官最吉祥. 癸巳爲日貴, 身坐財官印生旺, 謂巳中丙戊建祿, 庚金長生, 得丁巳時貴. 未上鬼傷因質朴. 未上身坐偏官偏財, 喜身旺化鬼爲官. 亥中官背却榮貴. 亥中丙戊俱絕, 財官俱背, 却喜亥衝出巳中丙戊, 飛來就癸, 爲財官祿馬之貴, 若得癸亥時並衝方合. 酉宮得救扶無咎. 酉上癸水, 衰敗財官無氣, 要通身旺月爲貴. 丑位雖衝不作殃. 丑中羊刃, 有官無財. 己土專位七殺, 喜衝破刃神, 不爲災咎. 憂不憂兮喜不喜, 月間休旺要參詳.

국을 이루어 재관(격)으로 용한다. 이 세 글자가 없어도 9월(戌월)이나 여름 그리고 사계(辰·戌·丑·未)에 생하였으면 火土가 국을 이루어 역시 재관(격)으로 논한다. 壬癸를 보면 탈재이고 甲은 상관이니 불리하다. 봄이나 겨울에 태어나 水木이 국을 이루면 재관이 무력하다. 남방과 사계의 재관운으로 행하는 것이 좋고 관살혼잡을 두려워한다. 칠살이 있는데 제극이 없으면 귀(鬼)로 논한다.㉛[31] 나머지는 앞에서 설명한 내용과 동일하다.

　지금까지『삼명통회』의「논십간좌지겸득월시급행운길흉(論十干坐支兼得月時及行運吉凶)」편을 인용하여 일간별로 물상을 정리하고 만나는 육신의 희기를 요약하였다. 특히 각 해당 천간의 여섯 일주를 모두 나열하여 앉아 있는 자리의 육신과 희기를 분석하였고 월령과의 관련성을 살폈는데, 재관을 중심으로 논하였다는 점을 주목할 만하다. 본문에서 말하는 육신의 분류는 결국 격국을 구성하는 성분이다. 재관을 중심으로 분석하였다는 것은 그만큼 운명의 길흉수요와 흥망성쇠의 판단에 재성과 관성이 중요한 판단 지점이라는 말이다.

　일간을 주축으로 시작하여 월지의 명령에 따라 나머지 글자들과의 관계를 살피는 것이 명리 신법의 표준구조이다. 이에 따라 일간과 나머지 천간의 성질을 연구해야 한다. 그 판단 기준에 십이운성과 육신의 길흉이 있다. 그 다음으로 월지와 나머지 자리의 십이지지를 공부해야 한다. 이때 각 지지의 지장간 구성과 성질을 이해하는 것이 최우선이고, 나아가 태어난 월에서 세력을 얻었는지 혹은 무력한지를 심천의 여부로 판단하고 지장간의 성분을 읽어서 구원이 있는지, 특히 관살혼잡이나 정관과 편관의 변화를 살펴야 한다.

㉛[31]　六癸日, 用丙丁爲財, 戊正官, 己偏官, 若四柱透丙丁戊字, 生九夏四季火土局, 財官有用. 若無此三字, 生九夏四季火土局中, 亦作財官論, 見壬癸奪財, 甲傷官不利. 若生春冬水木局中, 財官無氣, 喜行南方四季財官之運, 怕煞官混雜, 有煞無制鬼論, 制太過凶. 更詳日干, 於月令內有無力助, 輕重言之. 運喜忌同上.

사주팔자의 구조

월지 제강

월지: 팔자가 태어난 계절의 중요성

'월지(月支)'는 태어난 달의 지지이고, '제강(提綱)'은 전체를 통괄하고 벼리와 같이 중요한 요점이 되는 것을 의미한다. 월지가 제강이 된다는 말은 사람이 태어난 절기의 조후에 따라 그 사람의 인생이 중요한 영향을 받는다는 뜻으로, 지지 오행의 계절과 변화가 한 사람의 삶에 매우 중요한 배경이 된다는 의미이다. 월지 제강은 우주 자연관이며 시절 변화를 반영하는 사유의 하나이다. 다른 말로 '월령(月令)'이라고 하여 월지가 사주팔자를 사령한다고도 하였다. 월지와 그 속의 지장간을 월령으로 파악하였는데, 사람이 태어난 절기가 언제인가에 따라 그에 맞춰 온당한 행위를 해야 하는 상황을 나타내었다. 사람은 때에 맞춰 시의적절하게 처신해야 그 인생이 온전하다는 말이기도 하다.

월령에 대한 사유는 『시경』의 「빈풍(豳風)·칠월(七月)」과 『상서』의 「우서(虞書)·요전(堯典)」 등에 처음 등장하였다. 명리학과 관련해서는 춘하추동의 개념을 오행과 결합한 사유로 『관자』의 「사시(四時)」와 『여씨춘추(呂氏春秋)』의 「십이기(十二記)」, 『회남자』의 「시칙훈(時則訓)」·「천문훈(天文訓)」, 『예기(禮記)』의 「월령」 등이 있다. 예를 들어 『여씨춘추』의 「십이기」는 음양가의 월령을 채용하여 맹춘기(孟春紀)·중춘기(仲春紀)·계춘기(季春紀)의 봄으로부터 시작하여, 여름의 맹하·중하·계하, 가을의 맹추·중추·계추 그리고 겨울의 맹동·중동·계동에 이르기까지 열두 계절을 기록한 것이다. 내용은 별자리, 천간 지지와 오행의 배속 그리고 그 절기에 동식물의 생태를 말하면서 이때 해야 할 행동과 하지 말아야 할 행동 등을 적고 있다.

가령 맹춘기에서 '맹춘인 정월에는 태양이 실수(室宿: 28수 중 북방 칠수의 여섯 번째 별자리)를 지나가고, 황혼녘에는 삼성(參星: 28수의 별자리 중 하나)이, 새벽녘에는 미성(尾星: 28수의 별자리 중 하나)이 각각 남쪽 하늘에 남중하는 것을 볼 수 있다' 하고, 소리는 각(角)이고 오행은 木으로 3·8이며 '시절에 순응하기 위해 난(鸞: 난새, 방울, 천자가 타는 말고삐에 다는 방울) 방울을 단 수레를 타고 청룡 말이 수레를 끌게 하고 … 푸른색 옷을 입고 푸른색 패옥을 차며 보리와 양고기를 먹는다'고 하였다. 그 외에도 이 달에는 하늘의 기운이 아래로 내려오고 땅의 기운이 위로 솟구쳐서 천지가 잘 어울리고 초목이 바쁘게 움직여 소생한다고 하였다. 그러나 군대를 일으키면 안 된다는 등의 구체적 행동도 적고 있다. 이와 같이 각 절기의 별자리부터 시작하여 소리, 오행, 숫자, 그 달에 해야 할 행동과 하지 말아야 할 행동을 적고 있다. 『여씨춘추』는 기원전 239년 중국 진(秦)나라 재상이었던 여불위가 도가, 유가, 병가, 농가, 법가 등의 이론을 섞어 편찬한 백과사전이다. 천지·만물·고금에 관한 모든 일을 갖추어 적었다고 하며, 「십이기」에 전서의 내용을 총괄하였다고 전해진다.

『삼명통회』는 권 4의 「논십간좌지겸득월시급행운길흉(論十干坐支兼得月時及行運吉凶)」, 「논십이월지득일간길흉(論十二月支得日干吉凶)」, 「논오행시지분야길흉(論五行時地分野吉凶)」, 「논십간생월길흉(論十干生月吉凶)」 등에서 십간이 태어난 월령에 따라 길흉을 논하는 방법을 설명하고 있다. 「논십간좌지겸득월시급행운길흉」 편은 앞에 일간 위주를 설명할 때 甲부터 癸 일간까지 이미 소개하였다. 이번 장에서는 「논십이월지득일간길흉」 편을 인용하여 子월부터 亥월까지 태어난 甲乙丙丁戊己庚辛壬癸 일간의 육신 길흉을 논한다. 가능한 원전의 내용을 가감하지 않고 그대로 옮겼다. 참고로, 이 책 본문에서는 생략했지만 문맥상 찾아 읽고 싶어할 독자를 위해 각주에 원전 내용을 추가하고 〈 〉표시를 하였다.

1 子월

甲乙일이 子월을 얻으면 인수가 된다. 관을 보고 인수가 드러나는 것이 좋다. 천재(天財)에 앉아서 인수가 손상되는 것을 꺼린다. 세운의 희기도 같다. 丙丁일에게는 관격으로 귀하다. 음양이 화합하고 재관이 드러나고 관인의 삼합과 육합을 보는 것이 좋다. 모름지기 월령의 중기(中氣)를 살펴서 신왕하다면 재관을 좋아하며, 신약하다면 인수가 왕한 것을 좋아하며 칠살과 상관을 꺼린다. 세운에 복의 땅이 손상되기 때문이다. 丁 일간은 편관을 얻는 것이 된다. 두 개의 음이 서로 공격하니 신왕하여야 하고, 합하여 제거하는 것이 좋다. 신약하거나 합이 없거나, 정관이 드러나서 사주에 (관살이) 많은데 제복이 없는 것을 꺼린다. 운에서 신왕하고 편관을 합거하는 것이 좋고 신약을 꺼린다. [주]32

戊己일이 (子월을 얻으면) 재성이 된다. 재성은 드러나고 신왕한 것을 좋아한다. 양인에 앉아 비견이 노출되는 것을 꺼린다. 亥子일생이 아니면 재성운이 되기 어렵다. 신왕하면 재성과 같이 있는 것을 좋아하며, 신약하면 신왕해지는 것을 좋아하며 겁살을 꺼린다. 庚辛일은 (子월이) 재물을 장생하는 곳이다. 앉은 지지에 재성이 있거

[주]32 甲乙日得子月爲印綬, 喜見官露印, 忌坐天財傷印, 歲運喜忌同. 丙丁日爲官貴, 陰陽和合, 喜露財官, 見三合六合官印, 須考月令中氣, 身旺喜財官, 身弱喜印旺, 忌七殺傷官, 歲運傷爲福之地. 丁得之偏官兩陰相攻, 喜身旺有合制, 忌身弱無合露正官及四柱帶多無制伏. 運喜身旺合偏官, 忌身弱.

나 드러나고 신왕한 것을 좋아한다. 재성이 없이 신약한 것을 꺼린다. 가령 사주에 재성이 전무하다면 재성이 장생이 될 수 없다. 다만 상관이 배록(背祿: 록이 연지에 있는 것)하거나 월령이고 시에 편관을 두르면 된다. 庚일 丙시 巳시, 辛일 丁시와 午시는 제압하는 것이 있어야 길하다.㈜33 (중략)

壬癸일은 壬이 왕지가 되고 癸는 건록이 된다. 이는 단지 신왕한 것으로 명예와 재물 두 가지가 월령에 모두 녹아버렸으니 어찌하겠는가. 시에 편관이 있으면 그런대로 귀하다. 예를 들면 壬 일간에 戊己시이거나 癸 일간에 巳午시가 그러하다. 다음으로는 일과 시에 '보지 않는 것'㈜34이 오는 것을 마땅하게 여긴다. 예를 들면 연월시 세 궁에서 모두 만나지 않은 것으로 그 명을 알 수 있다. 운이 편관으로 행하는 것을 좋아하며 정관으로 가는 것은 꺼린다.㈜35

② 丑월

丑未가 서로 주고받아야 丑이다. 丑의 초기는 癸이니 좀 앉아 있다가 丑이 된다. 丑 중에는 己辛이 있다. 소한 상순에 7일은 癸水로 여기가 왕하다. 丑일 丑시에 겨울이나 봄에 생하였다면 水를 용한다. 하순 8일부터 辛金을 용하고, 대한 절기는 己土가 정위이다. 여름이나 사계월이라면 土를 용한다. 가을생이라면 金을 용한다.㈜36

甲乙 일간이 丑월에 태어나면 잡기관격으로 귀하다. 관성이 투간하면 좋고, 투간하

㈜33 戊己日爲財, 喜露財, 身旺忌坐刃透比, 不遇亥子日生, 難爲財運. 喜身旺與財, 身弱喜旺忌劫. 庚辛日爲長生財, 喜坐露財, 身旺忌無財身弱, 如四柱全無財星, 便不是長生財, 只是傷官背祿. 月令須帶時偏官, 庚日丙時巳時, 辛日丁時午時, 便爲有制吉.

㈜34 원문에 '不見之形(보지 않은 형태)'라고 하여 子월뿐 아니라 다른 월에 대해서도 여러 차례 언급하고 있다. 이것은 『낙록자삼명소식부주』에 나오는 표현인데, 예를 들면 연월일에서는 없었던 글자를 일시에서 공협이나 도충, 공귀, 공록 등으로 인출하는 것을 말한다.

㈜35 壬癸日壬爲旺, 癸爲建祿, 只是身强, 奈名利二者, 却被月令銷鎔盡了, 頗宜時帶偏官貴如壬日戊己時, 癸日巳午時是也. 次宜日時帶諸不見之形貴, 如年日時三宮皆不遇, 其命可知. 運喜行偏官忌正官.

㈜36 交丑未是丑, 丑初只是癸, 須是坐了丑丑中方有己辛, 小寒上旬上七日癸水餘氣旺, 或丑日丑時, 冬春生作水用, 下八日作辛金用, 大寒節皆是己土正位, 或夏月四季月作土用, 秋生作金用.

지 않았다면 충해야 한다. 이미 투출하였으면 운에서 충하는 것을 두려워한다. 재성운으로 행하는 것을 좋아하고, 관이 암장되었으니 충이 없다면 좋지 않다. 관살혼잡과 상관도 꺼린다. 관성은 합이 많은 것을 좋아하고 신왕하고 재성을 반긴다. 관성운에 신약하면 왕지로 행하는 것이 좋다. 칠살과 상관운은 꺼린다. 세운도 동일하다. ^주37

丙丁 일간에게는 (丑월이) 잡기재격이 된다. 재성이 투간하는 것을 좋아하고 양인과 비견운을 꺼린다. 신왕하면 재성을 반기고, 신약하면 신왕한 것을 반기고 겁재운은 꺼린다. 申酉丑일생이 아니면 재성이 되기 어렵다. 戊己 일간에게는 여기가 재성이다. 월초 소한 이후 7일 반까지는 癸水가 여기이다. 비견·패재(敗財)·양인이 없으면 재격이 귀하게 발전할 수 있다. 이 시기가 경과한 후에 태어나면 무익 무해한 평범한 삶이다. 일과 시 두 자리에 귀격이 있으면 발전할 수 있다. 여기에 재성이 귀하게 있다면 재성이 투간하고 신왕한 것을 좋아하고, 재성이 쇠약하고 신약한 것을 꺼린다. 운의 희기도 같다. ^주38

庚辛 일간에게는 자신의 고지월이 된다. 단지 신강하여 병이 적고 수명도 길 뿐, 월령에서 채택할 것은 없다. 그래도 시상편관이면 귀함이 있고 일과 시에서 보지 못한 것을 두르면 의연히 발복한다. 시에 편관이고 庚일 丙시, 巳시와 辛일 丁시, 午시가 그렇다. 운에서 편관을 합하는 것이 좋고 정관은 꺼린다. 壬癸 일간에게는 잡기인수격으로 귀하다. 인수가 투간하여 관을 보고 형충되는 것이 좋다. 인수가 제복되는 운을 꺼린다. 관인으로 행하는 것이 마땅하고 재성이 인수를 상하게 하는 것을 꺼린다. ^주39

주37 甲乙日, 得丑月爲雜氣官貴, 喜官星透干不透要衝, 旣透怕衝運, 喜行財, 忌官藏, 無衝, 官殺混及傷官, 官愛多合身旺喜財, 官運身弱喜行旺地, 忌殺傷. 歲同.

주38 丙丁日爲雜氣財, 喜財透干, 忌羊刃比肩運. 身旺喜財, 身弱喜旺, 通忌劫財, 若不遇申酉丑日生, 難爲財. 戊己日爲餘氣財, 月初小寒後七日半生, 有癸水餘氣, 無比肩敗財羊刃, 亦能發財貴. 如過期生丑中, 無利無害平平. 日時二宮, 能帶諸貴格, 亦可發. 有餘氣財貴者, 喜財露身旺, 忌財衰身弱. 運喜忌同.

주39 庚辛日爲自庫之月, 只得身強少病, 多安壽考, 月令中更無物可採, 頗宜時偏官貴, 及帶日時諸不見之形, 依然發福時偏官, 庚日丙時巳時, 辛日丁時午時. 運喜行合偏官, 忌正官. 壬癸日爲雜氣, 印貴, 喜透印見官及刑衝, 忌印伏運, 宜行官印之地, 忌財傷印.

3 寅월

甲 일간이 寅을 얻으면 건록이다. 乙 일간은 왕상이다. 월령에서 격을 취할 수 없으니 다만 신왕하여 수명이 길다. 시에 편관이 있으면 좀 낫고, 일과 시에 불견지형(不見之形: 보이지 않았던 글자)이 오면 귀하다. 시에 편관이 있다는 것은 甲 일간인데 庚시와 申시, 乙 일간에 辛시와 酉시가 그렇다. 가령 연일시 세 궁에 격으로 취할 것이 없다면 평생 알 만하다. 편관이 있다는 것은 운에서 편관을 합하는 것이 좋고 정관은 기피한다.㈜40

丙丁일은 인수격으로 귀하다. 정관에 앉아서 정관이 드러나는 것이 좋다. 다시 인성 이 드러나면 재성이 드러나는 것은 기피한다. 마땅히 관인운으로 행하는 것이 좋고 재성이 인수를 상하게 하는 것은 꺼린다. 戊 일간은 편관격으로 귀하다. 두 개의 양(陽) 이 서로 공격하니 신왕한 것이 좋고 신약한 편관은 꺼린다. 합이 있고 제복이 없거나 합이 없고 제복이 있으면 운에서 신왕하게 합제(合制)하는 것이 좋다. 신약한데 정관 운과 다시 칠살이 있는 것은 기피한다. 己 일간은 정관격으로 귀하다. 음양이 화합하 니 앉은 자리에 재성이 있거나 투간한 것과 다시 관성이 투간하면 좋다. 삼합과 육합, 신왕하면 좋고 칠살과 상관을 꺼린다. 정관이 명합하면 좋고 신왕하면 재관운으로 행 하는 것을 좋아한다. 신약은 왕해지는 것을 기뻐하고 칠살과 편관을 기피한다.㈜41

庚辛 일간에게 (寅월은) 재성이다. 재성이 많이 드러나는 것을 좋아하고 신왕하면 양인에 앉아서 비견이 투간하는 것을 꺼린다. 일지에 寅卯를 만나지 않으면 재물운이 되기 어렵다. 신왕하면 재성이 반갑고 신약하면 왕해지는 것이 좋다. 겁재를 꺼리는 것은 동일하다. 壬癸 일간에게 (寅월은) 재성의 장생지이다. 재성이 투간하는 것이 반

㈜40 〈乾坤艮巽, 四維在地, 月令在天, 不管四維, 纔立春便有寅有甲, 不必拘泥於艮時辰, 論分野則有之, 餘巳申亥同 此.〉甲日得寅建祿, 乙日旺相, 月令中無格可取, 只利得身旺年久, 頗宜帶時偏官及日時諸不見之形貴. 時偏官者, 甲日庚時 申時, 乙日辛時酉時, 如年日時三宮無格可取, 終身可知. 有偏官者, 喜行合偏官運, 忌正官.

㈜41 丙丁日爲印貴, 喜坐官露官, 再露印星, 忌露財, 宜行官印運, 忌財傷官. 戊日爲偏官貴, 兩陽相攻, 喜身旺, 忌身弱偏 官, 有合莫制, 無合要制, 運喜身旺合制, 忌身弱正官, 及再行殺鄕. 己日爲正官貴, 陰陽和合, 喜坐露財, 再露官星. 三合六 合, 身旺忌七殺傷官, 官愛明合, 身旺喜行財官, 身弱喜身旺忌七殺偏官.

갑고 지장간에 암장되는 것을 꺼린다. 만약 사주에 재성이 투간하지 않았다면 재성이 장생한다고 하지 않는다. 다만 상관이 배록(背祿)하고 월령이면 조금 낫다. 시상편관이란 壬 일간에 戊시와 巳시, 癸 일간에 己시와 午시와 같은 것이다.㈜42 (중략)

4 卯월

甲 일간이 卯월을 얻으면 왕상이고, 乙 일간이 卯월을 얻으면 건록이다. 甲乙 일간이 卯월에 생하면 모두 격으로 취할 것이 없다. 수명 연장에 이로울 뿐 시상편관이 있어야 하고, 또 불견지형(不見之形)이 오면 귀하다. 편관이란 것은 甲 일간에 庚시와 申시, 乙 일간에 辛시와 酉시이다. 연월시 세 궁에 이와 같은 것이 없다면 그 명조는 평범할 뿐이다. 원국에 편관을 데리고 있으면 합을 좋아하고 정관운을 꺼린다. 丙丁 일간에게 (卯월은) 인수가 된다. 관인 두 가지가 투간하는 것이 좋고 천재(天財)는 꺼린다. 운은 동일하다.㈜43

　戊 일간에게 (卯월은) 정관이 된다. 재성에 앉아서 정관이 드러나는 것이 좋다. 삼합과 육합 그리고 신왕한 것이 좋고 칠살과 상관은 꺼린다. 합이 많고 신왕한 운을 좋아하고 재관을 기뻐한다. 신약하면 왕해지는 것이 좋고 칠살과 상관을 꺼린다. 己 일간에게 (卯월은) 편관이 된다. 신왕하고 합이 있는 것이 좋다. 없으면 제복해야 한다. 신약하고 합이 없는 것과 정관이 투간되는 것을 꺼린다. 운의 희기는 동일하다.㈜44

　庚辛 일간에게 (卯월은) 재성이 된다. (卯가) 투간하고 스스로 왕한 것이 좋다. 寅

㈜42 庚辛日爲財, 喜財多露, 身旺忌坐刃透, 比身弱, 不遇寅卯日, 難爲財運, 身旺喜財, 身弱喜旺, 忌劫同. 壬癸日爲長生財, 喜財透干, 忌伏藏, 如柱無財透, 便不是長生財, 只是傷官背祿, 月令頗宜, 時上偏官, 壬日戊時巳時, 癸日己時午時, 須及年日時諸不見之形貴. 如三宮皆無格, 難言好. 命運身旺喜財, 身弱喜旺, 忌身旺正官.

㈜43 〈交卯未是卯, 卯初只是甲, 須是坐了卯卯中方是乙.〉甲日, 得卯理相, 乙日得卯建祿, 甲乙生卯月, 諸格無取, 只利命長, 宜帶時上偏官, 及諸不見之形貴. 偏官者, 甲日庚時申時, 乙日辛時酉時, 若年日時三宮無此, 其命平常, 原帶偏官, 喜合忌正官運. 丙丁日爲印, 喜露官印二星, 忌天財. 運同.

㈜44 戊日爲正官, 喜坐財露官. 三合六合身旺, 忌殺傷官, 愛多合運身旺, 喜財官, 身弱喜旺, 忌七殺傷官. 己日爲偏官, 喜身旺有合, 無則要制, 忌身弱無合, 及露正官. 運喜忌同.

卯 일지가 아니면 재격을 이루기 힘들다. 겁재에 앉아서 비견이 투간하는 것을 꺼린다. 운이 신왕하면 재성을 반기고 신약하면 신왕한 것을 반긴다. 비겁을 기피하는 것은 동일하다. 壬癸 일간에게 (卯월은) 재성의 장생이다. 재성에 앉아서 투간하는 것을 좋아한다. 만약 사주에 재성이 없으면 재성의 장생이라고 하지 않는다. 다만 상관이 배록하고 월령이라면 다소 낫다. 시상편관이란 壬 일간에 戊시와 巳시, 癸 일간에 己시와 午시와 같은 것이다. 모름지기 불견지형이 있으면 귀하고 신왕운에 재성을 반긴다. 신약하면 왕한운을 좋아한다. 편관을 데리고 있다면 편관합을 좋아하고 겁재와 정관을 꺼린다.㈜ 45

5 辰월

甲乙 일간이 辰월에 생하면 잡기인수격으로 관성을 보고 인수가 투간하여 충이 드러나지 않아야 좋다. 이미 투간했다면 충을 두려워한다. 재성을 보는 것과 인수를 많이 상하게 하는 운을 꺼린다. 丙丁 일간에게는 잡기관격이 된다. 관이 투간하면 좋고, 투간하지 않았다면 충을 해야 한다. 재성을 보면 신강해야 발복한다. 관이 암장되고 충이 없거나 칠살과 상관을 보는 것을 꺼린다. 운이 신왕하면 재성이 반갑다. 관이 약하면 왕해지는 것이 좋고 칠살과 상관을 꺼리는 것은 동일하다.㈜ 46

　戊己 일간에게는 잡기재격이 된다. 재성이 투간하여 왕한 것이 좋고, 투간하지 않았으면 충을 필요로 한다. 재성이 암장되어 충이 없는 것과 양인과 비견에 앉아 있는 것을 꺼린다. 亥子辰 일지가 아니라면 재성운을 이루기 어렵다. 신왕하면 재성을 반

㈜ 45　庚辛日爲財, 喜透自旺, 不坐寅卯日, 難爲財, 忌坐劫露比. 渾身旺喜財, 身弱喜旺, 忌劫比同. 壬癸日爲長生財, 喜坐露財, 如柱無財, 便不是長生財, 只是傷官背祿. 月令頗宜帶時上偏官, 如壬日戊時巳時, 癸日巳時午時, 須是帶諸不見之形貴. 運身旺喜財, 身弱喜旺, 帶偏官者, 喜合偏官, 忌劫財正官.

㈜ 46　〈交辰未是辰, 辰初只是乙, 須是坐了辰, 方有壬癸水淸明上旬七日半, 乙木餘氣旺, 或辰日辰時作乙木論, 下八日作癸水論. 穀雨節是戊土正位, 若秋生辰日辰時作水論, 四季作土用.〉甲乙日, 生辰月爲雜氣印, 喜見官星, 及印露不露要衝, 旣露怕衝, 忌見財, 多傷印運, 喜忌同. 丙丁日爲雜氣官, 喜官透, 不透要衝, 見財, 身强發福, 忌官伏無衝及殺傷, 運身强喜財, 官弱喜旺忌殺傷, 同.

기고, 신약하면 왕한 운이 좋은 것은 동일하다. ^주47

　　庚辛 일간에게는 (辰월의) 여기가 재격으로 귀하다. 청명 후 7일 반까지는 乙木의 여기가 있으니 발전할 수 있다. 월초에 생하였는데 비견과 양인의 탈재가 없으면 모두 발전할 수 있다. 이 기간을 지나면 바로 辰 중에 이득이 될 것도 없고 해로울 것도 없는 평범한 인생이다. 일시에 귀격이 있으면 역시 발복한다. 운에 여기가 있고 신왕하면 재성을 반기는 것이다. 신약한데 겁재로 가고 재성이 쇠약한 것을 꺼린다. 壬癸 일간에게는 자고(自庫)이다. 단지 신강하여 질병이 없을 뿐 월령에서 귀한 것을 취할 게 없다. 단지 시상편관이거나 일시에 불견지형을 만나면 귀하여 의연히 발복하는데 월령에서 구애될 것이 아니다. 시상편재라면 합과 제극운을 반기고 정관과 상관으로 행하는 것을 꺼린다. ^주48

6 巳월

甲乙 일간이 巳월을 얻으면 재격으로 귀하다. 巳午일에 생하지 않았으면 재격이라 하기 어렵다. 또 장생재귀(長生財貴)라 부르기도 어렵다. 戊土가 투간하면 재성이 더욱 빛난다. 丙火가 드러나면 상관신이 씩씩하다. 신왕하고 재성이 투간한 것이 좋고, 양인에 앉아서 비견이 투간하는 것을 꺼린다. 운이 신왕하면 재성을 반기고 신약하면 신왕을 반긴다. 丙 일간에게는 건록이고 丁 일간은 왕상(旺相)이다. 丙丁 일간이 巳월에 생하면 취용하여 복이 될 만한 것이 없다. 단지 신왕하여 오래 살 뿐이다. 조금이라도 나으려면 시에 편관을 데리고 일시에 귀격이 와야 한다. 또한 丙丁 일간이 巳월에 생하면 장생재귀격이라고도 하는데 재성이 투간해야 한다. 투간하지 않았다면 상관배록이나 월령이 장생재여야 한다. 재성운으로 행하는 것과 운에서 편관이 있는 것

---

^주47　戊己日爲雜氣, 財喜財露, 旺不露要衝, 忌財伏無衝, 坐刃比肩, 不坐亥子辰日, 難爲財運. 身旺喜財, 弱喜旺, 忌劫同.
^주48　庚辛日爲餘氣, 財貴. 清明後七日半, 有乙木餘氣, 方可發. 如月初生, 無比刃奪財皆可發, 過期則辰中無利無害平平. 如日時帶諸貴格, 亦發. 運有餘氣財身旺, 喜財地, 忌身弱劫地財衰. 壬癸日爲自庫, 只是身強少疾, 月令無貴可取, 頗宜時上偏官及日時, 諸不見之形貴依然發福, 勿拘月令, 運如時偏官者, 喜行合制, 忌行正官傷官.

이 좋다. 합운이 좋고 겁재와 정관을 꺼린다. ^주49

戊己 일간에게는 (巳월은) 인수격도 되고 건록도 된다. 어떻게 구별하는가. 다만 연월시에 丙火가 투간하면 인수격이고, 丙이 투간하지 않고 壬癸자만 있으면 건록인수격이 귀하다고 한다. 관이 투간하고 관인지로 행하는 것이 좋고 상관 인수운은 꺼린다. 건록격이면 시에 편관을 데리고 있는 것이 마땅하다 신강 신왕이 좋고 운에 편관 합이 되는 것이 마땅하다. 정관은 꺼린다. ^주50

庚 일간은 (巳월은) 편관격으로 귀한데 인수격과 동궁이기 때문이다. 신왕하고 합제하는 것을 좋아하고, 합이 있고 제복이 없는 것을 좋아한다. 신약한데 합이 없는 것은 기피한다. 정관운도 마찬가지로 본다. 다시 편관을 보았는데 제복되지 않으면 좋지 않은데 다수가 요절한다. 庚申 일주만은 그렇지 않은데 왜 그런가? 巳 중 土가 있어서 金을 생해줄 수 있기 때문이다. 金은 이미 장생하고 또 록지에 앉으니 어찌 요절하겠는가? 다시 壬이 투간하고 丙이 없거나, 癸가 투간하고 丁이 없거나, 甲이 투간하고 戊가 쇠약하거나 乙이 투간하고 巳가 병이면 어찌 그러하겠는가. 辛 일간에게 (巳월은) 정관격이다. 辛에게 천덕귀인이다. 정관이 다시 투출하고 재성이 투출하면 좋다. 정관은 합을 좋아하니 삼합, 육합 등의 지지도 좋다. 칠살에 앉아 상관운이 오는 것을 꺼린다. 신강하면 재관을 반기고 신약하면 신왕을 반긴다. 칠살과 상관을 기피한다. ^주51

壬 일간에게 (巳월은) 편관격이다. 신강해야 좋고 편관이 합을 하고 제복이 없는데 신약하고 관이 투간하는 것을 꺼린다. 운에서 신왕하고 편관을 합하는 것을 좋아한

주49 甲乙日得巳月爲財貴. 不生於巳午日, 難爲財, 亦名長生財貴. 戊土露則財星愈光, 丙火露則傷神盆壯, 喜身旺財露, 忌坐刃露比. 運身旺喜財, 身弱喜旺. 丙日建祿, 丁旺相, 丙丁生巳月, 無可取用爲福, 只是身旺年長, 頗宜, 時帶偏官及日時之貴格. 又丙丁巳月亦是長生財貴, 要財露, 如不露, 只是傷官背祿. 月令是長生財, 喜行財, 運帶偏官, 喜合運, 忌劫財. 正官.

주50 戊己日爲印, 亦爲建祿, 何以別之? 只年月時露丙火爲印, 丙不露, 更有壬癸字者, 只是建祿印綬貴, 喜露官星及行官印之地, 忌傷官印. 如建祿時宜帶偏官, 喜自身强旺, 運宜合偏官, 忌正官.

주51 庚日爲偏官貴印, 與同宮, 喜身旺合制, 有合莫制, 忌身弱無合, 正官運亦同論, 忌再見偏官, 全無制, 多夭. 獨庚申日則不然, 何者? 巳中有土能生金, 金旣長生, 又自坐祿, 何夭之有? 更看壬露無丙, 癸露無丁, 甲露戊衰乙露巳, 病之機何如? 辛日爲正官, 辛爲天德, 喜官再透及財露, 官愛多合, 及三合六合之地, 忌坐七殺傷官運, 身强喜財官, 身弱喜旺, 忌七殺傷官.

다. 신약은 꺼리고 정관이 전혀 제복되지 않으면 요절하는 경우가 많다. 癸 일간에게 (巳월은) 정관격이다. 재관이 투출하는 것과 삼합, 유합, 신왕을 좋아한다. 칠살, 상관을 꺼린다. 정관은 합이 많은 것을 좋아한다. 운에서 신왕하고 관인의 지지를 좋아한다. 신약하면 인수운을 좋아하고 칠살을 꺼린다. [주]52

7 午월

甲乙 일간이 午월에 태어나면 재격으로 귀하다. 재성을 장생하기 때문이다. 己土가 투간하면 재물이 더욱 드러난다. 丁火가 투간하면 상관이 왕성하다. 신왕은 기쁘고 양인과 비견 운을 꺼린다. 신왕하면 재성이 반갑고, 신약하면 왕하게 하는 것이 좋고 비겁은 꺼린다. 丙 일간은 왕상이고 丁 일간은 건록이다. 丙丁 일간이 5월에 생하면 복이 될 만한 것이 없다. 다시 신왕하니 오래 살 뿐이다. 시에서 편관이 오면 그래도 낫고 일시에서 불견지형(不見之形)을 보면 귀하다. 또 丙丁 일간이 5월에 생하면 그 것을 재성 장생이라고 하는데 재성이 투간해야 그렇다. 재성이 투간하지 않으면 단지 상관 배록해야 한다. 월령에 편관이 있다면 합하여 제복하는 운으로 행하는 것이 좋고 재성 장생이면 재성운으로 행하는 것이 좋다. [주]53

戊己 일간이 (午월에 태어나면) 인수격이 된다. 또 건록격이 되기도 한다. 어떻게 구별하는가? 월월시 천간에 丁이 투간하면 인수이고, 관인이 투간하는 것을 반기고 재성은 꺼린다. 인수가 없으면 건록격으로 논한다. 庚 일간은 정관격으로 논한다. 신약하면 왕해지는 것을 반기고 칠살과 상관을 기피한다. 세운에서 복을 상하게 하기 때문이다. 辛 일간에게는 편관격이 된다. 신왕하고 합하여 제복하는 것을 좋아한다. 합

[주]52　壬日爲偏官, 喜身強, 偏官有合莫制, 忌身弱露官. 運喜身旺合偏官, 忌身弱, 正官全無制伏多夭. 癸日爲正官, 喜露財官, 三合六合, 身旺, 忌七殺傷官. 官愛多合運喜身旺及官印之地, 弱則喜印忌殺.

[주]53　甲乙日得午月爲財貴, 亦爲長生財. 己土露則財愈顯, 丁火露則傷盆壯, 身身旺忌刃比貴, 身旺喜財, 身弱喜旺忌比劫. 丙日旺相, 丁日建祿, 丙丁人生五月, 無可作福, 只身旺年長, 頗宜時帶偏官及日時諸不見之形貴. 又丙丁生午月, 是長生財, 貴要財露, 如財不露, 只是傷官背祿. 月令帶偏官者, 喜行合制運, 有長生財者, 喜行財運.

은 있는데 제복이 없으면 土가 나타나서 火를 감추어주면 좋다. 신약하고 합이 없으면서 또 정관운이 오는 것을 꺼린다. 신왕하고 편관과 합하는 것이 좋은데 정관과 편관을 같이 보는 것은 안 좋다. 壬 일간은 정관과 정재격이다. 신왕하고 삼합 육합이 되면 좋고 칠살과 상관은 꺼린다. 정관은 합이 많은 것을 좋아하고 신왕운과 재관운을 좋아한다. 신약하면 왕해지는 운이 좋고 칠살과 상관은 꺼린다. 세운에 복을 해치기 때문이다. 癸 일간에게는 편관격이 된다. 신왕한 것이 좋다. 편관이 합은 있는데 제복이 없으면 신약하고 합이 없는 것을 꺼린다. 정관운의 희기는 동일하다.^{주54}

8 未월

甲乙 일간이 未를 보면 자고(自庫)월이 된다. 일주가 신강하면 병이 적다. 다만 복으로 쓸 만한 것은 하나도 없다. 그래도 시에 편관이 있으면 낫고, 일시에 귀격을 두르면 마땅하다. 월령에 구애될 것은 없다. 편관과 합을 하는 운은 좋고, 정관이 다시 편관을 보는 것은 꺼린다. 丙丁 일간은 잡기인수격이 된다. 관인이 투간하는 것이 좋은데 그렇지 않다면 충을 해야 한다. 인수가 암장되어 충이 없는 것은 꺼린다. 재성운이 같이 온다면 관인을 반기고 상관은 꺼린다. 세운이 복을 상하게 하기 때문이다.^{주55}

戊己 일간은 잡기관격으로 귀하다. 신왕하고 재성이 같이 있는 것을 반기며 관이 투간해도 좋다. 투간하지 않았으면 충이 마땅하다. 관은 합이 많은 것을 좋아하고, 관이 암장되어 충이 없는 것을 꺼린다. 관살혼잡과 상관은 꺼린다. 관운에 신왕하면 재성도 반갑다. 신약하면 왕해지는 운이 좋고 칠살과 상관은 꺼린다. 복을 해치기 때문

주**54** 戊己日爲印, 亦爲建祿, 何以別之? 年月時干露丁爲印, 喜透官印, 忌財, 無印, 作建祿論. 庚日正官星, 身弱喜旺, 忌七殺傷官, 歲運傷, 爲禍之地. 辛日偏官, 喜身旺合制, 有合莫制, 亦利土出火藏, 忌身弱無合, 及正官運, 喜身旺合偏官, 忌正官再見偏官. 壬日正官正財, 喜身旺三合六合, 忌七殺傷官. 官愛多合運身旺喜財官, 身弱喜旺, 忌七殺傷官. 歲運傷爲禍之地. 癸日爲偏官, 喜身旺偏官有合莫制, 忌身弱無合, 正官運喜忌同.

주**55** 〈小暑上旬上七日丁火, 餘氣旺, 或未日未時, 春生作木用, 下八日作乙木庫用. 大暑節皆是己土正位, 若夏生作火, 秋生作土用.〉甲乙日見未爲自庫月, 主身强少病, 但無一物可用爲禍, 頗宜時偏官及日時帶諸貴格, 不必拘月令. 運喜合偏官, 忌正官再見偏官. 丙丁日雜氣印, 喜官及印露不露, 要衝, 忌印伏無衝, 與財運喜官印, 忌傷官, 歲運傷爲禍之地.

이다. 庚辛 일간은 잡기재격이 된다. 신강하고 재성이 투간하여 왕한 것이 좋다. 투간하지 않았으면 충해야 한다. 재성이 암장되어 충이 없는 것과 양인, 비견을 꺼린다. 신왕운에서 재성을 반기고 신약이면 왕해지는 운이 좋다. 비겁 세운이 그 복을 해치는 것을 꺼린다. 壬癸 일간은 여기로 재격이다. 소서 7일 후에 태어나면 잡기재격으로 귀해지지 않는다. 소서 7일 반 이전에 태어나면 丁 여기로 록마동향(祿馬同鄕: 丁은 재성 마, 己는 관성 록)이라 한다. 상관이 없고 탈재가 없으니 능히 발복한다. 그 기간을 지나서 태어나면 未 중에 취할 것이 없다. 일주는 평범한 삶을 산다. 재관이 투간하면 좋고 신왕하면 좋다. 칠살과 상관은 꺼린다. 신왕하면 재성을 반기고 약하면 왕해지는 것이 좋고, 칠살과 상관을 꺼리는 것은 동일하다. ^{주56}

⑨ 申월

甲 일간이 申월에 태어나면 편관격이다. 신왕하고 합으로 제복하는 것이 좋다. 신약하고 정관운을 꺼리는 것은 당연하다. 또 다시 칠살을 보는 것은 더 안 좋다. 乙 일간이 申월에 태어나면 정관격이다. 신왕하고 관과 재가 투간하면서 삼합과 육합이 있으면 좋다. 칠살과 상관은 꺼린다. 정관은 합을 많이 하는 운을 좋아한다. 신왕하면 재성을 반기고, 약하면 왕하게 하는 운이 좋으며 겁재는 꺼린다. 丙丁 일간에게 (申월은) 재격이 된다. 丙이 壬을 보면 칠살이고, 丁이 壬을 보면 정관이다. 신왕하면서 재관이 드러나면 좋은데 상관과 칠살운은 꺼린다. 신왕하면 재성을 반기고, 약하면 왕한 것이 좋고 겁재를 꺼린다. ^{주57}

주56 戊己日雜氣官貴, 喜身旺與財及官透不透, 宜衝. 官愛多合, 忌官伏無衝, 兼殺混傷. 官運身旺喜財, 身弱喜旺, 忌七殺傷官, 歲運傷, 爲福之地, 庚辛日雜氣財. 喜身强財透旺, 不透要衝, 忌財伏無衝, 羊刃比肩. 運身旺喜財, 身弱喜旺, 忌比劫歲運傷, 爲福之地. 壬癸日爲餘氣財, 如遇小暑七日後生, 則不爲雜氣長生財貴. 小暑七日半生, 有丁餘氣, 謂之祿馬同鄕, 無傷官, 無奪財, 頗能發福, 如過期生未中無物可取. 主平常喜官透財露, 身旺忌七殺傷官運, 身旺喜旺官, 弱喜旺忌七殺傷官同.

주57 甲日申月爲偏官, 喜身旺合制, 忌身弱, 正官運亦然, 尤忌再見七殺. 乙日申月爲正官, 喜身旺露官透財, 三合六合, 忌七殺傷官, 官愛多合運, 身旺喜財, 弱喜旺, 忌劫財. 丙丁日爲財官, 丙見壬七殺, 丁見壬正官, 喜身旺露財官, 忌傷, 七殺, 運身旺喜財, 弱喜旺, 忌劫財.

戊己 일간은 장생재격이다. 재성이 투간한 것을 좋아한다. 사주 중에 재성이 없으면 장생재격이라 하지 않는다. 다만 상관 월령일 뿐이다. 시에 편관이 있으면서 귀격을 이루면 마땅하다. 월령에 비록 水의 장생이 있어서 재격이지만 (지장간) 안에 戊土가 있어서 (재성 水에게) 위해가 된다. 운에서 재성을 장생하면 묘하게 된다. 신강이면 재성을 반기고 약하면 왕한 운을 반긴다. 시에 편관이 있으면 합하여 제복하는 것이 좋다. 운에서 정관이 오고 신약한 것은 좋지 않다. 庚 일간에게 (申월은) 건록격이 된다. 辛 일간은 왕상이다. 월령에서 따로 취하여 복이 될 만한 것이 없다. 다만 신강해서 오래 살 뿐이다. 그래도 시에 편관이 오면 마땅하다. 합은 있는데 제복이 없거나 제복은 있는데 합이 없는 것도 좋다. 칠살과 정관운, 신약한 것은 꺼린다. 壬癸 일간에게 (申월은) 인수격이 된다. 관인이 투간하는 것이 좋고 재성을 꺼리는 것은 앞에서 말한 것과 같다. 㿗 58

⑩ 酉월

甲 일간이 酉월에 태어나면 정관격이다. 신왕한 것이 좋고, 정관이 투간하고 재성을 보는 것이 좋다. 삼합과 육합도 좋다. 칠살과 상관은 꺼린다. 정관은 합이 많은 것을 좋아한다. 신왕하면 재관을 반기고 약하면 왕해지는 것이 좋다. 칠살과 상관을 꺼린다. 乙 일간이 酉월을 득하면 편관격이다. 신왕한 것이 좋다. 합은 있는데 제복이 없거나, 제복이 있는데 합이 없는 것도 괜찮다. 신약과 정관을 꺼리고 운 또한 그러하다. 丙丁 일간에게는 재격이 된다. 신왕하면서 재관이 투로된 것이 좋다. 삼합과 육합도 좋다. 형충파해와 비견겁재를 꺼린다. 신왕하면 재성이 반갑고 신약이면 왕한 운

㿗 58 戊己日爲長生財, 喜財露, 如柱中無財便不是, 只是傷官月令, 宜時帶偏官及諸貴格. 月令雖有長生水爲財, 內有戊土爲害, 運喜行長生財爲妙, 身強喜財, 弱喜旺, 時偏官喜合制, 運忌正官身弱. 庚日爲建祿, 辛爲旺相, 月令別無可取爲福, 只是身強年長, 頗宜時帶偏官, 有合莫制, 有制莫合, 運忌七殺, 正官身弱. 壬癸日爲印, 喜露官透印忌財運亦如之.

을 반기며 겁재의 분탈을 꺼린다. ^주59

戊己 일간에게는 장생재격이다. 사주에 재성이 없거나 투간해 있지 않으면 재격이 아니다. 단지 상관이 월령에 있는 것이다. 시에 편관이 와서 귀격을 이루면 마땅하다. 편관격은 합하여 제복하는 운을 반긴다. 신왕하면 재성이 반갑고 신약하면 왕해지는 것이 좋다. 겁재를 꺼린다. 庚 일간은 (酉월에) 왕상이고 辛 일간은 건록이다. 월에서 취할 것이 없다. 단지 신왕하니 오래 산다고 한다. 시에 편관이 있거나 일시에 귀격이 있으면 마땅하다. 편관이 있으면 합하여 제복하는 것이 좋고 정관을 꺼린다. 운 또한 그러하다. 壬癸 일간에게 (酉월은) 인수격이 된다. 관인이 투간하는 것을 좋아하고 재성은 꺼린다. 운 역시 그러하다. ^주60

11 戌월

甲乙 일간이 戌월에 태어나면 잡기재격이다. 생왕하고 재성이 투출하는 것이 좋다. 투출하지 않았으면 충을 해야 한다. 재성이 암장되어 충이 없으면 좋지 않다. 비견과 양인 운 역시 좋지 않다. 丙丁 일간에게는 (戌월이) 자고(自庫)월이 된다. 일주가 신왕하니 오래 산다. 戌 중에서 취하여 복이 될 만한 것이 없으니 다만 시에 귀격이 있으면 묘하다. 운도 그러하다. ^주61

戊己 일간에게 (戌월은) 잡기인수격이 된다. 정관을 반기고 인수가 투간하면 좋다.

---

^주59 甲日酉月爲正官, 喜身旺露官見財, 三合六合, 忌七殺傷官, 官愛多合運, 身旺喜財官, 弱喜旺, 忌七殺傷官. 乙日得酉月, 爲偏官, 喜身旺, 有合莫制, 有制莫合, 忌身弱正官, 運亦如之, 再忌見七殺運. 丙丁日爲財, 喜身旺露財官, 三合六合, 忌刑衝破害, 比肩劫財, 運, 身旺喜財, 身弱喜旺, 忌劫奪.

^주60 戊己日爲長生財, 如柱中不帶財露便不是, 只是傷官, 月令頗宜, 時帶偏官及諸貴格. 偏官格喜合制運, 身旺喜財, 身弱喜旺, 忌劫財. 庚日爲旺相, 辛日爲建祿, 月中無物可取, 只是身旺年長, 頗宜時帶偏官及日時. 諸貴格, 有偏官喜合或制忌正官, 運亦然. 壬癸日爲印, 喜露官透印忌財, 運亦如之.

^주61 〈寒露上旬, 上七日辛金餘氣旺, 或春生戊日戌時作火論, 下八日生作丁火用, 霜降節皆是戊土正位, 或夏生四季生作土用.〉甲乙日戊月爲雜氣, 財喜生旺財透, 不透, 要衝忌財伏無衝, 比肩羊刃運亦然. 丙丁日爲自庫月, 亦主身旺年長, 戌中無物, 可取爲福, 只宜時帶諸貴格爲妙. 運亦然.

투간하지 않았으면 충을 해야 한다. 인수가 암장되어 충이 없는 것과, 재성이 있어서 인수를 상하게 하는 운을 꺼린다. 庚辛 일간에게 (戌월은) 잡기관격으로 귀하다. 신왕해야 하고 인수가 온전해야 한다. 관이 투출하거나 충을 하면 관을 귀하게 쓴다. 인수가 투출하거나 충을 하면 인수를 귀하게 쓴다. 투출하지 않았으면 충을 해야 한다. 관이 암장되어 충이 없는 것을 꺼린다. 정관은 합이 많은 것을 좋아한다. 신왕하면 재관을 반기고, 신약하면 왕해지는 운이 좋다. 칠살과 상관을 꺼린다. 壬癸 일간에게 (戌월은) 잡기재격이다. 신왕해야 하고 재관이 둘 다 온전해야 귀하다. 재성이 투출하거나 충을 하면 재성을 용하고, 관성이 투출하거나 충을 하면 정관을 용한다. 투출하지 않으면 충을 해야 한다. 재성이 암장되어 충이 없는 것을 꺼린다. 신왕하면 재성을 반기고 신약하면 왕한 운이 좋다. 겁재의 분탈을 꺼린다.㈜62

12 亥월

甲乙 일간이 亥월에 태어나면 인수격이다. 관인이 투출하면 복이 된다. 재성운을 꺼리는 것은 앞에 설명한 것과 같다. 丙 일간에게는 편관격이 된다. 합이 있으면 제복이 없어야 하고, 제복이 있으면 합이 없어야 한다. 신왕한 것이 좋고 신약하고 정관 세운을 꺼리는 것은 동일하다. 丁 일간에게 (亥월은) 정관이 된다. 재관이 투출하는 것을 좋아한다. 신왕하면 좋고 칠살과 상관은 꺼린다. 합이 많은 운 역시 앞에서 말한 것과 같다. 戊己 일간에게는 재격이 된다. 재성이 투간하고 신왕한 것이 좋다. 양인과 비견을 기피한다. 신약운 역시 그러하다.㈜63

  庚辛 일간에게는 재성 장생운이 된다. 사주에 재성이 드러나지 않아 전무하다면 단

㈜62 戊己日爲雜氣印, 喜正官, 印透, 不透要衝, 忌印伏無衝, 有財傷印運, 忌傷官傷印. 庚辛日爲雜氣, 官貴要身旺印全, 如官透衝則用官貴, 印透衝則用印貴不透要衝, 忌官伏無衝, 官愛多合, 身旺喜財官, 身弱喜旺, 忌七殺傷官. 壬癸日爲雜氣財, 要身旺財官雙全爲貴, 財透衝則用財, 官透衝則用官, 不透要衝, 忌財伏無衝運. 身旺喜財, 身弱喜旺, 忌劫奪.

㈜63 甲乙日得亥月爲印, 喜露官透印爲福, 忌財運亦然. 丙日爲偏官, 有合莫制, 有制莫合, 喜身旺忌身弱. 正官歲運同, 丁日爲正官, 喜透財露官, 身旺忌七殺傷官, 多合運亦然. 戊己日爲財, 要財露身旺, 忌羊刃比肩, 身弱運亦然.

지 상관배록에 월령일 뿐이다. 시에 편관이 오거나 일시에 귀격이 있으면 좋다. 재성이 투간하여 스스로 왕해지는 것을 좋아한다. 무재와 신약은 좋지 않다. 운을 보는 것도 그러하다. 壬癸 일간의 경우 壬은 건록이고, 癸는 왕상이다. 복으로 취할 것이 없다. 다만 신왕하다고 하여 수명이 길다. 시에 편관을 데리고 일시에 귀격이 되면 좋다. 시에 편관이 있는데 운에서 편관과 합을 하면 좋고 관살혼잡은 꺼린다.〔주64〕

지금까지 『삼명통회』 권 4의 「논십이월지득일간길흉」 편을 위주로 각 십천간이 십이지지월에 태어났을 때 어떤 격국을 이루는지를 살펴보았다. 십이지지는 12월에 배속되었으며, 甲乙丙丁戊己庚辛壬癸 일간별 육신이 해당 월을 만나서 격국이 어떻게 성립되는지와 그에 따른 희기를 논하고 있다. 개별 월지와 일간에 따른 특성이 있겠으나 전체를 관통하는 공통된 설명을 취합할 수 있다. 그 내용을 정리하면 다음과 같다.

① 재성과 관성을 위주로 부귀를 논한다

재관에 대해 명예[名]가 있다거나 재물[利]을 얻는다는 표현으로 일관되게 논하고 있다. 그 외의 육신 역시 재관과의 관계로 설명한다. 월지가 식상일 때는 재성의 장생으로 논하였고, 월지가 인수일 때는 관성과 함께 투출 여부를 살피고 그 관계를 통해 읽는다는 것을 알 수 있었다. 식상이 월지로 재성을 장생할 때는 반드시 사주에 재성이 투간해야 재격이라 말하고 그렇지 않을 때는 월지 식상일 뿐, 다른 자리 즉 시에 편관이 있는지 혹은 일시에 귀한 글자가 있어서 다른 귀격을 이루는지를 보고 판단하라고 하였다.

〔주64〕 庚辛日爲長生之財, 如柱中全無財露, 只是傷官背祿月令, 頗宜時帶偏官日時諸貴格, 喜財露自旺, 忌無財, 身弱, 運亦然. 壬癸日, 壬爲建祿, 癸爲旺相, 福無可取, 只是身旺. 年久頗宜, 時帶偏官, 及日時諸貴格, 如得時偏官運喜行合偏官, 忌正官再見偏官爲福.

② 잡기 월지

사계의 월지 즉 辰·戌·丑·未월일 때는 잡기재관으로 격국을 잡았는데, 이것도 결국 위의 ①의 내용으로 귀결된다. 즉 잡기 지장간 중의 재성과 관성의 투간 여부로 판단하였으며, 그렇지 않을 때는 충을 필요로 한다고 하였다. 전반적으로 재관을 볼 때는 일간이 신왕해야 좋고, 신약하다면 운에서 부조를 해야 귀하다고 하였다.

③ 비견이나 겁재의 월지

월지가 비겁일 때는 월지에서 취해서 복이 될 만한 것이 없다고 하였다. 신왕하니 장수한다고 하였을 뿐인데, 다만 시에 편관이 있거나 다른 자리에 귀한 글자를 보면 귀격으로 논하였다. 전체적으로 반복되는 내용이 있어서 격국의 성립과정과 변화, 그 성패를 이해하는 데 도움이 되었을 것이다.

④ 신왕과 신약

재성과 관성을 위주로 논하기 때문에 전반적으로 신왕을 추구한다. 그러나 월지가 비견겁일 경우에는 반드시 편관의 존재를 살펴서 부귀를 판단하였다. 전체적으로 세력의 균형과 조화를 중요시한다는 것을 알 수 있다.

⑤ 관살혼잡과 상관견관

모든 월지에서 관살혼잡과 상관견관을 흉하게 보고 있다.

⑥ 삼합과 지장간

위의 ②에서 辰·戌·丑·未월일 때는 잡기재관으로 격국을 잡는다고 하였는데, 그것은 단순히 지장간만 본 것이 아니라 삼합으로도 읽었다. 예를 들어 甲乙 일간이 辰월에 생하면 잡기인수격이라 한 것은 辰 중 癸水만 본 것이 아니라 申·子·辰 삼합을 고려한 것이다. 그것을 증명하는 것이 '甲乙 일간이 丑월에 태어나면 잡기관격으로 귀하다'고 한 것이다. 이것은 丑을 巳·酉·丑으로 읽은 것이기 때문이다.

'甲乙 일간이 巳월을 얻으면 재격으로 귀하다'고 한 것이나 '甲乙 일간이 午월에 태어나면 재격으로 귀하다'한 것은 모두 巳 중 戊土와 午 중 己土를 읽은 것이다. '庚 일간은 (巳월은) 편관격으로 귀한데 인수격과 동궁이기 때문'이라고 한 것은 巳 중 戊土와 丙火가 모두 있어서 그렇다.

요약하면 월지 오행의 십이운성으로 일간 대비 육신을 읽어 재격 혹은 관격으로 판단하고, 식상은 재성과 관련하여, 인수는 정관과 관련하여 해석한다. 십간의 일간 대비 십이 월지를 대비하였을 때 억부의 관점을 일관되게 적용하고 십이운성을 반드시 읽고 있다는 것을 알 수 있었다. 辰·戌·丑·未 잡기재관에 대해서는 투출 여부를 보고 판단하였고, 그렇지 않을 때는 충을 필요로 하였다. 辰·戌·丑·未월뿐 아니라 귀격을 이루는 글자는 투간을 중요시하였고, 태어난 날짜를 구체적으로 살펴서 월령의 오행과 육신을 따졌다. 그 외 재관이 격국을 이루지 않았을 때는 시상 편재나 편관을 자주 언급하였고, 특히 양인이나 건록격 등에는 시상편관을 귀하게 보았다. 격을 잡을 수 없는 경우 사주에서 보지 못한 글자 즉 불견지형(不見之形)을 말하였는데, 설명하자면 연월일에서는 없었던 글자를 일시에서 공협이나 도충, 공귀, 공록 등으로 인출하는 것을 뜻한다. 이 경우 귀격이 된다고 하는데, 이 점이 『자평진전』류의 명리서와 구별되는 내용이다. 『자평진전』은 가능한 월지에서 격국을 잡는 내격 위주로 설명하고 있기 때문이다.

다음 장에서는 득시(得時) 즉 월령의 세력을 얻는 것과, 실시(失時) 즉 월령에서 세력을 얻지 못한 것을 논할 것이다. 중요한 것은 사주에 있는 여덟 글자가 각각 어떻게 세력 안배를 하고 있는지를 파악할 수 있어야 하고, 나아가 그들 간의 역학관계, 다시 말하면 협조하는 관계로 유정한지 반대로 방해가 되는 관계로 무정한지를 판단할 수 있어야 한다.

사주팔자의 구조

득시(得時)와 실시(失時)

때를 얻은 팔자와 때를 잃은 팔자

득시(得時)와 실시(失時)의 개념도 일간이 태어난 때, 즉 월령과 관련이 있다. '시(時)' 즉 때를 얻었는가 혹은 때를 잃었는가를 묻는 것인데, 이때 '시'는 일반적으로 생각하는 시간의 의미보다는 훨씬 포괄적이다. 현대사회에서 시(時)는 주로 협의의 시간으로 인식된다. 물론 사주명식에서도 시(時)라고 하면 주로 태어난 시간을 가리킨다. 그러나 동양 고전에서 말하는 시(時)는 다양한 의미를 함축한다. 득시(得時)와 실시(失時)는 무엇을 말하는가? 글자 그대로 설명하면 '때를 얻음[得時]'과 '때를 잃음[失時]'이다. 『주역』에서 유래한 광의로는 그 상황의 적절성을 의미하기도 하지만, 명리학에서는 태어난 계절의 힘을 얻었는가 혹은 잃었는가를 말한다.

금법의 자평명리학에서는 월지, 즉 월령에서 격국과 용신을 정한다. '팔자용신(八字

用神) 전구월령(專求月令)', 즉 '팔자용신은 오로지 월령에서 구한다'는 문장은 『자평진전』에서 가장 많이 언급된 문장 중 하나일 것이다. 월지는 제강(提綱)이라고도 하여 제강을 중심으로 사주팔자의 희기를 읽는다는 뜻이다. 그런데 여기서 중요하게 살펴야 할 것은 바로 천간에 투출된 글자가 있어서 서로 호응하고 있는가이다. 이것이 바로 통근과 투출의 이론이다.

이제 월령의 '시' 개념에 대해 좀 더 구체적으로 살펴보자. 월령은 절기에서 나오는데 각 절기는 맹중계(孟仲季)로 이루어져 있다. 즉 맹은 각 절기를 시작하는 달, 중은 절기의 가운데 달, 계는 절기의 마지막 달이다. 24절기에 속하는 음력과 양력 그리고 황경은 아래와 같다.

• **24절기의 시기와 황경**

음력	맹중계	지지	절기	양력	황경
1월	맹춘(孟春)	寅	입춘(立春)	2/4경	315°
			우수(雨水)	2/18~2/19	330°
2월	중춘(仲春)	卯	경칩(驚蟄)	3/5~3/6	345°
			춘분(春分)	3/20~3/21	0°
3월	계춘(季春)	辰	청명(淸明)	4/5~4/6	15°
			곡우(穀雨)	4/20~4/21	30°
4월	맹하(孟夏)	巳	입하(立夏)	5/5~5/6	45°
			소만(小滿)	5/21~5/22	60°
5월	중하(仲夏)	午	망종(芒種)	6/5~6/6	75°
			하지(夏至)	6/21~6/22	90°
6월	계하(季夏)	未	소서(小暑)	7/7~7/8	105°
			대서(大暑)	7/22~7/23	120°

7월	맹추(孟秋)	申	입추(立秋)	8/7~8/8	135°
			처서(處暑)	8/23~8/24	150°
8월	중추(仲秋)	酉	백로(白露)	9/7~9/8	165°
			추분(秋分)	9/23~9/24	180°
9월	계추(季秋)	戌	한로(寒露)	10/8~10/9	195°
			상강(霜降)	10/23~10/24	210°
10월	맹동(孟冬)	亥	입동(立冬)	11/7~11/8	225°
			소설(小雪)	11/22~11/23	240°
11월	중동(仲冬)	子	대설(大雪)	12/7~12/8	255°
			동지(冬至)	12/21~12/22	270°
12월	계동(季冬)	丑	소한(小寒)	1/5~1/6	285°
			대한(大寒)	1/20~1/21	300°

절기는 15일 간격으로 매달 초순에 오는 절(節)이 있고 하순에 오는 중(中)이 있어서 총 12개의 절과 12개의 중으로 이루어져 있다. 전체적으로 입춘·입하·입추·입동의 사립(四立), 하지·동지의 이지(二至), 춘분·추분의 이분(二分)이 만드는 8절기와 사계를 명리학에서 중요하게 다룬다. 사립은 사시가 시작하는 달이고, 이지는 각각 태양이 가장 길거나(하지) 가장 짧은(동지) 달로 하지를 기점으로 음에 생겨나고, 동지를 기점으로 양이 생겨난다. 이분은 음과 양의 길이가 같은 춘분과 추분이다. 이를 지지에 이를 사립의 절기에 寅·巳·申·亥가 있고, 이지에 子(동지)·午(하지)가 있으며, 이분에 卯(춘분)·酉(추분), 사계에 辰·戌·丑·未가 있다. 황경은 춘분에 0°에서 시작하여 15° 간격으로 진행한다.

• 절기와 지지의 관계

	절기	의의	지지
사립(四立)	입춘·입하·입추·입동	계절의 시작	寅·巳·申·亥
이지(二至)	하지	태양이 가장 긺	午
	동지	태양이 가장 짧음	子
이분(二分)	춘분	음과 양의 길이가 같음	卯
	추분	음과 양의 길이가 같음	酉
사계(四季)	청명·소서·한로·소한	계절의 마지막	辰·未·戌·丑

월령의 개념과 득시 혹은 실시의 개념이 만나서 나온 표현이 득령(得令)과 부득령(不得令)이다. 부득령은 실령(失令)이라고도 한다. 통변 현장에서 '득령했다(월령을 얻었다)' 혹은 '실령했다(월령을 얻지 못하였다)'라고 하는데, 바로 일간의 오행과 생월 기후와의 관련성에서 세력을 얻었는지의 여부이다. 예를 들어 甲乙木 일간이 봄에 태어났다면 봄이라는 계절의 오행 기운은 木이니 '득령했다' 하고, 가을에 태어났다면 '실령했다'고 한다. 가을은 오행 중 金의 계절이니 金이 木을 극하여 그 세력을 얻을 수 없게 된다. 반대로 庚辛金 일간으로 논하자면, 봄에 태어났다면 실령하였고 가을에 태어났다면 득령하였다. 나머지 일간의 오행도 이와 같이 추론할 수 있다.

월지 월령이 사주팔자에서 지니는 의의는 '제강(提綱)'이라는 단어에서도 알 수 있듯이 명식의 요점이며 마치 사물의 추처럼 전체를 관장하여 이끌어가는 성분이다. 즉 월지 월령은 일간과 나머지 천간의 근본을 나타내며, 팔자의 선천적 특성과 길흉수요의 과정에 지대한 영향을 미치는 글자이다.

지금까지 살펴본 것과 같이 득시(得時)와 실시(失時)를 파악하고 월지 월령의 중요성을 공부할 때 통근과 투출이라는 개념이 중요하다. 통근과 투출은 천간과 지지의 통하는 바를 읽어 사주 구성과 힘의 세기 등을 파악할 수 있게 해준다. 즉 통근과 투출을 읽으면 일간뿐 아니라 명식 내 모든 글자의 강약을 알 수 있다. 『적천수』에서 '천전일기(天全一氣: 천간의 전일한 기운)는 땅의 덕에 힘을 얻지 않으면 안 되고, 지전삼물(地全三物: 지지의 온전한 세 가지 물건)은 하늘의 도가 용납하지 않으면 안 된다'고 하였다. 지전삼물이란 지지 지장간에 있는 3개의 천간을 말하기도 하고, 또 지지가 방합이나 삼합으로 이루어진 것을 말하기도 한다. 이 말은 통근과 투출의 중요성을 강조하는 표현이다. 통근과 투출의 개념은 다음과 같다.

- 통근은 천간이 지지 지장간에서 같은 동기간 오행을 만날 때 성립된다. 음양이 달라도 통근하고 정기뿐 아니라 여기와 중기에도 통근한다.
- 투출은 지지 지장간이 천간에서 같은 오행 글자를 보았을 때를 말한다. 음양이 달라도 투출한다.

사주의 통변은 지지에 통근하여 투출한 천간의 상태와 동태로 파악한다. 다시 말해서 팔자를 손에 쥐면 우선 드러난 천간의 구조가 어떤지를 봐야 한다. 그중 월지의 지장간이 천간에 투출하여 그 주도적 세력을 이루었다면 마땅히 통변의 주된 소재가 된다. 이것이 격국의 성립이다. 득시(得時)와 실시(失時)를 통해 공부한 내용은 첫 번째로 월령의 중요성이고, 그중에서도 인원용사(人元用事: 지장간인 인원이 일을 처리하는 신)가 갖는 의미가 있다. 월지가 중요하지만 그 외 나머지 지지도 권한이 없지 않다. 사주팔자가 비록 월지를 중심으로 주된 세력을 결정하지만, 월령을 득하지 못하였어도 통근과 투출로 연, 일, 시에서 록왕을 만나면 결코 쇠약하다고 할 수 없다. 즉 다른 지지에서의 통근도 눈여겨봐야 한다는 말이다. 또한 통근처로서 록과 제왕만 의미있는 것이 아니고 여기나 묘고에 통근하여도 그 힘을 인정할 수 있다. 지금까지 학습한 통근과 투출의 내용을 요약하면 다음과 같다.

- 통근에도 강약이 있다. 어느 지지에 통근했는지에 따라 다르다. 월지에 통근한 것이 가장 강하고, 다음으로는 시지에 통근한 것을 본다. 월지는 양택이고, 시지는 음

택이라고 하였다. 월지 중 인원용사로 양택의 택향을 보고, 시지 중 인원용사로 분묘의 혈방을 본다.

- 일간인 경우 본인이 앉아 있는 자리인 일지 통근을 동주로 삼아 자신이 현재 처한 상황과 배우자를 읽을 때 참고한다. 마지막으로 연지 통근은 사주팔자 전체의 근본이라 한다.

- 월지에 통근한 경우도 왕지(子·午·卯·酉)에 통근한 것이 가장 강하고, 다음으로 생지(寅·申·巳·亥) 통근이 강하다. 왕지와 생지의 통근으로 장생·록·왕의 상태가 된다. 마지막이 묘고지(辰·戌·丑·未) 통근이다. 土 오행을 제외하면 묘고지 통근은 여기 혹은 중기의 통근이다. 고지에 통근하거나 자고(自庫)에 통근하여도 세력을 얻을 수 있다. 자고는 오양간의 묘지를 의미한다.

- 지장간 중에는 정기에 통근한 것이 가장 강하고, 여기나 중기에 통근하였을 때는 사령을 살피고 주변 기운에 따라 판단한다. 예를 들어 甲木 일간은 卯월(왕)에 통근하였을 때가 가장 강하고, 다음은 寅월(록), 다음은 亥월(장생), 마지막으로 辰월(여기: 쇠)·未월(중기: 묘)에 통근한 경우의 순서이다. 양간과 음간에 따라 섬세한 차이가 있지만, 일반적인 통근의 강약 순위는 다음 통근의 세력 표와 같다. 참고로 양간은 묘지에 통근하지만 음간은 묘지에 통근하지 못한다. 또 양간은 생지에 통근하지만 음간은 생지에 통근하지 못한다. 예를 들어 丙火는 戌土 묘지에 통근하지만, 丁火는 丑土 묘지에 통근하지 못한다. 또 丙火는 寅木 생지에 통근하지만, 丁火는 酉金 생지에 통근하지 못한다. 이것이 양간의 대표성을 만든 것이기도 하다.

　사왕의 글자는 천간을 제왕으로 만들어서 가장 강하고, 사생은 천간을 록 또는 생하는 글자이므로 그 다음으로 강력한 통근 세력이다. 庚辛金에 대해서는 생지 巳火를 따로 꺼내었는데, 그 이유는 비록 생지이긴 하지만 화극금의 가능성이 있기 때문이다. 巳火를 포함한 생지의 글자들은 모두 삼합국을 만들 수 있는 가능태로서 강력한 통근처가 될 수 있다. 사고의 글자는 비록 천간을 묘고에 들게 하지만 앞에서 설명한 것처럼 안전한 통근처이고, 개고나 투간을 통해 실력을 발휘하게 할 수 있다.

• **통근의 세력**

음양 천간	사왕	사생	사고	기타
甲乙	卯	寅·亥	辰·未	
丙丁	午	巳·寅	未·戌	
戊己	午	巳	未·戌·辰·丑	
庚辛	酉	申	戌·丑	巳
壬癸	子	亥·申	丑·辰	

• 음양이 달라도 오행이 같다면 통근한 것으로 보지만, 같은 오행이 없는데 생조하는 오행(인성)이 있다고 해서 통근한 것으로 보지 않는다. 예를 들어 甲木 일간은 子에 통근하지 않는다. 子는 甲木의 인성에 해당한다. 지장간 중에 木의 성분이 없으니 통근하지 못하지만, 그래도 인성은 일간을 돕는 성분이고 힘에 보탬이 된다.

• 천간에 비견 글자를 얻는 것보다 지지의 묘고지에 통근하는 것이 더 강하다. 세력의 순서는 다음과 같다. 같은 조건이라면 여러 곳에 통근한 것이 더 강하고, 지지 중 힘의 세기는 맨 위의 첫 번째 항을 참조한다.

 ① 지지 국에 통근하고 천간에 투간한 세력

 ② 왕지에 통근하고 천간에 투간한 세력

 ③ 록지에 통근하고 천간에 투간한 세력

 ④ 생지에 통근하고 천간에 투간한 세력

 ⑤ 묘고지 중 여기에 통근하고 천간에 투간한 세력

 ⑥ 묘고지 중 중기에 통근하고 천간에 투간한 세력

 ⑦ 지지에만 통근하고 투간하지 않은 세력

 ⑧ 천간에 드러나기만 하고 통근하지 못한 세력

• 통근과 사령: 통근은 일반적으로 천간이 지지에 뿌리를 내리고 있는지를 보는 것이고, 사령은 여러 지지 중 특히 월지에 통근한 것을 말하는데 월지사령(月支司令)의 줄임말이다. 월지가 그 사주의 사령관이 되어 명령한다는 뜻이다. 태어난 날짜

를 지장간의 인원사령분야표에 대입하여 인원용사 천간을 찾아서 분별한다.

- 寅申巳亥는 戊己土 천간의 통근처가 될 수 있는가? 일반적으로 통근처는 될 수 있지만 그 힘은 약해진다고 본다. 그러나 巳에 통근한 戊己土는 건록 혹은 제왕이 되니 확실한 통근처라 할 수 있고, 寅에 통근한 戊土는 비록 목극토의 상황이지만 장생처로서 통근 세력을 확보한다. 반면 寅에 통근한 己土는 사지에 처하니 戊土의 입장과는 다르다. 申과 亥의 경우는 주변 천간과 지지와의 관계를 살펴서 판단해야 한다.

- 통근한 지지가 충(沖)을 당하면 통근의 역할을 상실하거나, 충에 의한 사연을 읽어야 한다. 격국을 정할 때는 충을 당하였더라도 지장간 중 투간한 글자가 있다면 그것을 격국으로 결정한다.

- 재관잡기, 즉 辰·戌·丑·未는 투간을 했다면 투간한 글자를 제대로 쓸 수 있고 아니면 충에 의해 개고되어 나온 재관인식 등을 귀하게 쓸 수 있다. 천간에 투출하지 않았다면 유년에서 천간이 들어올 때 발전한다. 辰·戌·丑·未가 충이 되지 않았다면 충을 기다려서 발전한다. 辰·戌·丑·未가 충이 되지 않았더라도 천간에 투출한 글자가 있다면 그것으로 격국이 이루어진다. 이때 재관을 쓴다면 인생이 더욱 훌륭하다.

격국과 관련한 중요한 판단법 중 하나는 억부론이다. 격국론이 발전하면서 사주명리의 전통적인 추명법인 억부론과 조후론 등도 함께 발전하였다. 그 외에 현대 명학계에서 많이 활용한 관법으로 신살론과 십이운성법 그리고 물상론 등이 있다. 이 다양한 추명술의 관법들이 주시하여 살피는 것이 바로 통근과 투출을 통한 강·약의 판단이다.

앞으로 격국을 분류하고 그 성격과 파격을 살펴 용신을 찾아야 하는데 그때 반드시 참고해야 하는 것이 강·약의 판단이고, 강·약을 알기 위해서는 통근과 투출이 열쇠이다. 약하면 생조(生助: 생하거나 도와주어서)로 개선해야 할 것이고 강하면 극설(剋洩: 제극하고 설기)하여 조화를 찾아가는 것이 억부론에서 말하는 용신의 기조이다.

사주팔자의 구조

격국과 사주의 구조

팔자로 지은 건물의 구조에 대한 이해

지금까지 격국을 이루는 기본 이론인 오행의 생극제화와 육친론을 공부하고 오행의 생사를 살폈으며, 사주팔자 구조에서 일간을 위주로 월지 제강에 대입하여 그 인원사령에 근거하여 격국을 잡아가는 과정을 설명하였다. 일간이라는 운명의 주인공이 사주팔자라는 거주지에서 어떻게 인생의 희로애락을 경험하면서 살아가는지를 읽는 것이 일간을 위주로 월령에 대입하여 읽는 격국론의 체계이다. 월지는 일간을 포함한 사주팔자의 모든 등장인물의 주거 상황에 조후를 제공하고 세력을 결정하는 인자이다. 그 외 나머지 지지는 개별적으로 거주 공간을 만들어서 그 자리에 동주로 사는 천간의 상태를 책임지거나, 각 지지의 주인(투출한 천간 중 동일 오행)에게 세력을 제공한다. 천간은 사주에서 읽어야 할 중요 성분의 대외적 모습이다. 전통명리학에서는 재성과 관성을 위주로 해석하였다. 인간의 운명에서 부와 귀를 읽는 것이 궁극의 목적이기 때문이다. 그러나 현대사회에서는 급격하게 다양화된 문화적 환경에 따라 그 외의 육신에도 관심을 가지고 있다.

사주팔자의 구조를 비유적으로 설명하면 일간은 사주의 주인이고, 격국은 그 주인이 거주하는 가정이다. 격국은 월지의 인원용사와 천간 투출을 통해 결정된다. 월주 양택론이 그것이다. 다른 비유로 사주를 하나의 국가로 본다면, 격국은 그 국가의 정치체제이다. 즉 민주주의를 채택했는지 혹은 공산주의를 채택했는지가 격국에 의해 결정된다. 사주의 운로는 그 나라의 국운을 의미한다. 또 다른 측면에서 보면 격국은 사주체의 몸을 말하고, 일간은 몸의 주인이며 마음이고, 용신은 그 사람의 능력이다. 예를 들어 강인한 정신의 소유자라도 타고난 신체가 약하면 그 신체가 격국이 되는 것이고, 그래도 용신이 강하다면 후천적 노력으로 타고난 약체를 극복하고자 노력하게 된다. 물론 격국과 용신이 모두 도움이 안 된다면 아무리 강한 정신력의 소유자라고 해도 별 수 없다. 사주의 구조를 양택론 이외에 각종 비유를 통해 정리하면 다음과 같다.

• **격국과 용신의 비유**

분류	개인	가정	국가	특수상황	자동차
일간	자신	가장	국민	배우	운전자
격국	신체	주택	국가 정책	무대	차
용신	개인의 역량	가장의 역량 집안 분위기	통치자의 역량	배우의 능력 재능	차의 성능 엔진
운의 흐름	환경	가운	국운	환경	달리는 도로

청대 진소암(陳素庵)은 『명리약언(命理約言)』에서 사주팔자의 간명은 생극과 억부에 불과하니, 사주를 배열하고 나서 일간이 어떤 오행인지 본 다음에 월지가 일간을 생하는지 혹은 극하는지, 아니면 내가 생하는지 극하는지를 보는 것이 우선이라고 하

였다. 즉 그만큼 일간과 월지의 관계에서 생극과 억부를 파악하는 것이 중요하다는 말이다. 다음으로 월지 지장간의 투출을 본다. 본기가 투출하면 당연히 그것으로 격을 잡는데, 그중 정관·식신·재성·인수는 생조하고 편관·상관·비겁은 제화하는 것이 격국의 활용이라고 하였다. 다음 장에서 논하겠지만 이것이 사길신의 순용 혹은 사흉신의 역용과 관련이 있다.

한편 월지의 본기가 투출하지 않았다면 본기 외 지장간 중에서 왕성한 것을 쓰고, 때에 따라 월지가 극을 당하는 등의 상황이라면 월지 이외 팔자 간지 중 다른 세력으로 격국을 잡을 수도 있다고 하였다. 월지가 록겁이나 양인이면 월지로 격을 잡지 않고 다른 데서 찾아야 한다고 하였다. 이것은 앞에서 충분히 설명했다고 생각한다.

이어서 말하기를, 일간이 월령을 얻었는지 혹은 잃었는지가 중요한데 그때의 판단 기준은 일간이 어떤 지지에 앉아 있는가, 일간 주위에 있는 천간은 어떤 글자인가 그리고 상호 간의 생극제화와 억부의 관계이다. 일간 이외의 나머지 천간과 지지도 이와 같은 방법으로 월령의 세력을 얻었는지의 여부와, 지지와의 통근 관계 그리고 주변 글자와의 관계를 살핀다고 하였다. 지지 또한 어떤 천간을 만나 투출하였는지가 중요하다.

이상은 『명리약언』의 「간명총법(看命總法)」을 요약한 내용이다. 월지를 기준으로 통근과 투출을 살펴서 팔자가 얕으면서 보기 쉬운 것은 작은 명(命)이고 맑고 깊으면서 헤아리기 어려운 것은 큰 명이라 하였으니, 그만큼 통근과 투출의 이치를 통해 명식의 구조를 익히고 깨닫는 것이 중요하다 하겠다. 순수하고 중화를 이룬 것은 귀하지만 편안하며 기괴하고 치우친 것은 귀하면서도 위태롭다고 하였으니, 격국을 통한 간명의 법칙이 참으로 어렵고도 섬세한 작업이라는 것을 알 수 있다.

격국과 용신의 주요 개념

주요 개념의 비교

팔자의 구조를 이루는 여러 요소에 대한 정리

지금까지는 격국론을 이해하기 위한 기본 이론을 다루었다. 음양의 생사와 오행의 생극제화는 입문시기에 학습하는 내용이지만, 음양의 생사를 십이운성 이론으로 발전시키고 오행의 생극제화를 육친론으로 발전시켜서 격국론의 기초를 닦았다. 주요 명리 고전을 통해 육신을 학습하였는데, 이미 격국론에서 말하는 육신의 의의와 상호작용을 통한 다양한 관계를 이해할 수 있었다.

형충회합은 비록 고법에서 유래하였지만 고법의 신살이론뿐 아니라 신법의 격국이론, 현대의 통변 현장에 이르기까지 가장 요긴하게 쓰이는 관법 중 하나이다. 형충회합의 성립과 변화, 해소의 과정을 통해 격국에 미치는 영향을 가늠할 수 있었다. 특히 辰·戌·丑·未 사고지의 형충회합과 그 변화는 격국론뿐만 아니라 사주 명리이론 전반에서 여전히 회색지대로 남아 있어서 학습에 어려움이 있다. 그럼에도 불구하고 명리 고급에 이르기 위해서는 간과해서는 안 될 이론이 바로 사고지의 형충회합이라는 것을 강조하였다. 이상이 1부에서 학습한 내용이다.

신법의 격국론은 사주팔자 구조의 분석이며 해석이다. 이때 주체와 객체를 나누어야 하고 그 중추를 파악해야 한다. 일간이 주체가 된 과정과 의의, 월지 제강의 주요 역할, 사주팔자의 세력관계를 판단하는 데 통근과 투출의 중요성을 2부에서 학습하고 있다. 통근과 투출은 앞으로 격국 해석에서 체용의 개념과 더불어 통변의 묘미를 알려주는 개념이다. 가볍게 여기지 않았으면 한다.

이번 장에서는 격국론의 구체적 개념을 학습한다. 먼저 격국이라는 용어를 용신과 함께 정의하고, 희신이나 기신 그리고 상신의 역할과 차이점을 확인할 것이다. 『자평진전』의 「논용신」은 '팔자용신(격국)은 오로지 월령에서 구한다(八字用神 專求月令)'로 시작한다. 『자평진전』의 원저자 심효첨은 용신에 대하여 '월령용사지신(月令用事之神)'이라 하여 격국과 같은 개념으로 썼다. 이에 대해 서락오는 체와 용, 즉 격국과 용신을 동일시하는 오해를 지적하였다. 격국은 월지에서 찾았지만, 용신은 월지로 보지 않고 현대적 의미로 해석하였다. 이번 장을 시작하는데 이 지점이 하나의 분기점이 될 수 있다. 시작은 현대명리학에서 말하는 '용신', '격국', '격국용신', '희신', '상신' 등의 용어에 대한 정확한 개념정리를 하면서 각종 논점으로 진행해보도록 하자.

격국론을 이루는 다양한 개념 중 먼저 비교하고 규정해야 할 것은 격국과 용신이다. 물론 『이허중명서』의 「논귀신우열(論貴神優劣)」에서도 다양한 종류의 신살 관련 귀인을 예시하면서 귀인의 격(格)을 논하고 있다. 㴊65 즉 신살을 다룬 고법의 책에서도 격국을 말하였다는 뜻이다. 광의로 말하자면 일반적으로 생각하는 월지에서 잡는

㴊65 "이 귀인의 격에는 세 가지가 있는데, 천간의 상합이 최상이고 지지의 상합이 그 다음이며 합이 없는 것은 또 그 다음이다. 예를 들어 甲子와 己未는 최상의 격이니 그것은 甲과 己가 서로 합을 하기 때문이다. 사·절·충·파·공망이 없고 다시 복신이 그것을 도우면 마땅히 일품의 귀한 재상에 이르고 사·절이 있으면 인색한 살이 되고 사·절·충·파·공망이 있는 부류는 정랑이나 원랑이 되더라도 재난이 많고 복도 없다."

격국에만 국한할 수는 없다. 그만큼 명리 고전에서 '격'이나 '용'이라는 개념이 고법과 신법을 가리지 않고 문맥에 따라 수도 없이 변화무쌍하게 사용되었다는 의미이다. 그러나 독자들도 이해하듯이 이 책에서 말하는 격과 용은 일간 위주로 월지에 근거해서 채택하는 성분을 의미한다.

『연해자평』·『삼명통회』·『적천수』·『자평진전』 등 주요 명리 고전이 모두 격(格)과 용(用)이라는 표현을 쓰고 있지만, 현대명리학에 논쟁을 낳은 것은 서락오의 『자평진전평주』와 그것을 읽고 해석한 한국 역학계이다. 참고로 '격국'이나 '용신'이라는 온전한 단어는 『삼명통회』에 격국 80여 회와 용신 172여 회, 『적천수』에 격국 37여 회와 용신 119여 회, 『자평진전평주』에 격국 112여 회(서락오 발문 포함)와 용신 187여 회가 쓰였다. 㭒66 그런데 '격'과 '용'이 홀로 쓰인 용례가 너무 많아 통계에 모두 포함하지 못했다는 점을 감안하면 명리 고전에 격과 용이 상당히 많이 사용되었고, 특히 격보다는 용이 대략 두 배 혹은 그 이상 사용되었다는 것을 짐작할 수 있을 것이다. 필자의 개인적 역량으로는 모든 명리 고전을 데이터베이스화하거나, 자료를 꼼꼼하게 검색하는 데 한계가 있었다. '격'과 '용'이 이와 같이 구분되어 사용된 것도 맞지만, 월령용신이라는 표현이 수없이 많고, 월령에서 용신을 찾아서 격국이 되었다는 표현도 허다하다. 다시 말해서 격국과 용신을 별개로 나누어 인식하는 것이 곤란한 논쟁일 수도 있다는 것이다. 총괄해서 말하자면, '월지에서 소용될 것을 찾아서 격국을 잡는다' 라는 정의가 전체를 관통하는 언급일 것이다.

심효첨의 『자평진전』을 읽기 위해서는 「논용신(論用神)」 편에서 말하는 용신이라는 개념이 현대명리학의 격국 개념을 의미한다는 것을 알아야 한다. 물론 격국 각론에 들어가면 대부분 용신을 격국과 구분하여 설명한다. 『자평진전평주』에 의해 용신과 상신의 구분이 흐려졌고, 상신과 희신의 혼란도 생겼다. 『자평진전』의 상신은 희신과 비슷한 역할을 하기도 하지만, 궁극적으로는 격국을 성격시키기 위해 중요한 역할을

㭒66 비록 필자가 주요 고전을 분석하여 중요한 용어의 데이터를 정리하였지만, 본문에 쓴 횟수와 같은 정보는 이 책을 집필하면서 간단히 확인했기 때문에 학술논문에 인용하거나 사용하기 위해서는 검증이 필요하다.

하는 글자로 이해하면 된다. 아쉬운 것은 서락오의 『자평진전평주』에 의해 그 차이점들이 충분히 설명되지 않았거나 상신을 엄밀하게 하용하지 않아 오히려 혼선을 더 조장한 면이 적잖이 있다는 점이다. 그렇더라도 학습하는 사람이 성의껏 찾아 읽으면 전체를 관통하는 논리를 따라갈 수 있다.

『자평진전』과 『자평진전평주』의 대요를 정리하면 아래와 같다. 이곳에서는 현대적 의미의 격국·용신·기신 등의 개념을 쓰고, 심효첨의 상신 개념도 사용한다. 다시 말하지만, 전체를 관통하고 나면 맥락상 쓰임의 차이는 크게 문제될 것이 없다. 『자평진전평주』을 포함하여 전통명리서에 나오는 격국과 용신을 이해하고, 연후에 희신과 기신을 나누면 된다. 격국과 용신 그리고 상신과 희신에 대한 심효첨과 서락오의 개념을 아래 표로 정리하여 비교하였고, 이어서 격국·용신·희신·상신·기신 등을 요약하여 서술하였다. 다음 장부터는 용신부터 시작하여 상신, 사길신과 사흉신, 체와 용 등 격국을 구성하는 요소들을 고전 내용을 참고하여 구체적으로 정리하겠다.

● **심효첨과 서락오의 용신·격국·기타 개념 정리**

	심효첨	서락오
용신 **(用神)**	용신은 바로 격국(육치극은 이를 '격신'이라 부름) 월령용사지신(月令用事之神): 월지에서 용신을 찾음	용신은 일간과 사주를 긍정적으로 조절하는 요소. 억부, 조후, 병약, 통관용신 등
상신 **(相神)**	상신은 격국을 조절하는 요소 순용(사길신의 경우)과 역용(사흉신의 경우)을 통해 격국을 성격시키는 요소로 격국에 대한 희신이라 할 수 있음	상신을 따로 쓰지 않음 희신이라 하기도 함
희신 **(喜神)**	희신이 현대적 의미의 용신	용신을 도와주는 요소
일간의 **강·약**	일간의 강약을 참고	격국과 용신을 정하는 데 일간의 강약을 최우선으로 고려

1. 격국

격국(格局)은 사주명리학의 핵심이며 기반이 되는 이론이다. 격국을 통해 사주의 구조를 파악할 수 있기 때문이다. 격국에서 '격'이란 격식이나 지위, 인품 등을 말하고, '국'이란 어떠한 판세, 구획이나 구분 및 재능을 의미한다. 즉, 격국으로 한 사주의 짜임새와 틀을 이해하고 사주 그릇의 모양 및 크기를 가늠할 수 있다. 격국은 바로 그 사주를 부르는 명칭이나 이름표와 같다. 격국으로 일간의 대외적인 활동무대를 파악하고, 그의 사회성과 직업성 및 적성을 파악한다. 격국의 정의에서 키워드는 '사주의 구조, 사회성, 직업성, 적성' 등이다. 앞으로 배울 격국론을 통해 한 사람의 직업이나 대외적 모습을 파악하고, 나아가 용신이나 희신 성분을 통해 일간의 역량과 그를 통한 부귀빈천을 읽을 수 있다는 것을 참고하기 바란다.

2. 용신

용신(用神)은 사주가 전체적인 균형과 조화를 이루도록 만들어주는 필요성분이다. 서락오는 '용신은 팔자 가운데서 소용되는 신이다'라고 하였다. 사주를 읽을 때는 힘의 균형과 조후적인 보완 그리고 일간이나 사주의 전체 조직이 필요로 하는 좋은 관계의 글자를 찾아 용신으로 정한다. 『궁통보감』에 의하면 용신은 일간의 생명과 건강을 주관하고 성숙기의 부귀와 명리를 결정한다고 하였다. 『자평진전』에서 용신은 격국의 의미로 쓰이는 경우가 많았는데, 서락오에 따른 용신의 종류는 억부, 병약, 조후, 전왕, 통관 등으로 구분된다. 현대명학계에서 용신은 주로 『자평진전』에서 말하는 희신을 의미한다.

3. 희신

희신(喜神)은 용신을 돕고 일간과도 좋은 관계를 유지하는 글자이다. 용신과 비교한다면 희신은 살아가는 토대가 되고 후원자가 된다.

4. 상신

상신(相神)은 격국을 성격시키는 요소로 격국에게 희신이 된다. 다른 말로 격국을 보필하는 인자이기도 하다. 상신은 경우에 따라 기신을 제압하거나 합화하는 역할을 하기도 한다. 예를 들어, 정관은 재성의 든든한 지원을 받는데, 이 경우 재성이 상신이 된다. 만약 정관이 인수를 생한다면 인수가 정관에게 위협이 되는 식상을 견제하니 이 경우는 인수가 상신이 된다. 같은 비유로 재성에게는 식신과 정관이 상신이 된다. 서락오는 『자평진전』의 용신은 격국이며 '상신은 일명 희신이다'라고 하였다. 이렇게 말하면 상신은 일반적인 희신도 된다.

• **용신과 상신**

용신(격국)	월령에서 구함	일간에게 소용되는 신
상신	월령 외 다른 자리	격국을 보필 격국에 대한 희신 구응을 통해 성격을 만드는 요소 사길신을 순용하거나 사흉신을 역용하는 것 기신을 제극하거나 합화 또는 합거하는 역할

5. 기타

그 외에 기신(忌神)은 용신을 극하는 글자이고, 구신(仇神)은 희신을 극하는 글자이다. 또는 구신(求神)이라고 표기했을 때는 기신을 제화하는 글자이다. 또한 한신(閑神)은 희용기구신 이외의 오행이다. 평소에 일간이나 용신과 크게 상관없는 글자인데, 운의 흐름에 따라 도움이 되기도 하고 피해를 주기도 한다. 운의 변화에서 희기를 주관한다.

격국과 용신의 주요 개념

사길신과 사흉신

순한 용신과 독한 용신 길들이기

사길신과 사흉신에 대해서는 앞서 용신이나 상신과 관련하여 이미 언급한 바 있다. 격국이 귀하게 되려면 선한 네 종류의 육신(사길신)을 순용하고, 반면에 선하지 않은 네 종류의 육신(사흉신)을 역용해야 한다. 육신을 전체적으로 네 가지 길신과 네 가지 흉신으로 분류하여 격국이론을 논한 책은 『자평진전』이 특별하다. 앞에서 상신이라는 개념을 중요하게 다룬 유일한 책이 『자평진전』이라는 것과 같은 이유이다. 왜냐하면 상신은 사길신과 사흉신을 잘 다루어서 격국이나 용신이 온전해지도록 만드는 성분이기 때문이다.

　『자평진전』에서 사길신과 사흉신을 논한 곳은 「논용신(論用神)」을 비롯하여 「논사길신능파격(論四吉神能破格: 사길신도 파격될 수 있음)」, 「논사흉신능성격(論四凶神能

成格: 사흉신도 성격될 수 있음)」, 「논생극선후분길흉(論生剋先後分吉凶: 생극의 선후에 따라 길흉이 나누어짐)」 등이다. 사길신은 이름의 의미를 보면 일간에게 길한 작용을 하는 육친이고 사흉신은 흉한 작용을 하는 육친을 말하겠지만, 이는 육신의 생성과정과 작용 측면에서 겉으로 드러난 의미일 뿐이다. 격국론에서는 격국이 성립되는 과정에서 그것들을 어떻게 다루어야 할지, 즉 순하게 다루어야 할지 혹은 거칠게 다루어 길들여야 할지를 뜻한다. 제대로 다루면 사흉신도 길해지고, 잘못 다루면 사길신도 흉해진다. 순하게 다룬다는 것은 도와서 길러주거나 기운을 잘 순환시켜 보호해주는 것이고, 거칠게 길들인다는 것은 억제하여 훈육을 시킨다는 의미이다. 즉 사흉신도 역용하여 제대로 길들인다면 팔자에 유용하고, 사길신이라고 해도 잘못하여 극제를 해버리면 팔자의 구성이 흉해질 수 있다. 육신의 작용과 의의에 대해서는 앞의 「육친」 편을 참조하기 바란다.

『자평진전』은 사길신을 재관인식(財官印食)으로, 사흉신을 살상겁인(殺傷劫刃) 혹은 살상효인(殺傷梟刃)으로 분류하였다. 사길신을 재관인식으로 분류하는 것은 일관적이었지만, 사흉신에 대해서는 다소 혼선이 있었다. 즉 「논용신」에서는 살상겁인이라 하고, 「논사흉신능성격」에서는 살상효인이라 하였다. 「논용신」에서는 편인을 포함하지 않고 겁재와 양인을 따로 썼고, 「논사흉신능성격」에서는 양인에 겁재를 포함하고 대신에 효신을 넣었다. 여기서 정인과 편인을 구분하지 않고 함께 길신으로 보느냐, 구분하여 편인을 흉신으로 보느냐의 문제가 드러난다. 흉신에 편인이 포함될 때는 효신이라고 불렀다. 먼저 사흉신에 편인이 포함되었을 때의 효용을 다음과 같이 정리하였다.

• 사길신과 사흉신의 효용

사길신(四吉神)		사흉신(四凶神)	
식(食神)	비견과 겁재로 순용한다.	상(傷官)	인성으로 역용한다.
재(財星)	식신과 상관으로 순용한다.	살(七殺)	식신과 상관으로 역용한다.
관(正官)	재성으로 순용한다.	효[인(偏印)]	편재로 역용한다.
인(正印)	관살로 순용한다.	양(羊刃)	관살로 역용한다.

『자평진전』은 「논음양생극(論陰陽生克: 음양의 생과 극)」에서 인수는 정과 편이 유사하다고 하였고, 격국 각론에서도 사흉신을 살상효인이 아닌 살상겁인으로 분류하여 논하고 있다. 이로 미루어 전체적으로는 사흉신에서 편인을 제외하고 살상겁인으로 보는 것이 합당할 것 같다.

　아래 사길신과 사흉신의 효용도　정인과 편인을 인수로 묶어서 길신으로 보고, 살상겁인을 흉신으로 분류한 것이다. 그에 따라 사길신과 사흉신의 효용을 다음 표와 같이 상세히 정리하였다. 사흉신에 혼선이 있더라도 격국과 용신의 원리를 잘 알고 있다면 공부에 문제가 없다.

- 사길신: 재성, 정관, 인성, 식신 → 순용 (생조 또는 설기)
- 사흉신: 칠살, 상관, 겁재, 양인 → 역용 (극제 또는 합화)

• 사길신의 순용과 사흉신의 역용

순용과 역용	격국	방법
사길신 순용	재성	재성이 식상의 생조를 받는 것 재성이 정관을 생하여 자신을 보호하는 것 (관이 겁재를 제극하여 결국 재를 보호하게 됨)
	정관	정관이 재성의 생조를 받는 것 정관이 인수를 생하여 자신을 보호하는 것 (인수는 상관을 제극하여 결국 정관을 보호하게 됨)
	인수	인수가 관살의 생조를 받는 것 인수가 겁재를 생하여 인수를 보호하는 것 (겁재는 재성을 제극하여 인수를 보호하게 됨)
	식신	식신이 신왕한 일간의 생조를 받는 것 식신이 재성을 생하여 자신을 보호하는 것 (재성이 인수를 제극하여 식신을 보호하게 됨)
사흉신 역용	칠살 편관	칠살이 식신에 의해 제복되는 것 인수를 생하여 궁극적으로 일간을 보호하는 것 인수가 약할 때 칠살이 투출하여 생조하는 것
	상관	상관패인하여 인수가 상관을 제복하는 것 상관이 재를 생하여 상관의 기운을 설기하는 것 재성이 비겁을 만났을 때 상관이 화해시키는 것
	겁재	정관이 투출하여 겁재를 제복하는 것 재성이 있거나 식신이 투출하여 겁재의 기운을 설기하는 것
	양인	관살로 제복하는 것 재생살이 되었을 때 양인이 일간에게 기운을 주는 것

앞에서 설명하였듯이 길신을 효율적으로 활용하는 방법으로 생조하여 길러주는 것 외에, 길신을 상하게 할 수 있는 기신을 제압하여 길신을 보호하는 것도 포함된다. 예를 들면 정관은 길신인데 재성으로 생해주는 것은 순용의 당연한 방법이고, 정관이 인수를 생하여 인수로 하여금 정관을 극하는 상관을 제압하는 것도 순용의 한 방법이다. 일종의 전술이라고 할 수 있다. 이것이 기문둔갑과 같은 기법이다. 즉 내 자식을 길러서 적군에 대적하거나 여동생(겁재)을 적장에게 시집보내는 것이다.

사흉신에서 극제하는 것을 상신으로 삼으면 상격이 되고, 생조하거나 설하면 그 아래이다. 사길신도 과해지면[旺] 생화(설기)하는 것을 반긴다. 왕한 것을 설화하는 것은 순용의 도이기 때문이다. 격국용신이 사길신일 때 이것을 합하거나 극제하는 것이 기신이 되고, 사흉신일 때는 생조하는 것이 기신이 된다. 사길신은 간합하면 귀함을 망친다. 타간과 간합한 길신은 일간에 대한 정을 잊고 일간을 더 이상 돌보지 않기 때문이다. 반면 사흉신은 타간과 간합하면 흉이 변하여 길이 되기 때문에 이를 원한다.

• 사길신과 사흉신의 희기(喜忌)

사길신의 희기	사흉신의 희기
생조하는 글자가 희신이 된다. 왕한 사길신의 생화를 반긴다. – 강한 식상이 재를 생화 – 강한 재성이 관을 생화 – 강한 관살이 인성을 생화 – 강한 인성이 약한 일간을 생화 사길신은 간합하면 귀함이 사라진다.	역용하는 글자가 희신이 된다. 사흉신은 생화(설기)하는 것을 반긴다. – 상관이 재성을 생화 – 칠살이 인성을 생화 – 겁재와 양인이 식신을 생화 타간과 간합하여 합화하는 것을 반긴다.

사흉신을 역용하는 일차적 방법은 사흉신을 제복하는 것이고, 또 사흉신을 상신으로 쓰는 경우도 있다. 전자의 경우, 예를 들어 칠살을 제복하는 방법은 식신과 상관이라는 두 가지 종류가 있다. 식신을 쓸 때는 식신제살(食神制煞 혹은 以食制煞)이라 하고, 또는 식신대살(食神帶煞)이나 살용식제(煞用食制)로 표현하기도 한다. 말 그대로 식신으로 칠살을 제극하는 것을 뜻한다. 상관을 쓸 때는 상관대살(傷官帶煞: 상관이 칠살을 차고 있는 것)이나 상관가살(傷官駕煞: 상관이 칠살에 올라탄 것)이라고 표현한다.

칠살에게는 식신의 제극이 더 직접적이어서 식신의 제극을 일차적으로 기대하고, 식신이 없고 상관이 있을 때는 상관을 활용한다고 생각하면 된다. 참고로 칠살의 역용은 제살과 합살의 두 가지 방법이 있다. 제살을 하는 성분은 식신이고, 합살을 하는 성분은 양간에게는 겁재이고 음간에게는 상관이다. 음간에게 상관의 유용성을 다시 일깨우는 현상이다. 상관이 칠살을 합거하든 겁재가 칠살을 합거하든, 두 가지 다 흉신인데 서로가 합을 하여 제거되었으니 그 효용이 두 배이다. 그래서 상관이나 겁재를 활용하여 칠살을 제복할 때 그 혜택이 더욱 묘하다. 일간 입장에서는 흉신을 일거에 모두 제거하였기 때문이다. 칠살을 식신이나 상관 혹은 겁재로 다스리는 것은 역량이 뛰어난 영웅의 명조라 할 수 있다. 혹은 난세에 처세가 뛰어난 사람이다.

• 칠살의 제복과 제화

일간	칠살 흉신	식신제살	상관대살	칠살합거
甲	庚	丙	丁	겁재 乙
乙	辛	丁	丙	상관 丙
丙	壬	戊	己	겁재 丁
丁	癸	己	戊	상관 戊
戊	甲	庚	辛	겁재 己
己	乙	辛	庚	상관 庚
庚	丙	壬	癸	겁재 辛
辛	丁	癸	壬	상관 壬
壬	戊	甲	乙	겁재 癸
癸	己	乙	甲	상관 甲

다음 흉신인 상관을 가장 잘 제압하는 성분은 정인이다. 이것을 상관패인(傷官佩印: 상관이 인수를 차고 있는 것)이라 한다. 특히 일간의 기운이 없을 때 정인으로 상관을 다스리면 더할 나위 없이 아름답다. 이때 정인은 일간의 기운을 북돋우면서 버릇없는 상관을 길들이는 두 가지 현명한 역할을 한다. 그래서 인수를 삼장법사와 같다 하고, 상관패인은 마치 삼장법사가 손오공을 길들이는 것과 같다고 한다. 마지막으로 월지가 겁재나 양인인 경우 칠살로 제압하는 것을 가장 귀하게 보는데, 이때 권위가 혁혁하다고 한다. 정관이 투출해도 아름답다. 상관을 정인으로 길들이는 것은 지혜로운

사람의 사주이다. 현대 지식산업사회에 혁혁한 공로를 세울 수 있는 명조이다. 월지 겁재나 양인인데 칠살이 있는 경우는 그야말로 혁명가나 권력자의 사주가 된다.

• 상관의 제복과 제화

일간	상관 흉신	상관패인	상관합거
甲	丁	癸	편인 壬
乙	丙	壬	칠살 辛
丙	己	乙	편인 甲
丁	戊	甲	칠살 癸
戊	辛	丁	편인 丙
己	庚	丙	칠살 乙
庚	癸	己	편인 戊
辛	壬	戊	칠살 丁
壬	乙	辛	편인 庚
癸	甲	庚	칠살 己

사흉신을 상신으로 쓰는 경우로는, 예를 들어 칠살은 흉신이지만 인수가 기운이 없을 때 인수를 생해주는 역할을 하는 것을 말한다. 또 상관은 비겁이 나타나 탈재를 하려고 할 때 비겁과 재성 둘 사이를 화해시킬 수도 있다. 모두 흉신이 상신의 역할을 하여 격국을 성격시키는 사례이다. 나머지 길신의 순용과 흉신의 역용에 대해서도 이치를 밝혀보기 바란다.

격국과 용신의 주요 개념 | CHAPTER 02

체(體)와 용(用)

팔자라는 그릇(체)과 그 사용방법(용)에 대한 이해

체용은 중국 형이상학의 주요 주제로 본체와 현상 혹은 본체와 작용을 나타내는 개념이다. 체용을 영어로 표현하면 'substance-function' 혹은 'substance-phenomena' 등인데, 글자 뜻을 번역하면 '실체와 기능' 혹은 '실체와 현상'을 의미한다고 하겠다. 일차원적인 용어로 'body-use'라는 표현도 있다. 이후 체용이론은 불교와 융합하거나 송대 성리학이나 양명학의 주요 개념이 되기도 하였다. 정이(程頤, 1033~1107)는 "은미(微)한 것은 이(理)이고, 드러난 것은 상(象)이다. 체와 용은 근원을 같이하니 드러난 것과 숨은 것은 간격이 없다"[주]67고 하였고, 주자(주희)는 체용 개념을 마음에 적용

[주] **67** 『이정집(二程集)』「易傳序」: 至微者 理也 至序者 象也 體用一源 顯微無間.

하여 '마음은 하나이니 체를 가리켜 말할 때도 있고 용을 가리켜 말하기도 하니, 오직 보는 바의 여하를 관찰해야 할 뿐이다'㈜68라고 하였다. 말하자면 체는 우주만물이나 현상에 대한 근본적인 진리를 의미하고, 용은 체가 작용하는 현상이나 변화를 말하는데, 그 둘을 분리하여 이해해서는 안 된다는 것을 가르치고 있다.

동양철학에서는 체용을 상호 관련지어서 규정했는데, 체는 몸이나 신체를 의미하고 용은 쓰임이나 사용한다는 뜻이다. 혹은 주체의 기능이나 공용을 말하기도 하였다. 이를 명리학에 적용하면 '용신'이라는 개념은 체용 중 '용'을 말하고, '격국'은 '체'가 될 수 있다. 사주팔자에 적용하면 일간이 체가 되어 월지를 용하거나, 월지가 체가 되어 나머지 사주의 글자를 용하는 것일 수도 있다. 앞에서 배운 일간과 월지가 사주팔자에서 차지하는 의의를 생각하면 된다.

사주팔자 원국 전체를 체로 보고 대운을 용하기도 하고, 대운까지를 체로 보고 세운을 용하기도 한다. 본문에 그릇의 이미지가 있다. 이 그릇이라는 것이 불변의 체가 된다면, 그릇의 사용이나 그릇 안의 내용물은 용이 된다. 사주팔자를 팔자 그릇이라고도 하고 격국을 해석할 때 그 사람의 그릇이 어떠하다고 하니, 사람들이 쓰는 단어 속에 이미 대중이 이해하는 의미가 내포되어 있다고 볼 수 있다.

• 체와 용

체(體)	본체, 형이상, 도(道), 태허, 무형, 이(理), 영구불변의 존재, 몸체와 됨됨이
용(用)	실체, 형이하, 기(器), 음양, 유형, 기(氣), 변화하고 작용하는 존재, 작용과 드러남

㈜68 『근사록(近思錄)』 「卷一道體」: 心一也, 有指體而言者, 有指用而言者. 惟觀其所見如何耳.

체와 용

체용의 개념을 말할 때 필자가 항상 예로 드는 이미지가 바로 '그릇'이다. 그릇에는 외형적 형체가 있고, 그 그릇에 담아내는 내용물이 있다. 혹은 그릇이라는 실존의 본체가 어떻게 사용될 것인가를 말하기도 한다. 때로는 체라는 것이 그릇의 실체를 말하지만 때로는 무형의 도(道)나 이(理)와 같은 영원불멸의 존재이기도 하고, 용이 그 그릇에 담긴 실존이기도 하다. 그래서 체용이론은 중국 철학사에서 수없이 많은 논쟁의 여지를 남겨왔다. 체용에 대한 숱한 논란과 철학적 해석은 이 정도로 마무리하고, 이곳에서는 체는 격국이요 용은 용신이라는 전제에서부터 체용과 격국이론을 함께 논하고자 한다.

• 명리 삼대 고전의 용신 해석과 특징

고전	이론	용	특징
자평진전	오행생극제화론	상신	격국 성패로 귀천을 판단
난강망	조후론과 십간론	조후용신	격국 고저로 부귀를 판단
적천수	십간론과 기세론	십간용신	격국 기세로 길흉 종합 판단

명리학의 다양한 개념에 대해 유가철학적인 논설을 펼치고 있는 책은 『적천수』이다. 삼원(三元), 즉 천원·지원·인원이라는 천지인의 강론이나 이기(理氣)를 논하여 '이(理)가 계승되고 기(氣)가 운행되는 것에 어찌 항상됨이 있겠는가' 하고, '나아가고 물러나는 것을 마땅히 억누르기도 하고 들어올리기도 해야 한다'라고 언급한 것 등

여러 곳에서 그 주지를 확인할 수 있다.

　체용이라는 개념을 직접적으로 다룬 명리서도『적천수』이다. 원주에서는 일간을 체로 삼고 제강(월지)를 용으로 삼는 경우, 제강을 체로 삼고 희신을 용으로 삼는 경우, 사주를 체로 삼고 암신(暗神)을 용하는 경우, 또 화신을 체로 삼고 사주를 용으로 삼는 경우를 차례대로 소개하고 있다. 나아가 사주와 세운을 비교하면 사주는 체가 되고 세운은 용이 되며, 희신을 체로 삼을 경우 희신을 보좌하는 글자가 용이 된다. 또한 격국과 기상이 체이고 일주가 용인 경우도 있고, 격국과 일주가 서로 무관한 관계와 상극과 생조가 지나친 경우도 소개되었다. 지금까지 설명한 내용을 표로 정리하면 다음과 같다.

•『적천수』의 체용 분류

체	용	조건
일주	제강	일주가 왕하면 제강의 식재관이 용신 일주가 약하면 다른 강한 성분을 제압하는 제강의 방신이 용신
제강	희신	제강에서 용신으로 쓸 것이 없는 경우: 제강의 식재가 태왕하면 다른 곳의 인비가 희신 제강의 인비가 태왕하면 다른 곳의 식재관이 희신
사주	암신	사주에 용신으로 쓸 것이 없는 경우: 암충과 암합의 신이 용신
사주	화신	사주에 합신이 있는 경우 화신 중 쓸 만한 것이 용신
화신	사주	화신이 참된 경우[진화(眞化)]: 사주 중 화신과 상생이나 상극하는 것이 용신
사주	세운	
희신	희신 보좌	
격상	일주	팔격의 기상(격상)과 암신, 화신, 기신, 객신 등이 모두 하나의 체가 된 경우: 관계, 생극, 방부 등을 잘 살펴서 용신을 취함

　전체적인 주지는 억부의 관점에 근거하지만, 너무 왕할 때나 너무 약할 때는 차라리 그 기세를 따르는 방도를 제시한 것이『적천수』이론의 특징이다. 그것을 '득기의

(得其宜)', 즉 마땅함을 얻는 것이라 하였다. 예를 들면 '기세가 왕하여 억제할 수 없으면 차라리 부조를 하라' 하거나, '지극히 약할 때는 차라리 억제해버리라'는 말이 있다. 너무 왕한 것을 억제하면 자칫 격발하게 되고, 너무 약한 것을 부조하는 것은 헛수고라는 의미이다. 물론『자평진전』도 전왕 용신이라는 개념을 썼지만 억부가 주도하고 있고, 통근·병약·조후 등의 개념으로 성격(成格)을 논하고 있다. 그에 비해『적천수』는 기세론을 전체적인 주지로 한다는 점에서 특별하다.

다음 표는 체용의 상황적 분류에서 원국과 유년의 체용 관계를 정리한 내용이다.

• **원국과 유년의 체용 관계**

	체(體)	용(用)
원국과 유년(流年)	원국	대운
	원국과 대운	세운

사주팔자와 대운, 세운 등의 체용 관계를 도식화하면 아래와 같다.

① 사주원국

생년월일시에 따라 결정된 사주팔자는 체의 영역이다. 일간이 체라면, 월지는 용의 영역, 월지에서 정한 격국은 체의 영역이다.

시	일	월	연	
甲	壬	丁	庚	천간
辰	申	亥	辰	지지

⟶ 명식의 여덟 글자는 체의 영역

⤑ 명식의 체가 만들어내는 허자㈜ 69는 체와 용의 영역

㈜ **69** 허자는 천간과 지지의 암충과 암합 등에 의해 만들어지는 글자이다.

② 대운

대운은 연주와 월주에 의해 생성된다. 대운을 명식에 대입하여 읽을 때는 용의 영역이고, 대운에 세운을 대입하여 읽을 때 대운은 체의 영역이다.

69	59	49	39	29	19	9
甲	癸	壬	辛	庚	己	戊
午	巳	辰	卯	寅	丑	子

⌐------------------------→ 월주가 만들어내는 대운은 체와 용의 영역

③ 세운

세운은 매년 바뀐다. 명식과 대운에 대입하여 세운의 희기를 읽으므로 세운은 용의 영역이다.

2024	2025	2026	2027	2028	2029	2030	2031	2032	2033
甲	乙	丙	丁	戊	己	庚	辛	壬	癸
辰	巳	午	未	申	酉	戌	亥	子	丑

⌐------------------------→ 이미 만들어져 있지만 늘 변하는 세운은 용의 영역

정리하면, 체는 명식의 골자를 이루는 것으로 묵직하며 쉽게 변화하지 않고 항상 그 자리에 있는 것이라고 이해하면 된다. 사주팔자가 대표적인 체이고, 그중 일간은 체의 체이고 월지는 체의 용이다. 한편 월지에서 그 사주의 격국을 정한다고 했을 때 월지는 체의 영역이 된다.

반면에 용은 변화하며, 형태와 적용 범위가 일정하지 않은 영역이다. 대운을 명식에 대비하여 변화하는 영역으로 본다면 대운이 용이고, 세운에 대비하여 10년간 사주와 함께 주체를 이룬다고 보면 대운이 체가 된다. 한편 세운은 용의 영역이다.

• 체와 용의 정의

체	명식의 골자를 이루는 것 묵직하며 쉽게 변화하지 않고 항상 그 자리에 있는 것 사주팔자 일간(체 중의 체) 월지(격국일 때는 체, 일간에게는 용)
용	변화 형태가 일정하지 않은 범위를 가지고 있는 영역 대운(원국에 대해서는 용, 세운에 대해서는 체) 세운

체용 개념을 격국에 적용하면, 기본적으로 월지의 본기 혹은 지장간 중에서 천간에 투간한 것으로 격국을 잡는다. 그러나 월지에서 잡을 수 없을 때는 사주팔자 내의 주도 세력으로 격국을 잡는다. 이 경우 체가 격국(격상)이 된다. 이것으로 사주팔자의 그릇 즉 그 모양새가 정해진다. 다음으로 용이란 것은 일간과 격국의 관계에 따라 유용하게 활용할 수 있는 인자이다. 체가 월지 월령에 천착하여 정해지는 반면, 용은 사주팔자 중에서 위치와 상관없이 자유롭게 정해진다. 『자평진전』과 같이 상신을 중요시하는 책에서는 상신이 용이 되기도 한다. 그러나 체가 되었든 용이 되었든 궁극적으로 월지 월령과의 관계를 포함해 득령 세력을 살펴서 판단하는 것이 근본이다. 이때 통근과 투출이 중요 척도라고 하였다.

다음 첫 번째 사주팔자의 체용 분할 표는 사주팔자에서 체용이 어떻게 분할되는지를 정리한 것이고, 두 번째 용신의 작용과 체용 변화 표는 상신과 용신의 작용, 형충회합에 따른 변화를 정리한 것이다. 세 번째 일간별 희기 관계 표는 일간별 희기 관계와 조후용신을 나타낸 것으로 『자평진전』, 『궁통보감(난강망)』, 『적천수』를 총괄하여 용신이나 희신을 선정할 때 참고할 수 있다.

• 사주팔자의 체용 분할

	체(體)	용(用)	
1차	일간	월지(격국)	
	월지	사주팔자	
2차	격국	용신	상신
			조후용신
			억부용신
3차	상신	십간용신	희신
	조후용신		보좌용신
	억부용신		희신

• 용신의 작용과 체용 변화

상신(相神)	격국의 성패를 주관
조후용신	격국 고저와 부귀의 정도
억부용신	세력(통근과 투출)에 따른 성패 주관
십간용신	일간, 용신, 희신, 기신의 십간 희기 관계 대비 → 길흉 조율
형충회합	성패 전이와 득실

• 일간별 희기 관계

		일간	甲	乙	丙	丁	戊	己	庚	辛	壬	癸
신강할 때	희	식	丙丁	丙丁	己	戊	庚辛	庚辛	壬	壬		甲
		재		戊							丙	丙
		관	庚		壬		乙	乙	丁		戊	己
	기	식							癸			乙
		재						壬				
		관	辛	辛	癸	癸				丁	己	
신약할 때	희	인	壬癸	壬	甲乙	甲	丙丁	丙	戊己	戊	庚辛	辛
		비	甲	甲		丁	戊	戊	庚	庚	癸	壬
	기	인								己		庚
		비	乙					辛	辛			癸

• 일간과 이상적인 십간 관계

일간	甲	乙	丙	丁	戊	己	庚	辛	壬	癸
비겁	甲	甲				戊			癸	
식상	丙	丙	己	戊	庚	庚	壬	壬	乙	甲
재성	己		庚	庚	壬	癸	甲		丙	丙
관살	庚	庚	壬	壬	乙	甲	丁	丙	戊	戊
인수	癸	癸		甲	丁	丙	戊	戊	庚	

격국의 성패와 변화

격국의 성패(成敗)

격국이 완성되기까지

격국(용신)은 월령에서 결정된다. 월령의 정기 글자가 바로 격국이 될 수도 있고, 월령을 통해 천간의 투출이나 지지에서 이루어진 국의 세력을 보고 결정할 수도 있다. 이것을 언급한 문장으로 『자평진전』은 「논용신(論用神)」에서 '팔자용신(八字用神) 전구월령(專求月令)'이라 하였고, 「논용신성패구응(論用神成敗救應)」에서는 '용신전심월령(用神專尋月令: 팔자용신은 오로지 월령에서 찾는다)'고 하였으며, 「논시설구니격국(論時說拘泥格局: 격국에 구속됨)」에서는 '팔자용신전빙월령(八字用神專憑月令: 팔자용신은 전적으로 월령에 의존한다)'이라고 하였다. 이때 용신은 주로 격국을 의미한다.

「논용신」 첫머리의 '팔자용신은 오로지 월령에서 구한다'에 의하면 일간은 체이고 월지는 용이다. 서락오는 이에 대하여 체는 격국이요 용은 용신이라는 논지를 펼쳤다. 즉, 월지에서 격국을 잡으니 월지는 용이 아니라 체가 되는 것이다. 원문은 월지에서 용신을 찾는다고 하였고 서락오의 해석은 월지에서 격국을 정한다고 하였으니, 전자는 용이고 후자는 체이다. 이 두 가지 언급은 월지를 체로 볼 것인가 아니면 용으로 볼 것인가의 혼선을 낳았다.

현대명리학계에서는 월지에서 격국을 잡는 것에 대부분 동의하면서 용신은 월지가 아닌 다른 곳에서 찾을 수도 있다는 의견을 따른다. 즉, 용신은 격국과 동일한 경우도 있지만, 그렇지 않은 경우가 많아서 월지와 용신이 동일하지 않을 수도 있다는 것이다. 그렇다면『자평진전』의 진의를 '월령이 바로 용신이다'라고 이해하기보다는, '월령이 용신을 정하는 관건이다'라고 이해하면 큰 혼선은 사라진다.

용신의 성패(成敗)는 격국의 성공과 실패이니 바로 성격과 패격을 의미한다. 성격과 패격은 월령을 통해 정해진 격국이 성격을 이루는지 혹은 패격이 되는지를 말한다. 성중유패(成中有敗)는 성격 중에 패가 있다는 뜻으로 성격이 패격으로 변하는 것을 말하는데, 이 경우는 주로 기신(忌神: 꺼리는 신)이 있어서 그렇다. 패중유성(敗中有成)은 패격이 성격으로 변하는 것을 말하는데, 주로 구응(救應: 호응하여 구원하는 것)이 있어서 그렇다. 이에 대해서는 사길신과 사흉신을 논할 때도 설명하였다. 격국의 성패와 변화과정을 정리하면 다음과 같다.

1. 일간: 사주팔자를 입수하면 먼저 일간을 보는데, 일간이 바로 체 중의 체가 된다.
2. 월령 용신: 다음으로 월령을 살피는데, 사생·사왕·사고를 구분하고 정기의 상황을 먼저 확인한 다음 나머지 지장간의 투간 여부를 본다. 이 단계에서 월령 용신이 정해진다. 이때 월령은 일간(체) 대비 용(用)이 된다. 그러나 월령 용신이 정해지면 사주팔자의 나머지 글자에 대비하였을 때 체가 된다. 그래서 월령을 용의 체라고 한다. 이것이 격국이다.
3. 사길신·사흉신: 월령 용신이 정해지면 그것을 사길신과 사흉신으로 구분한다.
4. 월령이 일간과 같은 오행(건록과 월겁)일 때는 다른 자리에서 재성·관살·식신

등을 찾아서 그중에 천간에 투출한 것으로 용신을 정한다. 그러나 이러한 것도 월령을 먼저 보고 내리는 판단이다.

5. 상신: 상신은 사길신을 순용하고 사흉신을 역용하는 글자이다. 월령 외에 나머지 사주팔자 중에 상신이 될 만한 것을 찾는다.

6. 성격과 패격: 상신을 찾게 되면 대부분 격국의 성격이 이루어진다. 마땅한 상신을 구할 수 없으면 패격이 된다.

7. 성중유패: 팔자에 기신이 있으면 성격이 다시 패격으로 변한다.

8. 패중유성: 팔자에 구응이 있으면 패격이 다시 성격으로 변한다.

• **격국의 성패와 변화과정**

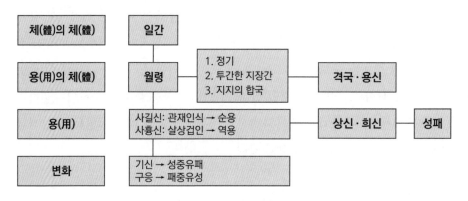

이제 격국과 용신에 대한 기본기가 갖추어지고 있다. 시작하기에 앞서 앞으로 공부하게 될 용신론 혹은 격국론을 설명하는 용어의 한자 성분에 대해 공부하도록 하자. 사자성어가 되었든, 삼자 혹은 오자 성어가 되었든, 격국 관련 용어에서 첫 번째 글자는 주로 격국이라는 주어가 되고, 다음에 그 격국의 행위(동사)와 목적어가 이어진다. 중국 한자어의 문장 구성에 대해 문법적으로 자세히 이해하면 더 좋겠지만 여기서 그것을 말하고자 하는 것은 아니다. 대개 첫 글자가 주어, 즉 월령에서 찾은 격국을 의미하고, 다음에 오는 글자가 격국의 행위 혹은 격국에 가해지는 일이며, 마지막에 오는 글자가 상신이나 희기신, 구응과 같은 대상을 의미한다고 보면 된다. 기신이 오면 패격이 될 것이고 구응이 오면 성격이 된다. 예를 들어 식신생재(食神生財)는 식신격이 재성이라는 상신을 생한다는 뜻이다. 만약 재격이 식신의 생조를 받는다고 말하려면 재용식생(財用食生)이라고 해야 한다.

•『자평진전』과『자평진전평주』의 주요 술어

봉(逢)·견(見)	봉: 만나다, 맞다, 영합하다, 점치다 견: 보다 팔자에서 하나의 육신이 다른 육신을 만나는 상황을 말함
경(輕)·중(重)	쇠(衰)·왕(旺), 강(强)·약(弱) 등과 함께 세력의 크기와 기세를 설명하는 표현
투(透)·출(出)·로(露)	지지나 지장간이 천간에 투출·투로·투간하는 것을 의미 육신이 천간에 드러났을 때를 말함
제(制)·복(伏)	오행의 상극이나 상충으로 극제, 제압, 제어하는 것을 의미
패(佩)·대(帶)·가(駕)	패: 차다. 대: 두르다. 가: 오르다, 타다 하나의 육신이 다른 육신과 함께 있어서 상황이 달라지는 것
분탈(分奪)	나누고 빼앗는 것 주로 좋은 성분을 나누어 써야 하는 불편한 상황을 말함
당(黨)	합, 생, 국을 이루어 무리짓는 것 주로 재성이 칠살과 같이 흉한 성분과 작당하는 것을 꺼림, 즉 당살(黨煞: 칠살과 작당함)을 꺼림
설(洩)·화(化)	설: 생하여 기운을 설기하는 것 화: 합하거나 생하여 다른 오행으로 변화하는 것
희(喜)·기(忌)	희: 좋아하는 것, 기뻐하는 것 기: 싫어하는 것, 꺼리는 것
방신(幇身)	일간을 돕는 것 주로 신약하거나 칠살의 위험이 있을 때 비견겁 특히 양인의 도움을 받는 것을 방신이라 함

행위나 상황을 나타내는 술어로는 명리서적에 자주 사용되는 한자를 미리 알아두면 독서에 도움이 된다. 알고 보면 크게 어려울 것은 없다. 명리학의 상용한자를 알아

두면 독해력이 월등하게 향상될 것이다. 아는 만큼 보인다고 하였다.

　다음으로 격국을 일반적으로 구분한 팔정격의 특징을 정리하였다. 격국의 분류는 팔정격이나 십정격이 있고, 또 내격과 외격 및 특수 외격 등의 다양한 분류가 있다. 하지만 여기서는 먼저『자평진전』을 중심으로 팔정격의 분류를 따르고 그 특징을 적었다. 팔정격은 사길신과 사흉신을 따른 것이다. 물론『자평진전』도 잡격이나 특수 외격을 언급하였다. 분류는 단순과 기본에서 시작하는 것이 좋기 때문에 팔정격을 먼저 익히기 바란다. 차후에 나머지 격국 특히 잡격을 따로 공부하도록 하겠다.

• **팔정격의 특징**

	격국	특징
길신	정관격	일간을 극하여 그 존엄성을 지키는 것 위아래의 이치를 알고 존중하는 자세 천간에 드러나는 것이 좋음
	재격	일간이 대상을 극하여 수단으로 사용하는 것 남을 관할하는 것 정관을 생하는 귀한 물건 재물과 피륙, 처첩과 재능, 역마 지장간에 깊이 통근하고 지나치게 드러나는 것은 좋지 않음
	인수격	일간을 생하기 때문에 좋은 성분임 대부분 정인과 편인을 모두 좋게 보지만, 식신을 유용하게 쓰는 사주에서 편인이 있으면 도식이라 함 남의 도움을 받는 것
	식신격	일간의 기운을 설기 재성을 생하는 좋은 물건 총명하고 재능이 있음 식신이 지장간에 있고 상관이 투출하면 일주의 성향이 강해짐

	편관격	일간을 공격하는 성분으로 오히려 일간을 두드리고 재단하여 대호걸이 되게 만드는 성분 왕후장상의 명조
흉신	상관격	길신은 아니지만 빼어난 기운으로 총명하고 영리함 문인과 학사의 사주, 특히 하목(夏木: 여름에 태어난 木 일간)이 水를 보거나 동금(冬金: 겨울에 태어난 金 일간)이 火를 보면 더욱 뛰어남
	양인격	일간의 정재를 겁탈하는 성분(정재의 칠살) 정관과 칠살을 모두 반김
	건록 월겁격	건록은 월지가 일간의 록지인 것 월령 겁재를 의미함 투간한 글자와 지지의 회국을 살펴서 별도의 재성, 정관, 칠살, 식신을 취함
기타	잡격	월령에서 용신으로 쓸 것이 없어서 외격을 용하는 것 천간에 정관이나 칠살, 재성이 없어야 함

　서락오는 격국(용신)을 정하고 나면 반드시 그 성패와 구응을 자세히 보아야 한다고 하였다. 즉 월령에서 용신을 구하고 나서 희신과 기신 그리고 구응을 살펴서 격국의 성패를 판정하라는 말이다. 정관격을 예로 들어, 관봉재인(官逢財印)으로 성격이 되었다고 하면 관격[官]이 재성과 인수를 만난다[逢]는 뜻이다. 관격이라는 것은 월령에서 투간 성분을 보고 결정한 격국이 정관이라는 뜻이고, 재성과 인수를 만나서 성격이 되었다는 것은 재성과 인수를 용하여 격국이 성격되었다는 뜻이다. 이때 재성과 인수가 희신 혹은 상신이 된다. 다음은 사길신과 사흉신의 성격 요건을 정리한 표이다. 키워드 위주로 공부하는 학습자에게 도움이 되기 바란다.

• 성격(成格)의 구성요건과 취용

격	성격	취용
정관격	관봉재인(官逢財印: 정관격이 재성과 인수를 만나는 것) 정관용재(正官用財) 정관패인(正官佩印)	① 형충파해가 없어야 함. 특히 충의 강력한 피해를 조심 　　그러나 병약설에 따라 희신을 남기고 기신을 형충파해로 제거 　　하면 귀격이 됨 ② 신왕관경(신왕하고 정관이 가벼운 것)하다면 사주에 재성이 있 　　어서 정관을 생조해주는 것이 좋음 ③ 신약관중(신약하고 정관이 중한 것)하다면 사주에 인수가 있어 　　서 관을 설기[화(化)]해주는 것이 좋음 ④ 정관격에 재성과 인수를 겸한 것은 반드시 재성과 인수가 서로 　　장애가 되지 않는 위치에 있어야 함 ⑤ 정관격에서 신강하면 재성을 쓰고 신약하면 인수를 쓰는 것이 　　둘 다 좋지만, 재성을 쓰는 것이 인수를 쓰는 것보다 상급임 ⑥ 상관이 있으면 인수를 쓰는 것이 귀격 ⑦ 편관이 함께 있으면 식상을 쓰는 것이 귀격
재격	재왕생관(財旺生官: 월령에 재성이 왕하고 자연스럽게 정관을 생해주는 것)	① 신강하고 상관이 투출하지 않고 칠살이 혼잡하지 않아야 귀격 ② 재격투인(財格透印: 재격에 인수가 투출한 것)이어도 위치가 온 　　당하여 서로 극지지 않아야 함. 예를 들면 연간 인수와 시간 재 　　성의 중간에 비겁이나 관성이 이격하는 경우
	재용식생(財用食生: 재격이 식신의 생조를 용하는 것)	① 재봉식생(財逢食生: 재성이 식신의 생조를 보는 것), 신강하고 비 　　견이 있어도 됨. 식신이 자연스럽게 비겁을 설기하여 재성을 　　생함 ② 신강하고 정관이 드러나지 않고 1개의 비겁만 있는 것이 유정 　　함
	재용상관(財用傷官: 재격이 상관을 용하는 것)	재성이 심하게 왕하지 않고 비견이 강하고 대략 한 자리의 상관이 드러나서 (비견의) 기운을 화(설기)하는 것이 귀격
	재격패인(財格佩印: 재격이 인수를 끼고 있는 것) 혹은 재격투인(財格透印)	① 고독한 재성(식상의 생조나 재생관이 되지 않는 경우)은 귀하지 　　않은데 인수를 끼고 일간을 도우면 귀하게 됨 ② 재성과 인수의 위치가 온당하여 서로 극지지 않아야 함
	재용식이겸용인(財用食而兼用印: 식신과 인수를 겸용하는 것)	① 식신과 인수가 서로 장애를 주지 않아야 함 ② 정관이 암장되어 있고, 식신을 제거하여 정관을 보호하면 귀격

	재대칠살(財帶七煞: 재격이 칠살을 데리고 있는 것)	① 합살하여 재성을 보존하거나, ② 제살하여 재성을 생하면 귀격
	재용살인(財用煞印: 재격이 칠살과 인수를 용하는 것)	① 재생살이면 당살(黨煞: 칠살과 작당함)하여 안 좋은데, 인수가 칠살의 기운을 설기하면 부국(富局: 부자의 격국)으로 성격 ② 겁재와 양인이 중하면 재성을 버리고 칠살을 취함
인수격	인대식상(印帶傷食: 인수격이 식상을 쓰는 경우)	신강하고 인왕하면 그것이 태과한 것이 두려우니 (식상으로) 일간의 기운을 설기하는 빼어난 기로 삼는 것
	인경봉살(印輕逢煞: 인수가 가벼운데 칠살을 만나는 것) 관인쌍전(官印雙全: 정관과 인수가 짝이 되어 온전한 것)	월령 인수가 가벼울 때 칠살로 인수를 생하여 살인상생(煞印相生)이 되거나, 관성으로 인수를 생하여 관인쌍전(官印雙全)이 되는 것
	신강인왕(身強印旺: 신강한데 인수도 왕한 것)	일간과 인수가 모두 왕하면 인수를 쓸 수 없으니 식상으로 일원을 실기해야 함
	신인양왕(身印兩旺: 일간과 인수가 둘 다 왕한 것)	① 식신으로 설기해야 함 ② 설기가 없으면 안 됨. 급신이지(及身而止: 일주에서 생함이 멈추는 것)이면 후사를 잇기 힘듦
	인용살이겸대상식(印用煞而兼帶傷食: 칠살을 용신으로 쓰고 식상을 겸하여 가지고 있는 것)	① 칠살을 쓰되 (식상으로 하여금) 제극하고, (인수가) 일간을 생하는데 일간의 설기(식상에 의한)도 있다면 신왕하든 인수가 중하든 막론하고 모두 귀격이 됨 ② 칠살을 용신으로 쓸 때는 식신을 설기하는 용도로 쓰고 제극하는 용도로 쓰면 안 됨 ③ 신강하고 살왕할 때는 식신을 제극하는 용도로 쓰는 것이 권세를 누리는 귀한 사주가 됨
	인다봉재(印多逢財: 인수가 많을 때 재성을 보는 것)	① 인수태과(印綬太過): 예를 들어 토다금매(土多金埋)나 수다목표(水多木漂)이면 재성으로 인수를 걷어내야 함. 인수와 재성이 서로 지나치게 손상하는 일이 없도록 해야 함 ② 인수의 뿌리가 깊어서 재성의 제극을 감당할 수 있어야 함. 그렇지 않으면 탐재파인(貪財破印: 재성을 탐하고 인수를 파극하는 것)이 되어 빈천한 명조가 됨 ③ 재투근경(財透根輕: 재성이 투출하고 뿌리가 가벼움)

	인이투관(印而透官: 인수격에 정관이 투출한 것) 인수용관(印綬用官)	① 일간도 왕하고 인수도 강하다면 태과한 것을 걱정하지 말고 단지 정관이 청순하면 됨 ② 관살이 아울러 투출하였다면 합살이나 제극되어야 귀격(합살류관이나 제관존살)
	인대식상(印帶傷食: 인수격이 식상을 쓰는 것)	신강하고 인왕하면 그것이 태과한 것이 두려우니 (식상으로) 일간의 기운을 설기해야 함
식신격	식신생재(食神生財)	① 식신을 단독으로 쓰는 것보다 재성이 있는 것이 귀함 ② 특히 탈식(奪食: 식신을 뺏어감)인 경우는 재성이 투출하여 인수를 제압하는 것이 좋음 ③ 재성은 뿌리가 있어야 하고 정재와 편재가 중첩되면 안 됨. 가령 신강하고 식신도 왕한데 재성이 투출하면 대귀하는 격
	식신제살(食神制煞: 식신으로 칠살을 제어함)	① 칠살이 투출한 경우는 재성이 없어야 함. 기재당살(忌財黨煞: 재성이 칠살과 작당을 하는 것을 꺼림) 식신이 재성과 칠살의 사이에 위치해야 함 ② 식신이 제살하고 재성을 남기는 것이 최고의 귀격 ③ 금수식신인 경우는 칠살(火)을 반김. 금수식신이용살(金水食神而用煞)
	목화식신용인(木火食神用印)	여름에 태어난 木 일간이 화염에 불타니 인수가 투출하여도 지장없음
	금수식신용살(金水食神用煞)	재성을 용하지 않고 칠살과 인수를 좇으면 권위가 최고로 혁혁함을 나타냄
	기식취살(棄食就煞: 식신을 버리고 칠살을 취하는 것)	① 식신격의 일반론은 아님 ② 살왕투인(煞旺而透印: 칠살이 왕한데 인수가 투출한 것)이면 식신을 버리고 칠살을 따름, 인수가 화살하기 때문 ③ 효신이 탈식할 때도 기식취살함
	식신태왕이대인 (食神太旺而帶印: 식신이 태왕한데 인수를 데리고 있는 것)	운에서 재성이 가장 유리하고 식상 역시 길하며, 인수는 가장 꺼리고 관살은 모두 불길

편관격	살용식제(煞用食制)	① 신살양정(身煞兩停: 칠살과 일간의 힘이 균형을 이룬 것)하다면 식신제살(食神制煞)을 씀 ② 신강하지 않거나 편관이 약하면 식신으로 제살하는 것을 쓸 수 없음 ③ 재성이나 인수가 투출될 필요 없음
	칠살용인(七煞用印: 칠살격이 인수를 용하는 것)	살중신경(煞重身輕)일 때는 인수를 취하여 일간을 돕는 것이 우선. 기식취인(棄食就印)
	칠살용재(煞而用財: 칠살격이 재성을 용하는 것)	① 원래는 재생살이 좋지 않지만, 식신이 인수에 의해 제압되어 칠살을 굴복시키지 못할 때는 재성으로 인수를 제거해야 함 ② 신중살경(身重煞輕: 일간은 무겁고 칠살은 가벼운 것)인 경우
	거관류살(去官留煞: 정관을 제거하고 칠살을 남김)	관살이 혼잡일 때는 정관을 제거하거나 칠살을 제거해야 함
	기명종살(棄命從煞: 원국의 사주를 버리고 칠살을 따르는 것)	① 사주에 칠살이 전부이고 일간이 무근한 경우 ② 인수가 칠살을 설기하거나 식상이 제살하면 종하지 않음
상관격	상관생재(傷官生財)	① 신강해야 함 ② 상관은 정관을 상하게 해서 흉한데 재성을 생하여 오히려 정관을 생해줌 ③ 상관견관의 흉의를 해소할 수 있음 ④ 상관이 합화하여 재성으로 변하는 것도 뛰어난 사주
	상관패인(傷官佩印)	① 인수가 흉한 상관을 제압하여 귀해짐 ② 일간이 신약해야 함 ③ 재성과 인수를 겸용할 때는 천간에 두 글자가 서로 장애되지 않아야 함
	상관대살(傷官帶煞) 상관가살(傷官駕煞)	① 재성이 없어야 함. 기재당살(忌財黨煞: 재성이 칠살과 작당을 하는 것을 꺼림) ② 칠살과 인수를 겸용할 때도 인수가 중요하므로 재성이 없어야 함
	상관용관(傷官用官)	① 금수상관인 경우 ② 동금일주와 하목일주 ③ 재성과 인수가 정관을 보필해야 하고, 상관과 정관이 나란히 투출하면 안 됨

양 인 격	양인용살(陽刃用煞: 양인이 칠살을 쓰는 것)	① 인강살왕(刃强煞旺): 양인과 칠살이 모두 강해야 함 ② 살인양정(煞刃兩停): 칠살과 양인이 균형을 이뤄야 함 ③ 인수가 양인을 생하고 재성이 칠살을 생하는 경우 ④ 재성과 인수가 서로 극하지 않아야 함 ⑤ 인이 왕하면 식상으로 설기해도 됨 ⑥ 관살이 중요한 경우는 식상이 없어야 함
	양인용관(陽刃用官: 양인이 정관을 쓰는 것)	① 양인이 투출해도 상관없음 ② 양인로살(陽刃露煞: 양인격에 칠살이 드러난 것)이면 양인과 칠살이 합을 하여 칠살의 공이 없어짐 ③ 식상이 정관과 합을 하면 안 됨
	양인용재(陽刃用財: 양인격에 재성을 쓰는 것)	① 양인과 재성이 서로 상극하므로 성격이 되기 힘듬 ② 재성의 뿌리가 깊고 식상이 있어야 함. 식상이 통관용신이 될 수 있음
록 겁 격	월령건록겁재: 월령 록겁은 용신으로 쓰지 못하고 다른 곳의 억부용신을 찾아 씀	① 정관이 투출하고 재성과 인수를 만나면 정관격과 동일 ② 재성이 투출하고 식상을 만나면 재격과 동일 ③ 칠살이 투출하고 (식상의) 제복을 만나면 칠살격과 동일
	록격용관(祿格用官: 건록격에 정관을 용하는 경우)	① 정관이 투출하면 귀격 ② 고관무보는 안 됨. 재성과 인수가 앞뒤에서 정관을 보좌해야 함. 이때 재성과 인수의 위치가 격리되어 직접적으로 상극하면 안 됨 ③ 재성, 정관, 인수를 삼기라 함 ④ 정관이 있는데 또 칠살이 오면 관살혼잡이 되니 합살류관(合煞留官: 칠살을 합하고 정관을 남김) 혹은 제살류관(制煞留官)을 해야 함 운에서 제살이나 합살하는 글자가 오면 발전함
	록겁용재(祿劫用財: 록겁격이 재성을 쓰는 경우)	① 식상이 있어야 함. 겁재와 재성이 서로 상극하므로 식상이 통관해야 함 ② 화겁위재(化劫爲財: 겁재를 화하여-설기하여 재성을 되는 것)와 화겁위생(化劫爲生: 겁재를 화하여-설기하여 생하게 하는 것)하면 귀격

록겁용살(祿劫用煞: 록겁격이 칠살을 용하는 것)	① 재성이 있으면 안 됨. 재생살하지 않아야 하기 때문 　재성이 있어도 거살존재(去煞存財: 칠살을 제거하고 재성을 남김) 하면 좋아짐. ② 재성이 있는 경우 합재나 합살 모두 좋음 ② 신왕살강하면 식상으로 제살해야 함	
록겁용식상(祿劫用食傷: 록겁격이 식상을 용하는 것)	① 특히 춘목과 추금이 식상을 용하면 귀함 　춘목은 목화통명이 되고 추금은 금수상함이 됨 ② 금수상관격은 정란차격[金 일간이 申子辰을 모두 갖추면 火(관) 기운을 도충하는 것]이 되기도 함	

　한편 패격 혹은 파격에 관한 설명은 다음과 같다. 성격이 희신이라는 상신의 도움으로 만들어진다면, 패격은 기신의 방해가 있는 것이다. 예를 들어 정관격은 재성이나 인수에 의해 성격이 되는 반면, 상관을 만나면 패격이 된다. 팔격의 성격과 파격의 요인에 대해서는 앞에서 사길신과 사흉신을 나누어서 설명한 내용과 겹친다. 중복된 내용이 있더라도 반복학습의 중요성을 생각하기 바란다.

　패격의 성립요건과 원칙 역시 앞에서 설명한 것과 같은 방식으로 익히면 된다. 먼저 패격의 종류가 있고, 패격이 되는 요인과 조건을 설명하였다. 성격에서 공부한 것과 같은 방식으로 육신들 간의 희기관계를 파악하면 될 것이다.

• 패격(敗格)의 상황과 구성요건

격	패격	구성요건
정관격	정관견상(正官見傷: 정관격이 상관을 만나는 것)	정관이 상관에 의해 극제를 당하거나, 양인에 의해 충을 당하는 것
	관살혼잡(官煞混雜)	정관과 칠살이 둘 다 투출하여 혼잡한 것
재격	재경비중(財輕比重: 재성은 경미하고 비견이 중한 것)	재성 분탈(分奪: 나누고 빼앗김)
	재투칠살(財透七煞: 재격에 칠살이 투출한 것)	기재당살(忌財黨煞: 재성이 칠살과 작당을 하는 것을 꺼림)
인수격	인경봉재(印輕逢財: 인수가 가벼운데 재성을 만나는 것)	인수가 재성에 의해 파괴당함
	신강인중(身強印重: 신강한데 인수가 중한 것)	식신을 보지 못하고 칠살이 투출한 경우
식신격	식신봉효(食神逢梟)	식신이 효신을 만난 경우
	식신생재로살(食神生財露煞: 식신생재 하였는데 칠살이 투간되었을 때)	칠살이 투출한 경우 결국 식신생재하여 칠살을 생함
편관격	재생살(財生煞)	재생살하고 제복이 없는 경우
상관격	상관견관(傷官見官)	금수상관은 제외
	상관생재대살(傷官生財帶煞)	상관생재는 식신생재와 같이 성격이 되지만 칠살이 드러나면 재성이 결국 칠살을 생함
	신왕상관패인(身旺傷官佩印)	신왕하면 상관을 필요로 하는데 인수를 차고 있으면 오히려 패격
	상경견인(傷輕見印)	상관이 경미한데 인수를 보면 패격
양인격	인왕무제(刃旺無制: 양인은 왕한데 제극하는 것이 없는 것)	양인은 왕한데 관살이 없는 경우
록겁격	무재관투살인(無財官透煞印: 재관이 없고 칠살과 인수가 투출한 경우)	월지 록겁은 일주가 왕하여 재성이 관성을 생하면 좋은데, 재관이 없고 칠살과 인수가 투출하였다면 칠살이 인수를 생하고 결국 인수가 일주를 생하여 너무 강해짐

격국의 성패와 변화

구응(救應)

무너진 격국 다시 일으키기

구응(救應)은 말 그대로 구원하고 응한다는 뜻이다. 즉 격국에 꺼리는 성분이 있어서 패격이 되었을 때 그것을 해소하여 성격으로 이끄는 성분이 구응이다. 앞에서 병약용 신을 말하면서, 예를 들어 억부로 용신을 삼으려고 할 때 그 용신을 해치는 것이 병이 고, 그러한 병을 해소하는 것이 약이라 하였다. 팔자에 병이 있는데 그 병을 낫게 하 는 것이 약이다. 여기서 참고로 장남(張楠)의 『명리정종』^[주70]을 인용하여 병약설을 소 개한다. 병약에 대한 참고할 만한 설명이 있다고 판단된다.

[주70] 장남은 명대 인물로 자가 신봉이고 점성학에 정통하였다고 전해진다. 그는 『신봉통고벽류명리정종(神峰通考辟 謬命理正宗)』을 써서 명리학의 오류를 밝히고자 하였다. 이 책을 『신봉통고』라고도 했는데, 나중에 책 제목을 『명리정 종』으로 바꾸었다. 벽류는 오류를 배제한다는 뜻으로 이 책의 주요 주제를 말한다.

어떤 것을 병이라 하는가? 팔자에 해로운 신이 그것이다. 어떤 것을 약이라 하는가? 예를 들어 팔자에 해로운 글자가 있는데 한 글자를 얻어서 해로운 글자를 제거하는 것을 약이라 한다. … '병이 있어야 비로소 귀하게 여기니 상처가 없는 것은 훌륭한 것이 아니다. 격국에 병을 제거하면 재록 두 가지가 서로 따른다'고 하였다. … 대개 인간의 조화가 비록 중화를 귀중히 여길지라도 만약 하나하나가 중화에 맞는다면 어찌 그 줄어들고 늘어나는 변화를 탐구하고 휴구(길흉)를 논할 수 있겠는가? 지금 부귀한 사람은 필히 그전에 고생하고 참기를 거듭하여 그렇게 된 것이다. 연후에 마음에 참을성이 동하여 더욱 능력이 더해진 것이다. 사람의 운명이 묘함은 이러하다![주]71

장남은 『명리정종』에서 자평의 논리성을 강조하여 명리학의 이치를 밝히고자 했는데, 특히 동정설(動靜說), 개두설(蓋頭說), 병약설(病弱說) 등을 위주로 설파하였다. 병약설은 여러 이론 중에서도 장남이 가장 중요시한 것으로 지금 우리가 연구하는 격국이론의 희기와 구응에도 부합하는 논리이다. 병약론은 현대명리학이나 현장 상담에서도 유용하게 활용할 수 있는 이론이다. 현장 통변은 이슈가 될 만한 것을 찾아 핵심을 짚어내는 것이 중요하다. 책에서 공부하는 것처럼 일간의 성정과 월지를 대입하여 억부와 조후를 따져서는 실전이 이루어질 수 없다. 술사의 입장에서는 A부터 Z까지 설명하느라 시간가는 줄 모를 것이고, 내담객의 입장에서는 일반적인 개론을 들으러 온 것이 아니니 지루한 상담이 될 것이다. 그만큼 바로 핵심을 파고들어야 하기 때문에 병약설이 중요하다.

하나의 사주를 입수해서 펼쳐보면 모든 조건을 완벽하게 갖춘 것을 찾기 힘들다. 격국이론을 예로 들면, 사주팔자가 희신으로만 구성되기도 어려울 뿐 아니라 일간이 가능한 신강해야 하는 조건에 부합해야 하고, 또 사흉신이 있어서 설령 그것을 제압

[주]71 何以爲之病? 原八字中原所害之神也; 何以爲之藥? 如八字原有所害之字, 而得一字以去之謂了, … "有病方爲貴, 無傷不是奇; 格中如去病, 財祿兩相隨." … 蓋人之造化, 雖貴中和, 若一於中和, 則安得探其消息, 而論其休咎也? 若今之至富至貴之人, 必先 勞其筋骨, 餓其體膚, 空乏其身, 然後動心忍性, 增益其所不能, 人命之妙, 其猶此乎!

했다 해도 서로 대치하는 세력들 간에 힘의 조화를 얻는 것이 결코 쉽지 않다. 이런 상황들이 모두 병이 되는데 그 병을 해소하는 글자가 팔자에 나타나면 그것이 바로 약이 된다.

장남의 인용문에서 '병이 있어야 비로소 귀하다'고 하였다. 인생을 살면서 상처가 생기는 것을 피할 수 없는 것이 현실이다. 아무리 좋은 부모에게서 태어나 좋은 교육을 받으면서 성장해도, 누구나 살면서 한 번씩 곡절을 겪기 마련이다. 이러한 우여곡절을 이겨내거나 제거하는 것이 바로 약이며, 그 과정에서 굳은살도 생기고 근육을 키워가면서 한 사람의 운명도 성장한다. 그 운명에 시련이 없으면 그 사람은 영웅이 되지 못한다. 그것이 바로 『명리정종』이 말한 '병이 있어야 비로소 귀하다' 혹은 '상처가 없으면 훌륭하지 않다'는 말의 의미일 것이다.

『자평진전』이 말한 구응이란, 격국이 패격이 되었는데 어떤 성분이 있어서 그것을 해소하는 경우이다. 격국의 패격 중에서 가장 흉한 것으로 맨 처음 언급되는 것은 상관견관과 관살혼잡이다. 상관견관이지만 인수의 투출로 인수가 상관을 제압하여 해소되거나, 관살혼잡인데 식신제살하고 생재하거나 합살하는 경우가 구응이다. 패격과 구응의 상황을 모두 정리하면 아래와 같다.

• **구응의 역할**

패격	구응
상관견관	인수가 투출하여 상관을 제압한 경우
관살혼잡	합살류관(칠살을 합하고 정관은 남김) 혹은 거살류관 합관류살 혹은 거관류살 관살의 형충이나 회합으로 해소한 경우
재봉겁(財逢劫: 재격이 겁재를 만난 것)	식신이 투출하여 겁재를 설기하고 변화시킨 경우 정관을 생하여 겁재를 제복한 경우
봉살(逢煞: 칠살을 만난 것)	식신제살생재(食神制煞生財) 존재(存財: 재성을 남김), 합살

인봉재(印逢財: 인수가 재성을 만난 것)	겁재로 해소 재성을 합하고 인수를 남긴 경우
식신봉효(食神逢梟)	기식취살(칠살이 드러나 식신을 버리고 칠살을 취하는 것) 재성을 생하여 식신을 보호하거나, 재성으로 효신을 제압하는 것
살봉식제(煞逢食制: 칠살을 용해야 하는 데 식신이 제살하여 병이 된 경우)	인수가 와서 칠살을 보호하고 재성을 만나 인수를 걷어내고 식신 을 남기는 경우
상관생재투살(傷官生財透煞: 상관생재 하는데 칠살이 투출한 것)	합살
양인용관살대상식(陽刃用官煞帶傷食: 양인이 관살을 용하는데 식상이 있는 것)	인수가 중하여 (식상을 제압하고) 관살을 보호하는 경우
건록월겁용관우상(建祿月劫用官遇傷: 건록월겁이 정관을 용하는데 상관을 만 난 것)	상관이 합을 합하는 경우
재생살(財生煞)	재성을 용하는데 칠살을 끼고 있어도 칠살이 합이 되는 경우

　지금까지 격국이 성격되는 요건과 파격되는 요건을 살피고, 성중유패나 패중유성
에 대해서도 공부하였다. 『자평진전』은 성패와 구응의 마지막에 사주팔자가 묘하게
쓰이는 것은 모두 성패와 구응에 달려 있다고 말하고 있다. 세상에 완벽한 사주는 드
물다. 어떤 경우든 약점이 한두 가지는 있고, 실제로 흉신으로 가득찬 사주를 만나기
도 한다. 그러나 팔자에 흉이 많은데 그 흉을 제압한 경우 오히려 대발하는 것을 많이
보았다. 팔자의 흉이 세 글자 이상인데 그것이 잘 다스려졌다면 그 사람은 보통이 아
니라고 하였다. 다만 글자들 간의, 또 희기의 경중을 잘 살펴서 깊이 있고 생동감 있
게 다스려야 한다.

격국의 성패와 변화

격국의 변화

격국의 완성과 변화

격국이라는 것은 원래 월령에서 구하는데, 子·午·卯·酉월을 제외하고 나머지 모든 지지는 지장간에 정기 이외에 다른 성분의 천간을 숨기고 있다. 이로 인해 격국은 변하는 경우가 많다. 사왕지인 子·午·卯·酉 중에서도 午는 火뿐 아니라 土의 왕지이기도 하다. 土는 午에 앉으면 왕지이기 때문이다. 그래서 午월생은 土 오행의 육신으로 읽는 경우가 많다. 또한 寅은 火로, 申은 水로, 巳는 金, 亥는 木으로 읽는데, 그 이유는 사생지가 삼합국을 생하는 글자이기 때문이다. 하물며 사고지인 辰·戌·丑·未는 잡기라 불리니 더욱 복잡하게 변화한다. 이와 같이 월지 지장간 중 어떤 오행이 투출하느냐, 혹은 어떤 국을 이루느냐에 따라 격국 판단과 결과가 달라지게 된다.

• 성중유패와 패중유성의 의미

성패의 변화	의미	이유
성중유패(成中有敗)	성격이 파격으로 변하는 것	기신 때문
패중유성(敗中有成)	파격이 성격으로 변하는 것	구응 때문

• 성중유패와 패중유성의 요인

격국	성중유패(기신이 있기 때문)	패중유성(구응이 있기 때문)
정관격	재성을 만나 성격이 되었는데 또 상관을 만나는 것 정관이 투출하였는데 다른 글자와 합이 되어버린 것	정관이 상관을 만나서 파격이 되었는데 인수가 투출하여 이를 해소하는 경우 칠살이 있어서 관살혼잡인데 이를 합살하여 맑게 하는 경우 형충이 있는데 회합으로 해소하는 경우
재격	재왕생관으로 성격이 되었는데 상관을 만나거나 정관이 합이 되어버린 것	재격이 겁재를 만나서 탈재를 하는데 식신이 투출하여 겁재를 설기하는 경우 재성이 정관을 생하여 정관으로 하여금 겁재를 제복하는 경우 칠살을 만났으나 식신이 제살하고 재성을 생하는 경우, 혹은 재를 남기고 합살하는 경우
인수격	인수격이 투출한 식신으로 설기하여 성격이 되었는데 재성이 투출한 경우 재극인으로 파격이 됨 투출한 칠살이 인수를 생하는데 또 재가 투출하여 인수를 제거하고 칠살만 남기는 경우	인수격이 재를 만나서 재극인으로 파격이 되었는데 겁재가 이를 해소하는 경우, 혹은 재를 합하여 인수를 남기는 경우
식신격	칠살과 인수가 있으면 살인상생의 성격이 되는데 재성을 만나는 경우	식신격이 효신을 만나서 탈식으로 파격이 되었는데 칠살을 따라 성격이 되거나 혹은 재성을 생하여 재극인으로 식신을 보호하는 경우
칠살격	식신의 제복이 있어 식신제살로 성격이 되었는데 다시 인수를 만나는 경우	칠살격이 식신의 제복을 만났는데 인수가 와서 칠살을 보호하고 재성을 만나 인수를 걷어내고 식신을 남기는 경우
상관격	상관생재하는데 재가 합거되는 경우 상관패인인데 인수가 손상된 경우	상관생재하는데 칠살이 투출하였으나 살이 합이 되는 경우
양인격	정관이 투출하여 손상되거나 칠살이 투출하여 합을 한 경우	양인격이 관살을 용하는데 식상을 차고 있어도 인수가 중하여 이를 보호하는 경우
록겁격	정관이 투출하여 손상되거나 재가 투출하여 칠살을 만나는 경우	정관을 용하는데 상관을 만났지만 상관이 합이 되거나, 재를 용하는데 칠살을 끼고 있어도 칠살이 합이 되는 경우

TITLE: 격국의 성패와 변화   DATE: .   .

Q1 관살혼잡은 사주에 정관과 편관이 혼합되어 있는 것을 말한다고 알고 있습니다. 천간에 편관이 있고 지지에 정관이 있거나, 정편관이 근(根)이 없는 경우에도 관살혼잡으로 보는지 궁금합니다. 아니면 지지 정관은 천간의 통근처로만 보아야 하는지요?

[답변]

관살혼잡을 포함하여 모든 사주이론은 천간과 지지, 그 관계에 대한 정확한 이해가 필요합니다. 단순히 글자 개수를 세어서 판단 내리지 않기를 바랍니다.

1.   질문에 통근과 투출을 언급하신 것은 올바른 접근입니다.

2.   정관도 천간 편관(칠살)의 통근처가 될 수 있습니다. 오행이 같으면 음양이 달라도 통근 투출이 됩니다. 이때 읽는 것은 드러난 편관입니다.

3.   천간에 정관과 칠살이 투간하여 통근이 없는 경우에도 관살혼잡이라고 합니다. 그러나 통근이 없다면 그만큼 처리가 쉽다고 할 수 있습니다. 또한 고전의 명조 사례에서 천간에 정관이 있고 지지에 편관이 있는데 둘 중에서 하나를 합거하는 경우 좋아졌다고 설명하는 경우가 있습니다. 관살혼잡까지는 아니어도, 천간과 지지에 정편이 섞여 있을 때도 관살혼잡으로 본다는 것을 알 수 있습니다. 그중에서 하나를 걷어내는 것을 좋게 보았습니다.

4.   관살혼잡을 비롯해 상관견관과 같이 일반적으로 흉한 구성으로 보는 사례도 사주격국을 통해 전체를 읽어서 이해해야 합니다. 신강하다거나, 금수상관이나 목화상관, 또 관살 주변의 재성이나 인성의 존재 그리고 합거 등과 같은 현상이 그 상황을 더욱 나쁘게 만들거나 반대로 호전시키기도 합니다.

Q2 식신제살에서 칠살은 식신이나 상관으로 제살한다고 하는데, 상관으로도 제살이 되는지 알고 싶습니다.

[답변]

말씀하신 대로 칠살은 식신으로 제살하는 것이 정석입니다. 음양의 이치를 따져보시면 됩니다. 예를 들어 丙火 일간에게 칠살은 壬水인데 식신 戊土(辰・戌)로 제극하면 壬水 입장에서는 칠살의 제극을 받는 것이고, 상관 己土(丑・未)로 제극하면 壬水 입장에서 정관입니다. 그러니 엄밀히 상관은 제살을 하는 것이 아니라 단지 극을 할 뿐입니다. 그러나 戊土나 己土 모두 壬水를 제어할 수 있으니, 식신이 없다면 상관으로라도 제극이 시급한 경우에는 쓸 수 있다는 말입니다.

본문에서 설명한 것처럼 상관이 칠살을 다스리는 경우 '차고 있다(대살)'나 '타고 있다(가살)'과 같은 용어를 쓰고 더욱 신통한 경우가 있습니다. 『자평진전』 원전 제41장 상관격의 채귀비(蔡貴妃)의 명조에서 "칠살은 상관에 의해 제극을 받으니 양자가 그 마땅함을 얻고 다만 재성이 없다면 곧 귀격이 된다[살인상이유제(煞因傷而有制) 양득기의(兩得其宜) 지요무재(只要無財) 편위귀격(便爲貴格)]"고 하였습니다. 공부를 하실 때 항상 이치를 따져서 문리를 깨우치면 글로만 외우는 한계를 벗어날 수 있습니다.

예)

시	일	월	연
丙	庚	丙	己
子	子	子	未

Q3 아래 사주처럼 월지가 충이나 형이 되면 어떻게 격국을 잡아야 하는지요?

예)

시	일	월	연
癸	己	甲	甲
酉	丑	戌	申

[답변]

질문하신 사주의 지지를 잘 보면 丑戌형이 있지만 申・酉・戌 방합과 巳・酉・丑 삼합의 분위기가 반합으로 와서 金국이 강한 사주입니다. 월지 사주 戌 중 투간한 성분이 없고 戌은 일간의 겁재 성분입니다. 월겁일 때는 강한 기운을 격국으로 잡으니 이 사주는 식상관에서 재성으로 (근묘화실의 흐름으로) 움직이는 사주입니다. (대운을 참조하면 달라질 수 있습니다.)

PART 03

격국 총론

격국의 분류

격국을 정하는 방법

격국과 용신의 통변 활용

격국의 분류

시작하기 전에

학습 요점

지금까지 격국론을 이루는 기본 이론체계를 학습하였다. 음양오행의 생성과 그에 따른 천간과 지지의 특징, 특히 오행의 생극제화를 통해 육신이 발생하는 원리가 격국 용신론의 주요기제이다. 육친론에서는 정관·편관, 인수, 재성, 식신·상관, 겁재·건록·양인을 살펴보면서 육신 간의 상호작용과 희기 관계를 익혔다. 오행의 생사에서 나온 십이운성과 형충회합은 격국론 이해를 위한 중요한 단서를 제공하는 명리이론이다. 오행 생사를 통해 양순음역이나 화토동행 혹은 수토동행의 사유를 이해하여 격국의 다양한 변화와 세력의 특징을 파악할 수 있어야 한다.

2부에서 공부한 사주팔자의 구조는 일간이 위주가 된 과정과 월령에서 용신을 구하는 격국론의 기본 골격을 이룬다. 득령과 실령의 문제, 통근과 투출 등은 일간이 월령에 준하여 나머지 글자를 사용하는 근거가 된다. 격국론은 구조론이며 관계론이기도 하다. 원국에 나타난 각 육신이 지지에서 세력을 얻거나, 천간에 드러난 상태를 통근과 투출의 개념으로 파악하여 그 세력을 억제할지 도와줄지를 판단해야 한다. 격국론의 주요 개념으로는 용신과 상신, 희신과 기신, 사길신과 사흉신, 순용과 역용, 구웅, 체용 등이 있었다. 이러한 성분들은 격국이 만들어지고(성격) 혹은 격국이 파괴되는(패격) 과정에 중요한 역할을 한다. 그 역학관계를 읽는 것이 격국을 통한 사주팔자 통변의 요체이다.

3부 총론에서는 격국을 분류하고 격국과 용신을 정하는 방법을 요약 설명한다. 고서에 격국 종류가 소개되어 있다. 하지만 일반적인 것은 보통 격국인 정격(正格) 혹은 내격(內格)과, 특별 격국인 변격(變格) 혹은 외격(外格)의 분류이다. 정격을 내격이라고도 부르는 이유는 주로 월지에서 정해지기 때문이다. 그래서 많은 책들이 월령의 중요성을 강조한다. 대부분의 사주는 정격에 속하는데 정격은 십정격 혹은 팔정격 등으로도 불린다.

한편 변격은 외격으로 불리면서 특별 격국이나 잡격이라고도 한다. 여기에 종격과 화격이 포함된다. 이 경우는 월지보다 사주 전체에 강한 기세가 있어 그것을 읽고 상황을 파악하여 판단한다. 변격이 생기는 경우는 보편적인 상황이 아니며, 또한 변격 판단 과정에서 여러 변수가 있으므로 간명에 주의가 필요하다. 대운의 흐름은 변격이 만들어지는 데 중요한 요인이 될 수 있으니 반드시 참고해야 한다.

• **격국의 분류**

보 통 격 국	정격(내격)·상격(常格)	십정격 혹은 팔정격
특 별 격 국	변격(외격)·편격(偏格)	잡격(雜格)·종격(從格)·화격(化格)

격국의 분류

『자평진전』과 『적천수』의 격국 분류

격국으로 배우는 사주팔자의 유형

정격을 내격이라고도 하는데, 그 이유는 월지에서 격국이 정해지기 때문이다. 외격은 내격의 상대어로, 월지 외에서 격국을 정하기 때문에 붙은 명칭이다. 보통 전체 사주 의 대부분이 정격에 해당한다. 정격은 또 상격(常格)이라고도 하는데, 통상적인 일정 한 법칙을 따른 격국이란 뜻이다. 이 책의 본문에서는 정격을 위주로 다루었다. 정격 은 대개 팔정격으로 나누어지는데, 팔정격은 비겁을 제외한 육신의 정편을 나누어 읽 은 것이다. 이러한 분류는 『적천수』에서 '팔격은 정재격・편재격・정관격・편관격・정 인격・편인격・식신격・상관격'이라 한 것에 따른다. 재・관・인은 편과 정으로 나누 고 여기에 식신과 상관을 더하였다. 그에 반해 십정격은 비겁의 성분인 양인과 건록 까지 포함한 것이다.

한편『자평진전』도 팔격을 논하지만,『적천수』의 분류와는 차이점이 있다. 정재격과 편재격을 묶어서 재격으로, 정인격과 편인격을 묶어서 인수격으로 하여 네 개의 길신 즉 정관·재성·인수·식신격이 되었고, 양인격과 건록격을 사흉신에 넣어서 칠살·상관·양인·록겁이 네 개의 흉신이 되었다. 전체적으로는 팔정격이다. 격국 각론에서 사길신인 정관격·재격·인수격·식신격을 그 취운과 함께 논하였고, 사흉신인 편관격·상관격·양인격·건록월겁격을 그 취운과 함께 논하고 추가로 잡격을 쓰고 있다. 원전에는 잡격 취운이 없는데, 서락오가『자평진전평주』에서 잡격에 취운을 추가하였다. 아래에 격국의 일반적인 분류를 정리하였고,『자평진전평주』서락오 발문(跋文)에 격국 분류에 대해 설명한 내용을 참고로 인용하였다.

· 격국의 분류와 종류

분류	종류	비고
팔정격	식신격·상관격·정재격·편재격·정관격·편관격·정인격·편인격	비겁 제외
십정격	식신격·상관격·정재격·편재격·정관격·편관격·정인격·편인격·양인격·건록격	비겁 포함
사길·사흉	사길신: 정관·재성·인수·식신 사흉신: 칠살·상관·양인·건록월겁 잡격	『자평진전』

격국에는 정격과 변격이 있다. 정격이란 것은 오행의 상궤(일정한 법칙)이고, 변격이란 것은 오행의 편승을 말한 것이다. 그러나 만 가지 변화가 있어도 그 근본을 벗어나지 않는 것은 오행의 이치이다.『자평진전』은 오행의 상궤(정격)를 밝혔고,『적천수』는 오행의 변화(변격)를 밝혔다.[주]1

(『자평진전』은) 오행의 상궤를 밝혔으므로 오로지 월령(月令)을 중히 여겨 격국을 정하니, 재격(財格), 정관격(正官格), 식신격(食神格), 인수격(印格), 칠살격(七殺格), 상관격(傷官格), 양인

[주]1 格局有正有變. 正者, 五行之常軌也, 變者, 五行有所便勝, 然萬變不離其宗者, 五行之理是也.《子平眞詮》明其常,《滴天髓》明其變.

격(陽刃格), 건록격(建祿格)이 된다. (정격에서) 용신을 취하는 방법은 일주를 부조 또는 억제하거나 월령을 부조 또는 억제하는 기준이 있고, 병약의 원리에 따라 정하기도 한다. 주2

(『적천수』는) 오행의 변화를 밝혔으므로 기세를 중시하니 그 격국은 일행득기격[방국(方局)], 양신성상격, (眞·假)종격·화격이 된다. 그 왕한 오행을 따라 순국(順局: 국에 순응)과 반국(反局: 국에 반대함)에 의해 용신을 정하니, 결국 그 성정을 이끌어내거나 그 기세를 따르거나 조후와 통관의 원칙에 의하고 월령만을 위주로 하지는 않는다. 『적천수』에서는 정팔격(正八格)의 상법(常法: 정격)을 논한 경우가 거의 없는데, 다만 관살혼잡(官殺混雜)과 상관견관(傷官見官)의 두 경우는 언급하고 있다. 그 이유는 상궤 가운데 변화가 있기 때문이다. 주3

『자평진전』에서는 외격(外格)을 거의 논하지 않고 소략하여 하나의 격국으로 논하였다. 이렇게 된 이유는 외격이 『자평진전』의 주지(主旨)가 아니기 때문이다. 심지어 격국의 고저(高低)를 논함에 있어서도 『자평진전』에서는 유력(有力) 과 무력(無力), 유정(有情)과 무정(無情)으로 판별하는데 반하여, 『적천수』에서는 청탁(淸濁)과 진신(眞神)과 가신(假神)으로 판별한다. 그 명칭은 서로 다를 수 있지만 취지는 하나이다. 주4

서락오는 먼저 정격과 변격의 차이를 논하여 정격은 오행의 일정한 법칙을 따른 것이고, 변격은 오행의 변화를 따른 것이라 설명한다. 『자평진전』은 오행의 일정한 법칙을 따르는 정격을 위주로 논하고, 『적천수』는 오행의 변화를 따라 변격을 주로 논한다고 밝힌다. 따라서 『적천수』는 위에서 말한 팔정격보다는 오행의 기세를 중시하여 일행득기격[방국(方局)], 양신성상격, (眞·假)종격·화격 등을 강조하였고, 조후·통관 등의 원리에 근거하여 그 기세에 따르는 순국이나 반대하는 반국으로 용신을 정한

주2 明其常, 故專重月令, 而其格局則爲財·官·食·印·煞·傷·刃·祿, 其取用則扶抑日主, 扶抑月命之神, 以及病藥.

주3 明其變, 故重在氣勢, 而其格局爲一行得氣(方局)·兩神成象·眞假從化. 從其旺神, 以及順局·反局, 其取用之法, 則爲引其性情, 順其氣勢, 調候通關, 而不限於月令.《滴天髓》於八格常法, 略而不談, 僅擧官煞混雜·傷官見官兩節, 乃常中之變也.

주4 《眞詮》於外格取捨, 略而不詳, 聊備一格, 非主旨所在也. 至於兩書論格局之高低,《眞詮》爲有力無力·有情無情,《滴天髓》爲淸濁及眞神·假神. 名雖不同, 而意旨則一也. 兩書程度, 實相啣接, 讀眞詮之後, 再讀滴天髓, 循序漸進, 自無扞格之虞. 且歷來所傳之奇格異局, 不可以理解者, 讀此兩書, 悉有顯明之論理, 可爲依據, 自不致目眩而無所主矣.

다고 하였다.

　반면에 오행의 일정한 법칙을 따라 월령을 강조하고 억부·병약 등을 용신으로 취한 『자평진전』은 정격의 논리를 강조하고 상대적으로 외격에 대해서는 간단히 언급하였다. 그에 따라 『적천수』가 청탁(淸濁)과 진신(眞神)과 가신(假神) 등으로 격국의 고저(高低)를 판별하였다면, 『자평진전』은 유력(有力) 과 무력(無力), 유정(有情)과 무정(無情) 등으로 판별하였다.

　발문의 문장은 서락오가 『적천수징의』와 『자평진전평주』를 출간하고 나서 정격과 변격에 대하여 두 책을 비교하며 적은 것인데, 학습자 입장에서는 『적천수』와 『자평진전』의 주지를 이해하는 데 많은 도움이 된다. 두 책의 주지에 따라 사주를 통변하다 보면 내용과 결과에 차이가 있음을 알 수 있을 것이다. 학습자 눈에는 아는 만큼 보인다. 그것도 학습의 과정이다.

• 『자평진전』과 『적천수』의 격국 분류

고전	정격·변격	오행	중심	성격(成格)	주요 용신	격국의 고저
『자평진전』	정격: 사길격과 사흉격, 잡격	오행의 상궤	월령	사길신 순용 사흉신 역용	억부 병약	유력·무력 유정·무정
『적천수』	변격: 일행득기격 (방국) 양신성상격· 종격·화격	오행의 편승	기세	순국 반국	조후 통관	청탁(淸濁) 진신·가신

격국의 분류

정격(내격)

일반적인 격국의 종류

☐ 정격 분류의 기제

격국을 분류하는 데에는 다양한 기준이 있을 수 있다. 정·편 육신의 분류법도 있고, 『자평진전』과 같이 사길신과 사흉신의 분류도 있으며, 내격과 외격의 분류도 있고 정격과 잡격의 분류도 있다. 예를 들어 정(正)과 편(偏)으로 분류하면 육신에는 세 개의 정성(正星)인 정재·정관·정인과 세 개의 편성(偏星)인 편재·편관·편인이 있다. 식신과 비견을 정성에 넣고, 상관과 겁재를 편성에 넣으면 정성과 편성에 각각 다섯 개의 육신이 배정된다. 정성은 온건하고 적절한 관계를 의미하여 긍정적이고 공식적이며 공정한 성분을 나타내고, 편성은 치우친 상황과 관계를 의미하여 부정적이고 부적절하며 유동적인 상황을 나타낸다. 유정한 것이 정성이고 무정한 것이 편성이다. 그 외에 사길신과 사흉신의 분류나 내격과 외격의 분류는 지금까지 주로 다룬 내용이므로 부연하지 않는다. 육신을 다양한 시각으로 분석하여 일간과의 관계에서 어떤 역할을 하는지, 희기는 어떻게 판단하는지를 알아내는 것이 격국이론의 고차원적 이해이다.

• 육신의 정·편 분류법

정성(正星)	정재·정관·정인 식신과 비견	유정	온건하고 적절한 관계 긍정적이고 공식적이며 공정한 성분
편성(偏星)	편재·편관·편인 상관과 겁재	무정	치우친 상황과 관계 부정적이고 부적절하며 유동적인 상황

여기서는 격국을 바라보는 다양한 시각을 이해하기 위해 도표를 활용한다. 도표로 나타낸 각 격국의 형세, 성격(成格)과 파격(破格)의 상황을 통해 격국을 보다 입체적이고 시각적으로 이해하기 바란다. 먼저 정격의 성립을 도표로 나타낸 경우이다.

1. 재관 위주의 관점(부와 귀)

첫 번째는 부를 논할 것인가 혹은 귀를 논할 것인가의 관점이다. 즉 재·관 중심의 분류이다. 이는 대부분 명리 고전들의 서술방법이다. 재·관과 관련된 육신은 정재·편재·겁재와 상관·정관·편관이다. 위에서 말한 육신의 분석에서 육신에는 일반적으로 말하는 재관 외에 겁재와 상관, 식신과 인수가 포함되어 있다. 겁재와 상관은 각각 재관에게 위협적인 두 요소를 의미하는데, 겁재는 재물을 빼앗으려는 성분이고 상관은 관직에 흠집을 내는 성분이다. 한편 식신과 인수는 각각 재성을 생하고 정관을 보호하는 성분이다. 각각 재성이나 관성과 관련하여 희기를 읽는 구분이다.

• 재관과 관련한 육신의 요소

	관련 육신	기타
재성	정재·편재·겁재	식신(재성을 생하는 것)
관성	정관·편관·상관	인수(정관을 보호하는 것)

　명리 고서에 나오는 전통적인 격국론이 재성과 관성을 위주로 두 가지 성분의 길흉을 논했다는 것을 감안하면, 이러한 재관 중심의 격국 관점은 정통 분류법에서 벗어나지 않는다. 이를 도표화하여 일간을 기준으로 식상에서 재성으로의 순환 즉 식상생재와, 관살에서 인수로의 순환 즉 관인상생으로 대별하였다. 전자로 부(富)를 읽고 후자로 귀(貴)를 읽는다. 이것은 재와 관의 추세를 시각화한 것으로 육신 좌표를 좌우로 분류하였다. 아래 도표를 참조하도록 한다.

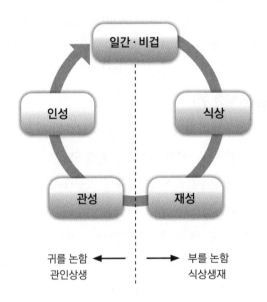

2. 재생관과 식상패인의 관점(인식과 재관의 분류)

두 번째 관점은 재성에서 관성으로의 흐름 즉 재생관과, 인수에서 식상으로의 흐름 즉 식상패인이 있다. 아래 도표에서 보듯 육신 좌표를 위아래로 분류한다. 이는 재관을 위주로 보았던 전통적 격국관과는 다르지만 여전히 전통 이론에 바탕한다.

재생관의 구도는 부와 귀를 모두 취하는 귀격의 대표적 명조이다. 재성은 결과이고 관성은 결과에 대한 사회적 평판을 의미한다. 현대사회의 결과는 대부분 재물의 취득으로 귀결된다. 돈도 있고 돈으로 살 수 있는 권력도 취한다는 의미가 된다. 다만 신강해야 그러한 성취가 가능하다. 한편 식상패인의 관계는 지적 자산을 활용하여 결과물을 낸다는 의미가 있다. 지적 자산이란 학위, 라이선스(면허), 기발한 아이디어가 될 수 있다. 결과물이란 그러한 아이디어로 만들어낸 생산품이다. 스티브 잡스의 IT 아이디어와 기술로 생산한 아이폰을 생각할 수 있다. 스티브 잡스의 아이디어는 인성이고 아이폰은 식상이다. 그의 사주를 보면 이러한 격국 구조가 뚜렷하다. 박사학위를 받고 강단에 서는 교수도 식상패인의 사례이다. 보통 인수는 학위를 의미하고, 식상은 가르치는 행위나 학생을 의미한다. 교수 출신이 사회적 지명도를 얻고 자신의 브랜드를 론칭하거나 대중적 인기로 정계에 진출하는 것도 식상패인이다. 다양한 분류 기준과 의의를 이해하면 전체 격국 관계도를 파악할 때 눈이 더 밝아질 것이다.

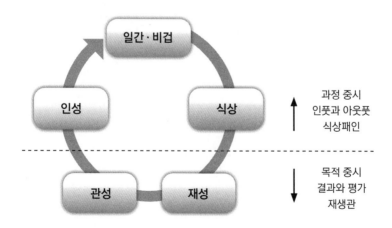

3. 억부의 관점

세 번째는 억부의 관점에서 분석한 도표이다. 일간을 기준으로 나타내었는데, 나머지 육신에 대해서도 기준점을 바꿔가면서 적용하면 된다. 인수와 비겁 모두 일간을 도와주는 성분이고, 식상·재성·관살은 모두 일간의 기운을 설기하거나 빼앗아가거나 제한하는 성분이다. 용신별 억부를 사선의 경계선으로 나타내었다. 다만 육신의 명칭에 따라 기운의 세기에 차이가 있다.

예를 들어 식신과 상관 모두 일간의 기운을 설기하지만, 식신에 비해 상관의 설기가 더 강하다. 재성과 관살의 경우는 정과 편의 구분이 있다. 정성보다 편성이 더 강하게 일간의 힘을 빼앗는다. 상관은 음양이 달라서 기운을 더 빼앗고, 재성과 관성은 음양이 같아서 더 기운을 빼앗는다. 전자는 상생의 관계이고 후자는 상극의 관계라는 차이점이 있다.

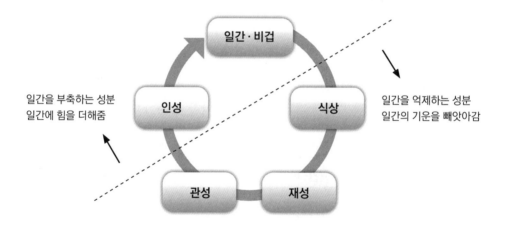

② 팔정격의 성립과 특징

다음은 팔정격의 특징을 위에서 살펴본 분석 도표를 사용하여 정리한 것이다. 격국의 성립과 변화에 대한 규칙을 요약하면, 앞에서 학습한 사길신과 사흉신의 분류에서 상신의 역할이 모든 팔정격에 공통적으로 적용된다. 기본적으로 사길선 순용, 사흉신 역용의 법칙이 그것이다. 여기에서는 현장 통변에서 자주 언급되는 대표적인 성격과 파격 그리고 변화를 다루었다.

1. 정관격

월지 정기가 정관일 경우와 월지에서 투출된 글자가 정관일 때 정관격(正官格)이 성립한다. 정관격은 길신으로 순용의 격국이다. 극제하면 안 되고 생해주는 재성과 보호해주는 인성이 상신이다. 일간이 신약하면 정관을 감당하지 못하므로 신왕해야 하고, 중화가 중요하다. 정관을 극하는 상관이 있으면 상관견관이 되므로 상관이 가까이 있는 것을 지극히 꺼린다. 이때는 인성이 시급한 상신이다. 인성이 존재하여 관인상생이 되면 신약도 무관한데, 이때 관이 태과하여 칠살이 되면 식상으로 우선 제화해야 한다.

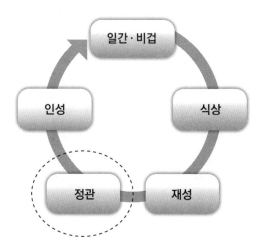

• 성격

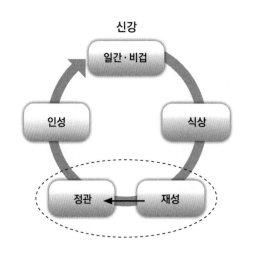

• 정관용재(正官用財)
  : 정관격의 상격

① 형충파해가 없어야 함
② 신강해야 함
③ 상관이 투출하면 안 됨
④ 칠살이 나타나면 관살혼잡이 됨

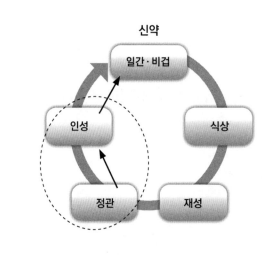

• 정관패인(正官佩印) 혹은 관인상생(官印相生)

① 신약관중(신약하고 정관이 중한 것)하다면 사주에 인수가 있어서 관을 설기(化)해주는 것이 좋음
② 상관이 있으면 인수를 쓰는 것이 귀격
③ 재성과 인수를 겸한 것은 반드시 재성과 인수가 서로 장애가 되지 않는 위치에 있어야 함

• 파격

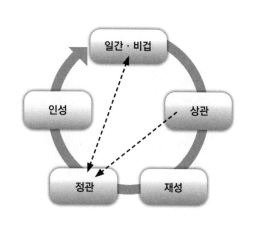

• **정관견상(正官見傷)**
  : 정관격이 상관을 만나는 것

① 상관이 견관하고 있을 때는 인수로 제압하는 것이 최선

② 일간이 신강하다면 재성으로 통관할 수 있음

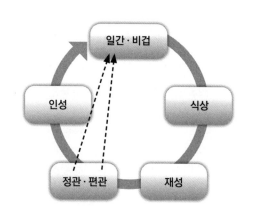

• **관살혼잡(官煞混雜)**
  : 정관과 칠살이 둘 다 투출하여 혼잡한 것

① 신약에 관살이 태과한 것도 좋지 않음

② 식신으로 제살하거나 상관으로 합살하고 정관만 남겨야 함

③ 인성이 있어서 설기하고 다시 일간을 생해주어야 함

TITLE: 격국의 분류   DATE: .   .

> **Q1** 사길신에서 '정관격은 재성으로 순용해야 된다'에 대한 질문입니다.
> 1. 이것을 '정관격은 재성이 도와주어야 성격이 된다'고 해석한다면, 재성이 상신이 되는 것인가요? 만약 명조에 재성이 없다면 파격이 되는 것인지요?
> 2. 그런데 그 사람 명조에 인성이 좋은 역할을 해서 정관패인이 되었다면, 그때는 인성이 용신도 되지만 성격을 시켰으므로 상신도 될 수 있는 것인지요?

[답변]

1. 네, 재성이 도와주어 성격이 되었을 경우 재성이 상신입니다. 아래 2.에서 질문하신 것처럼 인성이 와서 정관패인인 경우도 성격이 되니, 재성이 없다고 해서 파격이 되는 것은 아닙니다.

2. 인성이 와서 정관패인이면 이때는 인성이 상신입니다. 그러면 무엇이 더 우선순위인가. 일반적으로 정관패인보다 재생관이 더 귀하다고 합니다. 그러나 그때 반드시 정관의 힘의 세기를 파악하고 판단하여야 합니다.

즉, ① 정관이 미약하면 재생관을 더욱 반깁니다. 재성이 정관을 생하여 힘을 실어주기 때문입니다. ② 정관이 강하면 정관패인을 더욱 반깁니다. 왜냐하면 정관이 강한 경우 그 힘을 설기하여 일간을 보호하는 것이 우선이기 때문입니다.

또한 일간의 신강 혹은 신약도 중요 판단 근거인데, 재생관이 되려면 일간이 반드시 신강하여야 하고, 정관패인의 경우는 일간이 반드시 신강하지 않아도 됩니다.

<table>
<tr><td>Q2</td><td colspan="4">아래 사주는 건명 사주입니다. 격국과 용신을 알고 싶습니다.</td></tr>
</table>

편재	일원	식신	편재
辛	丁	己	辛
丑	未	亥	丑
식신	식신	정관	식신

木(0)　火(1)　土(4)　金(2)　水(1)

癸辛己	丁乙己	戊甲壬	癸辛己

81	71	61	51	41	31	21	11	1.0
庚	辛	壬	癸	甲	乙	丙	丁	戊
寅	卯	辰	巳	午	未	申	酉	戌

[답변]

30대 초반 乙木, 甲木 대운에서 인생의 변화가 찾아왔고, 50대 초반에 또 한 번의 터닝포인트가 찾아옵니다. 격국은 辛金 재성의 생조를 받는 壬水 정관격으로 잡지만, 식신 己土가 투간되었고 지지 丑未충이 있으니 학교에서 전공한 분야가 아닌 다른 직업을 택할 가능성도 있습니다. 참고적으로 寅申巳亥의 지장간 戊土가 통근처 역할을 하는지에 대해 예전에 설명했습니다. 寅과 巳의 戊土는 통근처로 인정되지만(장생지와 건록지) 申과 亥는 주변 천간과 지지와의 관계를 확인해야 합니다. 따라서 월간 己土로 격국을 잡지 않고 亥水 정기 壬水 정관격으로 잡았습니다.

또한 월급쟁이 직장생활을 오래하지는 못합니다. 왜냐하면 식신의 세력이 강하고 지지에 亥未가 있어서 정관과 유정하지 않기 때문입니다. 차라리 신약한 일간은 월지 亥 중 甲木을 찾아 도움을 받으려 하고(억부 용신), 31대운부터 乙木과 甲木의 도움으로 亥 중 甲木(인성)이 힘을 얻어 관인상생으로 가니 자신의 이름으로 사업체를 세우거나 교육계통으로 진출할 수도 있었습니다. 사주에 金水가 강하니 이과, 경제, 컴퓨터 등 계통이 맞고, 향후 화개 지지를 활용한 역술이나 기타 상담업도 생각해볼 수 있습니다. 원전을 차분히 읽고 학습의 줄기를 바르게 세우시길 바랍니다.

2. 재격

월지 정기가 재성이거나 투간된 글자가 재성일 때 재격(財格)으로 본다. 사길신 중 재격은 신왕함을 좋아하고 비겁이 많음을 꺼리며, 식상이 적절해야 하고 식상이 너무 많으면 탁해져서 좋지 않다. 재격은 정재격과 편재격으로 분류하지만, 작용이 서로 비슷하므로 둘을 묶어서 재격으로 한다. 재격은 순용의 격국이라 식상이나 관성이 필요하다. 식상은 재성을 생해서 좋고 관성은 비겁으로부터 재성을 보호해서 좋다. 그러나 재성이 칠살을 생하는 재생살은 꺼리는 구성이다. 특히 신약하다면 극히 조심해야 하고, 일간이 태강하거나 양인일 때는 상황을 보고 판단한다.

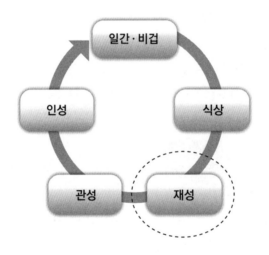

• 성격

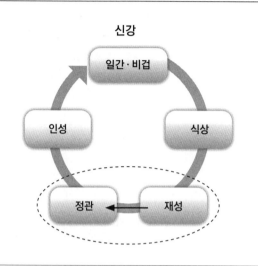

신강

- • 재왕생관(財旺生官)
  : 월령에 재성이 왕하고 자연스럽게 정관을 생해주는 것
- ① 신강하고 상관이 투출하지 않고 칠살이 혼잡하지 않아야 귀격
- ② 재격투인(財格透印: 재격에 인수가 투출한 것)이어도 위치가 온당하여 서로 극하지 않아야 함. 예를 들면 연간인수와 시간 재성의 중간에 비겁이나 관성이 이격하는 경우

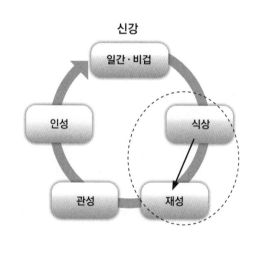

신강

- • 재용식생(財用食生)
  : 재격이 식신의 생조를 용하는 것
- ① 재봉식생(財逢食生: 재성이 식신의 생조를 보는 것)이면 신강하고 비견이 있어도 됨. 식신이 자연스럽게 비겁을 설기하여 재성을 생하기 때문
- ② 신강하고 정관이 드러나지 않고 한 개의 비겁만 있는 것이 유정함
- • 재용상관(財用傷官)
  : 재격이 상관을 용하는 것
- ① 재성이 심하게 왕하지 않고 비견이 강하고 대략 한 자리의 상관이 드러나서 (비견의) 기운을 화(설기)하는 것이 귀격

• 파격

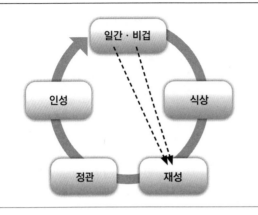

• **재경비중(財輕比重)**
  : 재성은 경미하고 비견겁이 중한 것

① 군겁쟁재(群劫爭財)라고도 함
② 재성 분탈(分奪: 나누고 빼앗김)

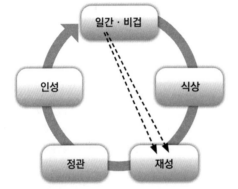

• **재다신약(財多身弱)**
  : 일간이 신약한데 재성이 많은 경우

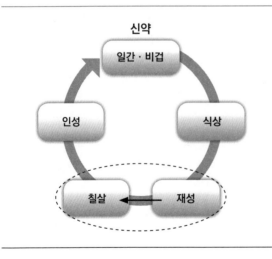

• **재생살(財生殺)**
  : 신약한데 재성이 왕하거나 칠살이 태왕할 때
• **재투칠살(財透七煞)**
  : 재격에 칠살이 투출한 것.
• **당살(黨煞)**했다고 하여 재성과 칠살이 작당하는 것을 꺼림

강의노트

Q1

아래 명조가 재다신약인지 궁금합니다. 월지 亥水는 충이나 형은 없지만 절지이고, 천간에 있는 두 개의 癸水는 합을 하여 인성으로 화하는 것으로 보입니다. 천간이나 지지에 火가 없기 때문에 원국에서는 합화가 안 되어서 水의 기운으로 보면 재다신약일 것 같습니다. 대운과 세운에 火가 오면 합으로 합화될 것으로 보이는데 이때는 양쪽 癸水가 모두 인성으로 변할까요? 그러면 戊土 일주가 너무 강해져서 亥水가 너무 극을 당한다고 봐도 되는지요? 아니면 금생수가 되니 완전히 水가 마른다기보다는 水의 존재가 미약하다 정도로 봐야 되는지요? 제가 보는 관법이 맞다면 용신을 잡을 때도 재다신약일 때와 아닐 때가 다를 것 같아서요. 재다신약이면 土와 합화일 것 같고, 그렇지 않다면 土의 기운을 설기해야 될 것 같은데 맞는지 궁금합니다.

예)

시	일	월	연
癸	戊	癸	戊
丑	戌	亥	申

[답변]

올리신 명조는 재다신약이라고 보기 힘듭니다. 일간은 통근처가 충분합니다. 또한 일간이 戊癸 합화한다고 해도 월지 亥水는 마르는 물이 아닙니다. 申金의 생조를 받고 있기 때문입니다.

대운의 태세에 따라 일시적으로 힘에서 밀리는 시기는 있지만, 이 사주 자체에서는 일간이 크게 손상되거나 월지 亥水 재성이 공격을 당하는 상황은 없습니다. 亥水 중 甲木(편관)과 戌 중 丁火(정인)의 흐름을 보시면 운명의 단서를 찾아낼 수 있을 겁니다.

Q2

본기가 투출하면 본기가 격이 되는데, 만약 본기와 중기가 동시에 투출하고 월지가 연지나 일지와 합을 하여 중기의 오행으로 변해도 본기의 격을 잡는지요? 申子합에 壬水가 투간하여 재의 세력이 강할 때에도 식신격으로 잡아 식신생재가 되는 건가요? 만약 재성으로 격을 잡고 연간에 甲木이 투간이면 재생관이 되는 건가요?

예)

시	일	월	연
辛	己	壬	戊
	亥	申	子

[답변]

1.　사례로 든 사주는 재격입니다. 壬水 투간에 申子 반합을 이루고 亥水까지 일지에 앉아 있기 때문입니다. 식신 辛金도 투간하였으니 식신생재입니다. 사례에서 보듯이 정기 申金의 식신격으로 잡든 왕성한 수기의 재격으로 잡든, 결국은 식신생재라는 같은 결과입니다. 즉, 격국이라는 것은 사주의 구조를 파악하고 힘의 세기를 읽어서 육친으로 한 사람의 인생을 해석하는 것입니다. 격국에 한 가지 답만 있는 것도 아닙니다. 격국을 통해 사주를 분석하는 힘이 생기면 통변하는 데 막힘이 없어집니다.

2.　연간에 甲木 투간이면 재생관이 됩니다. 근묘화실상 인생 초기에 재생관하고 나이가 들면서 식신생재로 변할 수도 있습니다. 한 가지 정답만 있다는 생각으로 통변을 두려워하지 마십시오.

3. 인수격

월지 정기가 인성이거나 투간한 글자가 인성일 때 인수격(印綬格)이 성립된다. 인성은 일간인 나를 생해주므로 나의 근원이요 시발점이다. 이때 재성이 인성을 극하면 파격이 된다. 인성이 있으면 일간이 신약해도 복록이 감소되지 않고 운에서 도와주면 큰 성공을 할 수 있다. 정관이 약한 인수를 생해주면 귀하고 칠살이 생해주어도 좋다. 악살이 일간을 극하기보다 인수를 생하여 귀해진 것이다. 이를 화살(化煞)하였다고 한다. 인수와 일간의 힘이 모두 좋으면 식상으로 설기하여 유통시키는 것을 좋아한다. 상관으로 유통하는 것이 더욱 좋아서 상관패인이라 하는데, 상관의 나쁜 성분을 통제해서 일거양득이 되기 때문이다.

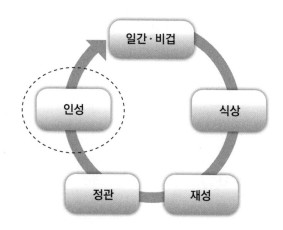

• 성격

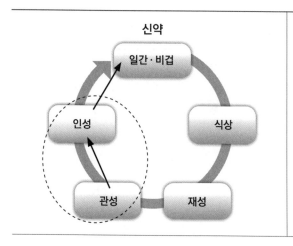

신약

• 인경봉살(印輕逢煞)
: 인수가 가벼운데 칠살을 만나는 것
① 월령 인수가 가벼울 때 칠살로 인수를 생하여 살인상생(煞印相生)이 되는 것
• 관인쌍전(官印雙全)
: 정관과 인수가 짝이 되어 온전한 것
① 관성으로 인수를 생하여 관인쌍전이 되는 것

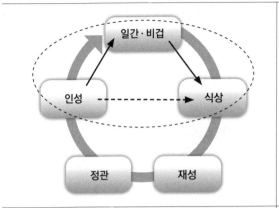

- **인대식상(印帶傷食)**
  : 인수격이 식상을 쓰는 경우

① 신강하고 인왕하면 그것이 태과한 것
  이 두려우니 (식상으로) 일간의 기운
  을 설기하는 빼어난 기로 삼는 것
② 설기가 없으면 급신이지(及身而止)라
  하여 일주에서 생함이 멈추어서 후사
  를 잇기 힘듦

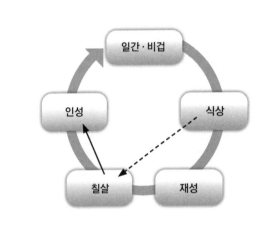

- **인용살이겸대상식(印用煞而兼帶
  傷食)**
  : 칠살을 용신으로 쓰고 식상을 겸하
  여 가지고 있는 것

① 칠살을 쓰되 (식상으로 하여금) 제극
  하고, (인수가) 일간을 생하는데 일간
  의 설기(식상에 의한)도 있다면, 신왕
  하든 인수가 중하든 막론하고 모두
  귀격이 됨
② 칠살을 용신으로 쓸 때는 식신은 설
  기하는 용도로 쓰고, 제극하는 용도
  로 쓰면 안 됨
③ 신강하고 살왕할 때는 식신을 제극하
  는 용도로 쓰는 것이 권세를 누리는
  귀한 사주가 됨

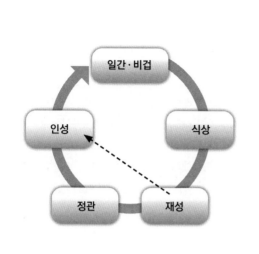

- **인다봉재(印多逢財)**

  : 인수가 많을 때 재성을 보는 것, 사주에 인성이 많으면 편인으로 변함. 재극인이 필요

① 인수태과(印綬太過): 예를 들면 토다금매(土多金埋)나 수다목표(水多木漂)이면 재성으로 인수를 걷어내야 함. 인수와 재성이 서로 지나치게 손상하는 일이 없도록 해야 함

② 인수의 뿌리가 깊어서 재성의 제극을 감당할 수 있어야 함. 그렇지 않으면 탐재파인(貪財破印: 재성을 탐하고 인수를 파극하는 것)이 되어 빈천한 명조가 됨

③ 재투근경(財透根輕): 재성이 투출하고 뿌리가 가벼워야 함

- **파격**

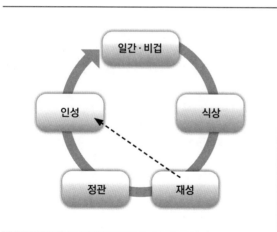

- **인경봉재(印輕逢財**

  : 인수가 경미한데 재성을 보는 것

TITLE: 격국의 분류   DATE: .   .

Q1 아래 사주는 월 지장간에서 庚金 상관과 丁火 편인이 투간했고, 세력은 火가 강
하고 또한 丁火가 庚金을 극하니 편인격인지요? 맞다면 상관 용신으로 봐야 하
나요?
다시 질문하면, 이 명조처럼 월 지장간에서 투출한 두 개의 육친끼리 극을 할 때
극하는 육친으로 격을 잡아야 하는지, 아니면 극을 당해도 세력이 강하다면 센
오행의 육친으로 잡아야 하는지요? 두 개 다 잡는지, 두 개 다 잡지 못하면 정기
로 잡아야 하는지요?

예)

시	일	월	연
庚	己	庚	丁
午	巳	戌	亥

[답변]

인성도 강하고 상관도 강한 사주입니다. 『자평진전』 제35장 「인수격」 편에 나오는 이장원 사주처럼 인용
식상 사주로 보시면 될 것 같습니다. 즉 인수격이 식상을 용한다고 보시면 됩니다.

예)

시	일	월	연
己	丙	乙	戊
亥	午	卯	戌

Q2

월 지장간이 투출하고 지지에는 강력한 국이 형성되어 그 세력이 격과 같지 않을 때에도, 월 지장간이 투출한 것으로 격국을 잡는 게 맞는지요? 아래 사주는 너무 강한 목국이라 혼돈이 옵니다.

예)

시	일	월	연
辛	壬	辛	己
亥	寅	未	卯

[답변]

이 명조에서는 월지 未土의 정기 己土가 투간했기 때문에 정관격입니다. 그러나 지지에서 木이 국을 이루었다면 격국이 무정한 사주입니다. 『적천수』에 "천전일기(天全一氣) 불가사지덕막지재(不可使地德莫之載), 지전삼물(地全三物) 불가사천도막지용(不可使天道莫之容)", 즉 '사주의 천간 네 글자가 오로지 한 기운으로 몰려 있다 하더라도 지지에서 덕으로 실어주지 않으면 아무 소용이 없고, 지지가 방합이나 삼합을 이루어도 천간이 이를 허락하지 않으면 아무런 쓸모가 없다'고 하였습니다. 『자평진전』도 『적천수』의 이 문장을 인용하고 있습니다. 그만큼 통근과 투출이 중요합니다.

그러나 굳이 첨언하자면, 이 명조는 대운이나 세운의 천간에 甲이나 乙이 들어오면 일시적으로라도 식상격으로 바뀔 것입니다. 그 점을 잘 참고하셔야 합니다.

Q3

아래 사주에 대한 질문입니다.

첫째, 월지 戌土가 辰戌충을 하는데 격국은 어떻게 잡을 수 있나요?

둘째, 辰巳 공망이면 辰戌충이 생기나요? 그리고 辰 중 癸水가 일간의 통근처가 될 수 있나요?

셋째, 寅 중 丙火 편재를 사용할 수 있나요?

예)

시	일	월	연
壬	壬	庚	壬
寅	寅	戌	辰

[답변]

1. 월지 戌土 중 辛이 庚金으로 드러났으니 편인격으로 잡고 관인상생할 수 있습니다.

2. 공망도 통근처가 됩니다. 된다 안 된다, 몇 퍼센트가 되냐의 문제가 아니라 공망의 특징으로 해석하면 됩니다.

辰土가 壬水 일간의 유일한 통근처이고 공망이라 신약하다고 생각할 수 있지만, 양간인 壬水가 월지에 통근한 편인을 끼고 있고 월지 관대에 해당하기 때문에 결코 신약하지는 않습니다. 더구나 주변에 비견겁의 성분이 많아서 그와 관련한 일, 직업, 인생이 펼쳐집니다. 바다, 물, 해외 등과 관련이 있습니다. 집념도 있고 편인이나 편관과 관련한 인생 흐름이 있습니다.

3. 丙火 편재를 사용할 수 있습니다만, 丙火가 실자(實字)로 운에서 들어올 때 좋은 일이 일어나지는 않았을 겁니다. 격국으로 잡은 庚金을 제극하기 때문입니다. 丙火 대운이나 세운에서 어떤 일이 일어났는지 추론해 보십시오. 혹시 사업에 욕심을 내다가 오히려 위기가 오지는 않았는지.

4. 식신격

월지의 지장간을 열어 그중 투간한 글자가 식신이거나 정기가 식신일 때 식신격(食神格)으로 잡는다. 식신은 의식주와 관계 있고 일간을 설기하여 정재를 생하는 역할을 한다. 따라서 일간이 우선 신강해야 한다. 식신과 재성이 모두 일간의 기운을 뺏는 성분이기 때문이다. 식신격의 사주는 일간이 생하는 성분이 격국을 이룬 것이니 심성이 너그럽고 남에게 베풀기를 좋아하며, 사람들과 만나 음식을 먹고 대화를 나누는 풍류를 즐긴다. 호감이 가는 스타일이고 사회에 관심이 많으며 순수한 사람이다. 격국이 용신과 희신에 의해 보조를 잘 받으면 평생 의식주 걱정은 없이 살게 된다. 사길신에 속하고 따라서 순용의 격이다. 생해주는 비겁을 반기고 식신 자신을 설기하여 생하는 재성이 필요하다. 재성은 식신을 제극하는 인수로부터 식신을 보호하기 때문이다.

특히 木火 식신과 金水 식신을 아름답게 보는데, 木火 식신은 목화통명이라 하여 총명하고 사물에 대한 습득과 이해도가 높고 인문학에 조예가 있다. 金水 식신도 총명한데, 금수쌍청 혹은 금수상함이라 하여 깔끔하고 사리 분별이 정확하며 다재다능하다. 이과 쪽에 적성이 맞다. 둘 다 조후가 시급하여 木火 식신일 때는 인수(水)를 필요로 하고, 金水 식신일 때는 관살(火)을 필요로 한다.

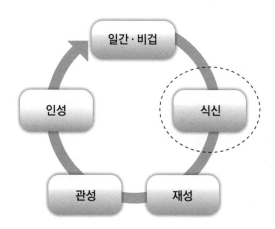

• 성격

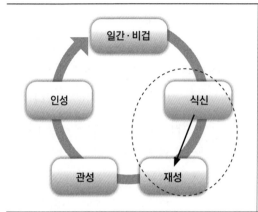	• **식신생재(食神生財)** ① 식신 단독으로 쓰는 것보다 재성이 있는 것이 귀함 ② 특히 탈식(奪食: 효신에 의해 식신을 빼앗김)인 경우는 재성이 투출하여 인수를 제압하는 것이 좋음 ③ 재성은 뿌리가 있어야 하고 정재와 편재가 중첩되면 안 됨. 가령 신강하고 식신도 왕한데 재성이 투출하면 대귀하는 격

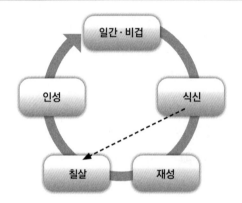	• **식신제살(食神制煞)**
	  : 식신으로 칠살을 제어함
	① 칠살이 투출한 경우는 재성이 없어야 함. 기재당살(忌財黨煞)이라 하여 재성이 칠살과 작당을 하는 것을 꺼림.
	  식신이 재성과 칠살의 사이에 위치해야 함
	② 식신이 제살하고 재성을 남기는 것이 최고의 귀격
	③ 金水 식신인 경우는 특히 칠살(火)을 반김
	[(금수식신이용살(金水食神而用煞)]

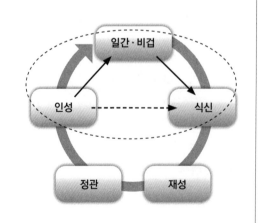	• **식신태왕이대인(食神太旺而帶印)** : 식신이 태왕한데 인수를 데리고 있는 것 ① 운에서 재성이 가장 유리하고 식상 역시 길하며, 인수는 가장 꺼리고 관살은 모두 불길. 재성을 탐하고 인수를 파극해야 함 ② 목화식신용인(木火食神用印): 여름에 태어난 木 일간은 화염에 木이 불타니 인수(水)가 투출해도 지장 없음 ③ 금수식신용인(金水食神用煞): 金水 식신일 때는 재성을 용하지 않고 칠살과 인수를 좇으면 권위가 최고로 혁혁함

• 파격

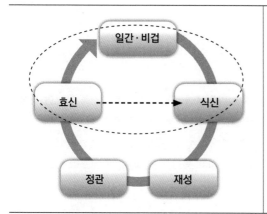

• **식신봉효(食神逢梟印) 혹은
효신탈식(梟神奪食)**
  : 길신인 식신을 효신(편인)이 극하는 것.
  도식(倒食)이라고도 함

TITLE: 격국의 분류   DATE: .   .

Q 아래 명조의 격국은 寅 중 甲木이 있어서 투간한 乙木으로 격국을 잡으면 식신격이 될 것 같은데, 지지에 방합, 삼합, 육합으로 식상이 많아 상관격으로 보아야 하는지요? 그리고 지지가 모두 합으로 이루어졌는데 寅 중 丙火로 용신을 잡아도 되는지요? 인성은 지장간에도 없고 용신, 희신, 상신은 말뜻만 알고 있는데 이 명조에서는 찾지 못하겠습니다.

예)

시	일	월	연
癸	癸	戊	乙
亥	卯	寅	未

[답변]

이 사주는 대운을 명식과 같이 봐야 할 것 같습니다. 여명인지 남명인지에 따른 대운을 확인하시기 바랍니다. 이유는 사주에 강한 木기와 일간 戊癸 합화로 목생화, 식신생재로 흐를 가능성이 많기 때문입니다. 다시 말해서 식신격에 월지 寅 중 丙火를 상신으로 삼아 식신생재를 한다는 말입니다. 여명에 대운을 추론하면 木火로 흘렀으니, 식신생재로 인생을 살았을 겁니다. 식신생재가 되면 신약한 癸水 일간 입장에서는 자기를 버리고 재관을 좇을 가능성이 많습니다. 그러다가 50대 甲申 대운에 들어서며 인성의 힘을 얻고 자신의 인생을 찾고자 시도하는 운명으로 보입니다.

5. 편관격(칠살격)

월지 정기가 편관이거나 투출한 글자가 편관일 때 편관격(偏官格)이 성립한다. 칠살격(七殺格)이라고도 부른다. 흉살인 편관격은 일간이 강해야 하고 식신으로 제화하는 것을 반긴다. 칠살이 제화되어 관의 역할을 하고 격을 이루어 중화되어 있으면 정관보다 추진력이나 통솔력이 뛰어나 그릇이 크다.

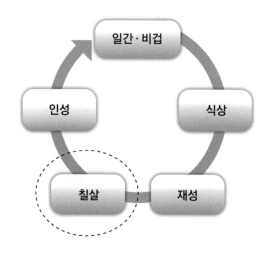

• 성격

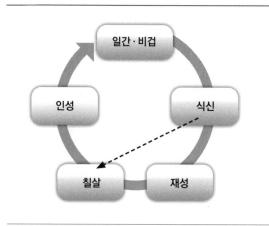

• 살용식제(煞用食制)

① 신살양정(身煞兩停: 칠살과 일간의 힘이 균형을 이룬 것)하다면 식신제살(食神制煞)을 씀

② 신강하지 않거나 편관이 약하면 식신으로 제살하는 것을 쓸 수 없음

③ 재성이나 인수가 투출하면 안 좋음. 인수가 식신을 극제하기 때문

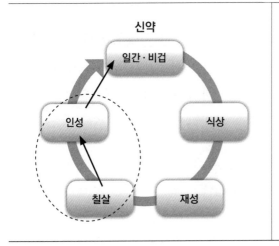

- **칠살용인(七煞用印)**
  : 칠살격이 인수를 용하는 것

살중신경(煞重身輕)일 때는 인수를 취하여
일간을 돕는 것이 우선[기식취인(棄食就印)]

- **파격**

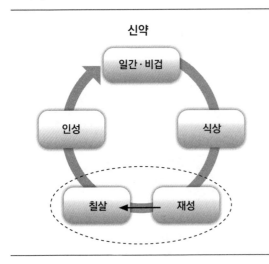

- **재생살(財生殺)**
  : 신약한데 재성이 왕하거나 칠살이 태
  왕할 때
- **재투칠살(財透七煞)**
  : 재격에 칠살이 투출한 것
- **당살(黨煞)했다고 하여 재성과 칠살이
  작당하는 것을 꺼림**

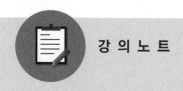

강 의 노 트

TITLE: 격국의 분류   DATE: .   .

Q

아래 사주는 월지 亥水의 지장간 戊甲壬 중에서 초기인 戊土가 시간에 투출했고, 壬水가 연월간에 癸水 편관으로 투출했습니다. 또한 申金의 초기인 戊土가 시간에 투출했습니다. 이럴 때 강한 글자가 戊土인 것 같기도 하고 亥水인 것 같기도 해서 혼동됩니다. 亥水가 맞다면 '칠살격'인지요? 만일 칠살격이라면 강한 칠살 기운에 종하여 따르는 것이 옳은가요? 아니면 戊土로 상관대살하는 것이 좋은가요? 그렇게 되면 용신은 癸水인지 戊土인지, 상신은 어떤 건지 전혀 모르겠습니다. 지지가 차가워서 조후용신이 시급할 듯하지만 원국엔 지장간조차 火가 없고, 억부용신으로 보면 칠살을 억제할 만한 오행은 戊土밖에 없는 것 같은데, 이 판단이 옳은지 자신 없고 답답하여 문의드리게 되었습니다.

예)

시	일	월	연
戊	丁	癸	癸
申	丑	亥	卯

[답변]

올리신 명식은 칠살격입니다. 상관대살 혹은 식신(일지 丑土)제살하는 사주입니다. 그러나 이러한 조건으로 성격을 하려는 일간이 신강해야 하는데, 신약하여 연지 편인에 의지하여 촛불 하나 켜놓고 기도하는 모습이 보이는 사주이군요. 상관은 깔고 앉은 재성을 생하는데 더 관심이 있고, 식신도 제살하기에 힘이 달립니다. 丑土이기 때문입니다.

연지의 卯木은 귀한 글자였지만 월지 亥水와 반합하였으니 다행인 면도 있습니다. 뜻대로 안 되는 경험을 했을 것이지만, 어쨌든 목국이 되니 공부에서 손을 놓기는 힘듭니다. 또한 월지 亥水는 천을귀인에 甲木의 장생지이기 때문에 공부에 대한 욕심이 있고 나름의 성취도 기대할 수 있는 사주입니다. 丁火 일간 입장에서 인성은 평생 의지처가 됩니다. 어머니 쪽으로 예술이나 영적 기운이 본인에게 이어져온 흔적도 보입니다.

6. 상관격

월지의 지장간에서 투간하거나 정기인 성분이 상관이면 상관격(傷官格)이다. 또한
식신이 많아도 상관격이 된다. 좋은 성분도 과다해지면 부담이 된다. 과유불급이라
하였다. 신왕한 사주는 상관을 설기하여 재를 생하는 순용도 사용할 수 있다. 신강과
신약에 상관없이 정인이 있으면 상관패인으로 부귀를 기대할 수 있다. 상관격에서는
정관이 없어야 길명이다. 상관격은 복잡하고 변화가 많으므로 진상관과 가상관을 잘
구별해야 한다. 여기서 상관은 월지 진상관을 말하고, 특히 조후를 살펴야 한다.

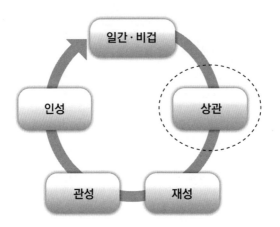

상관은 일간이 생하는 오행이므로 일간과 관련하여 오행이 치우칠 가능성이 많다.
木 일간은 火 상관이고 火 일간은 土 상관이니 사주가 조열해진다. 土 일간의 상관은
金이고 金 일간의 상관은 水이다. 이 경우 사주는 한랭해진다. 水 일간의 木 상관도
丙火나 丁火로 조후를 보족해야 할 경우가 많다. 상관이 식신보다 일간의 힘을 더 뺀

다는 사실에 주목하기 바란다.

金水 상관은 머리가 뛰어나고 화술도 좋으며 청수하다 하여 최고로 본다. 다만 이 경우 관(火)이 부족하면 사람이 너무 차갑고 냉정하고 날카로워서 주변에 사람이 없다. 관찰력과 추리력이 뛰어나고 특히 이공계에서 발전이 있다. 의료계, 변호사, 검경, 공학도 등에 어울린다. 木火 상관도 머리가 좋고 문화와 예술·예능 분야에서 재능을 발휘한다. 성정은 밝고 명랑하여 문학과 교육, 창조와 개발·발명 등에 적성이 맞다.

• 성격

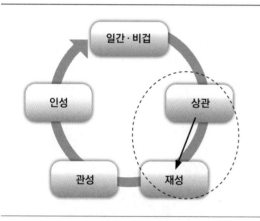

• 상관생재(傷官生財)
① 신강해야 함
② 상관은 정관을 상하게 해서 흉한데 재성을 생하여 오히려 정관을 생해줌
③ 상관견관의 흉의를 해소할 수 있음
④ 상관이 합화하여 재성으로 변하는 것도 뛰어난 사주

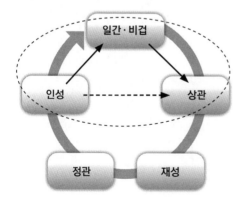

• 상관패인(傷官佩印)
① 인수가 흉한 상관을 제압하여 귀해짐
② 일간이 신약해도 무관함
③ 재성과 인수를 겸용할 때는 천간의 두 글자가 서로 장애가 되지 않아야 함

• 파격

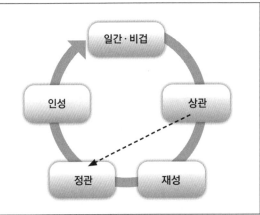

• 상관견관(傷官見官)
① 상관이 귀한 정관을 보고 상처를 주는 것
② 금수상관은 제외

강 의 노 트

TITLE: 격국의 분류   DATE: .   .

Q1

아래 사주에서 일간은 어디에도 통근하지 못해서 병약합니다. 이럴 때는 상관 甲을 용신으로 삼는 게 좋다고 하는데, 그렇다면 용신도 甲이고 상관격으로 보아도 되는지요? 재미난 영화를 보는 것처럼 수업에 빨려들어갑니다. 그러다 영화가 끝나면 멍하니 현실로 돌아오듯이 수업이 끝나고 혼자서 해보려면 어렵습니다.

예)

시	일	월	연
甲	癸	癸	庚
寅	卯	未	午

[답변]

올리신 사주는 未 중 甲木이 투간했으니 상관격입니다. 책에서 말하는 병약하다, 신약·신강하다 등에 너무 매몰되지 않으셔도 됩니다. 격국도 변화하고, 용신도 사안에 따라 다른 글자를 찾기도 합니다. 그렇다고 격국이나 용신을 무시하라는 의미는 아닙니다. 중요한 것은 팔자를 읽는 사람이 얼마나 명식의 전체 구조를 장악하여 추단할 수 있는가입니다.

Q2

격국을 잡을 때 월지에 상처가 있는지 보라고 하셨습니다. 아래의 명조는 쟁충으로 충이 발생하지 않는다고 보고, 일간 乙이 일지 亥 중 甲에 통근하였으니 신강하고, 월지 巳 중 丙이 투출하였으니 상관격으로 역용해야 하므로 亥를 용신으로 봐도 될까요? 만약 충이 발생한다면 해석이 완전히 달라질 것 같습니다. 너무 궁금해서 질문드립니다.

예)

시	일	월	연
丙	乙	乙	丁
戌	亥	巳	巳

[답변]

말씀하신 대로 巳 중 丙火가 투간했으니 상관격으로 잡고 亥水 인수를 용신으로 씁니다. 좌우의 巳火와 戌土의 충극이 항상 위협적이니 인수에 사연이 있고, 戌亥 천문성도 읽어야 합니다. 쟁충은 이론적으로 일어나지 않는다고 하지만 세운에서 들어오는 글자에 따라 발생하는 시기가 있으니 그 사연이 있을 것이고, 월지 충은 안 된다고 한 것은 그만큼 흉의가 있다는 뜻으로 이해하시기 바랍니다. 격국으로 못 잡는 것은 아닙니다.

7. 양인격

양인(陽刃)이라는 글자는 다섯 개의 양간(陽干)에만 적용되기 때문에 '陽'이라 하였고, 정재를 빼앗아가는 성분이기 때문에 '刃'을 썼다. 혹은 양을 '羊'으로 표시하기도 한다. 그것을 육신에서 겁재라 하였다. 서락오는 '刃'이란 기후와 관련이 있기 때문에 생월에 있을 때만 '刃'이라 하고, 천간의 겁재 성분이나 다른 지지 즉 연지·일지·시지의 겁재 성분은 양인이라 하지 않는다고도 하였다. 양간만을 읽는 이유는 십이운성의 생왕묘를 공부할 때 음양으로 나누지 말고 오직 오행으로만 읽어 오양간의 생왕묘를 봐야 한다고 설명한 바 있다. 다시 말하면, 양인은 양 일간의 월지에 겁재가 오는 것이다. 단, 戊土 일간의 경우 丙火와 생왕묘 운행이 같으므로 정확히 표현해서 양 일간이 월지에 십이운성의 제왕지가 온다고 보면 된다. 요즘은 이에 더해서 동주로 양인을 보기도 한다.

월지에 겁재가 오는 것을 월겁이라고도 하는데, 양간이 월겁이면 양인이라 하고 음간이 월겁이면 겁재라고 한다. 양인과 겁재는 힘의 차이가 있는데, 양인은 강함이 지나쳐 극에 이른 경우이다. 따라서 양인은 겁재와 같은 글자이지만, 겁재보다 양인이라고 하여 그 작용이 더 극렬하다는 의미를 담고 있다. 양간은 甲·丙·戊·庚·壬이고, 각각의 양인은 십이운성의 제왕지이다.

양인이라고 했을 때는 이미 그 힘이 조화로움을 지나쳤다는 것을 말한다. 정도를 넘으면 문제를 초래한다. 따라서 양인은 반드시 제복을 우선으로 본다. 제복할 때는 관과 살을 구별하지 않아서 정관과 칠살을 모두 반긴다. 양인이 칠살을 용할 때는 식상이 제살할 필요 없이 오히려 재성이 와서 보좌를 하는 것이 좋고, 인성이 와서 칠살과 양인을 통관하는 것을 좋아한다.

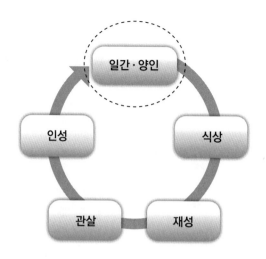

8. 록겁격

건록격은 월령에서 건록을 만나는 것이다. 서락오는 월지의 록은 건록이고, 일지의 록은 전록(專祿)이며, 시지의 록은 귀록(歸祿)이고, 연지의 록은 세록(歲祿)이라 하였다. 건록격과 월겁격은 따로 구분하여 보지 말고, 일간의 힘이 강성하기 때문에 식상·재·관을 사용하여 별도의 용신을 정한다. 월령이 건록이나 겁재인 경우 월령 록겁은 용신으로 쓰지 못하고 다른 곳의 억부용신을 찾아 쓴다는 말이다.

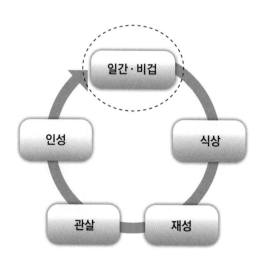

• 성격

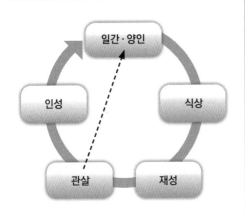

• **양인용살(陽刃用煞)·양인용관(陽刃用官)**

① 인강살왕(刃強煞旺): 양인과 칠살이 모두 강해야 함
② 살인양정(煞刃兩停): 칠살과 양인이 균형을 이루어야 함
③ 인수가 양인을 생하고 재성이 칠살을 생하는 경우
④ 재성과 인수가 서로 극하지 않아야 함
⑤ 양인이 왕하면 식상으로 설기해도 됨
⑥ 관살이 중요한 경우는 식상이 없어야 함

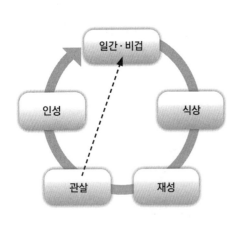

• **록격용관(祿格用官)**
  : 건록격에 정관을 용하는 경우

① 정관이 투출하면 귀격
② 고관무보(孤官無補)는 안 됨. 재성과 인수가 앞뒤에서 정관을 보좌해야 함. 이때 재성과 인수가 격리되어야 함. 직접적으로 상극하면 안 됨
③ 재성, 정관, 인수를 삼기라 함
④ 정관이 있는데 또 칠살이 오면 관살혼잡이 되니 합살류관(合煞留官: 칠살을 합하고 정관을 남김) 혹은 제살류관(制煞留官)을 해야 함.
  운에서 제살·합살하는 글자가 오면 발전함

• **록겁용살(祿劫用煞)**
  : 록겁격이 칠살을 용하는 것

① 재성이 있으면 안 됨. 재생살하지 않아야 하기 때문
  재성이 있어도 거살존재(去煞存財: 칠살을 제거하고 재성을 남김)하면 좋아짐
② 재성이 있는 경우 합재나 합살 모두 좋음
② 신왕살강하면 식상으로 제살해야 함

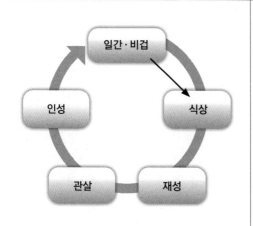

- **록겁용식상(祿劫用食傷)**
  : 록겁격이 식상을 용하는 것

① 특히 춘목과 추금이 식상을 용하면 귀함.
   춘목은 목화통명이 되고 추금은 금수상함이
   됨
② 금수상관격은 정란차격[(金 일간이 申子辰을 모
   두 갖추면 火(관) 기운을 도충하는 것)]이 되기도
   함. 이 경우 관을 얻어서 고위직에 오름

- **파격**

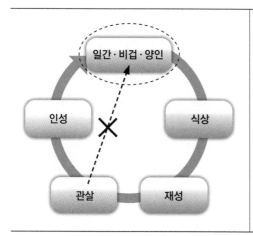

- **인왕무제(刃旺而無裁)**
  : 양인은 왕한데 제극하는 것이 없는 것
- **무재관이투살인(無財官而透煞印)**
  : 재관이 없고 칠살과 인수가 투출한 경우

강의노트

TITLE: 격국의 분류   DATE: .   .

Q1

아래 명조에 대한 질문입니다. 대운은 火木水의 방향으로 흘러갑니다. 월지 申 金은 巳申형으로 깨져서 쓸 수 없고, 연지와 시지의 戊土 지장간 戊土가 투출했 으니 정인격으로 보입니다. 정인을 순용하여 관인상생을 하니 정관 巳火를 상신 으로 생각했습니다. 그런데 이 명주는 초년 공부로 크게 빛을 보지 못했으니 연 지 정인을 크게 사용하지는 못했습니다. 지지나 지장간에 木이 없고 庚金에 의 해 충으로 고통받고 있는 월간 甲木을 추구하며 살아가고 있습니다.

신강하니 식재관을 반기는 것은 알겠지만, 격국을 대입하면 오리무중이 되어버 립니다. 짧은 격국 실력으로는 파악되지 않아 질문드립니다.

예)

시	일	월	연
戊	辛	甲	庚
戊	巳	申	戌

[답변]

명리를 공부하는 과정에서 실제 사주에 배운 내용을 적용하실 때 부합하는 것도 있고, 또한 부합하지 않는 것도 있을 겁니다. 왜 그런지 끝까지 답을 찾아보셔야 합니다. 막힌 듯이 답답하고 포기하려고 할 때 희미 하게 보이는 빛이 있습니다. 그때 명리를 깨우치게 됩니다.

올리신 사주의 월지 申金은 申酉戌로 반합을 하고 천간 庚金도 떠 있어서 충분히 격국으로 쓸 수 있습니 다. 그러나 월지 록겁이 되어 결국은 다른 곳에서 용신을 찾아야 합니다. 巳申형이 있지만 巳申(水) 합도 있 습니다. 그리고 신강하기 때문에 정인의 소용은 낮아집니다. 초년 연지 戊土는 월지 申金과 묶였으니 더더 욱 공부로 쓰기 힘들었을 겁니다. 월지 申金 중 壬水 상관과 월간 甲木은 여전히 쓸 수 있는 글자입니다. 대 운에서 卯木과 寅木을 만나기 때문에 가능합니다. 申金 중 壬水 상관은 좌법으로 장생지에 앉아 있으니 비 록 천간에 투간하지 않아도 건왕하고 자기 앞가림은 했습니다.

참고로 甲庚충을 말하였는데, 엄밀하게 말해서 천간에는 충이 없습니다. 수업에서도 말하였고 이치를 생각하면 이해하실 수 있습니다. 甲木은 庚金의 극을 받고 있다 정도로 말할 수는 있습니다. 천간합은 이론적으로 비교적 명료하지만, 천간충에 대해서는 잘 생각하여 판단해야 합니다. 천간충은 충이라 보기보다는 극으로 판단하는게 좋습니다. 즉, '충'이라는 용어에서 느끼는 그런 심각한 손상은 없다는 말입니다. 다시 한 번 사주를 읽고 고민해보시기 바랍니다.

Q2

아래 사주는 1958년에 태어났고 건명입니다. 건록격인가요 아니면 편재격인가요?

예)

시	일	월	연
甲	甲	甲	戊
子	戌	寅	戌

[답변]

올리신 사주는 월지에 건록이 있지만, 월지 지장간 중에서 재성 戊土가 투간하였으니 재격으로 잡습니다. 신강하여 재격을 반기고, 재격을 순용하는 식상, 寅午戌 화국을 만들어 식신생재하는 사주입니다. 다만 조열한 조후를 조정하기 위해 말년에라도 공부하고, 문서를 다루거나 본인 명의의 자격증이나 명예를 취득하고자 할 것입니다.

초보이고 수업을 나름대로 열심히 듣고 있습니다. 아래 사주는 월에 위아래로 겁재가 있어서 그동안 양인격으로 알고 있었는데, 수업을 들으면서 검색하니 양인격이 아닌 것 같습니다. 건록격인지 양인격인지 알려주시면 감사하겠습니다.

예)

시	일	월	연
壬	戊	己	乙
子	辰	丑	卯

[답변]

올린 사주는 양인격이 아닙니다. 戊土 일간이 양인이 되려면 午월생이거나 戊午 일주여야 합니다. 월지 겁재가 있는데 재와 관이 모두 잘 살아 있습니다. 따라서 재생관을 잘 씁니다. 戊土에게 월지 丑이 양지이며 식상의 화개 글자입니다. 교육이나 상담 업종이 괜찮습니다.

격국의 분류

변격(외격)

특별한 격국의 종류

변격(變格)은 격국을 정할 때 정해진 법칙 이외의 요소에서 구하는 것이다. 즉 변격은 월지 외의 자리에서 구하는 것을 의미한다. 변격에는 종격(從格)과 화격(化格), 특별외격(外格) 등이 있다. 화격은 종화격이라고도 부른다. 변격의 상대적 개념인 정격은 정해진 법칙에 따르는 것인데, 정격의 법칙은 가령 월지에서 격국과 용신을 정하고 월지에 근거해서 상신이나 희신 혹은 기신을 찾는 것이다. 정격을 내격이라고도 하는 이유는 월지 안에서 찾기 때문이다. 그 외에 억부의 방법이나 정편의 특징에 따라 순용이나 역용하는 것, 재관을 추구하는 것 등이 정격의 정통론이다.

이에 대해 변격은 외격이라고도 불리고 잡격이라고도 한다. 변격은 월지에 구속되는 것이 아니라 오행의 기세에 따라 정해지고 특별한 상황에 의해 정해지기도 한다.

월지 외에서 잡았다는 이유로 외격이라고 불렀고, 특별 격국 혹은 특별 외격이라고도 부른다. 변격에는 월지가 아니라 사주팔자의 중요한 기세를 따른다는 종격이 있고, 사주팔자의 변화를 읽는 화격이 있다. 변격의 성립과정에는 다양한 변수가 있고 그만큼 변화무쌍하므로 진(眞)이나 가(假)를 붙여서 진종이나 가종, 혹은 진화나 가화라고 부르기도 한다.

1 종격

종(從)한다는 것은 사주가 강한 기운을 좇아가는 것을 말한다. 한 가지 오행으로 이루어졌거나, 다른 오행과 섞였더라도 그 기세가 치우쳐서 하나로 모이면 그 세력을 따른다. 그래서 따를 종(從)을 썼다. 만약 일간을 제외한 다른 육친이 강한 대세를 이룬다면 일간의 통근을 살펴 종할지 여부를 판단한다. 다만 일간이 통근하거나 생하는 인성이 있다면 종하지 않으려는 습성이 있고, 특히 양간이라면 더욱 자신의 오행 성분을 지키려 한다. 아래는 『명리약언』의 「간종국법(看從局法)」에서 가져왔다.

　무릇 일주를 보아 무근이고 사주에 모두 관성으로 가득차면 마땅히 관을 종하고, 사주에 모두 칠살로 가득차면 마땅히 살을 종하고, 사주에 모두 재성으로 가득차면 마땅히 재를 종하며, 사주에 식신으로 가득차면 마땅히 식을 종하며, 사주에 상관으로 가득차면 마땅히 상관을 종한다. 만약 사주가 모두 인수로 가득차면 종하는 이치가 없으니, 대개 모두 일주를 생조하여 왕함이 심하여 의지할 필요가 없기 때문이다. 㭐5
　무릇 어떤 신(神)을 종하는데 다만 그 종하는 신이 생왕해야 길하고, 만약 종하는 신이 극을 받거나 일주가 뿌리를 만나면 흉하다. 그중 차이는 종관과 종살의 경우 다만 관을 생하거나 살을 생하거나 관살운을 반기고, 종재와 종식상의 경우 생재와 생식상하거나 재운과 식상운

㭐5 凡看日主無根 滿柱皆官 則當從官 滿柱皆殺 則當從殺 滿柱皆財 則當從財 滿柱皆食 則當從食 滿柱皆傷 則當從傷 若滿柱皆印綬 則無從理 蓋皆生助日主 旺甚無依決矣.

을 반기는 것이다. 즉 재성이 다시 관살을 생하거나 식상이 다시 재성을 생하는 것도 모두 괜찮다. 이것이 그 일정한 이치이니 반드시 일주의 정세가 어떠한지, 종하는 신의 의향이 어디에 있는지를 보고 이것을 변통하여 추측하면 증험되지 않는 것이 없다. 주6

종격(從格)이란 위에서 말한 것과 같이 사주가 거의 한 가지 오행으로 구성되었거나, 다른 오행이 있어도 장악을 하고 있는 한 가지 오행을 생하는 구조를 말한다. 이럴 때는 사주가 그 대세를 따르므로 '종격'이라고 한다. 『명리약언』에서 소개한 것은 순서대로 종관·종살·종재·종아(식상)이다. 반면 사주에 인수가 가득할 경우에는 종하지 않는다고 하였는데, 인수가 일주를 생하여 일주가 다른 성분에 의지할 필요가 없기 때문이라 하였다. 즉, 일간이 통근하였거나 생하는 인성이 있다면 종하지 않으려는 습성이 있기 때문이라는 말이 그 뜻이다.

『적천수』에서는 양간과 음간을 나누어 "오양간(甲·丙·戊·庚·壬)은 기(氣)를 좇을 뿐 세(勢)를 좇지 않고, 오음간(乙·丁·己·辛·癸)은 세를 좇아 정의(情義)가 없다[오양종기부종세(五陽從氣不從勢) 오음종세무정의(五陰從勢無情義)]"고 하였다. 양간은 양강한 성품으로 사주에 약간의 근이 있거나 인성이 있어 생조를 얻으면 세력을 따라가지 않지만, 음간은 설사 통근처가 있어도 사주에 왕성한 다른 기운이 있으면 그 세력을 좇아간다는 뜻이다. 양 일간은 월령의 기를 따르고, 음 일간은 월령의 영향보다는 사주 전체 세력의 흐름을 따라간다.

주6 凡從何神 只要此神生旺則吉 若從神受剋 日主逢根 則凶 其不同者 從官從殺 只喜生官生殺 及官殺運 從財從食傷 固喜生財食傷 及財食傷運 卽財再官殺 食傷復生財 皆可 此其定理也 然又須看日主情勢何如 所從之神 意向安在 而變通推測之 無不驗矣.

• 『적천수』의 종격 분류

	조건	길흉
종왕격	비겁으로 가득참 관살의 제극이 없고 인수의 생조만 있는 것	왕신을 따라 비겁과 인수로 행해야 길함 인수가 가볍다면 식상운도 좋지만, 관살운은 왕신을 범하는 것으로 흉함 재성을 만나면 군겁상쟁으로 구사일생
종강격	인수로 가득참 인수 중중, 비겁 첩첩 일주 당령, 무재·무관살	비겁·인수운은 길 식상운은 인수와 충하므로 흉 재관운은 흉
종기격	재관인식을 논하지 않고 오행의 기세를 따름 일주에 비겁이나 인수의 생조가 없음	식재관 중에서 유독 왕한 것을 따름 식재관이 골고루 있다면 그것이 유통하여 식 신을 설기하고 재관을 돕는 것이 길 다음으로 관살운이 길, 다음이 식상운 비겁·인수운은 흉

이상 『적천수』와 『명리약언』을 참조하여 다섯 종류로 나눈 종격은 다음과 같다.

• 종강격: 인성이 강하여 인성에 종하는 경우

• 종왕격(전왕격): 비겁으로 가득하고 관살의 제극이 없고 인수의 생조만 있는 것

• 종아격: 일간을 제외한 다른 글자의 오행이 식상으로만 이루어져 있을 때

• 종재격: 일간을 제외한 다른 글자의 오행이 재성으로만 이루어져 있을 때.
  식상이 일부 있어서 재성을 생해도 재성에 종함

• 종살격: 일간을 제외한 다른 글자의 오행이 관성으로만 이루어져 있을 때.
  재성이 일부 있어서 관살을 생해도 종살격이라 함

이 외에도 일행득기(一行得氣)격이 있는데, 사주 전체가 일간을 중심으로 하나의 오행으로 이루어진 경우를 말한다. 일기(一氣)격이라고도 하고, 강왕격과 동일시하기도 한다.

• 일행득기격의 성립과 희기

일행득기격	일간	방(方)	국(局)	희	기
곡직격	甲乙	寅·卯·辰	亥·卯·未	춘월생, 火土	金
염상격	丙丁	巳·午·未	寅·午·戌	하월생, 土金	水
가색격	戊己	辰·戌·丑·未		辰·戌·丑·未월생, 金水	木
종혁격	庚辛	申·酉·戌	巳·酉·丑	추월생, 水木	火
윤하격	壬癸	亥·子·丑	申·子·辰	동월생, 木火	土

② 화격

화격(化格)은 사주팔자의 변화를 다루어서 천간 지지의 조합으로 변화한 기운에 따라 육신을 재편하고, 그에 따라 격국의 구조를 읽고 길흉을 따진다. 천간은 지지를 따라 움직이면서 조합하여 변화하는 기운을 만나는데, 다섯 번째 지지인 辰을 만나서 그 성향에 큰 변화를 겪는다. 이것이 둔간(遁干)에 영향을 미친다. 둔간의 사전적 의미는 육십갑자 조합의 원리에 따라 어떤 지지를 보고 그것과 짝을 하는 천간을 밝혀내는 것인데, 원리는 천간합에 따른다. 서락오는 화격에 필요한 글자로 辰을 들고 '무릇 오행의 둔간은 辰에 이르러 화신(化神)이 투출한다' 하고, '그러므로 이를 가리켜 용(龍)을 만나 변화한다는 것'이라 하였다. 즉 辰을 만나면 화신의 오행이 투출하는 것이다.

• 甲己합이 辰에 이르면 戊辰: 합화 土
• 乙庚합이 辰에 이르면 庚辰: 합화 金
• 丙辛합이 辰에 이르면 壬辰: 합화 水
• 丁壬합이 辰에 이르면 甲辰: 합화 木
• 戊癸합이 辰에 이르면 丙辰: 합화 火

화격론은 화(化)한 오행의 기운에 순응하면 길선하고, 이를 거스르면 흉하다는 것이 기본 전제이다. 십천간은 짝하여 합을 하는데 辰을 만나면 변화하게 된다. 화격도 종격과 마찬가지로 그 화상의 쇠왕을 살펴서 길흉을 판단한다. 화신이 왕하면 설기하는 성분을 용신으로 삼고, 화신이 쇠하면 생조하는 신을 용신으로 삼는다고 하였다. 예를 들어 甲己합하여 土로 화(化)하였는데, 생월이 未戌월이고 게다가 천간에 丙丁火가 투간하고 지지에 또 巳午가 있으면 화신의 기세가 왕하여 남아돈다. 이때 운이 火土운으로 흐르면 그 기세가 너무 태과하여 좋지 않으니, 만약 원국에 水가 있으면 운이 金으로 움직이는 게 좋고, 원국에 金이 있으면 운이 水로 움직여야 한다. 만약 원국에 金과 水가 모두 없으면 운이 金으로 움직여서 土의 기세를 설기하는 것이 좋고, 사주가 너무 조열하면 金과 水가 운에서 함께 오는 것도 좋다. 만약 辰丑월에 태어났다면 화신 土는 습하고 약하니 원국에 火가 있어도 허하고, 水는 없어도 실하다. 원국에 金이 있으면 운에서 火로 움직이는 것이 좋고, 원국에 水가 있으면 土운이 좋으며, 金과 水가 모두 있으면 火와 土가 함께 오는 운이 와서 화신을 돕는 게 좋다. 다음은 화격의 조건이다.

- 월지가 辰이거나 혹은 지지에 辰이 있어야 함
- 월지가 합화오행이어야 함
- 만약 합화오행을 거스르는 글자가 하나라도 있으면 파격이 됨
- 거스르는 글자를 합하거나 제극하면 가화(假化)가 됨
- 화격도 조후는 봄

화격에는 진화(眞化)의 경우도 있지만 가화(假化)인 경우가 더 많으며, 이 역시 운의 추이에 따라 귀함을 누린다. 진종격과 마찬가지로 가화격(假化格)도 귀함을 누릴 수 있다. 다만 대개 유년기에 곤고함을 겪는 사례가 많아서 양부모를 온전히 두지 못하는 경우로 나타난다.

• 진화 종격의 육신

화격	식상	재성	관성	인성
甲己합화 土격	庚辛申酉	壬癸亥子	甲乙寅卯	丙丁巳午
乙庚합화 金격	壬癸亥子	甲乙寅卯	丙丁巳午	戊己辰戌丑未
丙辛합화 水격	甲乙寅卯	丙丁巳午	戊己辰戌丑未	庚辛申酉
丁壬합화 木격	丙丁巳午	戊己辰戌丑未	庚辛申酉	壬癸亥子
戊癸합화 火격	戊己辰戌丑未	庚辛申酉	壬癸亥子	甲乙寅卯

3 특별 외격

특별 외격은 사주와 오행의 구성에 따라 이루어지는 격국이다. 그 이름은 건록격, 양인격(십정격에선 내격), 괴강격, 일귀격, 시묘격, 사위순전격, 천원일기격, 비천록마격, 득비리재격, 진·가상관격 등 수많은 종류가 있다. 특별 외격은 건록격과 양인격을 제외하면 특수 일주이거나 타주와 일주의 관계, 암합이나 암충, 허자 등과 같은 특수 상황에 따라 만들어진다. 『자평진전』에서는 앞에서 언급한 종격이나 화격의 부류 외에도 도충격(도충으로 불러오는 허자), 조양격(子시가 불러오는 허자 巳), 합록격, 정란차격, 형합격, 요합격 등의 6종과 기명정재·기명종살과 상관상진을 망라하여 잡격이라는 이름으로 소개하고 있다.

『자평진전』은 「잡격」 편에서 공록격(拱祿格), 공귀격(拱貴格), 추건격(趨乾格), 귀록격(歸祿格), 협술격(夾戌格), 서귀격(鼠貴格), 기룡격(騎龍格), 일귀격(日貴格), 일덕격(日德格), 복록격(富祿格), 괴강격(魁罡格), 식신시묘격(食神時墓格), 양간부잡격(兩干不雜格), 간지일기격(干支一氣格), 오행구족격(五行具足格) 등의 다양한 잡격 종류들이 있는데, 모두 취하기에는 무리가 있다고 하였다. 그중에는 형식이 있는 것도 있지만 대체적으로 견강부회하여 오히려 학습자들을 혼란스럽게 하는 내용도 있기 때문이라 설명한다.

반면『연해자평』이나『삼명통회』와 같은 책은 훨씬 많은 종류의 잡격을 소개하고, 그 내용도『자평진전』에 비해 상세하게 설명하고 있다. 『연해자평』은 내십팔격(內十八格)과 외십팔격(外十八格)으로 분류하여 소개하고,『삼명통회』는 그보다 더 많은 고전 격국을 자세히 설명하고 있다. 이곳에서는『연해자평』에서 언급한 다양한 기타 격국 중에서『자평진전』이나『적천수』,『명리약언』 등에서 함께 언급된 격국을 추려서 소개한다. 잡격 중에는 명칭이 나누어졌지만 그 성립요건이 서로 중복된 경우도 많아서 고서에 언급된 그대로 소개하기에는 곤란한 것들이 많다.

• 내십팔격과 외십팔격

내십팔격	정관격·잡기재관격·월상편관격·시상편재격·시상일위귀격·비천록마격·도충격·을기서귀격·육을서귀격·합록격·자요사격·축요사격·임기용배격·정란차격·귀록격·육음조양격·형합격·공록격·공귀격·인수격·잡기인수격
외십팔격	육임추간격·육갑추건격·구진득위격·현무당권격·염상격·윤하격·종혁격·가색격·곡직격·일덕수기격·복덕격·기명종세격·상관생재격·기명종살격·상관대살격·세덕부살격·세덕부재격·협구격·양간부잡격·오행구족격

1. 잡기재관격

잡기재관격(雜氣財官格)은 월지가 辰·戌·丑·未인 경우 그 지장간에서 재성·관성·인수가 천간에 드러나고 따로 방해를 받지 않으면 그것을 취해 격국으로 삼는 것이다. 이 책의 앞에서 잡기로 격국을 잡는 경우를 자세히 설명하였고 그 취지가 어긋나지 않는다. 예를 들어 다음 사주는 丁火 일간이 丑월에 태어났는데, 丑 중 재성 辛金이 투간하였다. 또 상관 戊土도 투간하였으나 재성 辛金에 방해되지 않고 오히려 생재하고 있으므로 잡기에서 재격을 잡는 데 무리가 없다.

예)

시	일	월	연
辛	丁	乙	戊
亥	未	丑	子

2. 시상편재격과 시상편관격

시상편재(時上偏財)와 시상편관(時上偏官)은 시에 편재나 편관이 드러나고 한 자리에만 있으며, 다른 곳에 또 재성이나 관살을 보지 않았을 때 귀하다는 것이다. 신왕해야 편재나 편관의 귀함을 누릴 수 있다. 모두 형충을 꺼린다.

이 책의 「월지 제강」 편에서 십이지지 월별 십천간의 길흉을 논하면서, 일간이 자신과 동일한 오행의 월에 태어나면 건록이나 월겁이라 말하고 이 경우는 월에서 취할 것이 없어서 시에 편관이 오면 좋다고 하였다. 또한 일시에 귀한 것이나 불견지형(不見之形)을 보면 귀하다고 하였는데, 이것이 바로 시상편재나 시상편관에 해당한다.

아래는 이참정의 사주로 『연해자평』에서 시상편재로 소개된 명조이다. 戊土 편재가 시 천간에 드러나 있다. 그런데 같은 명조를 『자평진전』에서는 합살류관으로 소개하면서, 겁재 乙木이 칠살 庚金을 합하여 제거하고 정관만 남겨서 사주가 맑아진 사례로 설명하고 있다.

예)

시	일	월	연
戊	甲	乙	庚
辰	子	酉	寅

3. 월상편관격

월상편관(月上偏官)은 월주나 월령에 편관이 있는 것으로 일주가 신왕하거나 양인일 때 좋다. 신왕하고 월상편관이면 불굴의 의지와 강인한 성격을 나타낸다는 격국이다. 편관은 정관과 같이 오거나 여러 개가 함께 오는 것을 나쁘게 본다. 한편 월에 편재가 오는 것은 중인지재(衆人之財)라 하여 만인의 재물이다. 간지에 비겁이 많은 것을 꺼린다.

아래는 하참정의 사주로 『연해자평』에서 월상편관으로 소개된 명조이다. 壬水 일간의 편관 戊土가 월간에 드러나 있다. 이 또한 같은 명조를 『자평진전』에서는 칠살용인(七煞用印: 칠살격이 인수를 용하는 것)으로 소개하면서, 인수가 능히 칠살을 보호하여 원래는 마땅하지 않지만 칠살과 인수가 유정하여 귀격이 되었다고 설명하고 있다. 『자평진전』과 『연해자평』의 주지가 다르다는 것을 알게 해주는 명조 사례이다.

예)

시	일	월	연
辛	壬	戊	丙
丑	戌	戌	寅

4. 시상일위귀격

시상일위귀격(時上一位貴格)은 예를 들어 시간에 칠살이 있고 연월일에 일체 없는 것을 말한다. 일간이 신왕해야 하고, 제복하는 것이 세 군데 있으면서 칠살운으로 가면 발복한다. 편관은 식상의 제복을 기뻐한다. 앞에서 소개한 내용, 즉 월지 건록이나 월겁일 때 일시에 귀한 것을 보거나 불견지형을 보면 귀하다는 말과 상통한다.

아래는 『연해자평』에서 시상일위귀격으로 소개한 이승상의 사주인데 丙火 일간의 칠살 壬水가 시상에 드러나 고귀해졌다.

예)

시	일	월	연
壬	丙	丁	己
辰	午	卯	巳

5. 비천록마격

　비천록마격(飛天祿馬格)은 庚·壬 일간이 사주에 子水가 많으면 午를 충으로 불러와서 午의 지장간 중 丁火로 庚金의 정관을 삼고, 壬水의 재성으로 삼으며, 또 午의 지장간 己土로 壬水의 관성으로 삼는 것을 말한다. 사주의 다른 자리에 丁火와 己土가 없어야 귀하고, 寅·未·戌이 있으면 午와 합을 하니 좋다.

　또 辛·癸 일간이 사주에 亥水가 많으면 巳火를 도충으로 불러오니 巳 중 丙火와 戊土를 정관으로 삼는다는 것이다. 마찬가지로 사주의 다른 자리에 丙火와 戊土가 없어야 귀하다. 만약 있으면 감분된다고 하였다. 사주의 다른 자리에 申이나 酉나 丑이 있으면 巳와 합이 되어서 좋다.

　아래는『연해자평』에서 비천록마격으로 소개한 채귀비의 사주이다. 지지에서 정관 午火를 도충으로 불러왔다. 참고로『자평진전』에서는 상관격에 칠살과 인수를 용하는 것[상관용살인(傷官用煞印)]으로 설명하고 있다. 상관이 많고 신약하면 칠살이 생하는 인수에 의지하여 일간을 돕고 상관을 제압한다고 하였다.

예)

시	일	월	연
丙	庚	丙	己
子	子	子	未

6. 도충격

　도충격(倒沖格)은 사주에 관성이 없을 때 충으로 불러온 정관을 취하는 것이다. 가령 丙火 일간이 사주에 午火가 많아서 子水를 충으로 불러오면 일간이 정관을 귀하게 얻는다. 사주의 다른 자리에 이미 관이 있으면 성립되지 않고, 未가 있으면 午가 도충을 하지 못한다. 子나 癸水가 이미 있으면 감분된다. 또 丁 일간이 巳火가 많으면 도충으로 亥를 불러와서 亥 중 정관 壬水를 얻는다. 마찬가지로 巳를 합하는 글자가 있으면 충을 불러들이지 못하고 또 사주에 이미 壬이 있으면 감분된다.

『명리약언』에서는 지지에 같은 글자가 두 개만 있는 경우 도충하기에 힘이 약하니 세 자리나 네 자리 정도는 되어야 그 묘함이 있다고 하였다. 즉 丙午일에 午가 세 개 이상은 되어야 子를 불러서 관으로 삼고, 丁巳일에 巳가 여러 곳에 있어야 정관 亥水를 부르는데, 여름에 태어났을 경우 가능성이 더 높아진다. 또한 庚子나 壬子 일주인데 子가 또 여러 자리에 있으면 午를 불러서 그중 丁과 己를 각각 庚과 壬의 정관으로 쓰고, 辛亥와 癸亥 일주인데 사주에 亥가 많으면 암충으로 巳를 불러서 巳 중 丙火를 辛의 정관으로, 또 巳 중 戊土를 癸의 정관으로 삼는다. 이 경우도 겨울에 태어나야 그 효력이 강해진다. 이것을 도충(倒沖)이나 암충(暗沖)이라 하였다. 앞에서 설명한 비천록마격(飛天祿馬格)이나 뒤에 나오는 정란차격(井欄叉格)도 다 비슷한 부류이다.

『자평진전』의 「잡격」 편에서 소개한 도충격은 아래와 같다. 여기서는 관운장의 사주를 인용하고 있다.

자평진전 원문 도충(倒沖)으로 성격이 되는 경우가 있다. 이 또한 사주에 재성과 관성이 없고, 서로 마주하여 충하는데, 지지 중에 글자가 많아야 비로소 충하여 동한다. 비유하자면 약한 주인이 강한 손님을 맞이하였는데, 주인(일간)에게 사람이 많지 않으면 손님(관)이 따르지 않는 것과 같다. 예를 들어 戊午, 戊午, 戊午, 戊午의 사주는 (午火가 충하여) 충으로 재성 子水를 부른다. 甲寅, 庚午, 丙午, 甲午의 사주는 (午火가 충하여) 정관 子水를 부른다. 운에서 전실(塡實: 이미 채워져 있는 것, 그 글자가 있는 것)을 기피한다. 나머지는 모두 행할 수 있다.[주7]

예)

시	일	월	연
戊	戊	戊	戊
午	午	午	午

[주7] 有倒沖成格者, 亦四柱無財官而對面以沖之, 要支中字多, 方沖得動. 譬如以弱主邀强賓, 主不衆則賓不從. 如戊午, 戊午, 戊午, 戊午, 是沖子財也; 甲寅, 庚午, 丙午, 甲午, 是沖子官也. 運忌塡實, 餘俱可行.

戊午생 사주는 관운장의 사주라고 전해지는데, 실제로 火土에 치우쳐 건조하니 평생 오직 金운이 가장 좋았는데 그것은 왕한 기세를 설기하였기 때문이다. 木火土의 대운은 왕한 것이 극에 이르러 기세를 계승하기 어려우니 가득하면 덜어내야 하는 상이다. 水운은 그 왕한 기세를 거역하여 서로 충격을 일으켰으니 어찌 평안하겠는가? 甲寅생 사주 역시 오로지 土운이 좋았다. 종전에 사주를 간명하는 사람들은 오직 재관을 중시하였는데 이런 종류를 격국에 대해 법이 없이 해석하여 그 내용이 왜곡되어 도충과 같은 학설로 삼은 것이다. 㖀 8

아래는 『연해자평』에서 도충격으로 소개한 조지부의 사주이다. 지지에서 子水가 충하여 子 중의 癸水가 丙火 일간의 관성이 될 수 있었다. 이 사주는 시 천간에 관성이 이미 투출하여 분수가 줄어들었다고 한다. 같은 사주를 『자평진전』에서는 인수가 변하여 겁재가 되는 경우 그것을 버리고 재관을 취한 것이라 하여 인수격에서 소개하였다. 월지 寅木이 午와 합하여 인수인 寅木이 겁재인 火로 변하였다. 재성 庚金과 정관 癸水의 재관을 용신으로 쓸 수 있는데, 애석한 것은 재관의 뿌리가 없는 것이라 하였다.

예)

시	일	월	연
癸	丙	庚	丙
巳	午	寅	午

7. 육을서귀격 또는 을기서귀격

육을서귀격(六乙鼠貴格) 또는 을기서귀격(乙己鼠貴格)은, 乙·己의 천을귀인은 申子인데 여섯 개의 乙·己 일주가 丙子시를 얻으면 귀하다는 것이다. 서(鼠)는 쥐이다. 같은 천을귀인이어도 申에는 적용하지 않는다. 子水가 巳火를 암합하여 부르고 또 巳

㖀 8 　徐註: 戊午一造, 相傳爲關聖之命, 實則火土偏燥, 一生惟金運爲最美, 洩其旺氣也. 木火土鄕有旺極難繼, 滿招損之象. 水運逆其旺勢, 互起沖激, 豈得平穩? 甲寅一造, 亦惟土運爲美. 大都從前看命, 專重財官, 而於此等格局無法解釋, 於是迂曲其詞, 以倒沖爲說耳.

火가 申金을 합하여 부르니 乙 일간의 庚金이 정관이 된다는 것이다. 아래는 『연해자평』에서 을기서귀격으로 소개한 원관원의 사주이다.

예)

시	일	월	연
丙	乙	戊	甲
子	亥	辰	寅

8. 합록격

합록격(合祿格)은 암합으로 정관을 불러서 격으로 삼는 경우이다. 마찬가지로 이 격이 참되려면 팔자에 정관이 없어야 한다. 예를 들면 戊土 일간이 庚申시를 만나면 庚金이 乙木을 암합으로 불러서 戊土의 정관으로 삼는다는 것이다. 사주의 다른 자리에 이미 정관이 없어야 하고, 甲乙丙巳의 글자가 있어서 庚과 申을 상하게 하면 감분된다. 丙巳는 庚과 申을 상하게 하고, 甲乙도 庚을 합거하거나 암합으로 불러들일 戊土의 정관을 극한다. 癸 일간이 庚申시를 만나면 申이 巳를 암합으로 불러서 巳 중 戊토를 정관으로 쓴다.

자평진전 원문 합록(合祿)으로 격을 이루는 경우가 있다. 명식에 관성이 없는데 간지를 빌려 이를 합하는 (불러들이는) 것이다. 戊 일간이 庚申시에 태어나면 庚이 乙을 합하여 일간으로 하여금 그 짝을 얻게 한다. 예를 들어 촉왕의 사주(己未, 戊辰, 戊辰, 庚申)가 그것이다.

예1) 촉왕의 사주

시	일	월	연
庚	戊	戊	己
申	辰	辰	未

癸 일간이 庚申시에 태어나면 (시지) 申金이 巳火 (재성)을 합해오니 그 일간으로 하여금 벗을 얻게 한 것이다. 예를 들면 조승상의 사주(己酉, 癸未, 癸未, 庚申)가 그것이다. 운에서 전실된 것을 꺼리고 관살은 불리하다. 火가 金을 극하는 것은 더욱 마땅치 않은데 제극을 당해 합할 수 없게 되기 때문이다. 나머지는 길하다. 주9

예2) 조승상의 사주

시	일	월	연
庚	癸	癸	己
申	未	未	酉

서락오 해석 록이란 정관을 뜻한다. 庚이 乙을 합하여 오는데 乙은 일간 戊土의 정관이다. 申은 巳를 합하여 오는데 巳 중의 戊土는 癸水 일간의 정관이다. 여섯 개의 戊土 일간(戊子, 戊寅, 戊辰, 戊午, 戊申, 戊戌)이 庚申시에 태어나고 사주에 관성이나 인수가 없으면 합록격이 된다고 한다.

己未생 촉왕의 사주를 보면 土가 강하니 신왕이다. 庚申 식신이 설기하는 용신이다. 관살은 왕한 기세를 범하고 인수 火는 용신인 식신의 수기를 손상한다. 고서에서 "庚申시가 戊 일간을 만나면 식신 천간이 왕해지는 운이 좋고, 세월에서 甲丙卯寅를 범하면 이는 만났지만 만나지 않은 것과 같다"고 한 것도 이치에 부합하는 말이라고 하겠다.

己酉생 조승상의 사주는 癸水 일주가 신약하니 당연히 살인상생이 용신인데, 칠살이 이미 투간하였으니 어찌 정관을 암합하여 용하겠는가? 이 사주와 양지부의 사주는 비슷한 부류인데 모두 그 기세에 순응하여 취용하는 것이 마땅하다. 이에 관해서는 논용신전왕(論用神專旺)

주9 有合祿成格者, 命無官星, 借干支以合之. 戊日庚申, 以庚合乙, 因其主而得其偶. 如己未, 戊辰, 庚申, 蜀王命是也. 癸日庚申, 以申合巳, 因其主而得其朋, 如己酉, 癸未, 癸未, 庚申, 起丞相命, 是也. 運亦忌**填實**, 不利官煞, 更不宜以火剋金, 使彼受制而不能合, 余則吉矣.

절을 보라.^주10

    합록격은 위와 같이 『자평진전』에도 소개되었다. 명식에 관성이 없는데 시주의 간지가 합으로 불러들이는 것이 정관인 경우가 합록격에 해당한다. 戊 일간이 庚申시에 태어나면 庚이 乙을 합하여 불러들이는데 그것이 일간에게 정관이 된다. 그 예로 촉왕의 사주를 소개하였다. 조승상의 사주는 癸 일간이 庚申시에 태어났다. 시지의 申金이 합으로 巳火를 불러오니 일간에게 재성이기도 하고, 巳 중 戊土는 일간에게 정관이기도 하다. 운에서 전실된 것을 꺼리고 관살은 불리하다. 火가 金을 극하는 것은 더욱 마땅치 않다고 하였다.

    그 외에도 팔자에 정관이 없을 때, 일지와 같은 글자 여러 개가 암합으로 정관을 불러들이는 경우도 길하다고 하였다. 예를 들면 甲辰 일주에 辰이 여럿이면 암합으로 정관 酉金을 부르고, 戊戌 일주에 戌이 여러 개 있으면 암합으로 정관 卯木을 부르며, 癸卯 일주에 卯가 여러 개 있으면 戊土을 부르며, 癸酉 일주에 酉가 여러 개 있으면 辰土을 부르는 부류이다.

• 지지 암합으로 관을 부르는 경우

일주	암합	조건	생월	기피
甲辰	정관 酉金	辰이 3개 이상	춘생	전실·충파
戊戌	정관 卯木	戌이 3개 이상	추생	전실·충파
癸卯	정관 戊土	卯가 3개 이상	춘생	전실·충파
癸酉	정관 辰土	酉가 3개 이상	추생	전실·충파

주10 徐註: 祿者, 官星也, 庚合乙, 以乙爲戊土爲官; 申合巳, 以巳中戊土爲癸水之官. 以六戊日, 庚申時, 四柱無官印爲合格. 按蜀王己未一造, 土強身旺, 庚申食神洩秀爲用, 官煞爲犯其旺神, 火更傷食神秀氣. 書云, "庚申時逢戊日, 食神干旺之方, 歲月犯甲丙卯寅, 此乃遇而不遇", 於理正合. 趙丞相己酉一造, 癸水身弱, 當以煞印相生爲用, 有明煞透干, 何用暗合官星? 此造與戚楊知府造相類, 皆宜順其氣勢取用. 見論用神專旺節.

9. 자요사격과 축요사격

자요사격(子遙巳格)은 甲子 일주가 甲子시를 만난 경우로 子水가 巳火를 요합(遙合)한다는 것이다. 즉 子 중 癸水가 巳 중 戊土를 암합하고, 또 丙火가 辛金 정관을 인출한다는 것이다. 아래는 『연해자평』에 소개된 전승상의 사주이다.

예)

시	일	월	연
甲	甲	乙	己
子	子	亥	巳

한편 축요사격(丑遙巳格)은 辛丑이나 癸丑 일주가 사주에 丑이 많으면 巳를 합하여 부른다는 것으로, 巳 중 丙火와 戊土로 정관을 삼는다. 『연해자평』과 『자평진전』 두 곳에 모두 장통제의 사주가 소개되었다. 아래에 『자평진전』을 인용하였다.

자평진전 원문 요합(遙合)이 격을 이루는 경우가 있다. 巳와 丑이 합하면 원래 동일한 국인데, 丑이 많으면 巳와 회합하여 辛丑 일주가 정관을 얻게 된다. 역시 합록의 의미이다. 예를 들어 장통제의 사주(辛丑, 辛丑, 辛丑, 庚寅)가 그것이다. 만약 명식에 子가 있었다면 丑과 子가 합을 하니 요합(巳를 멀리서 불러오는 것)하지 않고, 丙丁戊己가 있으면 辛癸의 관살이 이미 투출하여 요합을 기다리지 않는다. 별도로 용신을 취하니 요합격이 아니다.

예1) 장통제의 사주

시	일	월	연
庚	辛	辛	辛
寅	丑	丑	丑

甲子 일주가 巳를 요합하는 것에 있어서는 돌고 돌아 합을 구하는 것이니 무정한 것 같아 이

격은 폐기하는데, 나어사의 사주로 인하여 그나마 여기에 조금이라도 남긴다. 甲申, 甲戌, 甲子, 甲子가 그것이다. ^{주11}

예2) 나어사의 사주

시	일	월	연
甲	甲	甲	甲
子	子	戌	申

서락오 해석 요합격에는 두 가지가 있다. 축요사격과 자요사격이 그것이다. 축요사격은 辛丑 일주와 癸丑 일주가 사주에 丑이 많으면 丑 중의 辛癸가 巳 중의 丙火와 戊土를 합하여 와서 정관이 된다는 것이다. 원국에 申酉가 있으면 巳를 합하여 오니 기쁘지만, 子가 있으면 丑을 기반하여(묶어서) 꺼리고, 巳가 있으면 전실이다. 그러나 辛丑생 장통제의 사주는 寅 중의 木火 재관을 용하니 어찌 요합을 기다리겠는가? 고가(古歌)에서 말하길, "辛과 癸 일간에게 築이 많으면 巳 중의 정관을 요합한다고 하여 관성이 왕한 것을 좋아하지 않는다고 말하지 말라, 관성이 와서 크게 성공한다"고 하였으니 재관을 기뻐하는 것은 분명하다.

자요사격은 甲子일 甲子시를 취하여 子 중의 癸水가 巳 중의 戊土를 요합하고, 戊土는 丙火를 동요시키고, 丙火는 辛金을 합하니, 辛金은 곧 甲木의 정관이 된다. 전전긍긍 합을 구하니 이치가 없다고 하겠다. 나어사의 사주는 월령에서 잡기편재를 용할 수 있는데 어찌 왜곡된 이론을 찾는가? 실제로 이치도 없이 산만하게 취했다고 하겠다. ^{주12}

주11 有遙合成格者, 巳與丑會, 本同一局, 丑多則會巳而辛丑日得官, 亦合祿之意也. 如辛丑, 辛丑, 辛丑, 庚寅, 章統制命是也. 若命中有子字, 則丑與子合而不遙, 有丙丁戊己, 則辛癸之官煞已透, 而無待於遙, 別有取用, 非此格矣. 至於甲子遙巳, 轉輾求合, 似覺無情, 此格可廢, 因羅禦史命, 聊復存之. 如甲申, 甲戌, 甲子, 甲子, 羅禦史命是也.

주12 徐註: 遙合有二, 丑遙巳格, 子遙巳格是也. 丑遙巳格, 以辛丑癸丑二日, 用丑多爲主, 以丑中辛癸, 遙合巳中丙火, 戊土爲官星. 局中喜有申酉二字, 合住巳字, 忌有子字絆住丑字及巳字塡實. 然如章統制辛丑一造, 寅中木火財官可用, 何待於遙? 古歌云, "辛日癸日多逢丑, 名爲遙巳合官星, 莫言不喜官星旺, 誰信官來大有成", 則喜見財官明矣. 子遙巳格, 取甲子日甲子時, 以子中癸水遙合巳中戊土, 戊土動丙火, 丙火合辛金, 爲甲木官星, 轉輾求合, 更無理由. 羅禦史甲申一造, 月令雜氣偏財可用, 何須曲爲之說? 實無理取鬧耳.

10. 정란차격

정란차격(井欄叉格)은 庚申·庚子·庚辰 일주가 지지에 申·子·辰이 구성되면 寅·午·戌을 불러서 정관을 삼는다는 것이다. 천간에 모두 庚이 있으면 귀함이 참되고 사주에 丙·丁·巳·午를 꺼린다.

정란차(井欄叉)에서 井은 우물이고 무덤이며, 64괘의 하나로 반듯하다는 뜻이다. 欄은 막다, 차단하다, 칸막이로 둘러싸인 것을 말한다. 叉는 가닥, 무기, 사물의 갈라진 부분을 말한다. 즉, 우물을 가두어놓은 것을 말하여 금수상관을 뜻한다. 『삼명통회』에 '정란차(井欄叉)는 우물의 입구[정구(井口)]'와 같아서 사람이 유익하게 사용하는 것이라 하였다. 庚일(庚申·庚子·庚辰)이 완전한 윤하를 만나면 丙·丁·巳·午를 꺼리는데, 巳·午나 午·未는 우물 입구가 전실(塡實: 메꾸어 채워진 것)된 것으로 마치 土가 水를 흐리게 하고 火가 水를 끓여서 寅·午·戌이 申·子·辰을 충하여 우물을 붕괴시키고 물이 졸아드는 재앙과 같다. 丙·丁 외에도 壬·癸가 천간에 떠도 관을 상하게 해서 좋지 않다.

자평진전 원문 정란(井欄)이 격을 이루는 경우가 있다. 3월(辰)이나 7월(申)에 생한 庚金 일간은 비로소 이 격을 용한다. 申子辰으로 寅午戌을 충하니 재관인수가 합하여 이를 충해 오는 것이다. 만약 丙丁이 투출하고 巳午가 있으면 재관이 나타나 있으므로 충을 기다릴 필요가 없고 이는 정란차격(井欄叉格)이 아니다. 예를 들어 곽통제의 사주(戊子, 庚申, 庚申, 庚辰)가 그것이다. 운에서 재성운을 기뻐하고 전실은 불리하며, 나머지는 모두 길하다. 주13

주13 有井欄成格者, 庚金生三七月, 方用此格. 以申子辰沖寅午戌, 財官印綬, 合而沖之. 若透丙丁, 有巳午, 以現有財官, 而無待於沖, 乃非井欄之格矣. 如戊子, 庚申, 庚申, 庚辰, 郭統制命也. 運喜財, 不利塡實, 余皆吉也.

예)	시	일	월	연
	庚	庚	庚	戊
	辰	申	申	子

丙	乙	甲	癸	壬	辛
寅	丑	子	亥	戌	酉

서락오 해석 정란차격은 庚子, 庚申, 庚辰의 세 일주가 지지에서 申子辰이 완전해야 한다. 「희기」 편에서는 "庚 일주가 윤하(水)를 만나면 壬癸巳午의 운을 만나는 것을 기피하고, 시에서 子申을 만나면 복을 반감한다"고 하였다. 정란차격은 사실상 금수상관격이다. 위에 곽통제의 사주는 연간 戊土가 무근하니 상관을 용하고 특히 기세가 순수하다. 동방 재성운이 가장 기쁘고, 다음으로는 북방 수운이 좋다. 가장 꺼리는 것은 관성(火)과 인수(土) 운이다. 관살은 일간을 극하고 인수는 식신을 제극하니 모두 왕한 세력을 거스르는 것으로, 이른바 巳午의 운이 나쁘다고 한 이유가 여기에 있다. 시에서 子를 만나면 둔간하여 丙子시가 되니 관성이 드러나고, 申을 만나면 귀록(시지가 록지인 것)이 되니 그 복이 반감한다고 한 것이다.㈜14

『연해자평』과 『자평진전』 모두 정란차격으로 곽통제의 사주를 인용하였다. 원문에서 말한 재관인수는 寅이 재성이고, 午가 관성이며, 戌이 인성으로 삼기가 된다. 『자평진전평주』에서 서락오가 이를 해석하여 정란차격은 사실상 금수상관이라 말하였는데, 곽통제의 사주는 연간 戊土가 무근하니 상관을 용하고 특히 기세가 순수하

㈜14 徐註: 井欄叉格, 取庚子, 庚申, 庚辰三日, 要申子辰全.《喜忌篇》云. "庚日全逢潤下, 忌壬癸巳午之方; 時遇子申, 其福減半", 其實即金水傷官也. 年上戊土無根, 故以傷官爲用, 特氣勢純粹耳. 最喜行東方財地, 次者北方亦美. 最忌官印, 官煞克身, 印綬制食, 皆逆其旺勢, 所謂巳午之方也. 時遇子, 遁干爲丙子, 露官星, 遇申爲歸祿, 故云其福減半.

다. 동방 재성운이 가장 기쁘고 다음으로는 북방 수운이 좋다. 가장 꺼리는 것은 관성(火)과 인수(土) 운이다. 관살은 일간을 극하고 인수는 식신을 제극하니 모두 왕한 세력을 거스르는 것으로, 이른바 巳午의 운이 나쁘다고 한 이유가 여기에 있다. 시에서 子를 만나면 둔간하여 丙子시가 되니 관성이 드러나고 申을 만나면 귀록(시지가 록지인 것)이 되니 그 복이 반감한다고 한 것이다.

11. 육음조양격

육음조양격(六陰朝陽格)은 여섯 辛 일간(辛未·辛巳·辛卯·辛丑·辛亥·辛酉)이 戊子시를 만나면 子 중 癸水가 巳 중 戊土를 합하고, 또 丙火를 끌어와서 정관으로 쓴다는 것이다. 『연해자평』에 육음조양격으로 소개된 사주는 다음과 같다.

예)

시	일	월	연
戊	辛	辛	戊
子	酉	酉	辰

『연해자평』의 설명은 상세하지 않은데, 말하자면 六辛일이 戊子시를 만났을 때 子 중 癸水는 戊土와 戊癸합하여 戊土의 록지인 巳火를 동요하고, 巳 중 丙火는 일간 辛金의 정관이고 일간과 합을 하여 귀함이 커진 것이다. 일간 입장에서는 정관과 정인을 득한 결과가 되었다. 조양격에 대한 자세한 설명을 위해 『자평진전』을 추가로 참조하였다.

자평진전 원문 조양(朝陽: 아침 햇빛)으로 격을 이루는 경우가 있다. 戊土에서 아침 丙火가 떠오르니[무거조병(戊去朝丙: 辛金 일간이면 시 천간이 戊子시부터 운행함)] 辛金 일간이 정관(丙火)을 얻는 것이다. 丙과 戊는 같이 巳에서 록이 되므로 바로 巳火를 끌어온다는 뜻이다. 천간에 木火가 없어야 (火는 전실되어서 안 되고, 木은 戊土를 극하기 때문에 좋지 않다) 비로소 그 격국을 이룰 수 있다. 대체로 火가 있으면 아침을 기다리지 않고, 木의 재성이 있으면 戊土의 노여움을 촉발하여(목극토) 나의 아침이 되지 않는다. 예를 들어 장지현의 사주(戊辰, 辛酉, 辛酉, 戊子)가 그것이다. 운에서 土金水를 반기고 木운은 평이하며 火운은 꺼린다.

예)

시	일	월	연
戊	辛	辛	戊
子	酉	酉	辰

서락오 해석 6개의 辛 일간이 戊子시에 태어나 사주에 관살이 없으면 육음조양격이 된다. 子가 巳를 동하게 만들고 巳 중의 丙火가 정관으로 용신이 된다고 하는데, 그 학설은 왜곡된 것이다. 어찌하여 辛 일간만 아침해가 있고, 乙丁己癸 일간은 아침이 없다고 하겠는가?

또 辛 일간 중에 辛巳 일주와 辛未 일주는 조양격이 되지 못한다고 한다. 戊辰생 사주는 『신통봉고』에 기록된 옛날 장지현의 사주이다. 팔자로 논하면 土金이 왕하니 子水를 용하여 설기하므로 종왕격과 이치가 같다. 土金水운이 반갑고 木火운을 꺼린다. 종왕격에 대해서는 앞에서 논한 일방수기(一方秀氣) 절을 참고하라. [주]**15**

『자평진전평주』에서 서락오는 조양격을 비판하고 있다. "어찌하여 辛 일간만 아침해가 있고, 乙丁己癸 일간은 아침이 없다고 하겠는가?"라고 한 문장이 그것이다. 또 辛 일간 중에서 辛巳 일주와 辛未 일주는 조양격이 되지 못한다고 하였는데, 말하자면 辛亥, 辛酉, 辛丑 일간의 戊子시는 진삼격이라 하고, 辛未, 辛卯, 辛巳 일주는 관이 전실되어서 꺼린다는 이유이다. 본문에서 언급한 辛未, 辛巳 일주에 辛卯 일주를 추가하였다. 卯가 子와 형을 하니 子가 巳를 불러들이지 못하여 부진삼격이 된 것이다.

[주]**15** 徐註: 六辛月戊子時, 四柱不見官煞, 爲六陰朝陽格, 以子動巳, 巳動丙火官星爲用, 其說迂曲. 何以僅六辛朝陽, 而乙丁己癸不朝耶? 且六辛之中, 辛巳辛未亦不朝也. 戊辰一造, 見《神峰通考》, 爲古張知縣命. 以八字而論, 土金乘旺, 用子洩其秀氣, 與從旺之理相同, 喜土金水運, 忌木火. 參觀一方秀氣節.

辛丑 일간도 子丑합을 하여 巳를 불러들이지 못한다는 주장이 있으나, 丑은 辛金을
생하니 진삼격에 포함한다 하고, 辛未 일주도 未 중 丁火가 전실되어 부진삼격이나
未는 木의 고지이며 辛金의 인수라서 길하다는 말이 있다. 명식에 丙丁巳午가 있으면
전실되어 귀하지 않고, 다른 자리에 子를 또 만나지 않아야 한다.

위의 戊辰생 사주는 『신통봉고』에 옛날 장지현의 사주라 기록되어 있으며, 『연해자
평』에서 인용한 지현의 사주와 동일하다. 지현은 벼슬 이름의 하나이다. 팔자로 논하
면 土金이 왕하니 子水를 용하여 설기하므로 종왕격과 이치가 같다고 하였다.

12. 형합격

형합격(刑合格)은 여섯 癸 일간(癸酉·癸未·癸巳·癸卯·癸丑·癸亥)이 甲寅시이면
형살로 巳를 불러서 巳 중 戊土를 정관으로 삼는다. 사주에 戊·巳가 있으면 감분이
고, 庚·申은 甲寅을 충하니 꺼린다.

자평진전 원문 형합(刑合)이 격을 이루는 경우가 있다. 癸 일간이 甲寅시에 태어나면 寅이
巳를 형하여 재관을 얻는 것인데 격국이 합록격과 유사하다. 다만 합록격은 좋아서 합하는 것
인데 형합격은 억지로 그렇게 만드는 것이다. 명식에 庚申이 있으면 木이 충극을 당해 형합을
부르지 못한다. (명식에) 戊己가 있으면 관살이 투출하여 천간의 형을 기대할 필요가 없어서
형합격이 성립되지 않는다. 예를 들어 십이절도사의 사주(乙未, 癸卯, 癸卯, 甲寅)가 그것이다.
운에서 전실을 꺼리고 金운은 불리하며 나머지는 길하다. [주]16

[주]16 有刑合成格者, 癸日甲寅時, 寅刑巳而得財官, 格與合祿相似. 但合祿則喜以合之, 而刑合則硬以致之也. 命有庚申,
則木被沖尅而不能刑; 有戊己字, 則現透官煞而無待于刑, 非此格矣. 如乙未, 癸卯, 癸卯, 甲寅, 十二節度使命是也. 運忌填
實, 不利金鄉, 余則吉矣.

예)

시	일	월	연
甲	癸	癸	乙
寅	卯	卯	未

서락오 해석 형합격은 癸亥, 癸卯, 癸酉의 세 일주가 甲寅시를 만나는 것이다. 「희기」 편에서는 "여섯 癸 일주가 寅시를 만나면 연월에 戊己가 있는 것을 두려워한다"고 하였다. 대체로 (형합격이 되려면) 원국에 관살이 없어야 하기 때문이다. 형합격은 비천록마격, 합록격, 정란차격과 함께 상관격에서 분화된 것인데, 원국에 재관이 없기 때문에 도충이나 형합과 같은 단어를 써서 둘러맞추었을 뿐이다. 위에 예시된 절도사의 사주는 『적천수』「순국」 편의 종아격인데, 종아격이란 것은 식상을 종하는 격국이다. 재성을 만나면 좋지만, 金운은 크게 꺼리는데 그것은 식상을 제극하기 때문이다. 관살운 역시 꺼리는 것은 전실 때문이니 재성의 기운을 설기하고 일원을 손상하기 때문이다. 대부분 그 이치가 명확하지 않으니 왜곡된 학설일 뿐이다. [주]17

『연해자평』과 『자평진전』이 모두 형합격으로 절도사의 사주를 인용하였다. 서락오는 형합격은 비천록마격, 합록격, 정란차격과 함께 상관격에서 분화된 것으로, 원국에 재관이 없기 때문에 도충이나 형합과 같은 단어를 써서 둘러맞추었을 뿐, 위에 예시된 절도사의 사주는 『적천수』「순국」 편의 종아격으로 보면 된다고 하였다. 재성을 만나면 좋지만 金운은 크게 꺼리는데 그것은 식상을 제극하기 때문이고, 관살운 역시 꺼리는 것은 전실 때문이니 재성의 기운을 설기하고 일원을 손상하기 때문이라 하였다.

13. 공록격

공록격(拱祿格)은 일(日)과 시(時)의 지지 사이에 일간의 록을 끼고 있는 것을 말한

[주]17 徐註: 刑合格取癸亥, 癸卯, 癸酉三日見甲寅時. 《喜忌篇》云 "六癸日時逢寅位, 歲月怕戊己二方", 蓋四柱須無官煞也. 此格與飛天祿馬, 合祿, 井攔又皆從傷官格中分出, 因原局無財官, 乃用倒沖刑合之名詞, 以圓其耳. 如上造乃《滴天髓》之順局從兒格. 從兒者, 從食傷也. 以見財爲美, 大忌金鄉, 克制食傷也. 官亦忌, 即所謂**塡實**, 乃洩財之氣則損日元也. 皆因不明其理, 故曲爲之說耳.

다. 만약 丁巳 일주가 丁未시라면 巳와 未 사이에 午火가 오는데, 午는 丁火의 록지이다. 아래는 『연해자평』에 공록격으로 소개된 유지부의 사주이다.

예)

시	일	월	연
戊	戊	癸	癸
午	辰	亥	卯

14. 공귀격

공귀격(拱貴格)은 일(日)과 시(時)의 지지 사이에 일간의 정관을 끼고 있는 것을 말한다. 천을귀인이 함께 있으면 더욱 좋다. 예를 들어 甲寅 일주가 甲子시인 경우 子와 寅 사이에 丑이 오니 丑 중 辛金을 정관으로 써서 좋다. 또 丑은 천을귀인이다. 다른 곳에 이미 정관이나 칠살이 있는 것을 전실(塡實)이라 하여 꺼리고, 형충도 바람직하지 않다. 아래 사주는 일지 寅과 시지 子 사이에 丑 천을귀인이 와서 공귀격이 되었으나, 子午충과 寅巳형이 있어서 크게 귀하지 못했다. 다행히 寅午합으로 형충이 해소되어 발복하였다.

예)

시	일	월	연
甲	甲	丙	丁
子	寅	午	巳

참고로 일귀(日貴)는 일지에 천을귀인이 있는 것이다. 丁酉·丁亥·癸巳·癸卯 네 일주만 해당한다. 형충파해를 꺼리고 공망이 되면 안 된다. 일귀격이면 일간이 인덕과 인격이 있다고 하였다.

강의노트

TITLE: 격국의 분류   DATE: .   .

> **Q** 『자평진전』의 정격과 『적천수』의 변격 중에서 어느 격이 사주명리이론상 더 정확한가요? 그리고 오행이 고른 사주를 좋은 사주로 보는데, 일행득기격이나 양신성상격(서로 극하는 관계)도 청한 사주로 판단할 수 있는지 알고 싶습니다.

[답변]

정격과 변격은 정확도의 문제가 아닙니다. 일반적으로 제 강의에서는 정격의 비율이 전체 사주의 70% 이상을 차지한다고 말합니다. 즉 대부분의 사주는 정격을 통해 읽을 수 있다는 말입니다. 그러나 현장에서 사주를 보다 보면 질문하신 것처럼 일행득기나 양신성상, 혹은 화격이나 종격과 같은 사주를 꽤 자주 만나기 때문에 그에 대한 이해도 필요합니다. 그 구조가 갖춰져 있다면 청하다고 읽습니다. 오행이 다 갖춰야 한다거나 오행이 몇 개나 있는지 개수를 세는 등의 통변은 하지 말아야 합니다.

격국을 정하는 방법

월지 격국

월지에서 구하는 격국의 중요성

이제 지금까지 공부한 격국과 용신의 내용을 총정리할 단계에 왔다. 앞에서 격국의 기초이론과 사주팔자의 구조가 만들어진 배경, 주요 개념을 먼저 학습하고 본격 격국 이론을 통해 그 성립과 변화를 공부하였다. 마지막으로 격국이 구분되는 기제와 격국 의 종류를 살펴보았다. 이상의 내용을 정리하여 지금부터는 격국의 실제와 실용을 학 습하도록 한다. 격국을 정할 때는 먼저 일간과 월지의 관계를 보고 나머지 글자를 통 해 전체적인 형세를 살피는 것에서 시작한다. 이때 정격과 변격 혹은 특별 격국인지 파악할 수 있다. 대부분은 보통의 격국인 정격으로 판단한다.

• 격국을 정하는 절차

	관계	파악	판단
1 **일간의** **신강·** **신약**	일간과 월지	① 득령 여부와 십이운성 ② 육신 관계	① 신강하면 제극이나 설기 ② 신약하면 부조
2 **원국의** **판세**	월지와 기타 천간 지지	① 형충회합 ② 일간과 월지 및 나머지 팔자의 　판세 ③ 천간합과 지지합국	① 정격 ② 변격 ③ 특별 외격
3 **격국** **설정**	월지 지장간	투간된 글자가 있는 경우: 사령일 순서 ① 정기 ② 여기 및 중기	① 주도적인 세력 ② 상생 유주로 기운이 몰린 성분 ③ 일간 외 육신
		투간된 글자가 없는 경우	정기로 격국 설정
		월지가 형충파해된 경우	① 정기 ② 주도적인 성분 ③ 병약을 분석하고 형충파해를 통 　변
4 **성격** **(成格)**	격국과 상신	격국이 사길신일 때	순용
		격국이 사흉신일 때	역용
5 **용신**	일간 혹은 격국과의 관계	① 억부 ② 병약 ③ 조후 ④ 전왕 ⑤ 통관 ⑥ 기타 천간 관계	성중유패와 패중유성 순잡과 고저 유정과 무정

1. 일간과 월지의 관계를 살핀다. 일간이 월지에 통근하였는지, 득령하였는지, 일간
   대비 월지의 육신이 무엇인지, 원국의 나머지 글자들의 월지 통근과 득령 관계를
   파악한다. 이때 지지 특히 월지가 형충을 당해 손상된 상태가 아닌지 확인한 연후

에 월지 지장간을 연다.

2. 월지 지장간 중에서 투출한 천간을 일간에 대비하여 어떤 육신인가를 파악해서 격국을 정한다.

3. 월지의 지장간 중에서 정기(正氣)가 투출하면 정기로 격국을 정한다.

4. 월지의 정기가 투출하지 않고 여기나 중기 중 하나가 천간에 투출하였으면 그 육신으로 격국을 정한다.

5. 서로 음양이 다르더라도 오행이 같으면 통근하고 투출한다. 천간에 투출한 성분의 음양을 따라 육신을 읽는다.

6. 음양이 다른 여러 성분, 즉 정편이 모두 투출하거나 통근했을 때는 편으로 읽는다.

7. 월지의 정기가 투간하지 않았고 초기와 중기가 동시에 투간된 경우는 강한 것이나 세력이 모이는 성분으로 격국을 정한다.

8. 월지 지장간 중에서 비견이나 겁재가 투출하였을 때는 팔자 중에 식상·재성·관살 등의 성분을 찾아 격국으로 삼는다. 월지 비겁 성분이 투출하였을 때는 신강할 가능성이 높으므로 인수는 차선이다. 『자평진전』의 양인격과 건록격을 참조하라.

9. 월지 지장간의 정기, 초기, 중기 아무것도 투출하지 않았을 경우는 정기로 잡거나, 월지 지장간 외에 사주 전체에서 가장 강한 것으로 정한다. 子午卯酉월은 투출을 기다릴 것 없이 정기로 결정한다.

10. 寅申巳亥와 辰戌丑未는 지장간에 다양한 오행을 포함하고 있기 때문에 전체 세력을 보고 판단한다. 寅申巳亥는 정기가 록의 자리이기 때문에 그대로 격국이 되는 경우가 많고, 辰戌丑未는 재관인이 투출했는지를 먼저 보고 나머지는 전체 세력의 흐름을 보고 판단한다.

11. 월지가 형충파해된 경우라도 통근과 투출이 있거나 정기가 확실하면 위의 절차대로 격국을 잡는다. 그렇지 않고 쓸 만한 글자가 없다고 판단되면 원국의 다른 성분으로 잡을 수 있다. 어떤 경우에도 형충파해의 사연을 읽어야 한다.

예1)

시	일	월	연
甲	壬	丁	庚
辰	申	亥	辰

|---|
| 戊
甲
壬 |

　월지 亥水의 지장간 戊甲壬 중에서 壬水와 甲木이 투간했으나, 비견성은 제외하고 중기 甲木을 택하여 식신격으로 잡았다. 식신은 길신이니 순용하여 丁火 재성을 상신 겸 용신으로 삼는다. 식신생재로 성격이 된 사주이다. 亥월 壬水 일간이 丁火 재성을 좋아하고 있다.

예2)

시	일	월	연
乙	壬	辛	庚
巳	辰	巳	午

|---|
| 戊
庚
丙 |

　월지 巳火의 지장간 戊庚丙 중에서 庚辛金이 모두 투간했으니 편인격으로 잡았다. 인수는 길신으로 간주하여 인수를 생하는 辰土를 상신으로 살인상생의 성격이 되었다. 辰土는 칠살로 흉의가 있지만 팔자에 과다한 재성을 순화시키고 습토로서 화기를 조절하고 인수를 생하는 역할을 한다. 인수 庚辛金을 고마워하고 칠살 辰土를 활용해야 하는 사주이다.

예3)

시	일	월	연
戊	丁	壬	丙
申	未	辰	午

乙
癸
戊

　월지 辰土의 지장간을 열면 乙癸戊 중에서 壬水와 戊土가 투간되었다. 잡기에서는
재관을 선택하여 격국으로 삼아서 정관 壬水를 격국으로 삼고 싶은데, 辰土 중 정기
인 戊土도 투간되었으니 상관견관이 되었다. 일간 丁火가 이격하고 정관 壬水와 합을
하고 있다. 상관을 다스릴 수 있는 인수 甲乙木이나, 상관을 설기하여 정관을 생할 수
있는 재성 庚辛金을 용신으로 쓰면 사주가 아름다워진다.

강 의 노 트

TITLE: 격국을 정하는 방법   DATE: .   .

Q1 아래 사주는 월지 지장간에 戊丙甲이 있고 戊와 丙이 투출하였습니다. 戊는 격국으로 잡을 수 없고 甲은 투간하지 않아서 丙를 격국으로 잡아야 할 것 같은데, 시간 丁을 잡아야 하는지, 연간 丙를 잡아야 하는지 모르겠습니다.

예)

시	일	월	연
丁	戊	庚	丙
巳	寅	寅	子

[답변]

사례로 올린 사주에 丙丁火가 모두 투간하였네요. 그리고 지지 巳火도 있고 寅은 火局을 만들려고 하니 火기가 강한 사주입니다. 丙火는 편인이고 丁火는 정인인데, 이렇게 기운이 과다해지면 흉신으로 바뀌어서 편인격으로 보시는 게 맞습니다. 식신 庚金이 일지 巳火에 통근하였는데 연간 편인이 도식하고 있는 것이 안타까워 보입니다.

Q2 다음 사주는 무엇으로 격국을 잡아야 할까요? 월지와 연지가 寅申충이 되었습니다. 전체적 세력 또는 기운을 보고 격국을 잡는 것이 우선인지요? 월지 申월의 지장간 중 戊土와 壬水가 투출하였지만 지지 寅·午·戌 삼합 화국이 식신 생재하여 戊土의 기운이 강하니, 중기 壬水보다는 여기 戊土를 격으로 잡아 편재격으로 보는 것이 맞지요?

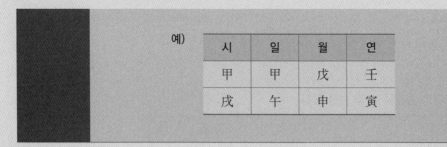

예)

시	일	월	연
甲	甲	戊	壬
戌	午	申	寅

[답변]

올리신 사주의 격국을 잡아야 하는데, 이렇게 원국에서 격국을 잡을 때 월지충으로 애매한 경우 또한 전체 태세를 읽고 확인해야 할 것이 있습니다.

그것은 대운입니다. 그런데 여명인지 남명인지에 따라 격국이 달라질 수 있으니 한번 둘 다 펼쳐놓고 비교 해보시면 학습에 도움이 되실 겁니다. 아래에 명식을 제가 올려봤는데, 좌측은 여명으로 대운이 火木으로 흐르고, 우측은 남명으로 대운이 金-水-木으로 흐르고 있습니다. 좌측 여명의 사주라면 식신생재로 격국 을 잡을 것이고, 우측 남명의 사주는 관인상생으로 잡을 텐데 어떻게 잡든 초년 인생에 순조롭지 않은 것 이 읽히고, 이번 대운 들어 인생에 중요한 터닝포인트가 보입니다.

여명

남명

아래에 십정격으로 분류하여 각 격국의 적성과 직업적 특징을 적어보았다. 상담 현장의 통변에서 도움이 되기 바란다.

• 십정격의 종류와 적성 관련 특징

십정격	특징
록겁격	자수성가형, 관료나 관공서 관련 직업, 복잡한 여자관계, 자영업
양인격	독불장군, 재물 욕심, 우두머리, 전문기술직, 언론, 정치
식신격	밥그릇이 튼튼, 식복, 교육, 생산, 요식업
상관격	탁월한 재주와 능력, 모난 성격, 튀려고 함, 교육, 변호사, 수리
편재격	사업가 기질, 재력, 활동성, 금융, 무역, 건축, 정치
정재격	꼼꼼한 성격, 근검절약, 재물복, 경리, 금융, 세무
편관격	욱하는 성질, 건강 유의, 일복, 법조계, 군인, 경찰
정관격	반듯한 사회인, 선비, 신사, 공무원
편인격	재주, 실속 없음, 사색적, 종교. 철학, 역술, 의학
정인격	전형적인 교육자, 평생 공부, 배려심, 교수, 교사, 언론인, 기획가

격국을 정하는 방법

용신 잡는 법

팔자 유형에 따른 용신과 그 활용법

『자평진전』에서 말하는 용신은 격국과 같은 의미로 쓰였지만, 다른 여러 곳에서 현대적 의미의 용신으로 사용되기도 하였다. 서락오가 평주에서 『자평진전』을 해석하면서 용신을 격국과 분리하였고, 용신을 정의하고 종류를 나누었는데, 이에 따라 격국과 용신의 다른 용도가 확연히 드러나게 되었다. 즉, 격국의 성(成)과 패(敗)를 판단하고 나면 그에 따라 운명의 원활한 운영을 위해 찾아 나서는 인자가 바로 용신이다. 팔자와 격국을 통해 왕·약(강한지 약한지)과 희·기를 살펴 왕한 것은 억제하고, 약한 것은 도와주는 것이 용신이다. 그 외에도 팔자에 병이 있으면 그 병을 낫게 하는 약이 용신이 되기도 하고, 또 팔자에 크게 대립되는 성분이 맞서 있을 때 그 두 가지를 화해시키는 통관용신도 있고, 팔자의 조후가 조열하거나 냉습할 때 그것을 해소해주는 글자가 용신이 되기도 한다. 팔자의 세력은 월지에 대비해서 판단하는데, 월령에서 용신을 찾으면 가장 강하고 다른 자리에서 찾더라도 월지에서 지지를 받으면 강하다. 서락오는 용신을 정하는 법을 다섯 가지로 소개하였다. 이것은 비교적 일반적으로 통용되는 방법으로 여기에 그대로 소개한다.

1. 억부용신

『자평진전평주』에서 서락오는 억부용신과 관련하여 일원이 강하면 억제하고 약하면 부축해주는 것으로 용신을 삼도록 하였다. 일원뿐 아니라 월령의 성분도 너무 강하면 억제하는 것으로 용신을 삼고, 너무 약하면 부축하는 것으로 용신을 삼는다.

아래 사주는 丑월에 태어난 己土 일간인데, 팔자에 土가 가득 차서 木으로 제극하거나 金으로 설기하는 방안이 급선무이다. 이 사주는 식신 辛金을 억부용신으로 사용하여 일간의 기운을 설기하였다. 이해를 돕기 위해 앞에서 제시했던 억부 판단을 위한 도표를 넣었다. 다만 丑월에 태어나 조후도 시급한데 辛金을 쓴 것은 조후를 해결하지 못한 아쉬움이 있다. 명리학을 공부하여 제자들을 가르치고 상담도 하면서 글을 쓰는 작가의 사주이다.

예)

시	일	월	연
戊	己	辛	辛
辰	未	丑	丑

癸 辛 己

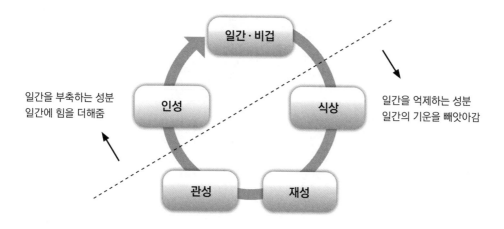

일간을 부축하는 성분
일간에 힘을 더해줌

일간을 억제하는 성분
일간의 기운을 빼앗아감

2. 병약용신

일간이나 월령의 강약을 살펴서 부축하는 것이 좋을 경우, 이 부축하는 것이 희신이 된다. 반면 이것을 상하게 하는 것이 있으면 병(病)이 된다. 또한 억제해야 하는데 그 억제하는 성분을 상해하고 극하는 것이 병이다. 사주팔자에서 귀하게 쓰려는 글자를 해치는 게 있으면 그것 또한 병이다. 사주팔자는 완벽하기가 어려운데, 이런 병을 다스릴 수 있다면 이것이 바로 약(藥)이다. 이 상황을 병약용신이라 한다.

다음 사주는 亥월에 태어난 戊土 일간으로 亥水 중 甲木이 연간 乙木으로 투간하였으니 정관격이 되었다. 사길신 중 하나인 정관이 옆에 수호자인 정인 丁火 상신을 데리고 있어서 관인상생의 귀격이고 성격이다. 팔자 지지에 재성 水가 많은데, 재성이 정관을 생하는 역할만 해야 하고 정인 丁火를 꺼뜨리면 안 된다. 다행히 丁火가 앉은 자리에 있는 亥水는 丁火의 천을귀인이면서 丁火를 직접적으로 극하지 않고 있다. 丁火 정인은 조후를 조절하는 역할도 한다. 로스쿨을 졸업한 법조인의 사주이다.

예)

시	일	월	연
丙	戊	丁	乙
辰	申	亥	亥

> 戊
> 甲
> 壬

3. 조후용신

金水 일간이 겨울에 태어나면 조후가 너무 차갑거나 습하고, 木火 일간이 여름에 태어나면 조후가 너무 뜨겁거나 조열하다. 이때는 기후를 조절하는 것이 시급하다. 이렇게 기후를 조절하는 것을 조후용신이라고 한다.

아래 사주는 午월에 태어난 乙木 일간이다. 식상 午월에 丙丁火가 모두 투간된 상관격의 사주이다. 사주에 木火으로 가득하니 조후도 시급하고 상관을 인수로 길들이는 것도 중요하다. 그런데 시간의 정인 壬水는 월지 태지이고 앉은 자리가 절지이니 힘을 쓸 수 없다. 종아를 하기에 壬水의 존재가 오히려 득이 되지 않는 것이 아쉽다. 어린 시절 부모의 이혼으로 어머니에 대한 그리움이 있지만 어머니는 평생 건강이 좋지 않았고 정신적인 문제도 안고 살았다.

예)

시	일	월	연
壬	乙	丙	丁
午	巳	午	卯

> 丙
> 己
> 丁

4. 전왕용신

사주의 기세가 한쪽으로 치우쳐 있어서 그 세력을 거역하는 것이 불가능하다면 오로지 그 기세에 순응하는 도리밖에 없다. 따라서 그 기세에 순응하는 것을 용신으로 삼는다. 변격 중에 종격과 화격과 전왕격은 모두 이 원칙에 따른다.

아래는 丑월에 태어난 丁火 일간의 사주이다. 丑월 지장간 癸辛己 중 식신 己土와 재성 庚金이 모두 투간하였다. 식신의 세력이 정기를 차지하였지만 지지에 巳·酉·丑 金국을 이루었고, 이 경우는 식신생재로 결국 세력은 재성으로 흐른다. 음간인 丁火가 종재를 하는데 어려움은 없지만, 丑월에 태어난 丁火 일간에게 억부적으로나 조후적으로 시급한 정인 甲木이 없는 것이 애매하다. 집안의 장남으로 태어났고, 어려서 가정의 여러 사정으로 부모 슬하에서 자라지 못하고 할머니와 친척을 전전하면서 자랐다. 丑戌형의 흉의를 가족사로 겪은 것이다. 그래도 본인의 노력으로 대학을 졸업하고 은행에 근무하였으나 주로 제3금융권이나 추심채권 등의 업무를 맡았다.

예)

시	일	월	연
己	丁	己	庚
酉	巳	丑	戌

癸 辛 己

5. 통관용신

팔자에 두 가지 오행 성분이 대치하고 있어서 강약을 분별하기 힘들 경우에는 그 둘을 화해시키는 것이 급선무이다. 이럴 때 묘수는 통관시키는 것이다. 예를 들어 木

과 土가 상극으로 대치하면 火가 통관할 수 있고, 火와 金이 서로 극하며 대치하면 土가 통관하며, 土와 水가 대치하면 金이 통관하며, 金과 木이 대치하면 水가 통관하며, 水와 火가 대치하면 木이 통관용신이 될 수 있다. 여러 통관 용신 중에서도 水火교전과 金木상잔이 가장 두려운 대치이다. 이들을 화해시켜 통관할 때 사주는 더욱 아름다워진다.

아래는 子월에 태어난 癸水 일간으로 건록격이 되었다. 월 천간에 丙火 정재가 있고 시 천간에 丁火 편재가 있다. 水火가 교전하고 있으니 두 세력을 화해시킬 상관 甲木을 용신으로 쓰고 있다. 주식투자자의 사주이다.

예)

시	일	월	연
丁	癸	丙	甲
巳	丑	子	辰

壬
癸

6. 기타

위에서 설명한 다섯 가지 용신법 또한 월령에 준한다. 사흉신도 나의 용신이 되면 나를 위해주는 것이 되고, 사길신도 용도가 적절치 않으면 나에게 나쁜 성분이 될 수 있다. 필자는 서락오가 말한 상기 다섯 종류의 용신에 『궁통보감』의 천간론에서 말하는 일간과 좋은 관계의 천간을 참고해서 본다. 『궁통보감』의 천간론은 조후용신과 부합하는 측면도 있지만, 자연만물의 상호관계 원리를 참조한 면도 적지 않다. 예를 들어 가을에 태어난 木 일간에게 火 식상 성분은 金을 제어하여 일간을 보호해줄 수 있는 성분이다. 이때 乙木 일간인 경우 丁火보다는 丙火를 찾아 소용한다. 乙木과의 관계에 丙火와 丁火를 비교하여 丙火를 더 우선으로 찾는 것이 『궁통보감』의 주장이다. 꽃이나 풀에게 태우는 불의 성분보다 태양과 같이 비추어 자양하는 성분이 더 긴요한 까닭이다.

아래는 戌월에 태어난 乙木 일간의 사주이다. 戌월의 지장간 辛丁戊 중에서 정관 庚金과 상관 丙火가 모두 투간하였다. 정통 자평이론으로 보면 상관견관 사주이다. 일간 乙木은 연지 寅木에 통근하였지만 월령에 묘지이고, 지지는 寅·戌과 巳를 보고 천간에 丙火가 투간하여 火국을 이루었다. 초반의 庚金 정관은 사용이 어렵고, 말년에 들어오는 庚金은 辰土를 깔고 안정적이며 일간 乙木과도 이격되지 않았다. 이 명조는 1970년대 파독 간호사의 사주이다. 남편과는 초창기에 사이가 좋지 않았고, 한국의 전통적 정서가 없었다면 이혼했을 것이라 말하고 있다. 유럽에 거주하는 현재는 남편과 좋은 관계를 회복하였고 동양 대체의학에 관심이 있는 여성이다.

예)

시	일	월	연
庚	乙	丙	庚
辰	巳	戌	寅

辛
丁
戊

TITLE: 격국을 정하는 방법   DATE: .   .

Q1 용신 잡는 법 중 억부용신의 예문에서 격이 辛金의 식신격이고 억부용신 또한 辛金 용신에서 희신은 용신을 돕는 글자라고 하셨는데, 아래 명조의 희신은 무엇인지요?

겁재	본원	식신	식신
戊	己	**辛**	**辛**
辰	未	丑	丑
겁재	비견	비견	비견
乙癸戊	丁乙己	癸辛己	癸辛己
쇠	관대	묘	묘
천살	월살	화개	화개

75	65	55	45	35	25	15	5
편재	정관	편관	정인	편인	겁재	비견	상관
癸	甲	乙	丙	丁	戊	己	庚
巳	午	未	申	酉	戌	亥	子
정인	편인	비견	상관	식신	겁재	정재	편재
제왕	건록	관대	목욕	장생	양	태	절

[답변]

여러 사주를 보시면 자기 나름의 관법이 생기겠지만, 술사마다 용신도 다르고 때로는 격국 판정도 달리할 수 있습니다. 『주역』「계사전」에서도 말했듯이, '천하에 가는 길은 여러 가지지만 결국 다다르는 길은 같습니다. 이치는 한 가지인데 생각이 백 가지[천하동귀이수도(天下同歸而殊塗) 일치이백려(一致而百慮)]'일 뿐입니다. 그 이치를 깨닫기 위해 기초와 고전을 익히고 자기 것으로 만드는 것입니다.

저는 이 사주에 격국도 辛金 식신으로 잡고 억부용신으로 같은 글자를 삼았습니다. 그것으로 직업성을 쓸 수 있으니 글 쓰는 일, 상담, 말하는 일을 직업으로 하는 사주입니다.

다음에 희신은 용신을 돕는 것으로 잡는 것이 정석이지만, 이 사주는 土를 희신으로 쓸 수 없고 辛金을 생화(설기)하는 丑 중 癸水 재성을 쓸 수도 있고, 대운에서 오는 丁火나 丙火 중 특히 丙火를 희신으로 쓸 수 있습니다. 그것은 조후 때문입니다. 그 시기에 공부나 자격증, 명예 관련 성취가 있었을 것입니다.

1. 격국에 관한 질문입니다. 월지 丑土의 지장간 글자 중 정기 己土는 비견이라 사용할 수 없고, 癸水와 辛金은 투출하지 않았습니다. 그렇다면 격을 잡을 수 없게 되는지요? 이런 경우를 보고 파격이라고 해야 합니까? 아니면 무격이라고 해야 하는지요?

2. 이 사주의 용신이 궁금합니다. 억부로는 편관 乙木이 되며, 조후로는 지지의 巳火가 되는 것입니까? 그렇다면 억부와 조후 모두가 용신이 되어 乙木과 巳火를 모두 용신으로 쓰는지요? 이도 저도 아니면 토전왕격이라고 봐야 할까요?

예)

시	일	월	연
戊	己	己	乙
辰	丑	丑	巳

[답변]

1. 격국에서 무격이라는 말은 없습니다. 이 사주는 신강하여 乙木 칠살로 격국 및 용신을 삼을 수 있습니다. 다행히 시지 辰 중 乙木에 통근하였습니다.

2. 용신도 乙木이 될 수 있는데, 조후로도 乙木 칠살과 巳火 정인이 도움이 되는 사주입니다. 대운을 읽어보고 좀 더 깊이 있는 통변 연습을 해보시기 바랍니다.

Q3

아래 명조에서 격국을 잡으려고 하니 월지 지장간에서 투출한 오행이 없습니다. '子·午·卯·酉'는 그 정기로 정한다고 했을 때 水의 세력이 너무 강하고, 또 子午충도 있으니 명식 내에서 가장 강한 세력인 재성을 격국으로 삼아 편재격이 되어야 할까요?

문제는 이 사주 주인공이 편재격의 성향보다는 격국에서 잘 채택하지 않는다는 '양인격'의 성향이 훨씬 더 크게 작용하는 것으로 보인다는 점입니다. 그렇다면 이 경우 '십정격'의 양인격으로 잡아야 할까요?

예)

시	일	월	연
壬	戊	壬	庚
戌	子	午	戌

[답변]

양인과 건록을 취하지 않는 것은 용신을 잡을 때를 말합니다. 월지 양인은 당연히 그 성향이 나타납니다. 질문하신 명조는 子午충이 있지만, 午戌 반합이 되어 午火 월지가 보호되었습니다. 월지 午火로 양인 성향이고, 용신은 庚金 식신과 壬水 재성을 취하여 식신생재로 격국을 성격시킬 수 있겠습니다. 칠살이 있었다면 사주가 더욱 아름다웠을 겁니다.

격국과 용신의 통변 활용

시작하기 전에

학습 요점

용신과 격국을 잡으려면 먼저 일간의 신강·신약을 파악하고, 다음으로는 조후를 살펴야 한다. 물론 지금까지 공부한 전체적인 분석이 이루어져야 하는 것은 당연하다. 아래는 격국과 용신을 정할 때 알아두어야 할 내용이다.

- 일간·격국·용신은 건왕해야 한다. 월지에 통근하여 주변의 해침을 받지 않으면 건강과 사회적 지위, 위기관리 능력을 보장받는다.
- 격국은 월지에서 찾아야 하지만, 월지가 록겁이거나 월지에 심한 상처가 있고 다른 강한 세력이 있으면 강한 글자로 격국을 잡을 수도 있다.
- 격국·용신·희신은 다른 것이지만 사주 상황에 따라 같을 수도 있다. 또한, 격국의

용신과 희신, 일간의 용신과 희신도 다른 것이지만 상황에 따라 같을 수 있다.

- 격국과 용신이 월지에 통근하고 천간에 투출하면 건전하여 직업이 뚜렷하고 사회적 지위를 확보할 수 있다.

- 월지에 통근한 격국과 용신이 월간에 있으면 동주라서 좋고, 시간에 있는 것 또한 의미가 있다. 시상편재나 시상편관과 같은 의미이다. 연간과 월간은 사회성을 나타낸다. 그 자리에 격국과 용신이 나타나서 건왕하면 사회적 지위가 보장된다. 격국과 용신이 지지에만 있으면 격이 떨어진다.

- 천간의 글자들은 시간적 진행에 따라 통변하면 된다. 연간과 월간에서 격국과 용신을 찾는 이유는 그 자리가 인생의 청년기에 해당하여 비교적 빨리 진로를 결정하고 안정된 삶이 확보되기 때문이고, 또한 사회적으로나 국가적으로 보장된 삶이다. 시간은 일간과 가까이 있으며 말년을 책임진다는 의의가 있다.

- 격국과 용신은 가능한 사주 내에서 건왕한 것으로 잡아야 한다. 사주에 없는 글자로 삼으면 안 된다. 여러 개가 있으면 그중 강한 것이나 세력이 유주하여 뭉치는 것으로 잡는다.

- 격국의 성립 과정을 보면 격국으로 채택된 성분은 사주팔자에서 주도적인 세력일 가능성이 많다. 따라서 격국은 일간의 지향하는 바가 되고 일간의 성향이 된다. 혹은 일간이 거부하고 싶어도 피할 수 없는 운명이다.

- 격국이 팔자에 필요로 하고 좋은 성분이면 일간의 적성이나 원하는 일이 인생에도 도움이 되는 것이고, 반대로 팔자에 불필요하거나 일간에게 기신이 되면 일간이 싫어도 어쩔 수 없는 업보와 같은 것이 된다.

- 격국을 통해 일간이 살아갈 수밖에 없는 인생의 항로를 읽을 수 있다. 격국은 일간의 직장이나 사업 장소이다. 격국을 통해 일간의 직업성이 드러난다.

- 용신이란 업무 능력과 역량이다. 격국보다 용신의 상태가 더 확실할 때는 용신으로 직업을 찾기도 한다.

- 격국은 직업이 되고 용신은 취미가 될 수도 있다. 일간이 원치 않는 기신이 격국이

라면 일간은 그 직업에 만족하지 못하고 취미생활로라도 인생의 행복을 추구하게
된다.

• 희신은 용신을 도와주는 성분으로 일간의 바람이다.

• 기신은 용신을 해치는 글자로 일간이 살아가면서 만나는 장애물이다. 기신이 득세
를 한 사주라면 일간은 살면서 장애물을 자주 만나고 그 난관을 이겨내기도 어려
워진다.

• 상신은 격을 조절하여 성격을 만드는 희신이다.

• 격국을 제대로 잡을 수 없거나 성격이 이루어지지 않으면 직업이 일정하지 않거나
사는 것이 명확하지 않다.

• 대운의 흐름에 따라 격국이 변하기도 하고 성격이 되거나 파격이 되기도 한다.

TITLE: 격국과 용신의 통변 활용   DATE: .   .

Q 억부를 볼 때 원국에서 약한 오행이나 없는 오행이 채워지는 것이 의미 있지 않
나요? 원국에 없는 오행으로는 용신을 잡을 수 없다는 말도 있고, 없는 오행도
행운으로 오면 용신으로 삼을 수도 있다는 이야기도 있는 것 같습니다. 또 지장
간에 있는 오행도 용신으로 삼을 수 있는지요?

그리고 원국에 없는 오행이 행운으로 오면 긍정적으로 보나요, 부정적으로 보나
요? 원국에 없는 오행이 있다면 원국에 오행이 치우쳐 있을 텐데, 통관의 의미
에서 그리고 없는 것을 채운다는 의미에서 좋은 쪽일 것 같습니다. 하지만 원국
에 없는 오행이 행운으로 오는 것을 부정적으로 해석하는 경우도 있는 것 같아
서 질문드립니다. 어느 쪽이 더 합당한가요?

[답변]

1.   억부라는 말은 약한 것은 돕고 강한 것은 억제한다는 의미로, 없는 것을 채워넣는 것과는 조금 다릅
니다. 일행득기나 순수한 오행으로 구성되어 청한 사주의 경우에는 없던 오행이 행운에서 왔다고 무조건
좋은 것은 아닙니다. 예를 들어, 다음과 같은 사주는 정기로는 木과 土로만 구성되었고, 지장간을 포함하
면 丁火, 辛金이 있습니다.

예)

시	일	월	연
甲	甲	甲	甲
戌	戌	戌	戌

① 대운·세운에서 火를 만날 때, ② 대운·세운에서 金을 만날 때, ③ 대운·세운에서 水를 만날 때의 세 가
지 경우를 생각해보세요.

①의 경우는 木 일간과 土를 통관시키고 사길신인 재성 土를 생해주니 반갑습니다. 丁火나 丙火를 가리지
않고 좋습니다.

②의 경우 金이 온다는 것은 재생관입니다. 양지에 있는 甲木 일간이 무조건 관을 반가워할 수는 없습니다. 그래도 정관 辛金이 칠살 庚金보다는 낫다고 판단할 수 있습니다.

③ 水운이 오는 것은 甲木을 생하니 기본적으로 반갑다고 하겠지만, 사주에 태과한 土가 水를 극하는 일은 없는지 지지 글자들의 관계를 읽어서 통변하셔야 할 것입니다.

특히 대운에서 오는 글자에 대해 단순히 '좋다 나쁘다'로 통변하기보다는, 구체적으로 그 사람의 현재 직업과 상황, 육친, 글자의 물상, 신살, 형충회합, 궁성 등을 적용하여 사실적이고 세밀한 통변을 하는 연습을 해보십시오.

2.   용신은 기본적으로 원국에 있는 (지장간을 포함하여) 오행으로 잡아야 합니다. 대운에서 잡을 수도 있습니다. 그러나 그 기간이 끝나면 용신은 다시 사라집니다. 세운에서 좋은 글자가 오는 것은 그냥 길성 혹은 좋은 운이 왔다고 하지 용신이라고 표현하지는 않습니다.

격국과 용신의 통변 활용

사주의 중화

조화가 이루어진 사주와 격국

사주의 통변은 명식에 나타난 음양과 오행을 헤아려서 일간을 기준으로 다른 글자들과의 관계를 분석하여 사주체의 상태를 읽어주는 것이다. 사주가 갖추어야 할 것은 음양의 조화이고 오행의 구족이다. 억부론과 격국론의 특수격에서 억부 이외에 특수 방식을 적용하는 것을 제외하면 일반 격국은 다음과 같은 조건을 만족해야 한다.

- 사주팔자는 음양과 오행의 중화가 최우선이다.
- 억부론과 격국론의 일반격은 중화를 찾는 과정이다.
- 억부론과 격국론의 일반격은 조후를 우선한다.

인간에게 중화가 필요한 이유는 인간이 자연의 일부이기 때문이다. 인간이 자연과 우주와 관련되어 있다는 증거로 태어난 연, 월, 일, 시 그 순간에 내 몸에 결집된 오행의 기운으로 운명이 결정되는 것이다. 사주에 모든 기운을 조화롭게 갖추는 것은 부족하거나 치우친 경우보다 긍정적으로 볼 수밖에 없다. 음양도 마찬가지다. 사주에 음양의 균형이 심각하게 무너지지 말아야 하고, 서로가 지나치게 충돌하지 말아야 한다. 그러한 불균형은 불안감을 만드는 요소이다.

그런데 사람의 사주는 태생적으로 완벽한 형태를 갖출 수는 없다. 채워야 될 것은 오행이고, 존재하는 자리는 연월일시라는 4개의 기둥밖에 없기 때문이다. 이 상태에서 어떤 부분이 부족한지, 어떤 부분은 남아도는지, 그래서 무엇이 필요한지를 헤아려서 인간의 숙명을 판단하는 것이 중화론의 핵심이다. 아래 사주를 보자.

예)

남자	(양)1979년 03월 18일 (음)1979년 02월 20일 (正)1979년 03월 18일 驚蟄1979년 03월 06일	15:24 15:31 13:27	미국 (7분)	명조비교 신살보기

편인	일원	상관	정재
壬	**甲**	**丁**	**己**
申	**申**	**卯**	**未**
편관	편관	겁재	정재

木(2)	火(1)	土(2)	金(2)	水(1)
戊壬庚		戊壬庚	甲乙	丁乙己

94	84	74	64	54	44	34	24	14	4.0
丁	戊	己	庚	辛	壬	癸	甲	乙	丙
巳	午	未	申	酉	戌	亥	子	丑	寅

卯월에 태어난 甲木 일간이 丁火 상관을 보아서 목화통명이 되었다. 丁火 상관과 壬水 편인을 甲木 일간이 이격하여 丁壬합으로 상관이 쉽게 합거되는 현상을 막고 있다. 설령 편인이 상관을 합거했다 하여도 크게 문제될 것은 없다. 신강하고 연주에 재성도 강하여 상관생재가 된 사주이다. 상관이 약해도 목화통명 결과 재성은 확실한

사주이다. 연주와 월주에 상관과 재성이 있으니 사회적으로 자신의 재능을 발휘하여 사람들의 관심을 모아서 재물을 얻는 데 특출한 명조이다.

사주는 전체적으로 일지에서 시작하여 시계방향으로 금생수, 수생목, 목생화, 화생토로 유주하고 있으니 집안의 가업을 이어서 현재의 성공을 만들었다기보다는 본인이 만들어낸 성취가 사회국가적 재물로 귀결되고 있다. 연지 재성 未土는 甲木의 천을귀인으로 관대지에 앉아 있다. 이 사주팔자는 음양이 조화롭고 오행이 유주하여 전체적으로 잘 구비된 명조로 아쉬울 것이 없어 보인다. 지지 연월지 사이에 亥水 인수가 공협되었고, 卯申 귀문이 있다. 壬戌 대운에 접어들면서 辛丑년과 壬寅년에 丑·戌·未 삼형과 丁壬 쟁합, 부부궁의 寅申충 등을 겪었다.

이 사주는 미국의 대중가수인 애덤 리바인의 명조이다. 사주 주인공은 세계적으로 유명한 마룬 파이브의 보컬로 잘 알려져 있다. 탁월한 음악적 재능으로 발표하는 곡마다 대중적 인기를 얻었지만, 2021(辛丑)년과 2022(壬寅)년에 불륜 스캔들로 논란의 중심에 있었다.

격국과 용신의 통변 활용

격국의 빈부귀천과 청탁

격국과 용신 그리고 빈부와 귀천

격국과 용신, 희신과 기신의 분류를 통해 사주의 빈부귀천과 청탁을 알아볼 수 있다. 첫 번째는 귀격이면서 청한 사주, 다음은 귀격인데 탁한 사주, 세 번째는 일반인들의 삶과 같이 희기신이 혼재된 보통의 명식, 마지막으로 천격의 탁명이 있다.

여러 번 말하지만 사주팔자는 완벽할 수가 없다. 기신이 있어도 희신이 분위기를 압도하거나, 병이 있어도 약이 확실한 경우는 거의 귀격이다. 이 경우 희신이나 약신의 뿌리가 강하고 왕기를 얻었다면 청명이 된다. 인생을 살면서 어려움을 겪어도 그것을 어렵지 않게 이겨내거나 크게 어려움이 무엇인지 모르고 사는 삶이다. 부귀를 겸전하며 수복이 보장되었다고 본다. 물론 병이 없는 완벽한 사주를 만들어낼 수도 있겠으나 현실적이지 않아서 이곳에 소개하지는 않는다.

다음으로 기신이 강해도 이를 제압할 용신이 뚜렷한 경우도 귀격이라고 할 수 있다. 예를 들어 양인격인데 칠살을 용신으로 쓰거나, 상관이 득세하였지만 인수가 나타나서 상관을 제압하였거나, 칠살이 중한데 식상으로 이를 잘 다스리고 있다면 역시 귀하다. 사주팔자에 칠살·양인·상관과 같은 기신이 셋 이상인데 이들을 제압하고 있으면 크게 성공할 사주라 하였다. 이 경우 성공을 추구하는 과정에 장애를 경험하지만 위기를 잘 극복하는 사주가 된다. 위기가 오히려 기회가 되었다고 할 수 있다. 앞에서 사주는 음양이 조화를 이루고 오행이 모두 구비된 것을 중화되었다고 본다고 했는데, 귀격의 탁명인 경우 사주의 중화가 깨어진 경우도 있다.

보통의 명식은 일반인의 희로애락이 섞인 삶이다. 음양과 오행이 골고루 갖추어져 있어도 희신과 기신이 혼재하여 좋을 때도 있고 힘들 때도 있는 삶이다. 이런 경우를 대비하여 일간이 신강하기를 바라고, 아니면 인수의 도움이라도 존재해야 한다고 말한다. 신강하면 자신의 의지로 이겨내고, 인수가 있으면 쓰러져도 비빌 언덕이 있는 인생이기 때문이다. 이 경우는 한 번 실패해도 다시 도전할 힘과 기회가 있다.

일상적인 소소한 행복에 만족하며 사는 게 좋은 팔자인지, 위에서 말한 것처럼 우여곡절을 겪고 도전과 응전을 통해 위기를 극복하여 궁극에 성취를 얻어내는 게 좋은 팔자인지는 본인만이 판단할 수 있다. 우리가 존경하는 여러 위인들의 삶을 보면, 살아 있는 동안 괴로움만을 겪은 인생이 있는가 하면, 나라의 안위를 위해 몸 바쳐 일하다가 가정은 돌보지 못하여 처자식을 불행하게 만든 인생도 있다. 반면 퇴근길에 자식들에게 안길 군고구마 한 봉지를 사서 평범한 저녁시간을 보내는 인생도 있다. 무엇이 옳고 멋진 인생인가? 쉽게 예단할 수 없는 것이 한 사람의 운명이다. 명리학은 도덕 윤리학이 아니다.

마지막으로 천격의 탁명이라는 격국이 있다. 천격도 꺼내기 어려운 말이고, 탁명도 귀격이나 보통의 명식에는 붙여서 사용할 수 있었다고는 하지만, 천격에 탁명이라니 참 말하기도 거북하다. 다시 말하지만 사람의 인생에 옳고 그른 게 어디 있겠으며, 어떻게 한 사람의 운명을 청탁과 귀천으로 재단할 수 있겠는가. 길흉·부귀·빈천·수요·흥망 등과 같은 경계 판단을 내리는 목적으로 명리학을 공부하다 보니 이런 표현도 서슴없이 쓰는 게 술업계의 현실이다. 그것이 안타깝게도 구업을 짓는 일이 되어 버렸다.

어쨌든 수많은 명조가 손에 들어와 이런 인생 저런 인생을 읽다 보면 격국도 잡히지 않고, 용신도 찾을 수 없으며 기신이 우글거리며 도와주는 글자를 찾기 어려울 때가 종종 있다. 그럴 때는 공협이나 합충을 찾거나 이런 저런 신살을 엮어가면서 사주팔자의 빛을 찾아보는 수밖에 없다.

• 격국의 빈부귀천과 청탁

귀격의 청명	희신군이 강하며 기신군이 미약한 명식. 부귀를 겸전하며 수복이 보증된 명
귀격의 탁명	기신이 강하고 이를 제압할 용신이 뚜렷한 경우. 삶의 고초를 겪으나 이를 극복하고 결국에는 대업을 성취
보통의 명식	희기신이 혼재된 명식. 삶의 애환을 실감하며 일상적인 것에 만족하는 성향을 지님
천격의 탁명	용신이 무력하고 기신군이 득세한 명식. 분발심이라곤 찾아볼 수 없는 명으로 빈천한 삶을 영위

명식 판단에 있어 그 성패와 발전의 분류는 크게 부(富)와 귀(貴)로 나뉜다. 앞에서 사용한 적이 있는 도표를 다시 가져왔다. 식상생재와 관인 혹은 살인상생의 분류법이다. 식상은 재성이라는 목표를 위해 일하고, 관인은 명예와 권위를 위해 일하는 성분이다.

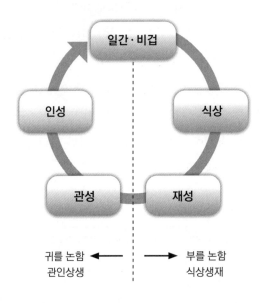

귀를 논함 ◀─── │ ───▶ 부를 논함
관인상생 │ 식상생재

　명식이 신강하고 재도 강하다면 부(富)를 지향하며 재물을 끌어모으는 일이나, 장사나 사업 등의 직업에서 재능을 발휘한다. 신강하고 관살도 강하다면 관록(官祿)을 탐하며 조직 내에서 운신하여 귀한 신분을 갖게 된다. 식상은 재와 같이 부를 지향하고 인성은 관과 함께 귀를 지향한다. 또한 격국과 용신의 향방에 따라 재(財)로써 관(官)을 주도하느냐, 아니면 관으로 재를 주도하느냐도 정해진다.

격국과 용신의 통변 활용

근묘화실과 간지 십성 운용법

격국과 용신의 사용 설명서

사주 연월일시의 구성에서 인생 전반은 연간과 월간으로 보고, 인생 중후반은 일간과 시간으로 본다. 그중 말년은 시간으로 본다. 또한 연주와 월주는 대외적이며 사회적인 측면을 나타내고, 일주와 시주는 가정적이며 심리적인 발현이다. 어느 자리에 어느 육신 성분이 어떻게 앉아 있는지를 반드시 읽어야 한다. 그것은 격국이 되었든 신살이 되었든 모두 적용된다.

예를 들어 사주에 있는 편관이 제화되어 있으면 역경을 딛고 일어나는 사주라고 하였다. 편관이 제화되었는데 연주와 월주에서 그런 일이 발생하였다면 초년에 겪었거나 대외적인 현상이다. 그 현상이 중요하고 의미 있을 때는 사회적이고 국가적인 사건일 수도 있다. 그것이 지지에서 일어나면 실체적으로 일어난 일이지만, 천간에 투간되어 있으면 사람들이 알아주는 일이다. 반대로 제화가 되지 않고 오히려 재성에 의해 생해지는 경우나 재격인데 편관이 존재하는 경우는 타격이 크다. 이것이 격국의 성격과 파격의 논리이다. 성격은 사주가 주어진 환경을 딛고 일어나 성취를 하는 모습이고, 파격은 그와 반대이다. 이러한 상황이 어느 자리, 즉 근묘화실의 어느 궁에서 일어나고 있는지를 살펴서 읽는 것이 격국의 통변이다. 일지에 재성이 있는데 그 재성이 칠살을 생하고 있으면서 신약한 일간이라면 아내에게 꼼짝할 수가 없다. 그래도 적절한 자리에 식신이 있어서 그 칠살을 제압할 수 있다면 그런대로 요령은 있는 사람이다. 인수로 칠살의 기운을 돌려서 내 것을 만든다면 권위가 일어난다.

제화가 된 사주는 면역력을 지닌다. 사주에 흉성이 존재한다는 것은 살면서 산전수전 다 겪은 격이다. 그것을 제화했다는 것은 어려운 일을 겪고 이겨내어 이제는 그러한 일에 내성이 생겼다는 뜻이다. 소위 말하는 굳은살이 생긴 것이다. 다시 공격이 들어오거나 넘어져도 아픔 없이 싸우는 요령을 터득한 것으로 본다.

격국의 성격과 파격, 용신의 존재, 희신과 기신의 활용 등이 지금까지 학습한 격국론의 핵심이다. 그러나 여기에 사유를 국한시키지 말고 명리학의 기본 이론, 즉 오행 생극제화와 육신의 상호작용 등 이전에 학습한 내용을 백분 발휘하여 전체적인 통변을 해야 한다. 격국이론의 기술적 매뉴얼만 익혀서는 안 되고, 학문적으로만 접근해서도 안 된다. 모든 이론은 선행학습이 전제되어야 하고, 이론간 연계성을 파악하여 전체를 유기적으로 해석할 수 있어야 한다. 이 책의 앞에서 선행학습 이론을 이미 설명하였기에 다시 토를 달고 싶지는 않다. 개별이론을 공부하여 익히는 것까지는 구슬을 모으는 작업이다. 모여진 구슬을 꿰는 일이 전체를 아우르는 작업이다. 그 다음은 자신만의 해석을 구축하여 사유를 확장하는 작업을 계속해 나가야 한다. 이 단계에서 문리(文理)가 트인다.

격국과 용신의 통변 활용

격국의 논점들

---/

격국의 산을 넘어

사주명리에서 격국론은 반드시 정복하거나 극복해야 할 산이다. 아직도 시중에는 다양한 이설이 분분하다. 같은 명식을 두고 이런 격국이다 혹은 저런 격국이다, 성격이 되었다 혹은 안 되었다, 용신은 木이다 火이다 하는 형식으로 말이다. 수업을 하다 보면 여기서는 이렇게 말하고 저기서는 저렇게 말하니 격국을 잡을 수가 없다, 밤에 잠이 오지 않는다고 토로하는 학생들이 있다. 모두 한 번씩 경험했을 것이다. 극복해야 할 난제이다.

먼저 격국론에서 말하는 개념을 분명히 해야 한다. 다음으로 격국의 분류와 격국을 정하는 절차를 확실히 하고, 나아가 각 격국의 특징과 성격(혹은 파격)을 판단하여 용신을 결정하고 그것들을 통변 현장에서 활용하는 방법을 차분히 사유해야 한다.

격국 본론에서 격국의 개념에 관하여 체와 용, 사길신과 사흉신, 통근, 신약과 신강, 용신과 다양한 성분들, 즉 희신과 기신 등을 살폈다. 용신과 격국, 상신의 관계에 대해서도 밝혔다. 그 개념들 상호간의 관계와 논란이 있는 부분, 개념간의 차이와 연관성을 이해할 필요가 있다. 격국과 용신이 비교되는 지점, 그 차이 및 해석을 비교하고, 나아가 상신과 기타 희신·기신·구신·한신의 정의를 숙지하기 바란다. 격국은 월지에서 찾았고, 용신은 일간과 좋은 관계의 글자로서 사주를 조화롭게 하여 일간이 운명을 잘 경영하도록 도와준다. 상신은 격국을 성격시키는 성분이며, 희신은 용신을 도와주는 글자이고, 반대로 기신은 용신을 극하는 글자이다.

다음으로는 격국의 성립과 변화에 대하여 공부하였다. 마지막으로 격국의 종류를 구분하고 격국 잡는 절차를 살펴보았다.

현대명리학계에서 격국과 용신의 개념 및 격국을 정하는 절차에 대해서는 큰 범위에서의 동의와 보편화는 이루어져 있다. 그러나 체용의 구분, 사길신과 사흉신의 분류, 성격과 파격이 성립되는 요건에 대해서는 아직도 견해차가 공존한다. 필자는 개인적인 의견과 현장 임상에서 경험한 것을 격국과 용신에 적용하고 있다. 미세한 의견 차이가 용신 설정에 큰 차이를 만들 수도 있기에 여전히 다양한 의견이 있는 것이다. 이러한 이유로 격국과 용신이 사주의 중요한 요소임에도 불구하고 아직도 많은 비판과 불신을 받고 있고, 그 와중에 헛된 주장과 맹신 또한 난무하고 있다. 이 점을 이해하고 격국론과 관련하여 주변 다른 유파와 의견의 일치가 이루어지지 않을 때 합당한 근거를 찾아가기 바란다. 사주명리는 현대사회의 변화에 따라 유연하게 적용하여 읽을 부분이 있지만 그 학문적, 임상적 근거가 마땅히 제시되어야 한다.

강 의 노 트

Q1 통근과 투출이 중요한 것을 알게 되었습니다. 아래 사주의 경우 甲木이 월지 子
水에 통근하지 못한다고 하셨는데요, 지장간과 타주를 제외하고 본다면 편인격
으로 신강한 사주 아닌지요? 저 글자들만 보았을 때 통근이 우선하는지, 격국을
이루는 편인이 우선하는지 궁금합니다.

예)

시	일	월	연
	甲		
		子	

[답변]

질문자가 이해하신 대로 통근과 투출은 사주를 간명하는 데 아주 중요한 개념입니다. 그것을 통해서 각 글
자의 강약을 판단하기 때문입니다.

예)

시	일	월	연
	甲		
		子	

이 사주는 비록 월지에서 인수의 도움이 있지만 만약 다른 지지에 통근처가 없다면 여전히 근기가 약하다
고 할 수 있습니다. 글자가 가진 힘의 세기를 판단할 때 통근이 인수성분보다 더 우선입니다.

좀 더 학문적인 대답을 하자면, 인수 중에도 십이운성을 따져서 보는 습성을 가져보십시오. 좀 더 섬세하
게 통변할 수 있습니다. 甲子는 욕지이고, 乙亥는 사지입니다. 이 두 가지 조합은 인수라도 결코 강하다 할
수 없습니다. 그중에서도 甲子는 지장간 통근처가 없으니 인수의 힘이 없습니다. 乙亥는 좀 낫습니다. 丙

寅은 인수와의 조합이면서 장생이고, 戊午는 왕지입니다. 당연히 그 두 가지는 모두 강력한 통근처가 됩니다. 丁寅, 丁卯는 사지, 병지입니다. 반면 己巳는 왕지입니다. 이와 같은 식으로 나머지 천간을 인수에 해당하는 십이지지에 대입하여 읽어보십시오. 그 사람의 인생이 좀 더 보입니다. 예를 들면 亥월 甲木과 子월 甲木 일간은 다릅니다. 누가 더 현실적이고 모친의 도움을 받을까요? 누가 더 그 전공의 선택에 있어 실리를 취하고 대외적으로 자랑할 만한 상황적 우위를 가질까요? 그것을 읽을 수 있으면 좀 더 정확한 통변의 경지에 이를 수 있습니다.

Q2

① 전체적인 사주명식은 좋지 않은데 통근이 제대로 이루어진 경우와 ② 사주명식은 다 좋은데 통근이 제대로 이루어지지 않은 사주 중에서 어떤 사주가 더 귀하다고 할 수 있는지요?

[답변]

통근과 투출이 비록 사주의 구조를 판단하는 데 중요한 개념이지만, 그것으로 '사주가 좋다 나쁘다 혹은 귀하다 천하다'라는 결론을 내릴 수는 없습니다. 통근과 투출은 사주 추명의 결론이 아니고 거기서부터 사주 추명이 시작되기 때문입니다. 예를 들면 통근과 투출을 통해 사주의 격국을 정하고 용신, 희신, 기신 등을 찾아 나서게 됩니다.

질문한 사례 ① 전체적인 사주명식은 좋지 않은데 통근이 제대로 이루어진 경우에서, 사주명식이 좋지 않다는 판단에 이유가 있을 것입니다. 예를 들면 조후가 깨져서 그런지, 사주에 칠살이 강한데 그것을 제어할 글자가 없어서 그런 것인지 등의 구체적인 판단이 있어야 합니다. 또한 통근이 되었다는 것은 어떤 성분이 통근이 되었는지 따져봐야 합니다. 예를 들면 칠살이 태과한데 상관이 통근하였다면 그 사주는 병을 치료할 약을 가졌습니다.

다음으로, ② 사주명식은 다 좋은데 통근이 제대로 이루어지지 않은 사주라면 구체적으로 통근이 되지 않은 글자, 혹은 육친이 무엇인지에 따라 사주를 읽으면 됩니다. 왜냐하면 대운과 세운에서 그 통근처가 되는 글자가 오는 시기가 있을 것이고, 그때 움직여 기회를 포착하도록 하는 방법이 있습니다. 기신의 통근처가 없다면 문제될 것이 없습니다.

일간에 한정해서 말한다면, 여러분이 생각하시는 대로 신약보다는 신강을 더 우선시합니다. 이 경우 식상, 재, 관이 모두 희신이 될 수 있습니다. 그 글자들이 통근하여 힘을 얻고 있다면 주체적으로 자신의 인생을 이끌 수 있는 명식이 됩니다.

대부분의 사주는 병이 있고 약이 있습니다. 물론 약을 찾기 어려운 고달픈 인생도 있습니다. 사주를 통변할 때 냉철하게 팩트를 따라 스토리텔링을 하시는 습관을 들이면 많은 도움이 되실 겁니다.

Q3	사주를 공부하면서 답답한 점이 있는데, 사주를 읽고 대안 제시에 미흡하다는 점입니다. 다시 말해서 취길피흉이 과연 있는지 회의감이 듭니다. 좋다면 더 좋게 나쁘면 좋은 대안을 제시하여야 하는데, 시원한 답을 못 찾으니 이 공부를 계속해야 하는지 회의감도 듭니다. 제가 답변하는 방법에는 이사, 개명, 늦게 결혼, 직업 변경, 해외 이주가 있고, 근신하라, 조심하라, 좀 더 노력해보라, 조금 있으면 대운이 바뀌니 참고 기다려보라, 이 정도일 뿐입니다. 이에 대해 교수님의 의견을 듣고 싶습니다.

[답변]

여러분의 질문에서 자평명리 통변에 대한 걱정 섞인 관심이 느껴집니다. 자평명리 통변 실전과 관련된 강의가 이어져야 할 텐데 여전히 기본 이론을 이해하는 데 어려움을 호소하는 학생들의 목소리도 들려서 어떻게 모두를 이끌어야 할까 가르치는 입장에서 어깨가 무겁습니다.

질문의 내용은 사실 이번 수업과는 좀 동떨어진 질문입니다. 그러나 사주를 공부하고 현장에서 사용하려고 하는 모든 술사들의 공통된 고민이 아닐까 생각합니다. 조금은 저의 개인적인 경험을 넣어서 말씀드리겠습니다.

1. 피흉추길은 대안 제시와는 개념이 다릅니다. 취할 수 있는 것(길)과 피해야 하는 것(흉)을 말하는 것은 사주 혹은 술수를 공부하는 기본 취지입니다. 즉, 당연히 가능해야 하는 것입니다. 나아가야 할 때와 기다려야 할 때, 나의 타고난 명을 알고 그에 마땅한 인생을 설계하는 것, 무너질 것 같은 서까래 밑에는 서 있지 않는 지혜를 배우는 것은 마땅히 우리가 '지명(知命)'하려는 이유입니다.

사주팔자가 살아 움직이는 것은 대운과 세운이 대입되면서 글자들 사이에 해소도 일어나고 사건과 사고의 단초도 발생하기 때문입니다. 그것들을 면밀하게 살펴서 시간과 공간을 설계하는 것이 사주공부이고 술사의 능력입니다.

2. 대안 제시는 개운법과 같은 것을 말씀하시는 듯합니다. 이에 대한 대답은 긍정과 부정 두 가지 모두입니다. 먼저 개운에 대해 부정적으로 말할 수밖에 없는 이유는 사주팔자, 심지어는 대운과 세운 모두는

이미 태어날 때부터 정해져 있는 것입니다. 그것을 호도하여 내 말대로 하면 팔자가 바뀐다고 하는 식의 혹세무민은 안 됩니다.

그러나 긍정적으로 대답할 수 있는 근거도 있습니다. 우리가 사람의 운명을 읽는 방법에는 사주 외에도 다른 처방들이 있습니다. 그중에서도 근거를 따져 합당한 방법들이 있습니다. '일명(一命), 이운(二運), 삼풍수(三風水), 사적음덕(四積陰德), 오독서(五讀書)'라는 말처럼 도덕적으로만 말씀드리는 것은 아닙니다. 저도 상담하다 보면 손님들이 제가 마지막 10분 남기고 알려준 몇 가지 팁만을 소중히 기억했던 경험이 많습니다. 그만큼 최선을 다해 솔루션을 하려고 노력해야 한다는 의미입니다.